준비된 노후
편안한 죽음

Well Aging ——————————————— Well Dying

이관종 지음

— 편안한 죽음을 위한 노후 설계

| 글을 시작하면서 |

〈이솝 우화〉에 사람은 아무리 힘들더라도 죽음보다는 삶을 선택함을 보여주는 우화가 있다.

> 어느 날 노인이 나무를 해서 짊어지고 먼 길을 걸어갔다. 그렇게 길을 가다가 너무 힘들어서 짐을 내려 놓고는 죽음을 불렀다. 죽음이 나타나서 무슨 이유로 자기를 호출했느냐고 묻자, 노인이 말했다. "짐을 들어서 내 등에 좀 올려 주시오"
> ―이솝 지음, 박문재 옮김, 《이솝우화전집》, 현대지성, 2023, p.111-노인과 죽음

그럼에도 불구하고 사람은 태어나면서부터 죽음을 향하여 나아가는 존재다. 죽음이란 어느 누구도 회피할 수 없는, 예외를 인정 받은 적이 없는 삶의 그림자다. 죽음은 삶과 동떨어진 것이 아니고 삶의 일부다. 단지 죽음은 삶의 마지막에 나타나는 것일뿐이다. "끝이 좋

으면 모든 것이 좋다"는 셰익스피어의 말처럼 삶에서도 끝은 중요하다. 왜냐하면 죽음은 삶을 완성하기 때문이다. 삶을 마무리하는 것이 죽음이다.

그런데 이 죽음 앞에서 초연하게 대응하는 것은 쉽지 않다. 왜냐하면 사람들은 죽음에 대한 공포와 두려움을 갖고 있기 때문이다. 그러나 의미 있게 잘 살아온 사람은 죽음을 두려워하지 않는다. 그렇다면 언제부터 잘 살아야 된단 말인가. '잘 살아야 하는 범위'에는 인생의 모든 시기, 즉 배움의 시기, 청년의 시기, 장년의 시기, 노년의 시기가 모두 포함된다. 그러나 그 범위가 너무 길다. 태어나면서부터 어떻게 살아야 잘 사는 것인지를 논하기는 지면뿐만 아니라 시간도 부족하다. 그래서 여기서는 잘 살아야 하는 기간을 최소화하고자 한다. 결론적으로 '노년에 잘 살게 되면 편안하게 죽을 수 있다'고 말할 수 있다. 물론 노년 이전에는 아무렇게나 살아도 된다는 말은 아니다. 다만 최소한 노년이 되어서라도 잘 산다면 삶의 끝에는 편안한 죽음이 있으리라 믿는다.

금년 1월에 종영된 JTBC 드라마 〈옥씨부인전〉에 이런 대사가 나온다.

"네 꿈은 무엇이냐?"
"제 꿈은 늙어 죽는 것입니다. 맞아 죽거나 굶어 죽지 않고 곱게 늙어 죽는 것입니다."

나는 이 말이 '곱게 늙어서 편안하게 죽고 싶다'로 들렸다. 그래서 잘 늙는 것이 중요하다고 생각되었다.

그러나 아무나 노인이 되는 것은 아니다. 질병을 견디고 사고를 피하여 살아남은 사람만이 노인이 될 수 있다. 이처럼 나이 들어 노년을 즐길 수 있는 것이 얼마나 어렵고 존귀한 것인지 알 수 있다. 그럼에도 불구하고 대부분의 사람들은 늙어 가는 것을 바라지 않는다. 나이 들어 갈수록 죽음이 주변에 도사리고 있기 때문이다. 그럭저럭 살아서 늙었다고 할지라도 아름답고 곱게 늙어 가는 것은 쉽지 않다. 그래서 앙드레 지드는 "늙기는 쉬워도 아름답게 늙기는 어렵다."고 말한 바 있다.

> 한 사람의 얼굴 모습은 곧 그 사람의 영혼의 모습일 거다. 아름다운 얼굴은 지금까지 아름다운 행위를 통해 아름답게 얼굴을 가꾸어와서 그럴거고 추한 얼굴은 추한 행위만을 쌓아왔기 때문에 그럴 거다. 아름답고 추한 것은 나 아닌 누가 그렇게 만들어 놓은 게 아니라, 내 스스로의 행위에 의해 그러한 꼴을 하고 있다는 것이다.
>
> ─ 법정 지음, 《무소유》, 범우사, 1999, p.136

그만큼 아름답게 늙어 가는 것이 어렵다는 얘기다. 아름다운 젊음은 우연한 자연 현상이지만 아름다운 노년은 예술 작품이다.(엘레나 루스벨트의 말)

우리 모두는 처음 늙어 보기 때문에 '어떻게 하면 잘 늙는 것인지'

알기 어렵다. 어떤 사람은 부드럽고 너그러워지는 것이 잘 늙는 것이라고 말한다. 나는 잘 늙는다는 것은 자신의 노화를 이해하고 받아들이는 것이라고 생각한다. 노화를 이해하고 받아들인 후에야 부드럽거나 너그러워질 수 있다고 본다. 받아들인다는 것은 있는 그대로의 과거를 인정하고 존중하는 것이다. 내가 경험했던 모든 일들이 모여 지금의 내가 만들어졌다. 그러므로 지금의-늙어버린-나를 있는 그대로 받아들여야 한다.

세상에 존재하는 모든 것들은 세월이 가면 시들고 소멸하게 된다. 심지어 쇠마저도 산화되어 소멸된다. 하물며 인간이랴! 나이 들고 늙는 것은 자연스러운 일이다. 기계도 오래되면 녹슬고 고장 나듯이 나이 들어 늙게 되면 기력이 떨어지고 결국에 병들어 고통에 잠기게 된다. 그래서 타인의 도움이 필요하고 이를 받아들이면 타인의 도움에 감사하게 되고, 감사한 마음이 들면 행복해진다. 또한 늙으면 외롭다. 이 외로움을 받아들여야 한다. 인간은 본질적으로 외로운 존재다. 이러한 인간의 모습을 피할 수 없으니 즐기면 된다. 외로움을 즐긴다는 것은 외로움 자체를 받아들인다는 뜻이다. 받아들이지 못하면 삶이 힘들고 추한 모습만 보일 수 있다. 그리고 노화로 생기는 결핍 등도 인정하고 받아들이는 것이 잘 늙어가는 것이라고 생각한다.

그럼 언제쯤 '잘 늙어야 편안하게 죽는다'는 생각이 들까? 노년이 되면 한 번쯤은 죽음에 대하여 생각해볼 시간과 계기가 주어진다. 그 죽음이라는 현상 앞에서 사람은 자신의 삶을 되돌아보는 것은 당연한 일이다. 죽음을 소멸이나 끝이라고 생각하는 사람들은 자신이 하고 싶은 대로 막살아도 되겠다고 생각할 수 있고 또 윤회 사상을 믿거나 사람에게 영혼이 있어 사후에 또 다른 삶이 있다고 믿는 사람들은 삶의 질을 높여 나가야 한다고 생각할 수 있다. 그럴 때 죽음이 삶의 과정으로 훅 들어온다. 다시 말해 '잘 늙어야 편안하게 죽는다'는 확신이 생긴다.

어떤 사람이 아무리 잘 살았다 한들 편안하게 죽음을 맞이하지 못했다면, 그는 결코 잘 살았다고 말할 수 없을 것이다. 행복한 삶, 건강한 삶이 존재하듯이 건강한 죽음, 고운 죽음이 존재한다. '편안하게 죽는다'는 것은 무엇을 의미할까? 간단히 말하면 자신의 죽음을 받아들이는 것이라고 본다. 우리는 일반적으로 나이 들어서, 자신의 죽음이 임박했을 때에야 죽음과 대면하게 된다. 그때서야 죽음을 받아들이면 너무 늦다. 물론 그때도 받아들이지 않는 사람에 비해서는 나은 편이지만 말이다.

나이와 관계없이 자신의 죽음을 배우고 준비하는 사람들은 죽음을 인정하고 받아들이기 쉽다. 또한 죽음을 배우고 준비하는 사람들의 죽음은 자연스럽다. 그래서 '편안하게 죽는다'는 것은 자신의 죽음을 준비한 후에 죽음과 대면할 때에 죽음을 자연스럽게 받아들이는 것이다. 죽음의 현실을 받아들이면 현재의 삶에 충실할 수 있고 마침내 그날이 오더라도 두려움이나 미련 없이 떠날 수 있을 것이다. 사람은 살아가면서 고비고비마다 삶의 전투가 있다. 그때마다 전투에서 승리하는 것도 중요하지만 마지막 전투에서 승리한다면 그 사람은 인생 전체의 전쟁에서 승리하는 것이다. 우리의 죽음은 삶의 마지막 전투다.

이제 나는 노화와 죽음에 관한 다양한 글을 소개할 것이다. 즉 여기에 많은 책들의 글을 직접 인용하는 것을 주저하지 않을 것이다. 왜냐하면 대부분의 경우 나의 어쭙잖은 설명보다는 그 책 속의 생생한 육성을 듣는 것이 훨씬 효과적일 수 있기 때문이다. 또한 내가 아는 것을 쓰고 싶지만, 불행하게도 아는 것이 적어서 한계가 있다. 하지만 때로는 마치 내가 그 내용을 알고 있는 것처럼 이야기할 수도 있을 것이다.

내가 이 책을 쓴 이유는 내 개인적인 목적 외에는 아무것도 없다. 나는 내 가족과 친구, 가까운 지인들이 복잡하고 접근하기 두려운 노화와 죽음을 이 한 권의 책으로 간단하게 이해하고 접근할 수 있기를 바라며, 모두가 편안하게 죽어 갈 수 있기를 기도한다. 이 책을 만들어가는 과정에서 내가 느낀 점은 이 세상은 영원히 사는 곳이 아니라 영원히 살 곳으로 가기 위해 준비하는 곳이라는 사실이다.

지나가는 세월이 버거워서 책 속에 숨었더니 이 책이 생겼다. 책들이 이 책을 낳은 것이다. 나를 책 속으로 숨게 한 아들 주찬이와 그를 가슴에 묻고, 스쳐가는 세월을 황망하게 바라보면서 살아내야 하는 아내에게 이 책을 바친다.

―2025년 우주의 한 점 그곳에서

| 차례 |

글을 시작하면서 • 004

제1부 잘 늙어가는 것Well Aging에 대하여

제1장 노인, 노화란 무엇인가

020　몇 살부터 노인일까?

027　인간은 세 번(34살, 60살, 78살) 늙는다

030　노화의 원인과 유형

037　왜 나이가 들수록 시간이 빠르게 가는 것처럼 느껴지는가?

042　왜 노인이 젊은이보다 더 행복하다고 느낄까?

047　우리는 어떤 모습으로 늙는 것이 좋을까?

제2장 노년에 달라지는 것과 받아들여야 할 것들

052　노년에 달라지는 것들

056　노화를 받아들이자

062　노년에 주의해야 할 것

066　노화를 최대한 지연시키자

071 타인의 도움이 필요한 때가 오고 만다

074 존경받을 것인지, 손가락질 당할 것인지 선택하라

084 노인 학대는 자신을 경멸하는 것이다

088 자식은 세상에서 가장 나쁜 악성 보험이다

제3장 노년의 다섯 가지 고통에 대하여

094 빈곤의 문제

123 질병의 문제

136 고독의 문제

159 무위無爲와 지루함의 문제

173 치매의 문제

제2부 편안하게 죽는 것 Well dying에 대하여

제1장 죽음이란 무엇인가

- 214 Death와 Dying의 의미
- 216 죽음의 성격과 의의
- 232 죽음의 기원과 인간이 죽는 이유
- 236 죽음의 인지 방식
- 259 일·이·삼원론과 죽음에 대한 태도
- 268 모든 것에는 때가 있듯이 죽음에도 때가 있다

제2장 좋은 죽음이란 무엇인가

- 282 죽음의 모습들
- 293 우리는 언제, 어디에서 죽을까
- 307 모두가 원하는 '좋은 죽음'이란
- 325 죽을 때는 의지하는 것이 아름답다

제3장 삶은 준비하면서 죽음은 준비하지 않는다

- 332 죽음에 대한 불안 사유
- 342 우리는 언제 죽음과 대면하게 될까?
- 344 죽음을 준비해야 하는 이유
- 352 죽음을 두려워하는 것은 어리석다
- 357 죽음 준비는 빠를수록 좋다

364 죽음을 긍정하면 정신적으로 건강해진다
369 '단곡'으로 죽음을 준비하는 사람들

제4장 죽어갈 때 가족의 역할과 연명의료 결정

378 유족이 겪는 슬픔의 다섯 단계
390 죽어갈 때 가족, 지인이 해야 할 일
402 연명의료 여부는 자신이 결정해야 한다

아들에게 바라는 나의 죽음 • 434
'심폐소생술은 시행하지 말 것'에 대한 요청서(DNR) • 437
사전연명의료의향서 • 438
연명의료계획서 • 439

참고문헌/참고자료 등 • 440

WELL AGING

제1부

잘 늙어가는 것에 대하여

미국 독립선언서를 기초한 벤저민 프랭클린은 "모두가 오래 살고 싶어하지만 아무도 늙고 싶어하지 않는다."고 말한 적이 있다. 어렸을 때 빨리 나이 들었으면 하는 사람은 있을 수 있어도 늙기를 바라는 사람은 없을 것이다. 어릴 때는 미래에 대한 희망과 긍정적 기대감이 충만하여 어른이 되고 싶어서 빨리 나이 들기를 소원한다. 그때의 나이 듦은 노년이 아니라 성인이 되고 싶어하는 것이다. 그러니 노인이 되고 싶은 사람은 없다. 노인에 대한 관심조차 없다. 왜냐하면 노년은 나의 일이 아닌 남의 일이라고 생각하기 때문이다.

인간은 언젠가 한 번은 죽지만, 그렇다고 누구나 노인이 되는 것은 아니다.(일반적으로 노인이 되고 싶어 하지도 않는다) 질병과 사고에서 일단 살아남아야 노년을 맞을 수 있다. 그만큼 노년에 도달한다는 것이 어렵다는 말이다. 나의 학교 동창들, 회사 동료와 선후배들 가운데 과연 몇 명이 살아서 노년을 함께 보낼 수 있을지 생각하면 나이듦 자체가 얼마나 엄숙한 일인지 깨닫게 된다.

'잘 죽으려면 잘 살아야 한다'는 말이 있다. '잘 살아야 한다'의 범주 안에 '잘 늙어야 한다'가 들어 있다. '잘 살아야 하는 것'의 마지막 숙제가 '잘 늙는 것'이라고 본다. 노인으로 잘 살려면 언제부터 준비해야 할까. 노인이 된 다음 어떻게 살 것인지 생각하면 이미 늦다. 에릭슨의 말대로 젊었을 때 어떻게 살았느냐에 따라 노년기의 삶이 결정된다. 그러니 잘 늙기 위해서는 청장년기에도 많은 관심과 노력이 필요하다. 그렇다면 잘 늙는 것은 어떤 것인가.

유학儒學에서는 늙음을 '혈기血氣'의 쇠퇴로 설명한다. '잘 늙는다'는 것은 혈기에 의해 자아가 부림을 당하지 않게 하는 것이다. 즉, 혈기에 부림을 당하면 청년기에는 색色에 빠지고, 중년에는 싸움에 빠지며 노년에는 득得(탐욕적으로 취하는 것)에 빠지기 쉬우므로 도덕적 의지를 잘 길러 혈기에 의해 휘둘리지 않게 해야 한다고 했다.(조규헌 등 8인 지음,《노년의 풍경》, 글항아리, 2015, p.275) 안젤름 신부는 "잘 늙는다는 것은 부드럽고 너그러워지는 것이다. 판단이 너그러워진다는 것뿐 아니라 온 존재 자체로 너그러워진다는 뜻이다. 그러면 내면이 풍요롭고 다채로워지며 황금빛 시월처럼 빛나는 것을 느낄 수 있다. 그러나 가을은 낙엽의 계절이기도 하다. 잘 늙으려면 나무들이 새 생명의 탄생을 위해 이파리를 땅으로 내려 보내듯 욕심을 버릴 줄도 알아야 한다."고 설명하고 있다.(안젤름 그륀 지음, 김진아 옮김,《노년의 기술》, 오래된미래, 2010, p.8)

  17세기 프랑스 고전 작가인 라로슈프코는 어떻게 늙어야 하는지를 알고 있는 사람은 드물다고 했다. 우리도 처음 경험하기 때문에 어떻게 늙어야 하는지 당연히 모른다. 스위스의 시인이자 철학자 앙리 아미엘Henri Amiel은 1874년 "어떻게 늙어가야 하는지 아는 것이야말로 가장 으뜸 가는 지혜요 삶이라는 위대한 예술에서 가장 어려운 장章이다."라고 말했다. 그럼에도 불구하고 노화라는 위기 즉 슬픔과 상실, 패배의 순간에도 얼마든지 삶에서 훌륭한 가치를 찾아내려는 삶 그것이 'Well Aging'이 아닐까 생각해 본다. 그러면 잘 늙으려면 어떻게 해야 되는지 우선 '노인과 노화'에 대한 개념부터 살펴보자.

WELL AGING

제1장

노인, 노화란 무엇인가

몇 살부터 노인일까?

나이란 '사람이나 동식물이 세상에 나서 살아온 횟수'를 말한다. 아나운서였던 작가 유경은 그의 저서 《마흔에서 아흔까지》에서 나이를 다섯 가지 유형으로 구분한 바 있다.

첫째는 '신체적 나이'. 달력에 의한 나이라고도 하는 신체적 나이는 모든 사람에게 똑같이 적용돼, 지구가 태양을 한 바퀴 돌 때마다 1년씩 늘어난다.

둘째는 '생물학적 나이'로, 개인이 어느 정도의 신체적 성숙과 건강 수준을 갖고 있는가를 나타내는 나이다. 신체적 나이가 같을지라도 생물학적 나이가 젊으면 더 오래 살 수 있다고 볼 수 있다.

셋째로, '심리적 나이'다. 심리적 성숙과 적응이 제대로 되어가고 있는지를 나타낸다. 신체적 나이는 어리지만 어른처럼 성숙한 청소년이 있는데, 바로 이 심리적 나이에서 오는 것이다.

넷째 '사회적 나이'다. 사회 관례적으로 정해져 있는 나이를 말한다. 이른바 취학 시기, 결혼 적령기, 취업 시기등이 있다.

다섯째로, '자각적 나이'가 있다. 자신이 스스로 느끼는 나이를 말한다. 주관적으로 어떻게 느끼느냐에 따라 '청년이 장년'으로 '노인이 청년'으로 여길 수 있다.

미국 미네소타 의학협회는 노인을 이렇게 정의했다고 한다. 일곱 가지로 정의했는데, 내용을 보면 나이 들었다고 '노인'이 되는 것이 아니고 이렇게 살면 '노인' 취급을 받으니 주의하라는 뜻으로 읽힌다.

① 늙었다고 느낀다.
② 배울 만큼 배웠다고 느낀다.
③ "이 나이에 그깟 일을 뭐 하려고 해!"라고 말한다.
④ 내일을 기약할 수 없다고 느낀다.
⑤ 젊은이들의 활동에 아무런 관심이 없다.
⑥ 듣는 것보다 말하는 것이 좋다.
⑦ 좋았던 그 시절을 그리워한다.

그럼 노화란 무엇인가. 노화란 한마디로 나이 들어간다는 것이다. 그러니 어린이도, 청년도, 성인도 하루하루 나이들어 가고 있으니 노화되고 있다고 볼 수 있다. 노화는 대단히 복잡해서 사람마다 다른 의미로 받아들인다. 《Aging Well》의 저자이자 하버드대학교 교수인 조지 베일런트George E. Vaillant는 노화를 세 가지로 정의하고 있다.

노화란 '20세 이후부터 뇌세포가 일년에 수백만 개씩 죽는 쇠퇴'를 의미하고, 또한 '자연의 흐름에 따른 변화'를 의미하기도 하며, '포도주처럼 죽기 직전까지 계속해서 성장하는 것'이라고 말한다.(조지 E. 베일런트 지음, 이덕남 옮김, 《행복의 조건》, 한경 프런티어, 2023, p.82)

노화란 쇠퇴이자 변화이면서 성장하는 것이라고 요약할 수 있을 것이다. 나이 들었다고 모두 늙는 것은 아니라고 한 사람이 있다. 알버트 슈바이처는 "일정한 햇수를 살았다고 해서 늙는 것이 아니다. 사람은 이상에 작별을 고할 때 늙는다. 살아온 햇수가 늘어나면 피부가 쭈글쭈글해지지만 감동하기를 포기하면 영혼이 쭈글쭈글해진다. 사람은 그의 신념만큼 젊어지고, 회의만큼 늙는다. 그의 자신감의 높이만큼 젊어지고, 두려움의 키만큼 늙는다. 그의 희망만큼 젊고, 절망만큼 늙는다. 아름다움과 기쁨, 과감성과 대범함이 그의 마음속에 있다면 그는 젊다."고 말했다고 한다.

일반적으로 '노인'은 신체적(시간적) 나이, 육체적 기능, 정신적 능력, 사회적 역할 등 여러 기준에 따라 정의된다. 따라서 '노인'은 어느 한 기준에 따라 정의될 수 없으며 개인의 신체적 기능, 정신적 능력, 사회적 역할 등을 포괄해야 된다고 생각된다. 그러나 모든 것을 포괄하는 것의 복잡함이나 불편하므로 인하여 신체적 나이가 노인을 판단하는 중요한 기준이 되고 있다.

시몬 드 보부아르는 노인이란 "살아온 긴 생을 뒤에 갖고 있으며, 앞으로 살아갈 삶의 희망이 매우 한정된 인간이다"(시몬 드 보부아르 지음, 홍상희 등 2인 역, 《노년》, 책세상, 2022, p.505)라고 정의했다. 나이는 우리 자신과 시간과의 관계를 바꾸어 놓는다. 해가 갈수록 우리의 과거는 점점 더 길어지고 우리의 미래는 점점 짧아진다. 그러면 몇 살부터 노인이라고 할수 있을까?

  학자나 철학자, 작가들은 보통 인간의 정점을 그의 인생 한가운데에 둔다. 히포크라테스는 인간은 56세에 정점에 도달한다고 주장했다. 아리스토텔레스는 육체는 35세에, 영혼은 50세에 완벽한 경지에 이른다고 생각했다. 단테는 45세면 노년에 접어든다고 말했다.
  ―시몬 드 보부아르 지음, 홍상희 등 2인 번역, 《노년》, 책세상, 2022, p.23

  노쇠가 시작되는 나이는 언제나 그 사람이 속해 있는 계급에 따라 다르다고 한다.(같은 책, p.758) 이처럼 시대에 따라 사람에 따라 인간의 정점 과 노년의 시작 시기가 다르다.

  그럼 우리는 몇 살부터 노인이 되는 걸까? 독일 태생의 세계적 심리학자 에릭 에릭슨(1902~1994)에 의하면 인간은 8단계의 발달 단계를 거친다고 한다. 마지막 8단계(노인기, 65세 이상)가 노인기인데 65세 이상이면 노인으로 보는 것이다.(자료에 따라 55세에서 65세까지 다양하다. 여기서는 고령화 추세를 감안하여 65세로 한다) 그리고 각국의 고령화율을 따질 때 기준이 되는 나이가 65세이다.(65세 이상 인구 비중이 전체의 7퍼센트를 넘으면 고령화 사회aging society, 14퍼센트를 넘으면 고령사회aged society, 20퍼센트를 넘으면 초고령사회super aged society)

  이렇게 65세를 고령자로 규정한 것은 1956년 UN에서였다. 우리나라는 1981년 제정된 노인복지법에서 경로우대 기준이 65세 이상으로 정해지면서 노인 연령 기준이 만 65세가 되었다. 노인복지법 제정 당시의 기대수명은 66.7세였다.

이시형 박사는 세대별로 노년기를 다르게 보고 있다. 왜냐하면 기대수명이 날로 늘어나기 때문이다. 1960년대 우리나라 평균 수명이 51.1세, 1980년대 61세, 2000년에 70세, 2020년에 80세가 되고 2040년에는 90세가 넘을 것으로 예상되기 때문이다. 그래서 이시형박사는 할아버지 세대는 50세, 아버지 세대는 60세, 우리 세대는 70세, 아들 세대는 80세가 노년기의 시작으로 봐야 한다고 주장하고 있다.(이시형 지음, 《행복한 독종》, 리더스북, 2010, p.28)

조사결과도 이시형 박사의 주장과 일치하고 있다. 서울시가 발표한 '2022년 서울시 노인실태조사' 결과에 따르면, 서울 노인이 생각하는 노인 연령 기준은 평균 72.6세로 나타났다.(현재 기준으로 72.6세이니 한 이십여 년이 지나고 실제 백세 시대가 도래하면 80세 쯤으로 늘어날 날이 올 것이다.) 이 조사는 서울에 거주하는 1957년 이전 출생자 3,010명을 대상으로 대면 면접하는 방식으로 이루어졌다.(SBS, 유영규 기자, 2023. 2. 6)

그런데 UN에서 세계 인류의 체질과 평균 수명을 측정하여 연령 분류의 새로운 5단계 표준을 발표했다고 한다.(정확한 근거는 찾을 수 없지만 2020년 3월 3일 방송된 KBS 예능 프로그램 〈옥탑방의 문제아들〉에서 'UN이 발표한 새로운 분류기준에 따르면 청년은 몇 세부터 몇 세까지인가?'라는 문제가 출제된 후, 온라인에서 많이 공유됐다고 한다.) 새로운 연령 구분에 따르면, 0세~17세까지는 미성년자, 18세~65세까지는 청년, 66세~79세까지는 중년, 80세~99세까지는 노년, 그리고 100세 이상은 장수 노인이라고 한다.

앞에서 살펴본 바와 같이 에릭슨의 성장 발달 8단계 이론과 UN의 고령화 기준, 우리나라 노인 복지법의 경로우대 기준 등을 고려하면 65세가 현재 노인의 기준이라고 볼 수 있다. 그러나 평균 수명이 90세를 육박하고 있는 상황을 고려하면 조만간 그 기준이 70세 또는 75세로 늘어날 것으로 전망된다.

2060년 쯤 되면 100세 시대가 올 것으로 예측되고 있다. 그렇게 되면 65세부터 100세까지를 노년기로 볼 수 있는데 노인이라고 하더라도 똑같지는 않을 것이다. 그래서 노년기를 세분화하는 경향이 있다. 신문 기사를 살펴보자.

> 미국 시카고대학의 노화심리 학자 버니스 뉴가튼(1916~2001)은 1975년 뉴욕타임스 기고에서 55세부터 75세까지를 '젊은 노인young old'으로 구분했고, 76세에서 85세까지를 'old old'로, 86세 이후를 'oldest'로 구분했다. 미국에서는 이 젊은 노인young old들을 '액티브 시니어'라고 부르며, 일본에서는 한때 young old를 줄여 '욜드yold 세대'라고 불렀고 이는 곧 세계적인 용어가 됐다.
>
> ─동아일보, 서영아 기자, 서영아의 100세 카페, 2022. 1. 2

또한 안젤름 그륀 신부는 아래와 같이 노년을 3단계로 구분하였다.

첫 번째 단계는 퇴직 직후 단계로서 기력이 정정한 경우가 대부분이니 여행, 자원 봉사나 새로운 일거리를 찾아야 하는 시기로 보고 있다. 한마디로 이 시기는 '활동하기 무리없는 시기'로 볼 수 있다. 뉴가튼 교수가 말하는 젊은 노인young old이 여기에 해당한다.

두 번째 단계는 일흔이나 일흔 다섯 정도에 시작 되는 단계로 더 이상 몸이 따라 주지 않아 새로이 시작한 노년의 활동으로부터도 물러나야 하는 시기로 보고 있다. 다시말해 '몸이 무거워지는 시기'로 볼 수 있다. 뉴가튼 교수가 말하는 'old old'가 여기에 해당한다.

세 번째 단계는 병이 나면 병을 받아들이고 죽을 때까지 견디는 시기로 보고 있다. 물론 그렇지 않은 사람들도 있다. 이 시기는 '움직이기 힘든 시기'로 볼 수 있다. 뉴가튼 교수가 말하는 'oldest'가 여기에 해당한다. 어떤 사람들은 지병이나 노환 없이 잘 생활 하다가 어느날 갑자기 빠르게 죽음으로 이행하는 시기이다.(안젤름 그륀 지음, 김진아 옮김, 《노년의 기술》, 오래된미래, 2011, p.59)

인간은 세 번(34살, 60살, 78살) 늙는다

우리는 나이를 점진적으로 먹기 때문에 노화도 상대적으로 서서히 진행될 것이라고 생각해 왔다. 그러나 최근 연구에 의하면 노화는 선형적이 아닌 급진적으로 이루어진다는 결과가 나왔다. 한겨레 신문의 보도 내용을 인용하면 다음과 같다.

2019년 12월 과학 학술지 '네이처 메디신'에 발표된 미국 스탠퍼드대 연구진 논문에 따르면 노화는 평생에 걸쳐 일정한 속도로 꾸준히 진행되는 것이 아니라 세 번의 급진적인 노화 시기를 거친다는 연구 결과가 나왔다. 노화 촉진 시기는 바로 34살, 60살, 78살이다. 나이가 들면서 몸 안에서 노화 기어가 세 번 작동하는 셈이다. 우연의 일치이기는 하겠지만, 전통적인 노인 진입 나이인 60세 환갑의 의과학적 근거도 확보하게 됐다. 연구진은 18~95세에 이르는 4,263명 혈액에서 액체 성분인 혈장을 분리한 뒤, 여기에서 3,000가지의 혈장 단백질을 분석했다. 그 결과 이 가운데 1,379가지 단백질이 나이가 들어감에 따라 수치가 달라지는 걸 발견했다.

스탠퍼드대 신경과학자 토니 와이스-코레이 교수는 "이 연구를 시작했을 때 우리는 나이는 점진적으로 먹는 것이기 때문에 노화도 상대적으로 서서히 진행될 것이라고 가정했다"고 말했다. 그런데 결과는 딴 판이었다. 단백질 수치로 본 노화 그래프는 선형곡선이 아닌 세 개의 뚜렷한 꼭지점을 형성했다. 단백질 수치의 급변은 생체 활동 프로그램의 변화를 초래할 가능성이 크다. 연구진은 특히 30대 중반인 34살 무렵에 노화 관련 단백질 수치가 급등하는 걸 보고 매우 놀랐다고 한다. 연구진은 그러나 왜 이런 변화가 일어나는 지는 알수 없었다. 단백질 수치의 변화가 노화의 결과인지, 아니면 그 원인인지도 불분명하다. 연구진은 이번 연구는 초기 단계로서, 임상에 적용되려면 앞으로 5~10년은 더 있어야 할 것이라고 말한다.

―한겨레신문, 곽노필 선임기자, 2019. 12. 10

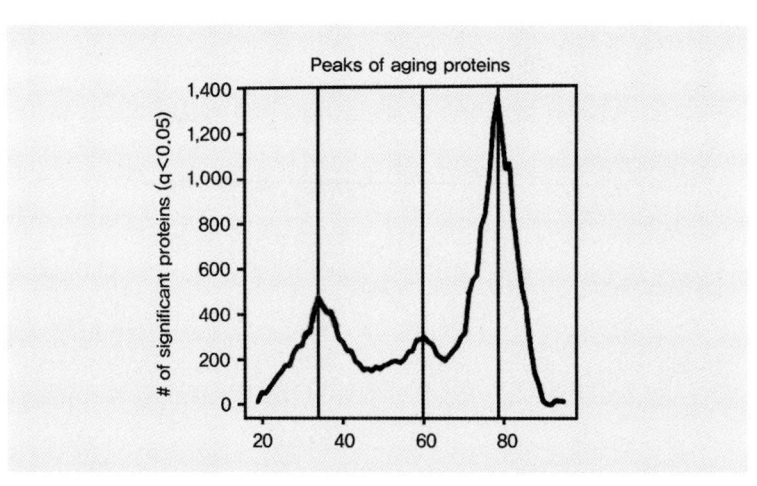

※ 단백질 수치로 본 노화그래프(네이처 메디신 제공)

그 후 2020년 3월 24일 채널A 〈나는 몸신이다〉에서 '인간은 세 번 늙는다! 노화 3대 고비'를 주제로 방송된 바 있는데, 고비마다 노화 부위가 다르다고 한다.

인간의 3대 노화 첫 번째 시기는 34세로 '근육과 뼈'가 노화한다. 근육과 뼈는 30세를 기점으로 정점을 찍은 이후 약 10년간 계속 감소한다. 두 번째 시기인 60세에는 '탈모 발생, 그리고 신장과 혈관'이 노화한다. 노화 세 번째 시기인 78세에는 노화의 축적인 '노쇠'가 시작된다. '노쇠'는 '허약'이라는 의미로도 사용되는데 비정상적 기능 저하 및 퇴화의 과정으로 급격히 진행된다.

노화의 원인과 유형

　우리는 몸과 얼굴 등의 외양으로 우리가 변하고 있다는 걸 확실히 알 수 있다. 긴 세월이 지난 후 우리를 만나는 사람들의 경우, 그들은 우리 모습이 많이 변했다고 느낀다. 그러나 주변 사람들은 우리의 모습이 항상 같다고 느낀다. 그들은 서로 익숙해서 변한 것보다는 동일한 면이 더 많다고 느끼기 쉽다. 그러나 우리가 그것을 느끼지 못하는 것은 변화가 조금씩 진행되기 때문이다. 우리가 살아가는 것은 하루하루이다. 오늘은 어제와 비슷하고, 내일은 오늘과 거의 다름이 없다. 그래서 우리는 변화를 느끼지 못하고 살아간다. 시계의 초침과 분침은 움직이는 것이 보이지만 시침은 변화를 알기 어렵듯이 한두 달의 변화로 노화된 것을 알지 못하고 살아간다.

　조선시대 이옥이라는 선비가 왜 이렇게 빨리 늙어 가는지 궁금해하며 거울에게 그 이유를 묻는다. 그러자 거울은 다른 게 아니라 자초한 것이라고 대답한다.

> 지금 그대는 고기를 먹지 못하고, 또 약도 먹지 못하니 어찌 옛날과 지금 사이에 변함이 없겠는가? 세상에서 얼굴을 다듬는 자들은 버들을 씹어 양치질하고, 녹두를 타서 씻고, 베고 깎고 수건질을 했다가 다시 고르게 하여 쓸어내고, 밤 껍데기로 주름을 펴고, 육향으로 마른 피부를 윤택하게 하고, 명주 수건을 손에 들고 어루만지며 스스로를 보물처럼 다룬다. 지금 그대는 한 달이 지나도록 빗질을 안 하고, 사흘이 지나도록 세수를 않고 눈꼽만 비벼 떼고 보며, 찌꺼기를 묻히며 먹고, 땀이 옷에 젖어 더럽혀져 있고, 볕에 그을려 새까맣게 되어 있다.(…) 이것은 그대가 자초한 것임을 그대는 모른단 말이오?
>
> —김경미 등 8인 지음,《노년의 풍경》, 글항아리, 2015, pp.175~176

예나 지금이나 세상 사람들은 젊어지기 위해 노력하며, 관리 여하에 따라 노화를 지연 시킬 수 있을 것이다. 그러면 노화의 원인에 대하여 알아보자. 나는 과학자도 아니고 의사도 아니지만 여러 의견을 종합해 보면, 노화 원인을 4가지 유형으로 짐작한다. 첫째는 '자연형'으로 세월이 흐르면서 자연스럽게 노화되는 형이다. 두 번째는 '게으름 형'이다. 노화에 대한 관심도 없고, 보다 젊게 살려는 의지도 없는, 그야말로 세상 다 산 듯한 게으름뱅이 형이다. '게으름' 자체가 노화의 원인이 아니라, 게으름으로 인한 몸의 면역력 저하, 건강악화 등이 질병을 초래하여, 그 질병이 노화를 가속시킨다는 것이다. 시몬 드 보부아르는 노화와 질병의 관련성을 언급한 바 있다. "노화와 질병은 서로 관계가 있다. 질병은 노화를 가속시키고, 노령은 병리학적 장애가 생길 여건, 특히 노령의 특징인 퇴화 과정의 여건을 마련한다. '순수한 상태의 노화'라고 부를 수 있는 경우를 만나기란 아주 드문일이다."(시몬 드 보봐르 지음, 홍상희 등 2인 역, 《노년》, 책세상, 2022, p.42)

세 번째는 '촉진 형'이다. 한마디로 자연스러운 노화가 아닌, 외부의 충격 등으로 급속히 노화가 진행되는 형이다. '은퇴', '사별', '자기애 상실' 등이 노화를 촉진한다. 네 번째는 '의욕 저하 형'이다. 질병이나 부상을 계기로 늙어가는 경우도 있지만 '의욕 저하'야말로 노화 과정에서 가장 무서운 것이라고 정신분석학자 와다 히데키 원장은 말한다.

우선 '자연형'은 우암 송시열(1607~1689)의 시 《청산도 절로 절로》에서 볼 수 있다.

> 청산도 절로절로 녹수도 절로절로
> 산 절로 수 절로 산수간에 나도 절로
> 이 중에 절로 자란 몸이 늙기도 절로절로

'푸른산과 맑은 물이 저절로 생겨난 것처럼 우리도 자연 속에서 났으므로 자연의 변화처럼 시간이 흐르면 늙는 것도 저절로, 자연스럽게 된다'는 것으로 풀이할 수 있다.(법정 지음, 《홀로 사는 즐거움》, 샘터사, 2007, p.45)

두 번째 '게으름형'은 이시형 박사의 말에서 찾을 수 있다. 그의 말을 빌리면 "노화의 원인은 게으름 이외의 아무것도 아니다."(이시형 지음, 《행복한 독종》, 리더스북, 2010, p.94)고 한다. 그는 적정한 운동을 통해서 노화 과정을 지연시킬 수 있는데 게으름이 이를 방해하고 있다고 본 것이다. 그는 "노화는 선택이다. 스스로 하기 나름이란 뜻이다. 우리 의지에 따라 얼마든지 막을 수 있고, 젊었을 때 수준으로 원상 복구할 수도 있다."(같은 책, p.95)고 확신하고 있다.

세 번째는 '촉진형'이다. 이른바 노화를 촉진하는 요소들을 만나면 급속하게 노화가 진행되기도 한다. 이시형 박사는 '은퇴', '사별', '자기애 상실'이 노화를 촉진하는 것으로 얘기하고 있다.(같은 책, pp.121~122) 일반적으로 60세 전후로 은퇴를 하게 되는데, 대부분 자신의 의사와 관계없이 은퇴를 당하게 된다. 은퇴 시 모든 걸 다 잃은 듯한 심각한 정체성을 상실하게 된다. 갑자기 많아진 시간을 주체할 줄 모르고 우왕좌왕하다가, 이젠 쓸모없는 사람이라는 생각에 맥이 빠지기도 한다. 은퇴의 심각성, 충격이 얼마나 큰지는 경험해 보지 않은 사람은 잘 모른다. 후련함, 자신감보다는 패배감, 배신감, 모멸감 등으로 착잡한 심경에 빠진다. 은퇴 후 이런 감정에 휩싸이면 은퇴자는 한꺼번에 늙어 버린다.

그 다음으로 '사별'을 들 수 있다. 부모, 친지와 친구들까지 세상을 떠나는 경우도 있다. 부모나 친지, 친구들보다도 자식이나 손자를 떠나 보내는 경우 그 충격이 이루 말할 수 없다. 모든 것을 잃는 것 같다. 어찌 늙지 않을 수 있겠는가.

마지막으로는 '자기애 상실'이다. 자신에 대한 애착도 애정도 느끼지 못한다. 스스로 매력도 없고 인기도 없으며, 누구의 관심도 끌지 못한다고 생각한다. 60대 이후에는 이런 은퇴나 사별, 상실감 등이 찾아올 가능성이 있음을 염두에 두어야 한다.

마지막 노화 원인은 '의욕 저하형'이다. "70대가 되면 '의욕저하'가 현저해진다. '의욕저하'는 뇌 전두엽의 노화와 남성 호르몬의 감소가 주된 원인이다. 전두엽의 위축은 사실 40대부터 이미 시작되며 70대가 되면 더욱 두드러진다. 게다가 남성의 경우는 남성 호르몬의 감소도 진행되기 때문에 행동 의욕이 떨어진다. 그래서 나이가 들수록 의욕이 감퇴되고 단번에 늙어가게 된 주요인이다."(와다 히데키 지음, 정승욱·이주관 옮김,《70세가 노화의 갈림길》, 지상사, 2022, pp.38~39)

그러면 노화와 질병은 어떻게 다를까? '늙으면 당연히 아픈 것이다'고 생각해서, 몸이 아픈데도 치료에 소홀히 하는 경우가 많다. 이처럼 많은 사람들이 노화와 질병을 혼란스럽게 생각하는 경우가 많다고 한다. 작가 보부아르는 노화와 질병은 다르지만 관계가 있다고 말했다. "질병은 사고다. 그러나 노화는 생명의 법칙 그 자체이다."(시몬 드 보부아르 지음, 홍상희 등 2인 역,《노년》, 책세상, 2022, p.42)

질병과 노화를 구별지어주는 것이 있다. 그것은 질병은 회복이 가능하지만 노화는 회복이 불가능하다는 것이다. 또한 질병은 당사자에게 잘 나타나지만, 노화는 본인보다는 타인에게 잘 드러난다는 것이다. "병은 자기 존재를 예고해 준다. 그러면 인체는 때로 자극 자체보다 더 해로운 방법을 써서 자기를 병으로부터 보호한다. 병은 그 심각성을 인식하지 못하는 주위 사람들보다 아픈 당사자에게 더욱 명백하게 존재한다. 반면 노화는 당사자에게 보다 남에게 더욱 분명하게 드러난다."(같은 책, p.393)

노쇠에 대한 성경 표현

　네 젊은 나날 이후에는 고약한 날들이 다가오고 한 해 한 해 더욱 가까워오리니, 그 때 너는 말하리라, 사는 게 조금도 즐겁지 않다고, 후에 해와 빛, 달과 별들이 어두워지고 비가 온 후에 다시 구름이 몰려 오리니(시력 감퇴, 지적 능력의 소진), 그때는 집 지키는 파수꾼들(두팔)이 벌벌 떨고, 힘센 남자들(두 다리)의 허리가 굽고, 가루 빻는 여자들(치아)이 숫자가 줄어들어 일을 멈추고, 창문으로 내다보는 자들(두 눈)이 시력을 빼앗기고, 거리로 난 두 문짝이 닫혀버리고(소화장애,배뇨 장애), 맷돌 소리가 점점 약해지고(귀가 먹음), 새 소리와 더불어 일어나고(숙면하지 못함, 새벽에 깸), 노래하는 처녀들이 모두 힘이 빠지고(언어 장애), 높은 곳을 두려워하고(올라갈 때 숨참), 길에서는 끔찍한 공포를 느끼고, 편도 나무가 꽃을 피우고(백발), 메뚜기의 움직임이 육중해지고(생식력 감퇴)…… 또는 은 줄이 풀어지고(척추의 만곡彎曲), 황금 화병이 부서지고, 항아리가 샘물 위에서 깨지고, 웅덩이 위에서 바퀴가 부서져버리고(간과 신장 기능 부족)……
　(유대인 주석학자 모리스 자스트로의 '전도서 12장 1~6절'에 대한 해석)

　—시몬 드 보부아르 지음, 홍상희 등 2인 역, 《노년》, 책세상, 2022, p.129

왜 나이가 들수록
시간이 빠르게 가는 것처럼 느껴지는가?

어렸을 때는 시간이 지루하게 안 가는데, 나이가 들면 시간이 아주 빨리 간다고 말한다. 시중에서는 '20대는 20km의 속도로 60대는 60km의 속도로 간다.'는 말이 떠돌아 다닌다. 또 '인생 예순은 해(年)로 늙고, 일흔은 달(月)로 늙고, 여든은 날(日)로, 아흔은 때(時)로, 백세가 되면 분(分)마다 늙는다'는 격언이 있다. 이는 나이가 들어 갈수록 늙어가는 속도에 가속이 붙는다는 얘기일 것이다. 시몬 드 보부아르는 "우리 인생의 서로 다른 시기마다 시간이 흐르는 속도가 달라진다. 나이가 들수록 시간은 빨리간다. 그래서 노인에게는 일 년이라는 시간의 길이는 비참할 정도로 짧게 여겨진다."(시몬 드 보부아르 지음, 홍상희 등 2인 역, 《노년》, 책세상, 2022, p.523)고 말한다. 또한 톨스토이는 이렇게 말했다고 전해진다. "다섯 살배기에서 지금의 나까지는 한달음이다. 하지만 신생아에서 다섯 살배기까지는 어마어마하게 멀다." 똑같은 시간인데 왜 다르게 느껴지는지 궁금하지 않는가?

남자들은 군대를 제대하고 난 후 어른들이 "아니 벌써 제대했니?"라고 하는 말을 들어본 적이 있을 것이다. 나도 군 전역 후 몇 번 그런 말을 들은 적이 있었는데, 나에게는 엄청나게 길게 느껴지는 시간이었는데 타인에게는 짧게 느껴진 모양이다. 젊은 내가 느낀 시간과 나이 든 어른이 느낀 시간의 속도가 같지 않다는 얘기다.

그 이유를 법륜스님은 "젊을 때는 어른이 되기를 기다리니까 시간이 안 가는 듯한 겁니다."(법륜 지음, 《인생 수업》, 한겨레엔, 2023, p.9)라고 말했다. 비슷하게 독일의 안젤름 그륀 신부(1945~현재)는 "추측컨대 아이들은 미래의 시간이 놓여 있고 그 삶을 살고 싶어 안달이다. 그래서 기다리는 시간이 길게 느껴진다. 노인들은 긴 과거를 가지고 있으며 경험도 많다. 그래서 과거에 대한 상념에 잠겨 사는 노인들이 많다. 과거 속에 사는 사람에게 현재는 빠르게 스쳐 지나가는 일각에 지나지 않는다. 그러니 과거를 회상하노라면 시간이 빨리간다."(안젤름 그륀 지음, 김진아 옮김, 《노년의 기술》, 오래된미래, 2011, pp.24~25)고 말하고 있다.

쇼펜하우어는 "회전하는 원반 위에 놓인 각각의 점이 중심에서 멀리 떨어져 있을수록 더 빨리 도는 것처럼 인간의 인생도 출발점에서 멀어짐에 비례하여 시간이 더 빠르게 흘러간다."고 말했다. 또한 쇼펜하우어가 인간의 기분을 조사한 바에 따르면 "일년의 길이는 일 년을 인간의 나이로 나눈 값에 비례한다고 볼 수 있다. 예를 들어 다섯 살 때는 일 년이 나이의 5분의 1이지만, 쉰 살에는 50분의 1이 된다."(아르투어 쇼펜하우어 지음, 박제헌 역, 《남에게 보여주려고 인생을 낭비하지 마라》, 페이지2북스, 2023, p.331)는 것이다.

또한 스위스 출신의 정신의학자 폴 투르니에(1898~1986)는 "시간의 흐름은 생리학적 메카니즘에 따라 그 속도가 빨라진다."(폴 투르니에 지음, 박명준 역, 《인생의 사계절》, 아바서원, 2021, p.103)고 말한 바 있다.

프랑스 작가이자 여성 해방 운동가 시몬 드 보부아르(1908~1986)의 말을 빌리자면 "청년기부터 노년에 이르기까지의 시간의 평가가 달라지는 데에는 이유가 있다. 어떤 나이에 든 사람에게는 언제나 같은 크기와 형태로 축소된 자기의 삶, 뒤돌아볼 인생이 있다는 사실이다. 뒤돌아보는 과거 20년은 60년과 맞먹는다. 그래서 시간의 단위들은 다양한 길이를 갖게 된다. 다섯 살 때의 한 해는 50세 때의 한 해보다 열 배나 더 길게 느껴진다. 분명 이것은 명확한 계산 아니라 즉흥적인 인상이다."(시몬 드 보봐르 지음, 홍상희 등 2인 역, 《노년》, 책세상, 2022, p.525)

쇼펜하우어는 "어른에게도 하루하루가 길게 느껴지는 때가 있는데 그것은 바로 여행할 때이다. 여행을 하면서 보내는 한 달은 집에서 보내는 넉달보다 더 길게 느껴진다."(같은 책, p.524)고 말하고 있다. 또한 프랑스 문학가 외젠 이오네스코(1909~1994) 역시 어린시절의 느낌으로 시간의 지속을 회복하기 위한 최상의 방법은 여행이라고 생각했다. "여행을 하며 새로운 마을을 알게 되는 것은 사건들의 빠른 흐름을 늦추어준다. 낯선 지방에서 보내는 이틀이라는 시간은 일상적인 장소에서 보내는 시간, 소모되어 닳고 닳은 시간, 습관으로 왜곡된 시간의 30일의 가치를 지닌다."(같은 책, p.527)

앞에서 말한 것들은 주관적 느낌을 말한 것이지만, 이것들을 과학적으로 설명한 사람들이 있다. 이른바 뇌과학자들이다. 세계적인 뇌과학자 데이비드 이글먼David Eagleman에 따르면 시간 감각은 인간의 뇌가 정보를 처리하는 시간과 깊은 관계가 있기 때문에 느리게 느끼는 시간과 빠르게 느끼는 시간이 다르다고 말하고 있다. 시간 감각은 오감(미각, 후각, 청각, 시각, 촉각)과 다르게 직접적으로 느껴지지 않는 감각이다. 그러나 오감처럼 시간 감각도 감각에서 수집한 정보를 인간이 이해할 수 있는 형태로 바꾸어 주는 방식은 시간 감각도 동일하다. 우리의 뇌는 정보를 해석하는데 시간이 걸린다. 그래서 우리가 경험하여 잘 알고 있는 정보는 빠르게 처리하지만 새로운 정보나 새로운 경험을 하게 되면 알기 쉬운 정보로 변환하는데 많은 시간이 걸린다. 이 과정에 걸리는 시간이 감각에 크게 영향을 주게 되고 우리가 느끼는 시간이 빨라졌다 느려졌다 한다.

새로운 정보가 입력되면 시간이 길게 느껴진다는 점에서 쇼펜하우가 말한 "여행을 하면서 보내는 한 달은 집에서 보내는 넉달보다 더 길게 느껴진다."는 말이 이해가 간다.

인생을 길게 사는 방법

1. 여행하라

여행을 하면 하루가 길게 느껴집니다. 새로운 사람, 장소, 음식 등 모든 것이 새롭습니다. 그만큼 뇌는 정보처리에 많은 시간이 소요됩니다.

2. 공부하라

학창시절 수업시간이 지루했던 이유는 처음 듣고 보는 정보들이 뇌에 쏟아져 들어오기 때문입니다.

3. 새로운 사람과 만남을 가져라

만나는 사람이 항상 똑같으면 스트레스는 적지만, 뇌는 별로 활동하지 않습니다.

4. 새로운 운동(활동)을 시작하라

새로운 운동은 이전에 경험하지 못하였기 때문에 경험을 처리하는데 많은 시간이 소요됩니다. 그 많큼 뇌는 깨어 있다는 얘기입니다.

5. 능동적으로 행동하라

능동적이고 자발적인 행동을 하게 되면 뇌는 모든 정보에 귀를 기울이게 됩니다. 그러나 수동적으로 하면 시킨일에만 집중하게 됩니다.

왜 노인이 젊은이보다 더 행복하다고 느낄까?

인간은 누구나 죽는다. 그렇다고 누구나 늙는 것도 아니다. 그러니 노년이 된 것을 후회하거나 억울해 할 필요는 없다. 노인이 될 때까지 그 나름대로 고통과 고난, 온갖 어려움을 무릅쓰고, 그 자리에 도달한 것이니 자랑스런 일이다. 노인들은 그 나이까지 살면서 많은 즐거움을 느껴봤을 것이다. 인생의 어느때나 즐거움과 고통은 혼존한다. 동전의 양면과 같다. 달이 차면 기울 듯이 항상 즐거움만 있는 것이 아니고 고통이나 나쁜 점도 있다.

노인에게 나쁜 점은 바로 육체의 노화이다. 나이가 들수록 육체는 힘이 빠지고 쇠약해지니, 갈수록 나빠질 일만 남았지 좋아지지는 않는다. 실학자 성호 이익(1681~1763)은 《노인의 열 가지 좌절》라는 글에서 노년의 나쁜 점을 고백했다.(이숙인 등 8명 지음, 《노년의 풍경》, 글항아리, 2015, p.100)

대낮에는 꾸벅꾸벅 졸음이 오고 밤에는 잠이 오지 않으며, 곡할 때에는 눈물이 없고, 웃을 때에는 눈물이 흐르며, 30년 전 일은 모두 기억해도 눈앞의 일은 문득 잊어버리며, 고기를 먹으면 뱃속에 들어가는 것은 없이 모두 이 사이에 끼며, 흰 얼굴은 도리어 검어지고 검은 머리는 도리어 희어지는 것이다.

―《성호사설》 제15권 〈인사문〉 '노인십요'

반면에 다산 정약용(1762~1836)은 〈노인 일쾌사老人一快事〉에서 늙음의 현상을 오히려 즐거워하며, 늙음의 구차함이나 초라함을 개의치 않음을 볼 수 있다. 한시로 된 이 연작시 일곱 수 중 제1수만을 소개한다.

늙은이의 한 가지 유쾌한 일은 민둥머리가 참으로 유독 좋아라
머리털은 본디 군더더기이건만 처치하는 데 각각 법도가 달라
예문 없는 자들은 땋아 늘이고 귀찮게 여긴 자들은 깎아버리는데
상투와 총각이 조금 낫기는 하나 폐단이 또한 수다하게 생겼고
높다랗게 어지러이 머리를 꾸미어라 ……
이제는 머리털이 하나도 없으니 모든 병폐가 어디에 의탁하리오
감고 빗질하는 수고로움이 없고 백발의 부끄러움 또한 면하여라
……
말총으로 짠 때 묻은 망건일랑 꼭꼭 접어 상자 속에 버려 두나니
평생을 풍습에 얽매이던 사람이 이제야 쾌활한 선비 되었네 그려

―이숙인 등 8명 지음, 《노년의 풍경》, 글항아리, 2015, pp. 187~188

성호 이익(1681~1763)과 다산 정약용(1762~1836)은 거의 동시대를 산 분이지만 노화에 대한 인식은 달라 보인다. 각 개인이 노화를 어떻게 받아들이고 살아가는가 하는 것이 중요하다고 볼 수 있다.

르네상스 시기에 프랑스 철학자인 몽테뉴(1533~1592)는 "노년에 발견한 유일한 위안은 인생을 혼란하게 만드는 내부의 수많은 욕망과 걱정을 노년이 약하게 해 주었다는 것이다. 노년은 세상에 대한 걱정, 재산·지위·학문·건강·나 자신 등에 대한 걱정을 약하게 해 주었다."(몽테뉴 지음, 민희식 옮김, 《수상록》, 육문사, 2021, p.501)고 기술하고 있다. "노년에 위로가 되는 사실은 인생의 여러 가지 일을 모두 모두 끝마쳤다는 점이다. 그러므로 가장 행복한 사람은 정신적, 육체적으로 심각한 고통없이 인생을 보내는 사람이지, 활기 넘치는 기쁨이나 최고의 향락을 맛본 사람이 아니다. 활기 넘치는 기쁨이나 최고의 향락을 인생의 행복을 가늠하는 잣대로 삼으려는 사람은 잘못된 기준을 택했다."(아르투어 쇼펜하우어 지음, 박제헌 옮김, 《남에게 보여주려고 인생을 낭비하지 마라》, 페이지2북스, 2023, p.182)

또한 16세기 베네치아의 귀족 코르나르-65세에 놀라운 건강을 누렸던-는 "비록 나이를 많이 먹기는 했지만, 나는 지금의 내 나이를 인생에 있어 가장 아름답고 유쾌한 시절로 여긴다. 나는 지금의 생활과 나이를 가장 풍요로운 젊은 시절과 바꾸지 않을 것이다."(시몬 드 보봐르 지음, 홍상희 등 2인 역, 《노년》, 책세상, 2022, p.425)고 말했다고 한다.

프랑스의 사상가요 문학가였던 베르나르 드 보비에 시외르 드 퐁트넬(1657~1757)은 100살까지 살았으며, 그가 인생에서 가장 행복한 때는 '육십에서 여든까지'라고 했다. 이 나이에 사람들은 안정된 자기를 갖고 있어 더 이상 야망을 품지 않으며, 더 이상 아무것도 갈망하지 않고, 스스로 뿌린 씨를 향유한다. 수확의 시기인 것이다.

"다시 산다면 몇 살로 돌아가고 싶으시냐?"는 동아일보의 송평인 논설위원의 질문에 김형석 교수는 "제일 좋은 나이가 60세에서 75세가 아닌가 합니다. 60세 이전에는 인생이 뭐냐고 물어보면 자신이 없고, 진정 행복이 무엇인지도 체험하지 못했습니다. 인생이 뭔지 알고 행복이 뭔지 알면서 발전하는 시기가 60에서 75세라고 생각합니다." 라고 말했다고 한다.

앞에서 말했듯이 나이가 들어 갈수록 시간이 빠르게 흐른다고 느낀다. 노년으로 갈수록 시간의 흐름 속도가 빠르다고 느낀다면 노년에 겪는 지루함을 줄여줄 수 있다. 키케로의 말을 빌리면 노쇠와 육체적 고통이 오기 직전의 시기를 인생 의 전성기로 보는 것이다. "성년이 되면 지루함은 점점 사라진다. 노인에게 시간은 언제나 짧아서 하루가 쏜살같이 지나가 버린다. 이렇게 시간의 흐름에 가속이 붙어 노년에는 대개 지루함이 사라지고 다른 한편으로는 열정과 그에 따른 근심도 잠잠해진다. 그러니 전체적으로 건강만 유지된다면 삶의 부담은 실제로 젊을 때보다 적다. 그래서 노년에 쇠약해지고 육체적 고통이 찾아오기 이전의 시기를 '전성기'라고 부른다."(아루투어 쇼펜하우어 지음, 박제헌 옮김, 《남에게 보여주려고 인생을 낭비하지 마라》, 페이지2북스, 2023, p.332)

일반적으로 사람들은 늙음보다는 젊음을 선호한다. 그럼에도 불구하고 젊은이와 노인을 대상으로 한 행복의 비교연구를 보자면 노인이 더 행복하다는 연구결과를 얻었다고 한다.(한소원 지음, 《변화하는 뇌》, 바다출판사, 2021, p.29) 한소원 교수는 노년 심리학자 칼스텐슨L. Carstensen의 말을 인용하여 그 이유가, 인생을 무한한 것으로 보지 않고 죽음을 수시로 의식적으로 떠올리면서 자신에게 살 수 있는 날이 한정되어 있음을 생각하는 차이라고 설명한다.(같은 곳) 한소원 교수는 "생명의 한계를 인정하게 되면 모든 것을 다하려고 애쓰기보다 선택을 하게 되고, 이런 선택이 가치체계의 변화를 만든다. 젊었을 때는 일에서 업적을 이루는 것을 높은 가치로 두는 경향이 있고 성취 중심적인 목표를 가지고 산다. 그러나 나이가 들어가면서 이러한 가치체계는 성취가 아닌 정서적 목표로 변하는 경향이 있다. 정서적 목표를 선택하고 집중하는 노인들은 정서적 조절 능력이 높아지게 되므로 좀 더 삶을 행복하게 느끼게 되는 것이다."(같은 책, p.133)라고 말했다.

재미있는 것은 9·11 테러 이후 뉴욕의 수많은 펍이나 스포츠바 등을 찾는 사람들이 그곳에서 과거보다 더 쉽게 애인을 만들기도 하고, 새로운 사람들과의 만남에 더욱 적극적인 풍경이 나타났다는 것이다.(같은 책, p.31) 이는 곧, 죽음을 의식한 계기를 경험하면서 성취 위주의 가치관에서 정서적인 가치관으로 목표가 바뀐 것이라 볼 수 있다.(같은 곳)

우리는 어떤 모습으로 늙는 것이 좋을까?

나이 들어 살아가는 모습은 천차만별이다. 그야말로 각양각색이다. 눈여겨 볼 것은 '세 살 버릇 여든까지 간다'는 말이다. 참 고치기 어려운 것이 사람의 성격인 모양이다. 이러한 노인의 삶을 아홉 가지 유형으로 구분하면 다음과 같다. 이근후 교수가 구분한 다섯 가지(첫째~다섯째까지)(이근후 지음, 《나는 죽을 때까지 재미있게 살고 싶다》, 갤리온, 2014, pp.179~180)와 유경 작가의 네 가지(여섯째~아홉째까지)(유경 지음, 《마흔에서 아흔까지》, 서해문집, 2012, pp.198~202)를 인용한다.

첫째, '은둔형'이다. 세상과 인연을 끊고 사회활동을 중지하는 사람이다. 늙어버린 자신의 초라한 모습을 보여주기 싫어하는 형이다. 한때 권력이나 명예, 부를 소유했던 사람들이 과거를 자기 자신의 모습으로 착각하는 데서 비롯된 것일 수 있다.

둘째, '분노형'이다. 세상 돌아가는 것이 마음에 들지 않는 형이다.

자기가 하면 그렇게 하지 않을 텐데, 후배들이, 젊은 사람들이 세상을 망쳐놓는 것 같아 울분이 터진다.

셋째, '자학형'이다. 모두 내탓이라고 자학하는 사람이다. 자식들이 못사는 것도 내 탓이라고 생각하는 등 모든 잘못을 자기에게 돌린다. 또한 젊었을 때는 한가락 했는데 늙고 병든 지금은 세상에 폐를 끼칠 뿐, 아무런 소용도 없는 존재라고 스스로를 괴롭히는 것이다.

넷째, '무장형'이다. 젊었을 때보다 더 열정을 쏟으면서 살아가는 노익장들이다. 스스로 동기부여를 하는 이들이지만 간혹 의욕이 지나쳐 주위 사람들을 곤란하게 만들기도 한다.

다섯째, '성숙형'이다. 육체는 비록 늙었지만 정신은 인격적으로 성숙한 노인들이다. 이들은 인생의 경과를 정직하게 바라보며 자연스러운 변화를 있는 그대로 받아들인다. 바로 이상적인 노인의 삶이다.

여섯째, '조로형'을 들 수 있다. 마치 인생에 대하여 이미 다 알고 있다는 듯 행동하나 정작 자신의 노화도 제대로 받아들이지 못하는 사람들이 이 유형에 속한다. 누구나 다 이렇게 늙어가려니 생각할 뿐이다. 그러니 남은 인생에 대한 계획도 없고 배우려고도 하지 않는 형이다.

일곱째, '응석형'이다. 자녀나, 친구나, 주변 사람에게 끊임없이 응석을 부리며 어리광을 피우는 형이다. 아무도 가까이하고 싶지 않은 유형이다.

여덟째, '내 마음대로형'이다. 타인의 의견은 필요 없고 시키는 대로만 하라고 요구하는 형이다. 돈 있고, 힘 있는 어른들 가운데 많은 유형으로, 돈과 힘으로 밀어 붙이면 안 되는 일 없다고 생각해서 독선적으로 행동하신다.

마지막으로 '답답형'이다. 말이 통하지 않는다. 나이가 벼슬이며, 늙음이 자격증이라고 생각하는 분들 가운데 많은 유형이다. 옳고 그름도 없으며, 사회적인 통념이나 관례도 아무 영향을 미치지 못한다. 상대하는 사람이 답답함을 이기지 못해 항복을 하고 피해버리는 경우가 비일비재하다.

아홉 가지 유형 중 당신은 어떤 모습으로 늙어가기를 바라십니까?

WELL AGING

제2장

노년에
달라지는 것과
받아들여야 할 것들

노년에 달라지는 것들

'부모의 모습이 미래의 내 모습이다'라는 말이 있다. 부모의 모습을 이해하고 노인을 알기 위해서는 나이 들면 어떻게 변화되는지를 알 필요가 있다.

앞에서도 언급한 바 있지만 성호 이익(1681~1763)은 《노인의 열 가지 좌절》이라는 글에서 노인의 변화를 익살스럽게 표현하고 있다. 이익의 표현을 좀더 구체적이고 현대적으로 표현한 것이 작가 유경의 '노년이 되면 달라지는 것들'이다.(유경 지음, 《마흔에서 아흔까지》, 서해문집, 2012, pp.108~116)

하나, 몸이 변한다. 흰머리와 주름살은 물론 뼈가 가벼워지고 밀도가 낮아 쉽게 부러진다. 등이 굽어 키가 작아지고 근육량이 감소하고 폐활량이 적어진다. 체온 유지 능력이 떨어져 쉽게 감기에 걸리고, 밤에 소변 때문에 자주 일어나는 등 수면의 질이 떨어진다.

둘, 시각·청각·후각·미각이 전체적으로 둔해진다. 노화가 가장 먼저 오는 신체부위가 눈이라고 한다. 눈의 근육과 신경이 약해지고, 수정체의 탄력성이 떨어져서 노안, 백내장, 녹내장, 황반변성 등이 발생할 수 있다. 자외선, 흡연 등이 노화를 촉진한다. 그 다음 귀는 사람이 죽을 때 가장 늦게 기능을 상실하는 기관이다. 그럼에도 불구하고 잘 들리지 않으면 이해하고 판단하는데 지장이 생길 수 있다. 미각이나 후각은 시·청각처럼 큰 장애를 가지고 오지는 않지만 가스 냄새를 맡지 못해 위험을 초래할 수 있고, 음식을 너무 짜게 해서 불편할 수도 있다. 보통 파킨슨병 환자 10명 중 9명은 후각 이상을 동반하는 것으로 알려져있다. 파킨슨병은 뇌 속에서 비정상적으로 생성되는 단백질이 후각을 관장하는 전두엽을 손상시킨다.

셋, 기억력이 많이 떨어진다. 《노인의 열 가지 좌절》에서 언급하였듯이 '30년 전 일은 모두 기억해도 눈앞의 일은 문득 잊어버린다'고 한다. 기억력 감소는 노년층뿐만 아니라 젊은 사람들에게도 영향을 주는 문제입니다. 기억력 감소의 주된 원인 중 하나가 스트레스라고 합니다. 스트레스는 뇌의 기능을 저해하고 기억을 감퇴할 수 있기 때문에 관리가 중요합니다.

넷, 우울증 경향이 늘어난다. 노년기의 우울은 직접적인 증세로 나타나는 경우도 있지만, 흔히 불면증이라든가 체중 감소, 두통, 복통, 관절통증 같은 신체 증상에 가려져 있어서 '가면성 우울증masked depression'이라 부르기도 한다. 그러니 어르신이 몸이 아프다고 하실 때는 단순하게 신체에 나타나는 증상만 볼 것이 아니라 심리적 우울에서 오는 것은 아닌지 살펴봐야 한다. 심한 우울증은 자살의 가장 일반적인 원인이기도 하다.

다섯, 고집·아집이 늘어난다. 자신의 경험과 지식이 전부이고 옳은 것으로 생각하는 경향이 짙다. 그래서 자신의 방법과 습관만을 고집한다. 자신의 주장이 옳지 않거나 실제로 이득이 없는데도 불구하고 누구의 의견도, 어떤 말도 들으려 하지 않는다. 그래서 새로운 것을 받아들이기 어렵다. 새것을 익히려면 옛날에 배운 것을 버리거나 바꾸어야 하는데 그것이 잘 되지 않는다. 고집이나 아집은 노인의 특성 가운데 하나를 드러낸 것이라고 한다.

여섯, 자꾸 과거를 추억한다. '인생이 파란만장하다'라는 말이 있다. 이 말은 '사람의 생활이나 일의 진행이 여러 가지 곡절과 시련이 많고 변화가 심하다'는 의미다. 우리 부모 세대들은 일제 강점기에 태어난 세대이므로 독립, 해방, 전쟁, 독재, 민주화, IMF 등 그야말로 곡절과 시련이 많은 세대였다. 그래서 고생은 물론 이룬 것도 많아서 자랑하기도 하고, 원망하기도 한다. 나이 들면 살날이 얼마 남지 않았다는 것을 안다. 그러니 미래에 대해서는 희망이 없고 과거를 회상하면서 그 추억으로 지내게 된다.

일곱, 자기 중심적이다. 타인을 이해하고 너그럽게 품는 것이 아니라 '자기'만 생각하는 어르신들이 의외로 많다. '자기' 안에는 자기 식구, 자기 자식들이 포함되기도 한다. 그 마음속에는 '내 나이가 얼만데' 또는 '내가 살면 얼마나 산다고, 무조건 나부터!' 하는 마음이 자리잡고 있다. 나이가 들고 늙어가면서 기력이 떨어지고, 병들고 그래서 아프고, 외로운 것이 인간이고 그것이 현실이다. 노화를 어느 정도 지연시킬 수는 있지만 근본적으로 현실을 바꿀 수는 없다. 그러니 받아들일 수밖에 없다.

노화를 받아들이자

'나이는 숫자에 불과하다.'는 말이 시중에 널리 회자되고 있다. 나는 '나이가 숫자에 불과하다.'는 말 자체에는 동의하지 않는다. 이 말 속에는 자신이 어떻게 해서든 젊게 느끼고 있고, 늙는다는 것에 대해서는 알고 싶지 않다는 마음이 있다고 생각된다. 나이가 들었음에도 건강하고 정신적으로 총명함을 유지하는 것은 좋은 일이다. 하지만 실제 자신의 나이를 무시하고, 외면적으로 젊게 보이려는 욕망으로 가득차 있다면 바람직한 모습은 아닐 것이다.

독일의 실천철학 창시자 게르트 아헨바흐Gerd B. Achenbach는 속담을 수록한 책에서 "여러 민족의 속담 522개 중에 오늘날 우리가 흔히 사용하는 '나이는 숫자에 불과하다.'라는 표현은 하나도 없었다. 확실히 이 비슷한 것조차 없었다. 이런 표현은 최근의 것, 다시 말해서 현대인들의 표현이다."(피델리스 루페르트 지음, 정하돈 옮김, 《노년을위한 마음

공부》, 분도출판사, 2023, pp.8~9)라고 단정했다.

아헨바흐의 책 속에는 자기 나이를 인정하지 않는 사람을 희화화하는 말도있다. 아헨바흐는 안드레아스 그리피우스의 말을 인용하여 "네가 늙었기 때문에 사람들이 웃는게 아니다. 사람들은 네가 늙었는데도 절대로 늙지 않으려고 하기 때문에 웃는다."(같은 책, p.9)고 말한다. '나이는 숫자에 불과하다'는 말에서 '젊어지려는 욕망 추구'보다는 '언제든지 늦지 않았으니 도전하라'는 뜻으로 받아들인다면 노년의 품위에 적절하지 않을까 생각된다. 쇠(金)도 시간의 법칙 앞에 어쩔 수 없이 녹슬 듯이 인간은 시간이 지나면 노화되어 몸이 예전과 달라지는 것은 어쩔 수 없는 것이다.

의학의 발전에 힘입어 인간의 수명이 크게 늘어나 이른바 100세 시대가 다가오고 있다. 그럼에도 불구하고 노년이 되면 고통을 느끼고 행동에 지장을 받는 것은 사실이다. 이처럼 노년에는 쇠약해지는 몸과 체력의 한계를 받아들이는 것이 중요하다. 그러나 모든 인간은 한 번 늙기 때문에 늙어본 경험이 없어서 이런 한계를 받아들이기 어렵다. 그래서 반응이 각기 다르다. 어떤 사람은 자식이나 타인 앞에서 끊임없이 불평불만, 신세한탄을 한다. 또다른 부류들은 신체적 한계를 사실로 받아들이지 않는다. 그래서 예전과 같이 에베레스트 등반도 하고 마라톤도 시도하면서 자신의 몸을 압박한다. 그러나 불평이나 압박 둘 다 적절한 대응은 아니다.

그렇다면 받아들인다는 것은 무얼 말하는 것일까? 안젤름 신부는 "받아들인다는 것은 있는 그대로의 과거를 인정하는 것이다. 내 인생에서 일어난 모든 일이 모여 지금의 내가 만들어졌다. 그러므로 지금의 나를 있는 그대로 받아들이자. 그러나 억지로 인정하는 것은 진정으로 받아들이는 것이 아니다. 그 역사 속에서 펼쳐진 내 삶과 나 자신을 마음으로부터 긍정하는 것이 진정한 받아들임이다."(안젤름 그륀 지음, 김진아 옮김, 《노년의 기술》, 오래된미래, 2010, p.133)라고 말한다.

노화의 시기에는 여러 가지를 받아들여야 한다고 말한다. 그 중 하나가 '병들고 죽어가는 것을 받아들여야 한다'고 한다. "기계도 오래 쓰면 녹슬고 고장나 부품을 갈아주기도 합니다. 마찬 가지로 나이가 들면 약해지고 병들고 아픈 것이지요. 그래서 아프고, 그렇게 죽어가도록 만들어진 것이 인간이고 그것이 현실입니다. 그러한 삶의 현실을 바꿀 수는 없습니다. 그러니 받아들일 수밖에 없지요."(송차선 지음, 《곱게 늙기》, 샘터사, 2023, p.26, p.28)

그 둘은 '외로움을 받아들이는것.'이다. 인간은 원래 고독하고 외로운 존재이다. 왜냐하면 인간은 우주에 '내던져짐을 당[被投]'한 존재이기 때문이다. 송차선 신부의 말을 빌리면 "외로움에 더하여 소외감까지 밀려 온다면 어떨 때에는 견디기 힘들기도 할 겁니다. 그러나 그러한 인간의 모습은 피할 길이 없으니 즐기면 됩니다. 외로움을 즐긴다는 것은 외로움 자체를 받아들인다는 뜻이다. 이렇게 받아들이면 될 것을 받아들이지 못할 때 우리는 삶을 힘겨워합니다. 현실을 받아들이지 못하는 모습은 추하게 보일 수도 있습니다."(같은 책, pp.29~30)

그 셋은 '결핍을 받아들이는 것'이다. 고령화되면서 일반적으로 나타나는 현상 중의 하나는 독립성의 상실이다. 경제적으로나 신체적으로 누군가의 도움을 받지 않으면 혼자 살아가기가 어려워진다는 뜻이다. 취사와 청소, 빨래들을 혼자서 해결할 수 없을 때가 온다. 또한 입맛을 상실하니 먹는 것이 부실하다. 나의 어머니는 '나이 들면 입맛이 없으니 먹는 것이 제일 힘들다'고 하소연한다. 여럿이 먹을 때는 그래도 좀 나은데 아침, 저녁에 혼자 먹는 밥은 죽기보다 힘들다고 한다. 그런데 "노인은 자기의 잘못으로 나약해지고 가난해지는 것은 아닙니다. 그러니 어느 누구도 노인의 결핍을 나무랄 수 없고 또 노인 스스로도 원망할 이유가 없습니다. 그저 편하게 자신의 결핍을 인정하고, 그 결핍을 채워주려는 선의를 가진 사람들의 마음을 받아들이면 됩니다. 모든 것이 다 만족스럽고 마음에 들 수는 없습니다. 우리는 자신의 부족함을 받아들일 때 이웃의 부족함도 받아들일 수 있습니다. 그래서 먼저 자신과 화해하는 것이 우선되어야 하고 또 중요합니다. 자신과 화해해야 초연해진다는 것입니다. 자신의 부족함을 받아들여야 부족한 자신의 모습으로 부터 초연해지면 이웃과의 관계도 초연해질 수 있습니다."(같은 책, p.39~40)

마지막으로 '죽음을 받아들이는 것'이다. 인간은 언젠가 한번은 반드시 죽는다고 한다. 물론 지금 까지 지구상에 태어난 사람이 일천팔십억 명이고, 그 중 일천오억 명이 떠났지만,(마이클 셔머 지음, 김성훈 옮김, 《천국의 발명》, 아르테, 2019, p.11) 어느 누구도 죽음을 경험한 사람은 없다. 그래서 죽음을 알지 못하고 알지 못하니 두려운 것이다. 이 두려움 때문에 죽음을 받아들이지 못하는 것이다. 그러나 받아들이지 못해서 몸부리치며 추하게 죽어가는 것 보다 잘 받아들이고 편안하게, 존엄하게 죽는 것이 더 품위있는 죽음이 될 것이다. 죽음의 현실을 받아들이면 현재의 삶에 충실할 수 있고 마침내 그날이 오더라도 두려움이나 미련없이 떠날 수 있을 것이다. 마지막으로 노화를 긍정적으로 받아들이는 사람들과 부정적으로 받아들인 사람들에 관한 연구 결과를 소개한 코메디닷컴 보도를 인용한다.

미국 예일 공중보건대학의 심리학 교수 레비가 노인들을 대상으로 노화에 대한 인식 효과를 연구했다. 노인들은 컴퓨터 게임을 하면서 '현명하다', '많은 것을 성취했다' 등의 노화를 향한 긍정적인 고정관념이 담긴 언어들과 '노쇠했다', '의존적이다'와 같은 부정적인 고정관념의 언어들에 노출됐다.

교수팀은 게임 전후로 노인들로 하여금 이전에 봤던 점무늬에 대해 기억하고 스트레스 사건에 대해 이야기하도록 시켰다. 또 짧은 거리를 걷고 균형을 잡는 등의 과제를 요청했다. 연구 결과 대상자들이 노화에 대한 긍정적인 단어를 무의식적으로 인지했을 때 기억력이 더욱 향상됐으며 스트레스 받는 사건을 회상할 때도 혈압과 심박수가 감소했다. 신체능력 검사에서도 좋아졌다. 걷는 속도가 빨라지고 균형을 잘 잡았다. 반면 부정적인 단어에 노출된 사람들은 기억력도 나빠지고 스트레스 반응도 높아졌다.

레비 교수는 시간이 지난 후 사람들을 추적한 결과, 긍정적인 단어를 인식한 노인들의 경우 알츠하이머 유전자를 지니고 있을 때에도 치매에 걸릴 가능성이 현저히 낮은 것을 발견했다. 다른 연구에서 레비 교수는 이들이 평균적으로 약 7.5년 더 오래 살 수 있다는 것을 분석했다.

―코메디 닷컴, 최지혜 기자,
'늙어서 뭐하나'라는 생각…진짜 수명 짧아진다(연구), 2023. 8. 19.

노년에 주의해야 할 것

노년기에는 세상일에 심드렁해지고 걸핏하면 화를 내거나 안하무인으로 살아가는 노인들이 더러 있다. 이솝우화에 따르면 노인의 이러한 모습은 당연한 현상이라고 말하고 있다.

제우스가 사람을 만들고 짧은 수명을 주었다. 겨울이 되었을 때, 사람은 머리를 써서 집을 마련해 그 안에 들어가 살았다. 어느 날 추위가 극심해지고 비가 내리자, 더 이상 버틸 수 없는 지경에 이른 말이 허겁지겁 달려와서는 자기에게 피난처를 제공해달라고 사정했다. 사람은 말에게 수명의 일부를 주어야만 그렇게 하겠다고 말했고, 말은 흔쾌히 자기 수명의 일부를 내주었다. 얼마 지나지 않아 소도 자기 힘으로는 겨울을 무사히 날 수 없어 사람을 찾아왔다. 이번에도 사람은 수명의 일부를 자기에게 나눠주어야만 집으로 받아들이겠다고 말했고, 소 역시 자기 수명의 일부를 주고서야 집으로 들어갈 수 있었다. 마지막으로 개도 숨이 거의 끊어질 것 같은 모습으로 찾아와서 자기 수명 일부를 사람에게 내어주고서 피난처를 제공받았다. 그래서 사람은 제우스가 준 수명으로 살아가는 동안에는 순수하고 착하지만, 말에게 받은 수명으로 살아가는 동안에는 큰 소리를 치고 목을 꼿꼿이 세우며 허세를 부린다. 그러다가 소에게 받은 수명으로 살아가야 하는 시기에 이르면 위풍당당해지기 시작하고, 개에게 받은 수명으로 살아가는 시기에는 걸핏하면 화를 내고 짖어댄다.

—이솝 지음, 박문재 옮김,《이솝우화전집》, 현대지성, 2023, p.175
-말과 소와 개와 사람

그럼에도 불구하고 스스로를 노인이라고 생각하거나 노인 취급을 받는 사람들이 경계해야 할 것이 있다. 아나운서였던 작가 유경의 저서《마흔에서 아흔까지》에서 노년에 조심하고 주의해야 할 것 세 가지를 인용한다. (유경 지음,《마흔에서 아흔까지》, 서해문집, 2012, pp.108~116)

하나, 일을 욕심내지 마라

나이 들어 갈수록 할 수 있는 일의 범위는 점차적으로 좁아지게 된다. 그러나 그것을 솔직하게 받아들이는 사람과 그렇지 않은 사람의 삶은 매우 다르다. 최선의 노력으로 즉, 타인의 도움 없이 자기 스스로 할 수 있을 정도면 무슨 일이든 괜찮다. 일의 범위가 좁아지는 것을 긍정적으로 받아들이는 삶은, 그 상황에서 내가 어찌해야 될지를 생각하고 버거운 일부터 내려놓게 된다. 그리되면 본인은 물론 가족이나 주변사람들도 좋아하게 될 것이다. 반면에 일을 내려놓는 것을 받아들이지 못하는 사람은 가족이나 주변사람에게 민폐를 끼칠 수 있고 오히려 불화를 초래할 수 있다.

둘, 험담하지 말라

나이가 들면서 유순해지거나 맥이 빠지는 사람들도 있지만 인격이 황폐해져서 툭하면 타인의 험담을 하거나 비난하는 노인이 의외로 많다. 정말 볼썽사납다. 타인이 자신의 생각대로 움직여주지 않는 것은 당연한 일로, 그런 일로 상처받지 말고 타인의 마음을 고쳐주려는 생각을 버려야 한다. 관계없는 사람이나 대상에 대해서 화를 낼 필요도 없고, 아무리 해도 관심도 공감도 느낄 수 없다면 그저 조용히 물러서면 된다.

셋, 불평하지 마라

혼자 지내는 것은 지루하고 따분해서 싫고, 친구집에 가자니 빈손으로 갈 수도 없고, 집에 오면 피곤해서 싫다는 노인들이 있다. '잃는 것이 없다면 얻는 것도 없다'는 말이 있다. 하기는 싫고, 하자니 불편하고 해서 불평, 불만을 하는 노인들이 있다. 자신이 먼저 필요한 사람·장소에 다가가라. 그러면 소기의 목적을 달성할 수 있을 것이다. 키케로는 "불평을 늘어놓는 것은 성격이지 나이 탓이 아니다. 말하자면 절제할 줄 알고 까다롭거나 퉁명스럽지 않은 사람은 노년을 잘 참고 견딘다. 한편 무례하고 퉁명스러운 사람에게는 나이에 관계없이 인생이 괴롭기 마련이다."(마르쿠스 툴리우스 키케로 지음, 천병희 옮김, 《노년에 관하여 우정에 관하여》, 도서출판 숲, 2016, p.22)라는 말을 남겼다.

노화를 최대한 지연시키자

노화는 세월이 흐르면서 자연스럽게, 저절로 이루어지는 것이다. 질병, 부상, 사별, 은퇴, 자기애 상실 등이 발생하면 노화를 촉진하는 요인으로 작용한다는데 노화를 지연시키는 방법은 무엇일까?

우선적으로 은퇴를 최대한 늦추자. 지금까지 가족과 회사를 위해서 열심히 일해 왔기 때문에 퇴직 후에는 아무것도 하지 않고 놀고 싶다며 정년퇴직을 손꼽아 기다리는 사람도 있다. 이런 유형이 위험할 수 있다. 70대 때 단번에 늙는 사람은 전형적으로 은퇴한 직후부터 일체 활동을 그만두는 경우이다.(와다 히데키 지음, 정승욱·이주관 옮김, 《70세가 노화의 갈림길》, 지상사, 2022. p.49) 회사에 다닐 때에는 출·퇴근 시 어느 정도 운동량이 수반되고, 회사 내에서 지적 활동이나 의사 소통, 과제 수행 등의 활동으로 뇌가 활발하게 기능하게 된다. 어쩔 수 없이 조만간 퇴직을 맞이할 단계라면, 퇴직 이후 무엇을 할 것인지 미리 준비를 해둬야 한다.(같은 책, p.50) 퇴직하고 잠시 쉬었다가 다음에 무엇을 할지 생각한다면, 어느새 게으른 생활에 휩쓸려 습관으로 굳어버리는 경우가 허다하다.(같은 곳) 특히 70세가 넘어서 은둔생활을 하게 되면 단숨에 뇌기능, 운동 기능을 노화시켜 버릴 위험이 있다는 것을 충분히 이해할 필요가 있다.(같은 책, p.51)

"수명이 길어지고 100세 시대에 살고 있기 때문에 '은퇴한다'는 생각 자체가 노후 생활의 위험으로 다가온다. 은퇴로 생각하지 말고 언제까지나 현역 직업인으로 생활한다는 자세가 노화를 늦추고 긴 만년을 건강하게 보내는 비결이다."(같은 곳) 일하는 것이 노화를 늦추는 가장 좋은 방법이라는 것이 데이터로도 입증 되고 있다. 일본 나가노현은 평균 수명이 하위에 위치 하였으나, 1975년에 남성이 4위 1990년에는 1위를 기록했다.(같은 책, p.53) 2017년 10월 1일 기준 고령자 취업률은 나가노현의 남성이 41.6%로 1위, 여성도 21.6%로 1위에 자리했다.(같은 책, p.55) 집에 있지 않고 일하는 것이 운동기능, 뇌 기능의 노화를 지연시켜 노인의 수명을 연장하고 있다고 생각한다.(같은 곳)

두 번째는 '세로토닌'을 증가시키자. 나이가 들고 의욕 수준이 저하되는 이유에는 여러 가지가 있지만, 그 중 하나가 뇌 신경 전달 물질인 세로토닌 감소라고 알려져 있다. 세로토닌은 나이가 들수록 점점 감소한다. 이 때문에 나이가 들수록 의욕도 떨어지고 우울증에 걸리는 사람도 늘어나는 이치다. 세로토닌은 도파민처럼 화끈하지도 자극적이지도 않지만 은은한 즐거움을 준다. 금단이나 중독 증세도 없다. 세르토닌은 정서적이며 감정적인 행위를 비롯해 인간의 몸과 정신에 활력을 불어넣는 기능을 수행한다. 이시형 박사는 일상속에서 세르토닌을 만들어 내는 방법을 이시형 박사는 세 가지, 와다 히데키 의사는 두 가지를 소개하고 있다.

- **걷자**: 평소보다 조금 빠르게, 보폭은 넓게 걷는다. 5분만 걸으면 세르토닌이 분비되어 15분 후 피크에 오른다. 30분만 걸어도 하루에 필요한 운동이 된다.
- **씹자**: 음식은 30회씩 씹고, 한 끼 식사에 30분 이상을 할애한다. 꼭꼭 씹어야 뇌간이 자극되어 세르토닌이 분비된다. 5분 후면 세르토닌 분비, 30분이면 피크에 오른다.
- **공부하자**: 공부하면서 집중하는 시간은 잠자는 의식을 깨운다. 책을 읽다보면 깨닫는 순간이 있다. 이때 세르토닌과 도파민이 쏟아진다.(이시형 지음,《행복한 독종》, 리더스북, 2010, pp. 221~225)
- **고기를 먹자**: 세르토닌 생성을 촉진하는 가장 손쉽고 좋은 방법은 육류 섭취이다. 세르토닌의 재료가 되는 것이 트립토판이라는 아미노산인데, 가장 많이 함유되어 있는 식품이 고기이다. 고기를 적극적으로 섭취하면 세르토닌의 생성이 촉진되어 의욕저하를 막는 작용을 하게 된다.
- **일광욕을 하자**: 빛을 받으면 뇌속 물질 세르토닌이 다량 생성된다고 한다. 또한 햇볕을 받아 만들어진 세르토닌은 밤에 뇌 속에서 멜라토닌이라는 호르몬을 생성한다. 이 멜라토닌은 수면 호

르몬이라고도 불리며, 수면과 깊은 관련이 있다. 멜라토닌이 증가하면 숙면을 취하게 되고 불안감도 없어지며 우울증도 예방된다.(와다 히데키 지음, 정승욱·이주관 옮김,《70세가 노화의 갈림길》, 지상사, 2022, p.70, p.73, p.74)

세 번째는 운전면허 반납을 천천히 하자. 우리나라에서는 고령자 운전면허 자진 반납을 권고하고 있다. 반납 기준은 65세다(서울은 70세). 물론 자진 반납이라고는 하지만 노인의 입장을 전혀 고려하지 않은 처사라고 생각된다. 교통이 편리한 대도시에 살고 있는 사람이라면 자동차 운전을 그만두더라도 다른 이동 수단이 있다. 그러나 대도시라도 외곽에 거주하거나, 지방에 거주하면서 외출 시 항상 자동차를 운전하던 사람이 운전면허를 반납한다면, 밖으로 외출할 확률이 떨어지고 만다.

자동차를 운전할 수 있다면 사소한 일이라도 외출할 기회는 확실히 늘어난다. 그러나 자동차가 없으면 쇼핑도 어려워진다. 무거운 짐을 옮기는 것이 힘들어 자식이나 타인에게 신세를 질 수밖에 없게 된다. 그러면 운동 기능도 뇌 기능도 어느 날 갑자기 쇠약해져 버린다. 일본에서의 연구 결과를 살펴보자.

일본 쓰쿠바대학 연구팀은 2019년 '운전과 간병과의 상관관계'를 조사한 바 있다. 연구팀은 아이치현의 65세 이상 남녀 2,800명을 추적 조사했다. 2006년 시점에 간병받을 필요가 없다고 인정받은 이후에도 운전을 계속하는 고령자에 대해 2010년 8월 현재 운전을 계속하고 있는지 재차 물어 인지 기능을 포함한 건강 상태를 조사했다. 이어 2016년 11월까지 추적 조사해 운전 지속 여부와 간병 인정 관계를 분석했다. 분석 결과 10년 후 운전을 그만둔 사람은 운전을 계속한 사람에 비해 2016년에 간병을 받아야 할 상황에 처할 위험이 2.09배나 되었다." 또한 운전을 그만둔 뒤 전철이나 버스, 자전거를 이용한 사람은 운전을 계속한 사람에 비하여 간병 받아야 할 상황이 1.69배로 나타났다. 운전 대신 다른 이동 수단을 사용하고 있었다는 사람들조차, 운전을 그만둔 것이 생활에 미치는 영향이 커서 활동량이 떨어졌다고 생각된다. 운전 면허를 반납하게 되면 활동하려는 적극성이나 의욕이 감소한다.

— 같은 책, pp.61~62

타인의 도움이 필요할 때가 오고 만다

'스핑크스'라는 동물에 대하여 들어 보았을 것이다. 이는 그리스와 이집트 전설에 등장하는 동물로, 사자의 몸에 머리는 사람이나 양, 또는 매의 모습을 하고 있다. 이 스핑크스의 전설 중 가장 널리 알려진 일화는 스핑크스의 수수께끼 이야기입니다. 각설하고 그 수수께끼의 요지는 이렇다.

"아침에는 네 다리로 걷고, 낮에는 두 다리로, 저녁에는 세 다리로 걷는 짐승은 무엇이냐?"입니다. 정답은 사람입니다. 사람은 어려서 네 발로 기고, 커서는 두 발로 걷는다. 또 늙어서는 지팡이를 짚고 걸으니 세 발이다. 스핑크스의 수수께끼를 통하여 인간은 시작은 물론 마지막에도 타인의 도움을 받아야 되는 존재임을 알 수 있다.

사람은 태어나서 약 20여 년 동안은 부모를 비롯한 주변 사람들에게 의존하고, 그 후 사오십 년이 지나면 또다시 누군가에게 의존하는 삶을 살아야 한다. 사람에 따라 다르지만 운 좋은 사람은 몇 시간, 며칠이면 되지만 최악의 경우 몇십 년을 도움받아야만 하는 경우도 있다. 아기였을 때의 의존은 주변 사람에게 기쁨을 주지만, 늙어서 의존은 모두에게 슬픔이자 고통이다. 아기의 울음 소리는 그 집안의 기쁨과 번창을 의미하지만 노인의 불평과 고통의 소리는 그 집안의 슬픔과 걱정을 의미한다. 결국 다른 사람한테 절대 보여주고 싶지 않고, 결코 맡길 수 없으리라 생각하던 배변까지도 스스로 해결하지 못하는 날이 올 수도 있다. 그런 날이 오면 감사한 마음으로 받아들이되 그 도움을 당당하게 수용하는 자세도 필요하다. 인생의 마지막 시기에 다시 남에게 의존해야 하는 것은 참으로 모순되고 받아들이기 어려울 것이다. 그러나 이것 역시 피할 수 없는 과정이라면 기꺼움으로 받아들여야 할 것이다.

도움을 주는 것과 받는 것 중 어느 것이 더 힘들까? 사람마다 다를 것이다. 그러나 도움을 요청하는 것이 도움을 주는 것보다 더 힘들다고 한다. 도움을 많이 준 사람도 도움을 요청하기는 쉽지 않다. 특히 자존심이 센 사람한테는 더 어렵다고 한다.

> 오늘날 대부분의 미국 사람들은 자기 스스로 독립적으로 살아가는 것을 중요시하여 다른 사람에게 도움을 받는 것을 좋아하지 않는다. 자신이 의존적이고 빚진 자처럼 느껴지기 때문이다.
> ─해롤드 G. 쾨니그 지음, 유재성 역, 《아름다운 은퇴》, 학지사, 2006, p.159

자존심이 세서, 의존적인 존재가 되기 싫어서, 다른 사람에게 피해를 줄까 봐 등등의 사유로 도움을 요청하기 어렵다. 그러나 도움받는 시간이 하루 이틀이라면 자신이 해결할 수도 있지만 몇 주 몇 달 아니 몇 년이라면 자신이 해결할 수 있는 문제는 아니다. 그러므로 내 몸이 움직일 수 있을 때 남에게 기꺼이 도움을 주는 존재가 되어 보자. 그러면 도움을 요청하고 도움을 받는 것이 조금은 쉽지 않을까 생각된다.

노인 복지 현장에서 일하는 사회복지사들이 공통적으로 지적하는 사실이 있는데, 그것은 남자가 여자보다 훨씬 더 '취약하다'는 점이다.(한혜경 지음,《남자가, 은퇴할 때 후회하는 스물다섯 가지》, 아템포, 2014, p.224) 겉으로는 남자 노인들이 목소리도 크고 강해보이지만, 실제로는 조그만 불행에도 어쩔 줄 몰라 하고 한마디로 모든 종류의 위기에 취약하다는 것이다.(같은 곳)

우리나라 남자 노인들의 자살률이 OECD 국가 중에서 가장 높은 것도 이와 무관하지 않다. 힘들 때는 '도와달라'고 외칠 수 있는 용기가 필요하다. 힘들면서도 도와 달라고 말하지 않는 것은 당신을 돕고 싶어하는 많은 사람들에게 평생 지우지 못할 죄책감과 고통을 주는 일이다.(같은 책, p.227)

존경받을 것인지, 손가락질 당할 것인지 선택하라

많은 사람들이 늙어서 노인이 된다. 그런데 세상에는 두 종류의 노인이 있다. '어르신'과 '노인네'이다. 두 단어에는 존경과 무시가 각각 담겨 있다. 어떤 사람은 그 나이답게 사니까 존경받는 '어르신'으로 불리고, 어떤 사람은, 무시당하는 '노인네'로 불리는 경우가 있다.('노인네'는 노인을 속되게 부르는 표현으로 일반적으로 존중의 의미를 담지 않고 사용된다. 그러나 때로는 친밀한 사이에서 친근감을 나타내기 위하여 사용되기도 하므로 신중하게 사용해야 한다.)

'어르신'으로 사는 사람들은 자신의 나이에 어울리게 행동하지만 그 내면은 젊다. 겉으로는 나이 들었을지언정 마음이 젊은 사람의 경우에는 그 나이가 존경심을 자아낸다. 시력도, 청력도, 운동 능력도 모조리 잃은 사람이라 하더라도 타인으로 하여금 존경심을 느끼지 않을 수 없게 하는 위엄을 가지는 경우가 종종 있다. 그것은 그 사람이 일생 동안 무엇인가를 열심히 추구해온 결과일 수도 있고 별다른 재주가 없어도 겸허하게 타인에게 감사할 줄 아는 현명함에서 비롯되는 것일 수도 있다.

쿠페르트 신부는 요한 카시아누스(360?~435) 수도자의 말을 인용하여 "노년의 풍요의 기준은 흰 머리가 아니라 젊은 시절의 열성과 수고의 열매여야 한다. 흰 머리카락이 머리를 덮고 혹은 오래 살았다는 것만으로 노인을 따라가서는 안 된다. 젊은 시절의 삶이 칭찬받을 만하고, 온전히 성실한 사람으로 인정 받고, 불손하지 않고 선조들의 전승에서 가름침을 받은 이들을 따라가야 한다."(피델리스 쿠페르트 지음, 정하돈 번역, 《노년을 위한 마음공부》, 분도출판사, 2023, p.35)고 말했다. '존경 받는 노인'과 '손가락질 받는 노인'은 어떻게 다를까?

우선 '존경받는 노인'에 대하여 살펴보고자 한다. '아집이 없는 노인'은 존경받을 만하다. 인간은 누구에게나 고집이 있다. 고집 중에서 자신이 부여하는 절대적 가치, 진리에 대한 확신 등으로 고집을 부리는 것은 모르지만 그렇지 않은 경우, 고집은 버려야 할 아집이기도 하다. 송차선 신부는 "노인이 돼서 고집이 생기는 것은 자신이 경험한 부분적 진실성을 전체적 진실성으로 여기기 때문일 것입니다. 아는 것이 적은 사람은 자신이 알고 있는 것이 전부라고 생각하기 때문에 많이 아는 것으로 생각합니다. 반대로 아는 것이 많을수록 모르는 것이 더 많음을 알게 됩니다. 그래서 '가장 고집이 센 사람은 책을 딱 한 권만 읽은 사람'이라고 말하는 이유가 여기에 있습니다."(송차선 지음, 《곱게 늙기》, 샘터사, 2023, pp.116~121)고 말했다. 그만큼 아집을 버리는 것이 쉽지 않다는 것이고 그러니 아집이 없는 노인은 존경받을 만하다.

그 다음에는 '얼굴이 아름다우면' 존경받을 만한 가치가 있다. 링컨이 말했다. "마흔이 넘으면 자기 얼굴에 책임을 져야 한다. 마흔 이후의 얼굴은 스스로 만드는 것이다." 어려서 얼굴은 부모의 책임일 수 있다. 왜냐하면 사유하고 성찰할 나이가 아니기 때문이다. 그러나 나이 들어 특히 노년기의 모습을 부모의 탓으로 돌리는 것은 참으로 딱한 일이다.

어느 성형외과 전문의는 "얼굴에는 80여 개의 근육이 있고 그 중 약 50개 정도가 표정과 관련이 있다. 표정表情이란 한자 말 그대로 자기 마음의 상태가 겉으로 드러난 것을 말한다. 마음상태에 따라 같은 표정을 반복해서 짓게 되면 얼굴 근육이 그와 같은 형태로 굳어져 바로 얼굴 생김새가 되는 것이다. 우울한 사람은 우울한 얼굴을, 화가 많은 사람은 화난 얼굴을 하고 있다. 마음에 욕구불만이 가득하면 영락없이 얼굴이 어둡다."(아주경제, 닥터스미 성형외과 정지원 원장, 〈성형외과 전문의가 권하는 가장 아름다운 얼굴이 되는 방법〉, 전문가 기고, 2017년 6월 7일)고 말하고 있다. 전문가의 말이 옳다면 나이들어서 얼굴은 부모 책임이 아니라, 자기 책임인 것이다. 40만 되어도 자기 얼굴에 책임을 져야 된다는데 은퇴 후 나이 든 후에는 더 말할 나위가 없을 것이다.

청년의 아름다움, 노년의 아름다움은 모두 다르다. 그 나이다워야 아름다운 것이다. 사람과 식물을 단순 비교할 수 없지만 굳이 비교한다면, 꽃이 청년의 아름다움이라면, 단풍은 노년의 아름다움이다. 꽃이 외면적인 아름다움이라면 단풍은 내면적인 아름다움이라고 할 수 있다. 노년에 꽃이 될려고 하지 마라. 될 수도 없고, 되지도 않는다. 노년에는 내면의 모습이 몸 밖으로 비쳐나올 때 그 몸은 더욱더 아름답다. 인공적으로 만들어진 아름다움은 자연법칙에 어울리지 않는다. 얼굴은 내가 나 자신과 조화를 이룰 때, 내가 내 안에 온전히 존재할 때 아름다워진다.

안젤름 신부는 '늙어가는 일은 일종의 정신적 도전이다'라고 한다. "내가 내면의 아름다움을 발견할 때, 예수의 말대로 마음의 부를 쌓을 때 바깥으로 보이는 모습도 빛을 발한다. 얼굴에 주름이 있고 없고는 전혀 중요하지 않다. 중요한 것은 내 얼굴에서 근심, 걱정, 불만, 한탄이 아니라 감사하는 마음과 여유로움과 기쁨이 퍼져나가는 것이다."(안젤름 그륀 지음, 김진아 옮김, 《노년의 기술》, 오래된 미래, 2011, p.76) 사랑과 온화함, 영혼이 배어나오는 얼굴이 있다. 그런 얼굴은 아름답다. 그런 노인은 보는 사람을 기분 좋게 한다. 이처럼 사람을 기분 좋게 하는 노인은 존경받을 만하다.

또한 '현명한 노인'은 존경받을 만하다. 현명한 사람은 어떤 사람을 만나더라도 그 사람은 무언가 자기보다 뛰어난 것을 가지고 있다고 생각하는 사람이다. 만일 그가 자기보다 나이가 많으면 그 사람이 나보다 뛰어나다고 생각한다. 왜냐하면 그는 나보다 많은 시간을 살아왔기 때문에 선행을 쌓을 기회가 많았음에 틀림없기 때문이다. 만일 나보다 젊다고 하면 죄를 적게 지었으리라 생각해서 존중한다. 만일 나보다 풍족한 생활을 하고 있는 사람이라면 아마 나보다도 더 많이 자선을 베풀어 왔다고 생각한다. 나보다 가난하다면 그는 나보다도 훨씬 더 괴로워했기에 깊은 마음을 생각한다. 나보다 현명하다면 그의 지식에 대해서 경의를 표한다.

다음으로 '손가락질 받는 노인'에 대하여 살펴보고자 한다. '손가락질 받는 노인'은 눈살을 찌푸리게 하여 젊은이로부터 회피나 기피를 당하기도 하고 때로는 손가락질 받는 경우도 있다. 동양문화권에 있는 우리나라는 연장자 존경이 당연했다. 권위도 있었다. 조선시대 27명의 왕 평균 수명이 47세였고, 해방 전인 1942년도 백성의 평균 수명이 45세였다.(자료. 경성의대, 통계청) 그 당시에 오십, 육십이 넘은 사람은 매우 귀했다.(1960년대 우리나라 평균 수명이 51.1세였음) 인생을 살아낸다는 것이 얼마나 고단하고 힘든 일인데, 그래도 삶을 포기하지 않고 그 긴 세월을 이겨냈다는 것 자체로 충분히 존경받아 마땅한 것입니다. 그래서 노인들은 경험, 경륜을 가진 귀중한 자산이었고 희귀했으니 존경받고 권위가 있었다. 아프리카 속담에도 '노인이 죽으면 도서관 하나가 불타는 것과 같다'는 말이 있다.

그러나 지금은 그렇지 않다. 우리나라는 65세 이상 고령 인구가 20퍼센트(2024년도)를 넘는 초고령사회가 되었다. 다섯 명 중에 한 명이 노인이라는 얘기다. 군단위 지역에는 대부분 노인들만 거주하고 있다. 그러니 노인이 귀하지도 않고, 노인의 지혜도 필요 없다. 도서관이나 인터넷을 뒤지면 다 알 수 있기 때문이다.

지금 우리나라는 노인을 존중하는 환경이 아닌 것이다. 그런 마당에 나이 들어도 철들지 않은 사람이 더러 있다. 나이가 성숙과 비례하지 않기 때문이다. '나잇값도 못한다'는 말이 있듯이 나이에 맞지 않는 미성숙한 사람이 많이 있다. 젊은이들에게서 손가락질 받는 노인 대부분은 젊은 시절도 나쁜 행동을 일삼으며 살다 노인이 되어 그 행동을 멈추지 않는 사람이 대부분이다. 젊을 때 막 산 사람들이 나이 들어서도 마찬가지로 막 살게 되는 것이다. 이런 사람들은 노인이라는 것을 일종의 자격이나 권리로 생각하는 경향이 있다.

일본 지하철에서 일어난 사례를 적어본다. 버스에서 노인에게 자리를 양보하지 않는 젊은이가 있었다. 그러자 노인은 자리를 양보할 것을 요구했다. 젊은이도 잠자코 있지 않았다. "나는 오늘 피곤했기 때문에 버스를 한 대 더 기다렸다가 앉을 수 있는 버스를 탔습니다. 당신도 앉고 싶다면 비어 있는 버스를 기다리시오."(소노 아야꼬 지음, 오경순 옮김, 《나는 이렇게 나이 들고 싶다》, 리수, 2021, p.38)라고 대꾸했다.

일본에서만 이런 일이 벌어지는 건 아니다. 우리나라에서도 빈번하게 이런 일이 벌어지고 있다. 우리나라의 사례도 소개한다.

60대 초반으로 보이는 한 여자 분이 짝짝 껌을 요란하게 씹으면서 전차에 오르셨다. 그런데 내 근방에 자리를 잡자마자 다짜고짜 "에고고!" 소리를 하시는 것이었다. 끊임없이 혼잣말을 중얼거린다. "중얼거리면 누군가는 반드시 일어나고야 만다."고 하면서. 그때 그분이 큰 소리로 말씀하신다. "다들 자는 척하고 있는 걸 보니 자리 양보 받기는 다 틀렸네!" 너무도 기세등등하다. 한자리 건너에 앉았던 청년이 눈을 번쩍 뜨더니 벌떡 일어선다. 고맙다며 그 자리에 가서 앉으시면 될 것을, 그 옆에 앉은 사람을 툭툭 치며 "아가씨가 옆으로 좀 가. 내가 가장 자리에 앉게." 하신다. 이미 근처에 있는 사람들은 다 알아차렸다. 이 할머니가 지나치게 무례하고 경우가 없다는 것을. 그분 바로 앞에 선 내가 참다 못해 최대한 상냥한 목소리에 웃음을 담아 말씀 드렸다. "다리 아프시면 양보 좀 해달라고 하시면 되지, 젊은 사람들도 피곤해서 눈 감고 있을 수 있잖아요." 하니, 눈을 부릅뜨며 곧바로 쏘아붙인다. "그런 도덕군자 같은 소리 하지도 마. 일어나기 싫으니까 눈 감고 자는 척하고 있는 거 모를 줄 알고." 주위 사람들은 약속이나 한 듯 혀를 차며 고개를 돌려 버리고 말았다.

─유경 지음, 《마흔에서 아흔까지》, 서해문집, 2012, pp.241~242

어떤 사람이 빳빳한 새 지폐를 주면 우리는 즉시 받을 것이다. 싫어하는 사람은 거의 없을 것이다. 그런데 만약 그 지폐를 구기고 구둣발로 밟아서 더러워진 지폐를 주면 당신은 받을 것인가. 그래도 받는다. 왜냐하면 구겨지고 더러워졌어도 지폐의 가치는 여전하기 때문이다. 아무리 낡았어도 돈의 내재가치는 사라지지 않는다.

─조엘 오스틴 지음, 정성묵 옮김, 《긍정의 힘》, 두란노서원, 2006, p.83

우리는 누구나 늙고 병들어 죽는다. 때로는 늙고 병들어감에 비참한 생각이 들기도 한다. 하지만 새 지폐나 헌 지폐가 똑같은 가치가 있듯이 늙은이도 젊은이처럼 똑같은 가치가 있다. 지폐가 오래되어

낡고 구겨지고 변색되어도 본래 가치는 변하지 않듯이 사람도 늙어 쇠약해지고 쭈글쭈글해지고 변색되어도 내재적 가치는 변하지 않는다. 단지 지폐나 사람 모두 오래되면 외형적, 시각적으로 볼품없어지기는 마찬가지다. 따라서 어느 누구도 노인을 무시할 수 없고 노인의 가치를 앗아 갈 수 없다. 단지 노인 스스로 그 가치를 버리고 훼손할 뿐이다. 노인이 스스로 그 가치를 지킬 때 존중받을 것이고, 지키지 못할 때 손가락질 받게 될 것이다.

노년의 성찰과 성숙
―에스키모 두 할머니를 통하여

동서양을 막론하고 《고려장》 사례는 많다. 여기 두 할머니에 대한 에스키모판 《고려장》 사례는 실화다.

생존위기에 처한 에스키모 부족이 입을 덜기 위해 고령의 두 여인을 남겨 두고 떠나기로 결정했다. 두 여인은 거대한 얼음 광야에 둘만 있게 되었다는 것을 알자 경악했다. 그들은 한참을 한탄하고 죽음에 내던져졌다는 사실에 슬퍼했다. 그러다 75세 노인이 80세 노인에게 말했다.

"여기에 가만히 앉아 있다가는 죽을 것이 뻔해요. 그러니 우리가 죽어야 한다면 앉아서가 아니고 무엇이라도 하다가 죽읍시다."

두 여인은 비판적인 자기 성찰을 통해 삶의 의지가 생겼다. 그들에게 힘이 있다고 하더라도 부족의 생존에 더 이상 기여할 수 없다는 것이 분명해졌다. 그뿐 아니라 그들은 음식이 너무 적다고 계속 투정했고, 전혀 그렇지 않았음에도 예전이 모든 면에서 훨씬 좋았다고 한탄했었다.

"그렇게 여러 해를 보낸 다음, 이제 젊은이들은 우리가 무능한 사람임을 확신했고, 세상에서 더 이상 쓸모없는 사람임을 믿게 되었다."

그것이 얼마나 젊은이들을 힘들게 했는지 그들은 깨달았고 그래서 사람들이 그들을 떼어 놓으려고 한 것을 더 이상 놀라워하지 않게 되었다. 이러한 솔직한 자기 성찰은 그들을 희생자 역할에서 건

져내고 아직 수중에 있는 능력을 사용하게 한다. 그들은 예전에 배운 것들을 깊이 생각했고 이런 옛 능력에 대한 자각이 갑자기 다시 일을 감행하게 했다. 그들은 모피와 모자의 실을 풀어 바느질을 하기 시작했고 자리를 잡아 낚시를 하고, 불에 고기를 말렸다. 어느덧 예비품까지 비축하게 되었다.

  다음 해에 그들은 우연히 부족 사람 몇 명을 만나게 되었다. 그때도 부족은 생존 위기에 처해 있었다. 늙은 두 여인은 비축해 두었던 것들을 부족에게 내어 주었다. 그러나 그들은 부족에 다시 합류하지 않았다. 그들은 자유를 누렸기 때문이다. 그들의 말을 듣고서 부족 사람들은 그들에게 정중하게 경의를 표했다. 부족 사람들도 결코 다시는 부족의 노인들을 버리지 않았다. 두 여인은 나이가 들면서 성숙해지는 것을 소홀히 했다. 그러나 생명이 위협받는 상황에 처하자 그들은 깨어나서 자신의 자원을 동원하고 놀라운 성숙에 이르렀다. 이는 그들을 버리려고 했던 부족에게도 도움이 된 놀라운 성숙이었다.(피델리스 루페르트 지음, 정하돈 번역, 《노년을 위한 마음공부》, 분도출판사, 2023, pp.137~139)

노인 학대는 자신을 경멸하는 것이다

　조선시대 선비 이옥(1760~1815)은 〈각로선생전却老先生傳〉에서 "내가 늙음을 물리치려고 하는 이유는 늙은이를 멸시하는 풍조 때문이다."고 말하고 있다. 또한 중국 요임금이 지방을 순시할 때 이곳의 관리가 장수하시라고 축원을 하자 요 임금이 이를 거절했다고 한다. 이유를 물으니 장수하는 것은 욕됨이 많기 때문이라고 했다고 한다. 장자莊子에 전해오는 고사성어, '수즉다욕壽則多辱'이란 말이 있다. 이것은 "오래 살면 욕된 일이 많다"는 뜻이다. 아주 옛날부터 노인은 존중 받지 못하고 무시되는 경우가 다반사였던 모양이다.
　요즘에는 무시받는 것을 떠나서 학대받는 경우도 있다. 레오 버스카글리아 교수는 "자녀들이 나이 든 부모에게 손찌검을 합니다. 젊은 이들이 노인을 함부로 대합니다. 65세 이상의 노인 수천 명을 대상으로 인터뷰한 결과 고작 20퍼센트 만이 자신이 행복하다고 대답했다고 합니다. 나머지 80퍼센트는 자신을 피해자로 여긴다는 겁니다."(레오 버스카글리아 지음, 이은선 옮김, 《살며 사랑하며 배우며》, 홍익출판사, 2018, p.259)라고 말했다.

노인학대 유형은 다섯 가지로 구분할 수 있다.

첫 번째는 정서적 학대로서 가장 많은 비율을 차지한다고 한다.(황창연 지음, 《사는 맛 사는 멋》, 바오로 딸, 2024, p.234) 부모를 무시하고 대화 자체를 꺼려한다. 또한 손자 손녀들도 조부모를 멀리하는 경향이 있다. 늙은 부모에게 욕을 하거나, 화를 내고 같이 사는 게 지겹다고 대놓고 말하기도 한다.(같은 곳)

다음은 위생상 학대다. 더러운 옷을 갈아 입히지도 않고, 씻기지도 않으며, 아파도 병원에 데리고 가지도 않고 방치하는 것이다.

세 번째는 경제적 학대다. 우리나라 노인들이 자녀한테 한달에 받는 평균 용돈이 13만 3천원(2007년, 국가 인권위원회 심포지엄 발표 자료)이라고 한다. 경제적 학대가 노년을 더욱 비참하게 만든다. 자녀들 뒷바라지 하느라 무일푼이 되어, 가고 싶은 데도 못 가고 음식도 못 사먹으며, 집안에 갇혀 한숨 속에 살아가는 노인들이 많다.

네 번째 학대는 신체적 학대이다. 귀찮다고 때리고 빨리 죽으라고 때린다. 늙은 것도 서러운데 자녀한테 맞기까지 하면 억장이 무너질 것이다.(황창연 지음, 《사는 맛 사는 멋》, 바오로 딸, 2024, p.236)

다섯 번째는 쌍방간 학대다. 늙은 부부가 서로에게 하는 구박이다. 나이 들어 갈수록 남성은 소극적이고 집안으로 향하는데, 여성은 적극적이고 집 밖으로 향하는 경향이 있다. 그러니 할머니 기갈이 세지고 젊어서 소통하지 못한 할아버지는 매사에 당할 수밖에 없을 것이다. 반대로 젊어서부터 폭력을 행사해온 할아버지의 구박이 지속되기도 한다. 또 늙어서는 귀가 잘 안 들리니 서로 큰소리 치고 구박하기 십상이다.

할머니 할아버지가 무시당하고 학대받는 가정에서는 학대가 대물림된다는 것을 알아야 한다. 학대를 보고 자란 손자 손녀들이 어른이 되면 그대로 따라 할 것이기 때문이다. 효도를 본 적이 없는 손자 손녀는 효도를 할 수가 없다.

〈고려장과 지게〉는 현대를 사는 우리들에게 시사하는 바가 적지 않다. 이것은 고려장을 이행하려는 아버지와 아들에 관한 이야기다. 2018년 1월 30일 광주 광역시 북구 생용동 생용마을회관에서 주민 이맹순(여, 80)의 이야기를 채록한 것으로 다음과 같다.

> 어느 사람이 아버지를 고려장하기 위해 지게에 지고 갔다. 이때, 그 사람의 아들도 아버지와 할아버지를 따라갔다. 그 사람은 아버지를 땅에 묻고 지게를 그곳에 두고 가려고 했는데, 그 사람의 아들은 지게를 가지고 가자고 말하였다.
>
> "지게는 갖고 갑시다!"
>
> "뭣 헐라고 그냐?"
>
> 그 사람이 이유를 물으니, 아들은 이렇게 대답하였다.
>
> "아부지도 죽으믄 이 지게에 지고 와서 여어다가 묻을랑게."
>
> 그 사람은 아들의 말에 잘못을 깨닫고, 아버지를 짊어지고 집으로

돌아왔다.

—출처: 디지털광주문화대전

안젤름 신부는 "젊은이는 노인을 공경해야 한다. 노인을 경멸하는 사람은 자신의 일부를 경멸하는 사람이다. 그의 일부 또한 늙었고 그도 언젠가는 늙기 때문이다."고 말한다. "만일 자기 자신이 늙었음을 경멸하는 사람이 있다면 그는 스스로를 경멸하는 것이다. 자신을 존중하지 않은 것이다. 즉 노인을 존중한다는 것은 자신의 근원을 존중하는 것이다."(안젤름 지음, 김진아 옮김, 《노년의 기술》, 오래된미래, 2011, p.147)라고 했다. 공경은 무엇일까? "안젤름 신부의 말을 빌리면 앞서 산 사람들이 삶에서 이룩한 것, 주어진 전제조건 하에서 최선을 다해 이룬 그들의 역사를 존중하고 그것에 대해 내 삶으로 대답하는 것이 공경이다."(같은 곳)

자식은 세상에서 가장 나쁜 악성 보험이다

　자식은 나이가 들면 독립시켜야 한다. 독립 시기는 가정마다, 사람마다 차이가 있지만, 대게 4부류로 나뉘어진다. 고등학교 졸업 후, 대학 졸업 후, 취업 후, 결혼 후 등 네 부류이다. 물론 서양에서는 고등학교 졸업 후 독립하는 경우가 많으나 지금은 대출받은 학비 상환으로 인해 늦어지는 추세라고 한다. 그러나 한국에서는 사회 정서와 부모들의 집착에 가까운 사랑으로 결혼 후 독립하는 경우가 가장 많을 것으로 짐작된다. 어쨌든 모범 답안은 없는 것으로 보이지만 노후에 전혀 지장을 초래하지 않는 범위에서 독립시키는 것이 좋다.

　자식을 독립시키려면 부모가 중심을 잘 잡아야 한다. 부모가 자식에게 집착을 해서도 안 되지만 자식이 부모에게 기대게 해서도 안 된다. 부모가 사랑의 마음으로 행하는 많은 것들이 자식으로 하여금 의타심을 만들게 한다. 자식을 독립시킨다는 것은 자식은 부모로부터,

부모는 자식으로부터 독립한다는 의미이다. 자식에게 소유욕을 가지고, 감정적으로 많은 걸 기대하는 부모님들이 의외로 많다. 진정한 자유를 위해 서로의 독립이 필요하다.

법륜 스님은 《인생 수업》에서 "자식이 결혼하면 정을 딱 끊어야 합니다."라고 경고하고 있다. 한국의 노년 세대의 특징 중 하나는 근검절약형이라 자기 자신에게 돈 쓰는 것이 서툴다는 것이다. 지금의 육칠십 대는 배고픔을 아는 세대로서 주경야독하여 공부한 사람들이 많은 세대이다. 그런가 하면 부모를 봉양하고 자식을 양육해야 하는 낀 세대이기도 하다. 그래서 인내심도 많고 자신의 책임을 완수하려는 의지가 강하다. 반면에 놀아 본 경험이 없으니 놀 줄도 모르고, 마음놓고 돈을 써 본 경험도 없어서 자식들을 위해서는 돈을 잘 쓰지만 자신을 위해서는 돈을 쓸 줄 모른다. 자식은 배운대로 한다는 말이 있지 않은가. 부모가 꽃을 좋아하면 꽃을 사오고, 책을 좋아하면 책을 사오지만 좋아하는 것이 없으면 아무것도 사오지 않는다. 또한 부모가 돈을 쓸 줄 모르면 자식도 남을 위해 돈을 쓸 줄 모르니, 부모에게 돈을 쓰지 않는다.

오늘의 중장년층은 부모를 모시는 마지막 세대이며, 자녀로부터 배척받는 첫 번째 세대들이다. 노년에 자식한테 손 벌리지 않는 게 최고의 노후 대책이다. 그것을 모르고 노년을 맞이하면 노년의 삶이 초라해진다. 그리고 거추장스러운 존재가 된다.

많은 사람들이 자식에 대한 투자는 어느 정도가 적정한지 궁금해 한다. 그러나 거기에 정답은 없다. 그런데 은퇴자들이 하나같이 자식에게 너무 많은 걸 투자했다는 점을 지적하고 후회했다는 것이다.(한혜경 지음, 《남자가 은퇴할 때 후회하는 스물다섯 가지》, 아템포, 2014, p.138) 많은 사람들이 "지나고 보면 교육비를 꼭 그렇게 많이 써야 했나 싶다. 자식 교육도 중요하지만 나 자신에 대한 투자, 부부 노후 준비도 중요한데 말입니다. 그러다 보니 지금 와선 섭섭한 것도 많고…… 막상 우리 부부의 노후가 걱정입니다."(같은 책, p.140)라고 말한다.

자식에 대한 투자는 경제적, 정신적 투자비로 나누어 볼 수 있다. 경제적 투자 상한선은 자신의 노후 지장 여부이다. 아무리 투자를 적게 한다고 하여도 노후에 지장을 준다면 과투자이다. 따라서 노후 준비와 자식의 투자가 균형되도록 해야 한다.

다음은 정신적 투자 상한선을 정하는 것이다. 정신적 투자는 정신 교육을 말한다. 가정 환경이 별반 다르지 않은데 자식들의 행동이 아주 다른 경우를 많이 보게 된다. 어떤 자식은 부모에게 효도하고 형제와 우애 있게 지내는 경우가 있는데 어떤 사람의 자식은 그 반대인 경우가 있다.

이렇게 차이가 나는 것은 정신에 있다고 본다. 부모가 자식 교육비 마련하는 것이 힘들다는 것을 정서적으로 공감하는 자식은 부모에게 효도한다. 그 자식은 부모의 노력에 감사하고 부모의 고생에 동참하려는 사람이다. 반면에 부모가 대주는 교육비가 어떻게 마련됐는지에 관심이 없고 그 액수에만 관심있는 자식이 있다. 그 자식의 효도는 이미 물건너 갔고 끝까지 부모 골을 빼 먹을 사람들이다. 그러니까 자식의 정신적 투자 상한선은 부모의 고통에 동참하느냐 아니냐로 결정된다고 생각한다.

사실 자녀를 불효자로 만드는 것은 부모들이다. 늘상 "공부만 잘 해라. 그러면 모든 것이 잘 된다. 모든 것을 해주겠다."고 부모들이 말해오지 않았던가. 부모라고 해서 모든 것을 다 해줄 수 없다는 것을 알려줘야 한다. 원하는 대로 가질 수 없다는 것을 알게 해야 한다. 세상은 만만치 않다. 부모가 아무리 많은 걸 해준다 해도 자식은 험한 세상으로 가야 하는 존재다.

그런데 대부분의 사람들은 자식을 그렇게 키워야 한다는 것을 알고 있지만 실천하기가 어렵다. 왜냐하면 사랑은 내리사랑이기 때문이다. 우리 속담에 '내리사랑은 있어도 치사랑은 없다.'는 말이 있다. 이 말은 부모가 자식을 사랑하기는 쉽지만 자식이 부모를 사랑하기는 쉽지 않다는 말이다. 부모는 자신의 자녀에게 사랑을 준다. 하지만 그 사랑은 다시 부모에게 돌아오지 않고 그 자녀의 자녀에게로 간다. 이처럼 부모와 자식의 관계는 일방적이다. 그러니 부모는 자식을 키워서 세상에 보낸 이후에는 어떤 것도 기대해서는 안 된다. 그럼에도 불구하고 이 책을 읽는 독자―자식으로 살아가는 사람―들은 다음 글을 되새겨 볼 필요가 있다.

탈무드는 "성장해서 부모에게 슬픔을 안겨주는 자식은 부모를 저주하는 것과 비슷하다."고 말하고 있다. "부모에게 슬픔을 안겨주는 것은 고기를 썰기 위해 구입한 칼로 고기를 썰다 칼이 미끄러져 자신의 손가락을 벤 남자와 같습니다. 그는 이렇게 말합니다. '난 고기를 썰려고 칼을 구입했는데 결국 내 손가락을 베려고 칼을 구입했단 말인가?' 이것은 공경받기 위해 자녀를 낳은 남자가 결국 자녀에게 저주를 받는 것과 비슷한 경우일 것입니다."(조셉 텔류슈킨 지음, 김무겸 옮김, 《죽기 전에 한 번은 유대인에게 물어라》, 북스넛, 2016, p.179)

60살 넘은 부모가 다 큰 자녀 먹여 살리는 비율이 일본은 9퍼센트이고 홍콩이 11퍼센트인데 우리나라 부모들은 무려 83퍼센트나 된다.(황창연 지음, 《사는 맛 사는 멋》, 바오로딸, 2024, p.223) 70살이 되어서도 64퍼센트가 자녀들 먹고 사는 문제를 해결해 준다.(같은 곳) 대한민국 노인들은 죽을 때까지 문서 없는 노비로 자녀들을 위해 헌신한다. 더 이상 능력이 없어 자녀에게 잘해 주지 못하면 자녀는 무능한 부모라며 부모를 버리는 경우도 간간이 있다.(같은 곳)

영국 속담에 '세상에서 가장 나쁜 악성 보험은 자녀'라는 말이 있다. 현 시점에서 이 말은 한국에서 가장 잘 어울리는 말일 것이다.

제3장

노년의 다섯 가지 고통에 대하여

빈곤·질병·고독·무위·치매

빈곤의 문제

나이 들면 여러 가지 문제가 대두되는데 대표적인 것이 빈곤, 질병, 고독, 무위無爲라고 한다. 이른바 노년의 4고四苦라고 합니다. 노년에 이 네 가지 문제를 어떻게 헤쳐 나가느냐에 따라 노후의 행복이 좌우된다고 볼 수 있다. 어려운 일이지만 4가지의 고통을 슬기롭게 헤쳐 간다면 우리는 잘 늙어간다고 할 수 있을 것이다. 나는 이 네 가지 고통에 치매를 더하고 싶다. 왜냐 하면 대부분의 사람들은 암에 걸리거나 죽는 것보다 치매에 걸리는 것을 더 싫어하기 때문이다. 물론 치매는 질병에 속하지만 일단 걸리면 자신을 통제할 수 없는 두려움이 크므로 따로 떼어 하나의 항목으로 분류하니 노년의 고통이 5가지가 되었다.

5가지 고통이 노년에만 오는 것은 아니다. 인간이면 누구나 어느 시기에나 올 수 있다. 노년에 이것이 더 고통스러운 것은 은퇴 후 빈곤은 우리 가까이에 있기 마련이고 빈곤을 해결할 육체적 시간적 여유가 없다는 것이다. 그리고 몸은 쇠약해져서 작은 충격에도 견디지 못하고 면역은 저하되어 고통에 노출되기 마련이다. 또한 젊은이들도 제도적, 사회적으로 외로움을 호소하고 있는데 노인들은 더 말할 나위가 없는 것이다. 더불어 은퇴 후에 할 일 없이 여가시간만을 보내고 있는 노년은 하염없이 지루하기 마련이다. 거기에 덧붙여 치매까지 온다면 우리의 마지막은 고통 그 이상이 되고 말 것이다. 우리는 다섯 가지 고통을 어떻게 헤쳐나가야 할까?

제일 먼저 빈곤의 문제부터 확인해 보자.
OECD에서 노인 빈곤율 통계를 발표한 게 2009년부터인데, 빈곤율 1위는 계속 한국이었다. 2020년 기준 우리나라의 노인 빈곤율은 40.4%로 유일하게 40%를 넘는 나라이다. OECD 국가의 평균 노인 빈곤율은 14.2%에 불과하다고 하니, 우리나라는 정말 심각한 상황이라고 볼 수 있다. 노인 빈곤율은 상대적 빈곤율(65세 이상 노인 인구의 상대적 빈곤율(%) = 균등화 소득이 빈곤선 이하인 65세 인구수÷65세 이상 전체 인구수) 개념으로, 다른 사람에 비해 상대적으로 빈곤한 비율이다. 2022년 기준 처분 가능 소득의 중위 소득은 3,454만 원이고, 50%인 1,727만 원이 빈곤선이다.

우리나라가 빈곤율이 높은 이유는 부동산 비중이 높기 때문이다. 그래서 부동산을 제외한 소득만으로 산정하는 것은 잘못이라는 견해도 있다. 부동산 처분을 고려한다면 가처분 소득은 더 올라갈 것이다. 그래서 부동산 자산이 많은데 월소득이 적다고 빈곤층으로 분류해서는 안 된다는 것이다. 우리나라 노인들은 대부분 거주하는 아파트 등 부동산을 가지고 있다. 주택연금에 가입하면 매월 연금 형식으로 일정 금액을 받을 수 있다. 그렇게 되면 우리나라 노인 빈곤율은 떨어질 것이다.

그런데 많은 한국 노인들이 죽을 때 자식에게 집 한 채는 물려주고 싶어 한다. 그래서 선뜻 주택 연금 가입을 꺼려하는 것 같다. 이럴 경우 자식들에게 부모 봉양이라는 부담을 줄 수 있다는 것을 알아야 한다. 그리고 극히 일부 자식들은 부모의 부동산을 저당 잡혀 사업자금으로 활용하는 경우도 있다. 최악의 경우, 즉 노후에 길바닥에 나앉는 경우를 방지하고, 자식들의 부모 재산에 대한 의타심을 없앨 수 있는 주택연금 활용을 생각해 봐야 할 것이다.

옛말에 '가난은 나라님도 구제할 수 없다'는 말이 있다. 이 말은 어느 누구도 빈곤을 해결해 줄 사람은 없다는 얘기가 될 것이다. 특히 노년의 가난은 더욱 고통스럽다. 갈곳이 없는 노인들이 공원에 모여 앉아 있다가 무료 급식으로 끼니를 때우는 광경은 익숙한 풍경이 되었다.

물론 경제적으로 풍족하다고 해서 노후가 반드시 행복한 것은 아니다. 《당신은 당신이 생각하는 것보다 더 빨리 은퇴할 수 있다You Can Retire Sooner Than You Think》의 저자 웨스 모스는 1,200명을 조사한 결과 약 5억에 달하는 노후 자금이 있을 때 행복 지수가 정점에 도달했다는 사실을 발견했다고 한다. 그 액수는 대부분의 전문가가 은퇴할 때 가지고 있어야 한다고 권하는 저축 액수보다 훨씬 적다. 그러나 그러한 조사결과를 통해 일단 기본적인 욕구만 충족되면, 돈이 더 많다고 해서 더 행복한 것은 아님을 알 수 있다.

랍비 조셉 텔류슈킨은 가난이 얼마나 힘들고 견디기 힘든 것인지를 이렇게 인용한 바 있다.

> 만일 세상의 모든 아픔과 고통을 모아 저울의 한쪽 편에 올려놓고, 빈곤의 고통을 저울의 다른 쪽 편에 올려놓는다면, 저울은 빈곤의 고통을 올려놓은 쪽으로 기울 것이다.
>
> ─조셉 텔류슈킨 지음, 김무겸 옮김,
> 《죽기 전에 한 번은 유대인에게 물어라》, 북스넛, 2016, p.33

모든 연령에서 가난은 이렇게 견디기 힘든 것인데 노후의 가난은 삶을 비참하게 만들 수 있다. 율곡 이이는 '소년 등과登科, 중년 상처喪妻, 노년 빈곤貧困'을 인생의 3대 불행으로 꼽았다.

그런데 이 중에서 가장 큰 불행은 '노년 빈곤'이라고 나는 생각한다. 왜냐하면 '소년 등과'나 '중년 상처'는 노력 여하에 따라서 불행을 극복할 시간적 여유가 있기 때문이다. 그런데 '노년 빈곤'은 극복할 시간적 여유가 없다. 노년이 되어서 빈곤의 문제를 해결할 방법은 마땅치 않다. 이미 늦었다고 보는 것이 옳을 것이다. 그러니까 노후의 경제적인 문제는 노년이 되기 전에 즉, 은퇴하기 전에 준비되어야 한다. 물론 부족한 부분의 일부를 충당하기 위해서 계속 일을 할 수는 있지만 근본적인 해결책으로는 부족하다. 단지 여기서는 기존의 재산을 늘리는 것이 아니라 가지고 있는 재산을 적절히 안배하여 죽을 때까지 호화롭게 살지는 못하더라도 최소한의 품위를 지키면서 살 수 있는 방법에 대하여 생각해 보고자 한다. 왜냐하면 주변에서 부족한 자금을 충당하기 위해서 사업을 하려다가, 잘못 투자해서, 보증을 잘못 서서 있는 것마저 날려 버리는 우憂를 범하는 경우가 많은 것을 보았기 때문이다. 재산을 지키는 데는 은퇴 후 재취업으로 짬짬이 일하는 것이 좋다. 그 외 창업, 상속이나 빚 보증 등등에 대하여는 신중하게 생각해야 한다.

활동기(은퇴~75세)에는 짬짬이 일을 하라

앞에 말했듯이 노화심리학자 버니스 뉴가튼(1916~2001)은 55세부터 75세까지를 '젊은 노인young old'으로 구분했고, 현역 시절 만큼 왕성한 활동이 가능하다고 하여 이른바 '활동기'라고 부른다. 미국에서는 이 젊은 노인young old들을 '액티브 시니어'라고도 칭한다. 그런데 우리나라 은퇴자들은 은퇴 후 10~20년은 활동이 가능한데도 경제적인 이유로 활동이 위축되다 보니 만족도가 떨어질 수밖에 없다. 많은 은퇴자가 은퇴 후 사오 년이 지나면 하루의 대부분을 집에서 보낸다. 국민연금, 퇴직연금으로 생활비만 겨우 충당할 수 있을 뿐 다른 여가 활동은 좀처럼 엄두를 낼 수 없기 때문이다. 물론 70대에 세상을 떠난다면 그렇게 걱정할 필요가 없을 것이다. 그런데 2040년에는 평균수명이 90세, 2060년에는 100세에 이르게 된다는데, 활동기(은퇴~

75세) 이후에도 15~25년이라는 긴 시간이 남아 있다. 그 긴 시간을 고려하면 활동기에는 신체에 맞는 아르바이트나 적절한 파트타임 직업을 통하여 소득 보전이 필요하다. 비록 젊어서 충분한 자금을 예비해 두지 못했더라도 50~60대라면 지금이라도 늦지 않았다고 생각한다. 이솝우화에서 나오는 '개미와 베짱이'를 들은 바 있을 것이다. 형편이 좋을 때 미래를 대비해 놓지 않으면 안 좋은 시절이 찾아왔을 때 심한 고생을 하게 된다는 이야기다. 이솝우화에 나오는 또다른 사례를 소개한다.

> 개미가 여름철 들판을 누비고 다니며 밀과 보리를 모아 겨울에 먹을 양식을 저장해 놓았다. 다른 동물들은 일을 그만두고 한가롭게 편히 지내는 시기에 힘을 들여 열심히 일하는 개미를 본 쇠똥구리는 이상하게 생각했다. 하지만 그때 개미는 아무 말도 하지 않고 가만히 있었다. 그러다가 겨울이 찾아와서 비바람이 몰아쳐 쇠똥이 다 없어지자, 굶주린 쇠똥구리는 개미를 찾아가 먹을 것을 좀 나누어 달라고 부탁했다. 그러자 개미가 쇠똥구리에게 말했다. "쇠똥구리야, 내가 힘들여 일할 때, 나를 이상하다고 헐뜯지 말고 너도 열심히 일했더라면 지금 와서 양식이 떨어지지는 않았을 거야."
>
> ―이솝 지음, 박문재 옮김, 《이솝우화전집》, 현대지성, 2023, p.294
> ―개미와 쇠똥구리

우리는 이성적으로는 준비하지 않으면 곤란하다는 말을 이해한다.

그럼에도 불구하고 많은 사람들이 이렇게 말할 수 있다. '나는 일자리로 되돌아 가려고 은퇴하지 않았다. 나는 매일매일 나를 들볶는 일들로부터 벗어나기 위해 은퇴했다. 정말 내가 여가 시간을 또 다시 먹고살기 위해 일하며 보내야 하는가?' 여러분에게는 선택권이 없을 것이다. 수입보다 지출이 더 많은 상황이 지속된다면 여러분은 일자리를 가져야 할 때가 온 것이다. 적자 상황이 아니더라도 수명 100세를 생각한다면 의료비를 고려하지 않을 수 없을 것이다. "우리나라에서 중환자실을 거쳐간 노인 암환자의 '생애 말기 1년 의료비'가 약 4천만 원에 달하는 것으로 나타났다."(메디컬 투데이, 이재혁 기자, 2023. 10. 16.)고 한다. 결코 간과할 수 없는 금액이다. 그러니 평생 일만 한다고 너무 짜증낼 필요는 없다. 노후에 다섯 가지 고통 중 하나가 무위無爲이다. 무위가 지루함을 낳고, 지루함이 노년을 고통스럽게 한다. 그런데 나에게 할 일이 있으니 지루하지 않고 부족한 소득을 보전, 충당하면서 남는 시간에 공부하고 취미 활동을 하면 빈곤도 어느 정도 해결하고 여가 시간도 충분히 즐길 수 있을 것이다.

노후에 창업은 신중하라

국내 창업기업의 창업 5년 후 생존율은 33.8%로 OECD 평균치인 45.4%보다 11.6% 낮았다. 창업 기업 10개 중 6개 이상이 5년 후 폐업한다는 의미다.(뉴데일리 경제, 김동우 기자, OECD 주요국 창업기업 5년 후 생존율—2020년 기준, 2023. 10. 3.) 특히 노후에 창업을 하는 것은 '섶을 지고 불에 뛰어드는 격'이라고 볼 수 있다. 60대 이후에 창업이나 투자는 망할 각오로 시작해야 한다. 망해도 삶에 큰 지장이 없는 경우에만 시작하라는 얘기다. 노후 자금은 은퇴 후 생활비, 의료비 등을 충당하기 위한 중요한 자금이다. 창업은 성공 가능성이 낮고 실패 시 큰 손실을 입을 수 있기 때문에 노후 자금으로 창업을 하는 것은 매우 위험하다. 최악의 경우 생사의 기로에 서게 될 수 있다. 이런 위험에도 불구하고 창업하고 싶다면 철저히 준비해야 한다. 노후 자금을 창업 자금으로 사용하면 안 되고, 특히 빚을 내서 투자하면 안된다. 창업하고자 하는 분야에서 전문적 지식, 경험을 습득한 후에 창업하는 것이 실패를 최소화할 수 있다.

지금 우리나라가 카페천국, 치킨천국이 된 것은 장사가 잘되서가 아니라 진입장벽이 낮아 쉽게 문을 열 수 있기 때문이다. 쉽게 문을 열 수 있는 만큼 쉽게 문을 닫을 수도 있다는 것을 염두에 두어야 한다. 이때의 실패는 인생의 실패로 연결된다는 것을 명심해야 한다. 세계적 명장 가운데 하나인 나폴레옹은 이렇게 말했다.

> 작전을 세울 때 나는 세상에 둘도 없는 겁쟁이가 된다. 상상할 수 있는 모든 위험과 불리한 조건을 과장해보고 끊임없이 '만약에?'라는 질문을 되풀이한다.

나폴레옹의 말처럼 최악의 상황에 대비해야 한다. 특히 노후 창업은 '돌다리도 두들겨 보고 건너라'는 말처럼 신중해야 한다.

만약에 식당을 개업하고 싶다면 기본적으로 맛, 가격, 청결을 갖추어야 한다. 이 세 가지를 완벽하게 갖추지 못하고 시작한다면 처음부터 방향이 잘못된 것이다.

먼저 창업하고 싶은 유형의 식당 주방에 들어가서 배워야 한다. 주방을 알아야 식당을 할 수가 있다. 유사 시 주방장이 자리를 비우더라도 식당 운영이 가능할 정도는 되어야 한다.

그 다음은 좋은 식재료를 준비해야 한다. 그러기 위해서는 새벽시장에 갈 각오가 되어 있어야 한다. 이런 각오와 준비 없이 시작했다면 결과는 불 보듯 뻔하다.

불경기인데도 항상 사람이 북적거리는 식당이 있다. 거기에는 그만한 이유가 있는 것이다. 이런 경험을 쌓는 과정에서 창업에 필요한 자금 일부를 모을 수 있다는 것 말고 더 중요한 것은 돈 버는 것이 얼마나 힘든지를 알게 되는 것이다. 식당을 예로 들었지만, 분식집을 포함한 치킨집, 셀프 세탁소, 부동산 중개소 등등 모든 분야가 마찬가지다.

기원전 6세기경 《이솝 우화》에서도 어떤 일을 시작할 때 여러 가지를 고려하지 않고 무턱대고 일을 시작해서는 안 된다는 우화가 있다.

개구리 두 마리가 연못에 살고 있었다. 여름에 연못이 말라버리자, 개구리들은 살던 연못을 뒤로 하고 다른 연못을 찾아다녔다. 그러다가 우연히 깊은 우물이 그들 앞에 나타났고, 우물을 본 한 개구리가 다른 개구리에게 말했다. "이보게, 이 우물 속으로 함께 내려가세." 그러자 다른 개구리가 대답했다. "거기로 내려갔다가 이 물도 말라버리면, 우리가 어떻게 올라올 수 있을까?"

—이솝 지음, 박문재 옮김, 《이솝우화전집》, 현대지성, 2023, p.97
-연못의 개구리들

또한 한 번도 해보지 않았던 일에 손을 대면 그 결과가 결코 좋지 않으며, 자신이 잘 모르거나 맞지 않는 일에 손대면 큰 피해를 보게 된다는 것을 경계한 우화도 있다.

게가 바다에서 올라와 어느 바닷가에 혼자 살고 있었다. 굶주린 여우가 먹이를 찾다가 때마침 게를 보고는 달려가 붙잡았다. 여우가 게를 집어삼키려고 하자, 게가 말했다.
"바다에서 살던 내가 육지에서 살겠다고 했으니, 이런 일을 당해도 싸지."

—같은 책, p.187-게와 여우

한 원숭이가 높은 나무 위에 자리를 잡고 앉아 어부들이 강에 그물을 던지는 것을 보면서, 어떻게 하는지 유심히 지켜보고 있었다. 이윽고 어부들이 그물을 내려놓고 조금 떨어진 곳으로 식사를 하러 가자, 원숭이는 나무에서 내려와 어부들을 흉내 내려고 했다. 이 동물은 흉내 내는 습성이 있다고 하지 않던가. 하지만 그물에 손을 댔다가 그물에 걸려 휘말려들어 물에 빠져 죽을 뻔한 원숭이는 중얼거렸다.
"물고기 잡는 법을 배운 적도 없으면서 무작정 물고기를 잡으려고 들었으니, 이런 일을 당해도 싸지."

―같은 책, p.365-원숭이와 어부들

상속 시 자신의 최후 보루는 남기고 주라

나이가 들면 상속에 대해서 관심을 가져야 한다. 물론 물려줄 게 없다면 오히려 다행일지 모른다. 그러나 물려줄 게 있다면 상속에 대해서 공부해야 한다. 시중에 이런 말이 있다. '부모 떠나고 나서 명절이나 제사 때 형제·자매들이 모이는 집이 절반도 되지 않는다'는 얘기다. 상속 문제로 다툼이나 갈등이 원인이 되어 만나는 것이 어렵게 되어버렸다는 얘기들이다. 이러한 현상은 부모들의 책임이 크다. 공평하게 상속하지 않았거나, 피상속자가 충분히 납득하지 못하거나, 가족간의 우애와 화합이 부족해서 생기는 것이다.

보건사회연구원의 '저출산·고령화에 따른 유산상속 동기변화 전망과 정책 과제' 보고서에 따르면 2012년 9월 만 50세 이상 1,000명을 대상으로 '바람직한 재산 상속 방법'을 설문 조사한 결과 65.8%가 "모든 자녀에게 고루 상속하겠다."고 답했다. 이어 15%는 "모든 자녀에게 주되 장남에게 더많이 상속하겠다.", 5.3%는 "효도한 자녀에게 주겠다.", 4.8%는 "장남에게만 유산을 남기겠다.", 6.9%는 "남은 재산을 사회 환원하겠다.", 2.2%는 "딸을 뺀 아들들에게만 고루 나눠준다."라고 응답했다.

또한 "자녀가 있고 물려줄 재산이 있다면 언제 물려줄 예정입니까?"를 묻는 질문에 조사대상의 23.5%가 "본인이 죽은 다음에",

35.6%가 "생각해본 적이 없다.", 40.9%가 "본인이 죽기 전 적당한 시기에 물려주겠다."고 응답했다.

그러니까 응답자의 59.1%가 아직 상속시점을 결정하지 못했다는 것이다. 자녀에게 골고루 나눠 주겠다는 것은 시대변화에 따른 하나의 흐름으로 생각되나, 언제 유산을 상속할 것인지 구체적으로 생각해보지 않았다는 것은, 나중에 상속문제로 가족간에 다툼의 소지가 발생할 개연성이 있다고 할 수 있다.

우리나라 속담에 부불삼세富不三世라는 말이 있다. "부자는 삼대를 넘기지 못한다."는 말이다. 이 속담처럼 상속이 성공적으로 이루어지는 경우는 매우 적다. 그러면 상속에 실패하는 이유를 알아보자. 《100세 시대 은퇴 대사전》에서 저자는 3가지 이유를 제시하고 있다.

첫 번째 이유는 부모들이 마지막까지 재산을 갖고 있기 때문이다. 임종 시까지 움켜쥐고 있다가 마지막 순간 가장 효도한 자식에게 재산을 주겠다는 생각이다. 이렇게 되면 열의 여덟은 부모가 죽고 난 뒤 자식들 간에 재산 다툼이 생긴다.

두 번째는, 가족들간의 신뢰가 부족하기 때문이다. 부모의 자산 규모나 상속계획에 대해 서로 이야기를 나누지 않은 상태에서 갑자기 상속이 이루어지는 경우입니다. 반대로 상속에 성공한 가족은 상속에 대한 계획을 세우고 결정을 내리는 모든 과정에서 가족 구성원들이 함께한다.

세 번째로, 상속을 받을 자녀가 준비되어 있지 않은 때가 많다. 갑자기 예상치 않은 자산을 상속 받으면 어떻게 운용할지를 몰라 시행착오를 겪으면서 상속된 재산을 날려버리는 경우가 허다하다. 상속에 관한 문제는 매우 어렵고 복잡해서 하루 아침에 알 수 있는 내용이 아니다. 부모가 죽고 나서야 상속에 대한 공부를 시작하거나, 주변의 잘못 된 조언으로 불필요한 시행착오를 겪는 사람도 있다.

―송양민, 우재룡 지음, 《100세 시대 은퇴 대사전》, 21세기북스, 2018, p.486

그럼 언제 어떻게 상속하는 것이 좋을까? 법륜 스님은 "살아 있을 때 70~80퍼센트만 증여하라."고 말한다.(법륜 지음, 《인생 수업》, 한겨레엔, 2023, p.240) 남은 것은 자신의 노후가 추해지지 않도록 하기 위한 최소한의 재산이다. 적어도 먹고살 수 있는 기본은 가지고 있어야 자식과 부모가 기대나 집착 없이 독립적으로 살 수 있다. 그러나 재산을 모두 물려주고 나서 자식이 사업에 실패하면 부모는 길거리에 나앉을 수가 있다. 젊은 사람은 다시 도전하여 복구할 수 있지만, 노인은 그럴 시간도 힘도 없다. 늙어서 빈곤은 가장 고통스러운 일이다. 최소한의 재산을 유지하는 것이 부모와 자식간의 관계를 아름답게 마무리하는 방법이고, 늙어서 자존심을 지킬 수 있는 유일한 방법이다. 그래서 셰익스피어는 이렇게 말했다.

젊은 사람들에게 세상을 다 넘겨주지 마라. 그들에게 다 주는 순간 천덕꾸러기가 될 것이다. 두 딸에게 배신당한 리어왕처럼 춥고 배고픈 노년을 보내며 두 딸에게 죽게 될 것이다.

자식에게 다 주지 말고 일부는 이웃에 줘라. 부모가 돌아가시자 마자 갈등과 분쟁이 시작되는 경우가 많다. 자식을 생각해서 남긴 것이 자식을 갈라놓는 갈등과 분쟁의 원인이 된 것이다. 그러나 남긴 것이 없으면 분쟁이 없다.

살아서 조금씩 조금씩 사회의 어려운 사람들에게 환원하는 것도 좋은 방법이다. 우리는 유산을 자손에게 남기는 것이 최선의 방법으로 생각하지만, 반드시 그렇지만은 않다. 그 유산이 사랑하는 자녀들을 원수로 만들 수도 있다는 것을 알아야 한다. 《명심보감明心寶鑑》 계선 편繼善篇에 '돈을 쌓아 자손에게 물려주어도 자손이 올바르게 지킬 수는 없고 많은 책을 물려주어도 자손이 다 읽을 수는 없으니 남을 위한 덕을 쌓아 자손에게 물려주기 위한 계획으로 남기느니만 못하다'는 말이 있지 않은가. 공익으로 환원하여 남에게 덕을 쌓아서 후손에 물려주는 것도 좋은 방법이라고 생각된다.

상속에서 제일 중요한 것은 '인성 교육'이다. 미국 은행지주회사 US 트러스트US Trust가 조사한 바에 의하면, 무려 95%의 부모들이 상속에 관한 교육이 중요하다고 동의했다. 하지만 자신의 자녀들이 물려받은 재산을 책임감 있게 다룰 만한 준비가 되어 있다고 대답한 부모는 24%에 불과했다. 재산의 전부를 주고 나면 자식의 배신으로 노후가 피폐해질 우려가 있어서 다 주지도 못하고, 일부만 주면 남은 것을 빼앗아 가려고 악행을 저지르고, 재산을 죽을 때까지 가지고 있으려 하면 부모에게 패악질을 하는 등 상속에는 주는 사람의 철학도 중요하지만 상속받는 사람에 대한 인성 및 상속 교육도 중요한 것이다.

인성교육이 얼마나 중요한지를 느끼게 하는 사례를 송차선 신부의 저서 《곱게 늙기》에서 인용한다.

> 한 할머니가 자식을 감방에 넣고 나서 한탄을 하며 들려준 이야기랍니다. 그분의 아들은 미국으로 이민을 갔습니다. 그런데 어느 날 그 아들이 아버지를 미국에 불렀다고 합니다. 남편을 보내고 아무리 기다려도 소식도 없고 한국으로 돌아오지 않아서 전화를 하면 여러 가지 이유를 들어서 남편과 통화할 수가 없었답니다. 그래서 그분이 너무나 궁금하고 걱정이 돼서 미국으로 갔더니 남편은 아들과 함께 있지 않았답니다. 아들에게 아버지가 어디 있냐고 물으니 먼곳에 가셨는데 같이 가자고 하더랍니다. 함께 차를 타고 하루 종일 인적이 없는 길을 달리다가 차에서 내려 도시락을 먹으며 잠시 기다리라고 하고는 아들은 차를 타고 사라졌답니다. 영어를 하지 못하는 그분은 인적 없는 외딴 곳에 혼자 버려진 것이지요. 어쩌면 남편도 그렇게 버려졌는지 모른다는 생각이 들었답니다.
>
> 아무리 기다려도 사람과 차를 구경조차 못하다가 다행스럽게 차의 불빛을 발견하고 그 차 앞에서 두 팔을 벌려 세웠답니다. 영어는 전혀 못했지만 마침 여권은 가지고 있었으므로 그 차의 운전자에게 여권을 보여주니 그 미국인이 공항으로 태워주더라는 것이었습니다.
>
> 천신만고 끝에 한국으로 돌아온 그분은 왜 아들이 그런 짓을 했을까 곰곰이 생각해보니 자신이 가지고 있는 재산을 차지하려고 그랬을 것이라는 확신이 들었답니다. 만약에 그것이 사실이라면 아들은 재산

을 차지하기 위해서 반드시 귀국할 것이니 경찰에 신고해서 아들이 들어오면 체포해 달라고 요청을 했답니다. 만약에 사실이 아니라면 아들이 한국에 들어올 일이 특별히 없을 것이라고 생각했답니다. 그런데 아들은 한국에 들어왔고 이 모든 것이 밝혀져서 감방에 있다고 하더랍니다.

— 송차선 지음, 《곱게 늙기》, 샘터사, 2023, pp.104~106

우리 속담에 '한 부모는 열 자식을 거느려도 열 자식은 한 부모를 못 모신다'는 말이 있지만 그래도 이건 아니다. 사례를 보면 자식에 대한 인성 교육이 얼마나 중요한지를 느끼게 한다. 물론 우리나라만 그렇지는 않다. 프랑스 여성 해방운동가인 시몬 드 보부아르는 그의 저서 《노년》에서 재산 조기 증여가 얼마나 위험한 일인지를 알려 주고 있다.

> 노년에 이른 부모에 대한 자식으로서의 의무를 망각해 버리는 아들딸들보다 더 흔한 것은 없다. 문서화된 유보 사항 없이, 혹은 취소 가능한 유언 없이 재산을 증여하는 부모들은 스스로 경멸 받고, 종종 생활 필수품조차 부족한 상황에 부딪친다.
>
> — 시몬 드 보부아르 지음, 홍상희·박혜영 옮김, 《노년》, 책세상, 2022, p.274

또한 1866년부터 1870년에 이르기까지 프랑스 농업에 대한 공식 설문 조사를 요약한 폴 튀로Paul Turrot는 행정부를 대표하여 살아있는 한 후손들에게 재산을 나누어주지 말라고 만류하고 있다. 튀로는 재산 한 푼 없이 가난뱅이가 된 노부모들 앞에 기다리고 있는 비참한 운명을 강력히 상기시킨다. 그는 다음과 같이 말한다.

> 재산 분배 후의 의무 사항들은 죽음을 앞당기기 위한 범죄들을 부추기며 조장한다. 일단 재산을 물려주고 나면 아버지는 가족내에서 모든 권리를 박탈당한다. 아버지는 자식들에게 경멸 당하고, 거부당하며, 모든 자식들 집에서 내 쫓기고, 종신 연금을 받고는 이 집에서 저 집으로 보내진다. 또 흔히 종신 연금도 받지 못하고 살 집조차 제공받지 못한다.
> ―시몬 드 보부아르 지음, 홍상희·박혜영 옮김, 《노년》, 책세상, 2022, pp.276~277

우리 속담에 '소 잃고 외양간 고친다'는 말이 있다. 이 속담은 상속 문제에도 적용된다. 아무런 준비나 계획없이 상속했다가 자식과 세상에 경멸당한 후에 후회해 본들 아무 소용이 없다. 《이솝우화》에서도 좋지 않은 일이 이미 벌어진 뒤에는 후회해도 아무 소용이 없다는 것을 보여주는 우화가 있다.

창문에 걸린 새장 안에서 홍방울새가 밤마다 노래했다. 박쥐가 그 소리를 듣고 가까이 가서, 낮에는 조용히 있다가 밤에만 지저귀는 이유를 물었다. 홍방울새는 자기가 그렇게 하는 데는 다 그럴 만한 이유가 있다고 하면서, 전에 낮에 지저귀다가 잡힌 경험이 있어서 조심하게 되었다고 말했다. 그러자 박쥐가 말했다.

"지금은 그렇게 조심하지 않아도 괜찮아. 잡히기 전에 그렇게 했어야지, 지금은 그렇게 해도 아무 소용이 없잖아."

―이솝 지음, 박문재 옮김, 《이솝우화전집》, 현대지성, 2023, p.107-홍방울새와 박쥐

황창연 신부는 한 강연에서 "모든 재산을 물려 주는 순간 세 가지를 잃어버린다. 재산은 물론이거니와, 자식을 잃어버리고 자신의 인생마저 잃어버리게 된다."고 하였다. 이제 상속의 성공과 실패 사례를 소개한다.

대표적인 성공사례는 미국의 록펠러 가문이다. 살아 생전에 '석유왕'이라는 이름을 얻었던 록펠러 가문의 설립자 존 록펠러(1838~1937)는 자신의 아이들에게 일주일 단위로 용돈을 주면서 사용처를 장부에 적도록 했다. 용돈의 3분의 1은 아이들이 마음대로 쓸 수 있었지만, 3분의 1은 저축을 해야 했고, 나머지 3분의 1은 기부하도록 했다. 이러한 규칙을 지킨 자녀에게는 상금을 주고, 저축이나 기부를 하지 않고 돈을 낭비한 자녀에게는 반대로 벌금을 매겼다고 한다. 아이들이 돈의 가치를 깨닫고 쓸데없는 곳에 돈을 낭비하지 않도록 가르친 것이다. 이러한 록펠러 가문의 엄격한 용돈 교육은, 그의 후손들이 장차 자신들이 물려받은 유산으로 '노블리스 오블리주'를 실천하는 밑

거름이 되었다. 실제로 그의 후손들은 수 세대에 걸쳐 부를 이어 오면서 자신들이 증식한 재산으로 미국은 물론 전 세계에 기부 문화를 전파하고 있다.

다음 실패사례는 미국의 밴더빌트 가문이다. 코넬리어스 밴더빌트(1794~1877)는 사망 당시 무려 1억 500만 달러라는 어마어마한 재산을 남기고 떠났다. 밴더빌트는 생전에 모은 큰돈으로 미국 남부의 명문 대학인 밴더빌트대학을 세우는 등 사회사업을 많이 벌였다. 그러나 밴더빌트의 후손들은 달랐다. 그의 후손들은 미국 곳곳에 엄청난 규모의 대저택을 지으며 돈을 헤프게 썼고, 가족들끼리 재산을 놓고 다투는 모습을 종종 언론에 노출했다. 급기야 밴더빌트가 죽고 난 지 100년도 채 안된 1973년, 밴더빌트 가문의 자손 120명이 한자리에 모였을 때, 이들 중 백만장자는 단 한사람도 남아 있지 않았다고 한다. 록펠러와 밴더빌트 가문의 운명을 엇갈리게 만든 것은 무엇일까? 록펠러 가문이 성공적인 상속을 이끌어낸 비결은 가문의 철학과 가치관을 자녀들과 미리부터 공유하고, 이를 통해 가족간의 화합을 이끌어 낸 데 있었다. 반대로 밴더빌트 가문은 자산을 운용하고 상속하는 데 있어 분명한 철학이나 원칙이 없었기 때문에 결국 후손들의 과도한 지출과 잘못된 투자, 재산 다툼으로 상속에 실패한 것이다.

―송양민, 우재룡 지음,《100세 시대 은퇴 대사전》, 21세기북스, 2018, pp.498~500

사기나 빚 보증에 조심하라

모든 사람은 자신의 자산이 증가되기를 원한다. 그래서 부동산, 주식, 코인, 채권 등에 투자하는 사람이 많다. 그러나 노후에는 자산을 증식하는 것보다 우선시되어야 하는 것이 자신의 자산을 오랫동안 지키는 것이라고 본다. 60대 이후에 자산을 잃으면 복구할 시간이나 방법이 별로 없다는 문제 때문에 그렇다.

그런데 노후에 의외로 자신의 자산을 지키지 못하고 파산하는 경우가 발생한다. 개인 파산 신청자 중 60세 이상 비중이 시간이 갈수록 증가하는 추세에 있다고 한다. 개인 파산 신청자 중 60세 이상이 차지하는 비중은 지난 2018년도까지만 해도 25.9%에 머물렀으나 이후 가파르게 증가해 2022년에는 48.8%로 증가하였으며, 이는 총인구 중 60세 이상이 차지하는 비율(26.4%)과 비교하면 상당히 높은 수준이다. 노후에 파산 신청을 하는 분들은 대부분 은퇴 후 재정적 어려움이 원인이었다고 한다. 다양한 이유로 파산하지만 그 유형을 보면 사업하다 망한 사람, 자식 사업에 보증 섰다가 망한 사람, 다단계 사기당한 사람 등등이다.

파산자들은 이혼당하고, 친구는 물론 가족들에게까지 연락을 끊고 사는 공통점이 있다. 그야말로 패가망신에다가 대부분 술과 친구가 되어 황당하게 세상을 떠나는 경우가 더러 있다. 노후에 가장 조심해야 할 것은 파산이다. 작은 금액으로 빚보증이나 사기를 당할 경우에는 어느 정도 회복력이 있다. 최악의 상태는 아닌 것이다. 그러나 노후에 파산할 정도가 되면 회복할 시간과 능력이 없다.

2000년대 말 대한민국 최대 사기사건이 있었다. 이른바 다단계 사기의 주범 '조○팔' 사건이다. 그는 약 5만 명을 대상으로 4~5조 원의 돈을 가난한 사람으로부터 사기치고 중국으로 도주하였다. 그 이전에도 유명 영어 강사였던 주○도의 다단계 사기 사건이 있었다. 이처럼 끊임 없이 사기 사건이 발생하고, 사람들이 거기에 속는 이유가 무엇일까. 허황된 욕심 때문이다. 높은 이자를 주는 것에 속아 넘어가는 것이다. 보통 사람은 높은 이자에 넘어가지 않지만 욕심이 많은 사람은 넘어가고 만다.

나이가 들면 정보를 직접 알아보고 확인하기보다 옆에 있는 사람이 해주는 말을 잘 듣게 된다. 젊은 사람에 비해 앞으로 일어날 수 있는 최악의 상황은 생각하지 않고, 사물의 좋은 면을 보는 긍정적 편향이 강해지는 것이다. 남은 인생의 길이를 생각하면 어쩌면 자연스러운 현상일 것이다.

이렇게 나이 들면 사람을 쉽게 믿다 보니, 사기꾼의 표적이 되기 쉽다. 지금도 가끔씩 언론에 발표되는 것 중의 하나가 사기 사건이다. 사기꾼의 현란한 말솜씨와 피해자의 높은 욕망이 상승 작용을 일으켜 사기는 이루어지고 만다. 노후에 이런 사기에 걸려들면 패가망신은 물론 목숨도 부지하기 어렵다. 밝히기 어렵지만 내가 다녔던 회사 후배 중에 한 사람도 퇴직 직전에 사기꾼에게 걸려들어 세상을 떠나고 말았다.

그런데 다 알면서도 당하는 것은 다 이유가 있다. 법륜 스님은 그 이유를 이렇게 말한다.

'고수익을 보장한다'는 제의가 들어오면 처음부터 고액을 투자하는 사람은 없습니다. 그래서 처음에는 몇백만 원 정도로 시작합니다. 그 정도는 날려도 괜찮다고 생각하니까요. 그런데 예정된 이자가 꼬박꼬박 들어오니까 다시 투자를 하게 되는 것입니다. 이번에는 액수를 올려서 일이천만 원대를 투자하게 됩니다. 또 약속한 대로 이자가 들어오면 그때는 완전히 믿어버립니다. 이제는 사돈에 팔촌까지 다 동원하여 수억 원대를 투자하고 맙니다. 그럼 그걸로 끝입니다. 사기꾼은 이때를 기다렸던 겁니다.

―법륜 지음, 《인생 수업》, 한겨레엔, 2023, pp. 195~196

이솝 우화에서도 분수에 지나치게 욕심을 부리다가는 이미 있는 것조차 잃게 된다는 우화가 있다.

과부에게 암탉이 한 마리 있었다. 암탉이 날마다 알을 한 개씩 낳아주었기 때문에, 모이를 더 많이 주면 암탉이 하루에 알을 두 개씩 낳아주지 않을까 생각하고 그렇게 했다. 하지만 암탉은 뚱뚱해져서 더 이상 하루에 한 번도 알을 낳지 못했다.

―이솝 지음, 박문재 옮김, 《이솝우화전집》, 현대지성, 2023, p. 123-과부와 암탉

어떤 사람에게 황금 알을 낳는 아름다운 암탉이 있었다. 그는 암탉의 몸 안에 황금덩어리가 있다고 생각하고 암탉을 죽였다. 그러나 죽이고 보니 다른 암탉과 하나도 다른 것이 없었다. 이렇게 그는 일거에

부자가 되려 하다가 작은 이득조차 빼앗기고 말았다.

―같은 책, p.346-황금알을 낳는 암탉

은행직원한테 당하는 경우도 있다.

> 7년 전에 토지를 상속받아서 현금으로 만들었어요. 노후라도 좀 편하게 지내볼까 해서 은행을 찾아가서 재테크 상담하고, 결국 그 은행 직원한테 사기를 당해 몇 억을 날렸습니다. 이자를 조금 많이 받겠다는 욕심에 은행 직원의 꼬임에 넘어가서 위험한 곳에 투자한 경우도 보상을 못 받습니다.

―법륜 지음, 《인생 수업》, 한겨레엔, 2023, p.195

'세상에 공짜는 없다'는 말이 인구人口에 회자膾炙되고 있다. 우리는 모두 이 말이 무슨 뜻인지 알고 있다. 앞에서의 경우는 높은 이자 욕심 즉, 이기심에서 생겨난 일이다. 그러나 보증의 경우에는 사정이 다르다. 자신의 이익을 탐하지도 않았고 오로지 친구나 친척을 도우려다가 생겨난, 즉 이타심에서 생긴 일이다.

나는 빚 보증을 섰다가 고생한 선친의 사례를 잘 알고 있다. 사 남매를 키우던 아버지는 이웃 마을에 사는 친구의 빚 보증을 부탁받았다. 그분은 친한 친구니까 어쩔 수 없이 빚보증을 하였다. 그런데 빚을 상환해야 하는 시기가 다가오자 어느날 채무자가 사라져 버렸다. 이른바 야반도주를 한 것이다. 이웃 동네니까 이사간 후에야 그 사실을 알게 되었다. 그래서 선친이 빚을 갚을 수밖에 없는 상황이 되었고, 그 결과 빚을 대신 갚느라 사 남매는 중학교를 가지 못하고 말았다……. 나는 선친의 사례를 내 인생의 큰 교훈으로 삼고 있다. 보증을 한 후 잘못되면 남의 빚을 갚는 것이 문제가 아니고 그 가족 특히 자식들이 피해를 본다는 사실을 알게 되었다. 그래서 빚 보증으로 피해를 보는 사람들이 가장 힘들고 괴롭지 않나 생각된다.

또한 빚 보증 피해 만큼 힘든 것은 가까운 사람한테 직접 사기를 당하는 것이다. 친척이나 친구가 갑자기 연락을 해서 "며칠만 돈을 쓰자. 오늘 막지 못하면 부도가 난다. 일주일 후면 돈이 들어오니까 그때 돌려줄게."라고 할 때 빌려주면 받을 수 있는 확률은 거의 없다. 은행 대출도 안되고, 제2금융권의 고이자 대출도 안 되고, 사채도 빌릴 수 없을 경우 최후에 친구와 친척에게 손을 벌리는 경우가 많다. 그런 사업체는 회생 가능성이 거의 없다는 얘기다. 그럴 때에는 돈을 빌려주지 말고 그냥 주고 끝내야 한다. 친구나 친척이 5천만 원 빌려달라고 했을 때 자기 형편대로 한 이삼백만 원 정도 주면서 "내가 가진 게 이것밖에 없다." 하고 주는 것이다. 그러면 빌려주지 않은 것에 대한 미안한 감정을 다소 줄일 수 있다.

이렇게 하면 세 가지를 얻을 수 있다. 하나는 자신의 건강을 지킬 수 있다. 친구에 대한 배신감과 자신의 어리석음으로 인한 분노로부터 자유로워진다. 두 번째는 사람을 잃지 않는다. 돈 때문에 누군가를 미워하면 사람도 잃어 버리기 마련이다. 마지막으로 자신의 재산을 지킬 수 있다. 재산을 지킨다는 것은 가족을 지킨다는 것이다. 우리는 재산을 잃고 나서 가족이 풍비박산이 되는 것을 많이 보지 않았는가. 그러니 노후에는 절대로 지나치게 욕심부리면 안 된다. 욕심을 부려 일이 잘못되면 회복할 시간과 체력이 없다. 건강을 유지하면서 자신이 가진 범위 내에서 사는 게 제일 마음 편하고 좋다. 사기 당하는 것은 본인의 과욕이 불러오는 참사이며, 빚 보증은 타인을 도우려는 이타적인 마음에서 비롯된 것일지라도 잘못됐을 경우 노후를 망치는 결과를 초래할 수 있음을 보증 전에 알아야 한다.

마음의 여유를 느끼면 부자다

한 조사에 따르면 선진국 1인당 소득이 몇 배나 증가했지만 이들 국가의 평균 행복지수는 전혀 증가하지 않았다고 한다. 소유와 행복이 비례하지 않다는 증거다. 물론 전혀 비례하지 않는다고 말하기 어렵다. 비례할 때도 있고 그렇지 않은 경우도 있다. 인간의 기본적인 욕구가 충족될 때까지는 행복은 소득에 비례한다. 그러나 기본적인 욕구가 충족되고 나면 소득이 더 높다고 반드시 행복한 것은 아니다.

1989년 강우석 감독이 만든 영화 《행복은 성적순이 아니잖아요》가 생각난다. 그야말로 행복은 부자순이 아닌 것이다. 법정 스님은 오히려 '많이 가지면 가질수록 결국은 불행해진다'고 말한 바 있다.

> 지나친 소유가 우리를 괴롭히는 까닭은 그것이 우리에게 아쉬움과 궁핍을 모르게 하고 우리 본래의 모습을 잃게 하기 때문이다. 돈이나 재물이 사람의 할 일을 대신하게 되면 사람은 스스로 존재 의미를 잃

는다.

—법정 지음, 《홀로사는 즐거움》, 샘터사, 2007, pp.189~190

물건을 지나치게 많이 가지면 오히려 불편한 일도 있다. 너무 많은 일을 하면 시간을 모두 일에 빼앗겨 버리는 것과 마찬가지로 물건을 너무 많이 가지면 자기의 시간을 물건에 빼앗기는 결과를 가져온다. 우리는 물질을 소비하고 있는 것으로 여기고 있지만, 자신도 모르는 사이에 물질에 의해 우리가 소모될 우려가 있다. 이렇게 장황하게 서두를 꺼내는 것은 노후에 재산이 부족하다고 불안해 하지 말라는 것이다. 법륜 스님은 "우리가 재산이 부족해서라기보다는 남들과 견주어 수준에 맞춰야 한다는 생각이 우리를 더 가난하고 조급하게 만든다. '이 정도는 돼야 남부끄럽지 않지.' 하는 비교의식이 돈에 대한 집착을 키운다."라고 말했습니다.(법륜 지음, 《인생 수업》, 한겨레엔, 2023, p.177)

"적게 먹고, 적게 입고, 소박하게 살겠다고 마음을 먹는다 해서 있던 돈이 없어지지 않습니다. 오히려 마음의 여유가 생깁니다. 반면에 많이 먹고, 많이 입고, 많이 쓰겠다는 마음을 내면 돈이 많은 데도 부족함을 느낍니다. 부족함을 느끼면 가난한 자가 되고, 여유가 있으면 부자가 되는 것이다."라고 스님은 말합니다.(같은 책, pp.178~179)

신약성경 교수 토마스 죄딩Tomas Söding은 많은 돈이 행복한 삶을 보증하는 것은 아니다. 또한 가난 역시 행복을 보증하지 않는다고 말했다. 이어서 그는 "마지 못해서 가난한 것이 아니고 자진해서 가난

할 수 있는 사람은 행복하다."고 했다.(피델리스 루페르트 지음, 정하돈 옮김, 《노년을 위한 마음공부》, 분도출판사, 2023, p.113) 부자가 아니어도 인생을 행복하게 사는 사람들은 다음과 같은 특징이 있다.

하나, 적지만 안정적인 수입이 있다. 검소함이 몸에 배어 사치를 부리지 않고 사는 것에 만족한다. 둘, 내면이 풍요롭다. 그래서 타인의 시선을 의식하지 않는다. 누가 명품 옷을 입든 외제 차를 타든 부러워하지 않는다. 셋, 건강하게 산다. 건강해야 행복하다는 것을 안다. 그래서 매일 만보 걷기나, 근력운동을 한다. 넷, 외로움을 타지 않는다. 혼자 있으면 고독을 즐길 줄 알고, 주변 사람들과 같이 있으면 어울릴 줄 안다. 다섯, 취미를 가지고 있다. 돈이 안 드는 취미를 가지고 있으며 이를 통하여 소소한 즐거움을 즐길 줄 안다.

가난과 염증이 겹치면 수명이 단축된다

가난한 사람이 만성 염증까지 앓으면 암과 심장병으로 숨질 위험이 크게 높아진다는 연구 결과가 나왔다. 빈곤과 염증이 각각 높이는 사망 위험을 합친 것보다 훨씬 더 큰 승수 효과(시너지 효과)를 내는 것으로 나타났다. 코미디 닷컴 김용섭 기자가 보도한 것을 요약하여 인용한다.

미국 플로리다대 연구팀은 1999~2002년 국민건강영양조사 NHANES에 등록된 40세 이상 성인의 데이터를 분석해 2019년 12월 말까지 추적 관찰한 결과 이같이 나타났다고 밝혔다. 연구의 책임자인 아치 마이너스 교수(커뮤니티 헬스 및 가정의학)는 "빈곤과 염증이 사망률에 미치는 복합적인 영향은 개별적인 영향에서 예상되는 것보다 훨씬 나쁜 것으로 나타났다"고 말했다. 미국 국립보건통계센터는 1971년부터 실시한 국민건강영양조사를 통해 성인과 아동의 건강, 영양 상태를 추적한다. 이를 통해 코호트(동일집단)로 대표되는 미국 인구의 건강 영양 상태를 추정할 수 있다. 이 연구에는 성인 9,500만 명이 참여했다. 연구팀은 국민건강영양조사데이터와 전국 사망 지수 기록을 결합해 등록후 15년 동안의 사망률을 계산했다.

연구 결과에 따르면 건강의 위험 요인인 빈곤이 만성 염증과 겹치면 시너지 효과를 발휘해 건강과 기대 수명을 한층 더 단축시킬 수 있는 것으로 나타났다. 염증이나 빈곤 중 하나만 있는 사람은 모든 원인에 의한 사망 위험이 각각 약 50%씩 높아진다. 그러나 염증과 빈곤이 모두 있는 사람은 심장병 사망 위험이 127%, 암사망 위험이 196% 높아지는 것으로 나타났다.

연구의 공동 저자인 프랭코 A. 올랜도 부교수(가정의학)는 "염증과 빈곤이 사망률에 미치는 영향이 더해진다며, 두 가지 모두 적용되는 사람의 사망률은 100% 높아진 것으로 예상할 수 있다. 그러나 관찰된 증가율(127%와 196%)는 100%보다 훨씬 더 높다. 염증과 빈곤이 사망률에 미치는 영향이 승수효과를 낸다"고 말했다. 환경 독소, 특정 식단, 관절염 등 자가면역병과 알츠하이머병 등 만성병에 노출돼 발생하는 만성 염증은 빈곤처럼 질병과 사망률의 큰 위험 요인으로 작용한다.

*이 연구 결과는 《프런티어스 인 메디슨Frontiers in Medicine》에 실렸고 미국과학진흥회 포털 '유레카얼럿'이 소개한 것을 코미디 닷컴 김용섭 기자가 2024년 1월 17일 보도했다.

질병의 문제

늙었다는 것은 그 육신이 쇠퇴했다는 뜻이다. 오래 사용했으니 기능이 떨어지고, 그래서 여기저기 아프기 시작한다. 나이 들면 고혈압, 고혈당, 고비만이 생기기 쉽고 이로 인한 각종 암이나 류마티즘, 심장질환을 유발하기도 한다. 신체 기능이 허약해지는데 병고病苦까지 겹치니 심신의 고통은 이루 말할 수 없다. 작가 시몬 드 보부아르는 노화와 질병은 다르지만 관계가 있다고 말했다.

질병은 사고이다. 그러나 노화는 생명의 법칙 그 자체이다.
—시몬 드 보부아르 지음, 홍상희 등 2인 역, 《노년》, 책세상, 2022, p.42

질병과 노화를 구별지어주는 것이 있다. 그것은 질병은 회복이 가능하지만 노화는 회복이 불가능하다는 것이다. 또한 질병은 당사자에게 잘 나타나지만, 노화는 본인보다는 타인에게 잘 드러난다는 것이다. 로마 황제의 주치의를 지낸 갈레노스(로마의 마르쿠스 아우렐리우스 황제를 비롯한 3대 황제의 주치의를 지낸 사람)는 노쇠를 건강한 상태와 질병의 중간 상태로 설정한 바 있다. 노화를 어쩔 수 없는 생명의 법칙이라 해도 질병은 회복이 가능하다고 하니 우리는 질병관리에 나름의 노력이 필요하리라고 본다. 그럼 여기에서는 '암도 치료한다'는 웃음이 주는 각종 효과에 대해서 알아보자.

웃으면 면역력이 높아지고, 젊어진다

한 번 웃으면 한번 젊어지고(一笑一少), 한 번 화내면 한 번 늙는다(一怒一老)는 말이 있다. 70~90년대(1969년 8월~1985년 4월. 1992년 11월~1994년 10월) 지상파 방송에서 '웃으면 복이 와요'라는 코미디 프로그램이 있었다. 당시에 상당히 높은 시청율을 보였다고 한다. 지금은 방송이 폐지되어 흔적도 없이 사라지고 말았다. 왜 그랬을까? 내가 방송 전문가는 아니지만 사람들이 웃을 일이 없기도 하고 웬만한 자극이 아니면 웃지 않는 특징 때문이라고 생각한다. 웃기기 위해 갈수록 더 많은 자극이 필요하지만 현실적으로 보면 자극에도 한계는 존재하기 마련이다.

웃음은 긍정적이고 사기를 높여주며 동기를 부여하는데 도움이 될 수 있다. 웃음은 어려움에 처했을 때 위로가 되기도 한다. 웃음은 때때로 우리의 문제를 망각하고 지금 이 순간을 즐기는데 도움이 된다. 웃음이 복을 준다는 것은 과학적 근거가 있다. 연구에 의하면, 사람이 웃을 때 뇌에서 엔도르핀이 분비되는데 엔도르핀은 행복감을 주는 호르몬이다. 그리고 웃음은 스트레스를 줄이고 불안한 기분을 개선하는 것으로 알려지고 있다.

웃음은 다음과 같은 생체적·정신적·사회적인 효과가 있다고 한다. 하나, 웃음은 혈압을 낮추고 면역력을 높이는 등 신체 건강에 효과적이다. 둘, 웃음은 자신감이 증가되고, 이에 따라 긍정적인 자세는 새로운 관계 형성에 도움이 되는 등 정신적으로 효과적이다. 셋, 웃음은 뇌를 자극하여 새로운 아이디어를 떠올리는데 도움이 된다고 한다. 가짜웃음, 억지웃음도 뇌에서는 진짜 웃음과 같은 긍정적인 효과를 발휘한다고 하니 헛웃음이나 억지웃음도 자주하는 것이 좋다.

쇼펜하우어는 그의 저서에서 이런 말을 인용했다.

> 젊은 시절 나는 고서를 보다가 이런 글귀를 읽었다. '많이 웃는 사람은 행복하고 많이 우는 사람은 불행하다'
> ─아르투어 쇼펜하우어 지음, 박제헌 옮김, 쇼펜하우어 소품집 《남에게 보여주려고 인생을 낭비하지 마라》, 페이지2북스, 2023, p.31

웃으면 복이 온다(笑門萬福來). 그래서 육체적, 정신적으로 건강해지며 인간 관계에도 선한 영향력을 준다. 그러니 나이가 들어 갈수록 눈가에 주름살이 더욱 지글거리도록 웃는 게 좋다.

실제로 웃음을 통해서 강직성 척수염이라는 병을 치료한 사람이 있다. 그가 바로 《새터데이 리뷰》의 편집장이었던 노먼 커즌스

Norman Cousins(1912~1990)이다. 그는 어느 날 코미디 프로그램을 보고 난 후에 통증이 줄어드는 것을 실감했다. 그는 15분 동안 웃으면 2시간 동안 통증이 사라진다는 사실을 발견했다. 이후 적극적인 웃음 치료로 병을 치료하고 본격적으로 이 분야를 연구했다. 그는 《웃음의 치유력Anatomy of an illness》을 통해 두 달 남짓의 시한부 인생을 선고 받았던 그가 어떤 방식으로 죽음을 거부하고 새로 태어났었는지를 생생한 육성으로 들려주고 있다.

웃음이 건강에 미치는 효과는 동서양을 막론하고 많이 알려져 있다. 특히 게놈 연구 결과에서 웃을 때는 잠자는 유전자도 깨어난다고 알려져 있다. 평소 우리 유전자의 97퍼센트가 잠자고 있다고 한다. 그 불을 녹색에서 붉은색으로 바꾸어 주는 것이 웃음이라고 한다. 어떤 것을 먹어도 깨어나지 않는 유전자들의 불을 켜주는 것은 바로 건 강한 웃음이라는 것이다.

표정 피드백 가설Facial feedback hyp.othesis이라는 심리학 이론이 있다. 감정이 표정을 만들어내는 것이 아니라, 표정과 행동이 감정을 만들어낸다는 것이다. 독일의 심리학자 퓨리츠 슈트라크Fritz Strack, 레너드 마틴Leonard Martin, 자비네 스테퍼Sabine Stepper가 이에 관한 실험을 하였다. 실험 참가자들을 두 집단으로 나누어 동일한 만화를 읽으라고 했다. 한 집단은 연필 중앙을 물게 하니 웃는 것처럼 입꼬리가 올라갔고, 다른 집단은 연필의 한 쪽 끝을 물게 하니 화난 것처럼 입을 쭉 내밀게 되었다. 만화를 읽은 후에 만화가 얼마나 재미있었는지를 물어보았다. 그 결과 연필 중앙을 치아로 물고 웃는 표정을 한 집단이 한 쪽 끝을 물어 화난 표정이 된 집단보다 훨씬 재미있게 봤다는 반응을 보였다고 한다. 우리의 마음 상태가 표정으로 나오는 것이기도 하지만 표정이나 몸짓이 우리의 마음을 만든다는 것이다. 우리의 뇌가 정말 즐거워 웃는 것과 즐거운 척 웃는 것을 구분하지 못하고 똑같은 효과를 준다고 하니 정말 다행이다. 한편으로는 사람이 얼마나 웃지 않으면, 아니 뇌에서 얼마나 즐거운 자극이 필요하면 모든 웃음을 똑같이 받아들일까 생각하니, 뇌가 참 안쓰럽다.

사람의 뇌는 한 번 크게 웃을 때마다 엔도르핀을 포함한 21가지 쾌감 호르몬을 분비하는데 그 중 엔케팔린이란 호르몬은 모르핀보다 300배나 강한 통증 완화 효과를 낸다고 한다. 미국 스탠포드 대학의 윌리엄 프라이 박사는 우리 몸은 650개의 근육으로 되어 있는데, 한 번 웃으면 근육 중 231개, 얼굴 근육 80개 중 15개가 움직여 에어로빅을 5분 동안 하는 것과 같다고 한다. 미국 인디애나 주 빌메모리얼 병원에서 '15초 웃으면 이틀 더 오래 산다'라는 연구 결과도 보고되고 있다. 웃을 때마다 산소 공급이 2배 증가해서 혈액 순환 등 건강에 도움이 된다는 것이다. 여자들이 남자보다 6~7년 정도 더 오래 사는 것은 여러 가지 원인이 있지만 여성들이 남성보다 더 잘 웃기 때문이기도 하다.

어느 통계에 의하면 인간은 일생 동안 50만 번 이상 웃는다고 하였다. 그리고 어린이는 하루 평균 400번 이상 웃지만 어른들은 평균 8번밖에 웃지 않으며, 나이가 들어 갈수록 웃음이 줄어들어 노인은 하루에 다섯 번도 웃지 않는다. 웃는 숫자가 줄어들면 점점 죽어가고 있다는 신호다. 하루에 한 번도 웃지 않았다면 그날은 살아서 움직인 게 아니고 시체로 하루를 보낸 것이다. 성경(잠언 17장 22절)에도 "즐거운 마음은 건강을 좋게 하고 기가 꺾인 정신은 뼈를 말린다."는 구절이 있다. 그럼 웃음이 주는 효과를 구체적으로 소개한다.

첫째, 웃으면 암을 파괴하고 면역력이 강해진다.

일본인 작가 후나세 슌스케는 저서 《웃음치료의 놀라운 기적》에서 웃으면 암을 예방한다고 말한다. "사람이 웃으면 NK(natural killer) 세포 수가 늘어나 활성화되며 증강된다. 따라서 웃음은 암이나 감염증과 싸우는 전투력을 단번에 높여준다. 우리 몸은 건강한 사람이라도 하루에 3,000~5,000개의 암세포가 생성된다. 그런데 NK 세포는 그 암세포를 찾아내 파괴시킨다. NK 세포는 암세포에 달라붙어 세포막을 찢고 암을 파괴하여 암의 발생을 예방한다."(후나세 슌스케 지음, 이요셉·김채송화 옮김, 《웃음치료의 놀라운 기적》, 중앙생활사, 2021, pp.42~43)

인간의 체내에는 NK 세포가 50억 개 정도 있다고 한다. 이런 NK 세포의 천적이 있다. 그것이 바로 스트레스이다. 여러 연구 보고에 따르면 육체적 스트레스, 정신적 스트레스에도 NK세포 활성은 저하되며 우울증 환자 역시 NK세포 활성이 떨어진다고 한다.(같은 책, p.49) 심한 스트레스를 받으면 부신 피질에서 코르티솔이 생산되어 방출된다고 한다. 코르티솔은 혈당치를 상승시키고 면역을 억제시키는 작용이 특징이라고 한다.(같은 책, p.51)

둘째, 웃으면 알츠하이머를 예방할 수 있다.

개그를 듣기 전과 후를 비교하면 뇌의 혈류량이 달라진다고 한다. 개그가 재미있다고 느낀 대부분 사람에게서 뇌의 혈류량이 뚜렷하게 많아졌다. 즉, 웃을수록 뇌의 혈액순환이 좋아진다.(같은 책, p.113) "'웃음'과 '뇌혈류 증가'는 의학 실험에서도 실증되고 있다. 뇌혈류계로 측정했을 때, 웃자마자 바로 뇌속의 혈류량이 증가해 웃은 후에 혈류량이 더 증가하는 것을 명백히 알 수 있었다. 뇌혈류는 만담을 듣고 웃은 후에 64%가 증가하고 23%가 감소하였다. 그리고 13%가 '불변 및 기타'로 나왔다고 한다."(같은 책, p.114)

셋째, 웃으면 아토피 증상이 호전된다

'아토피는 알레르기 반응이 강하게 나타나면서 발생하고, 알레르기는 면역 반응의 기본인 항원항체반응이 과잉으로 진행되었을 때 발병한다.'고 알려져 있다. 그런데 아토피는 과연 '웃음'으로 치유될 수 있을까? 일본의 아토피 치료 전문지 《아토피 나비》(145호)의 특집기사에 "아토피인 사람은 웃지 않는다!"라는 기사가 실려 있다고 한다. 또한 이 기사에서 "코미디 영화를 보고 웃으면 알레르기 반응이 경감됨을 알게 되었다."(같은 책, p.56)라는 말이 나온다.

어느 병원 실험에서 "알레르기가 있는 사람에게 찰리 채플린의 〈모던 타임스〉를 보여주고 변화를 관찰했다. 먼저 26명의 알레르기 환자들에게 미리 '팽진(일시적으로 피부가 붓고 가려워 지는 현상)'을 일으켜 놓는다. 그리고 그 크기(직경 mm)를 측정한다. 그리고 영화 〈모던 타임스〉

를 보여준 결과 피험자 전원의 팽진 크기가 작아졌다. 웃음의 효과로 알레르기(팽진반응)가 호전된 것이다."(같은 책, pp.57~59)라는 결과가 보고되었다고 한다. 이러한 웃음의 아토피 개선 효과는 웃은 다음 3~4시간이나 지속되었다고 한다.(같은 책, p.60) 신이 준 최고의 처방이자 선물인 웃음, 그런데 나를 즐겁고 행복하게 웃게 할 이들이 세상엔 그리 많지 않다. 그리고 나 역시 그들에게 그리 큰 웃음을 주지 못하니 그들을 탓할 것도 없다. 그러므로 웃음을 내 스스로 자급자족할 수밖에 없지 않은가. 공공 장소에서 웃는 것은 곤란하니 집에서, 차에서, 외떨어진 장소에서 실컷 웃는 것이다. 면역을 높여주는 킬러세포를 강하게 키우는 생활 습관 10가지를 소개한다.

① 매일 7~8시간의 수면을 취한다.
② 심신의 스트레스나 과로를 피한다.
③ 걱정, 불안, 슬픔 등은 가급적 빨리 극복한다.
④ 우울감이 오래 지속되면 전문의에게 상담을 받아 회복을 꾀한다.
⑤ 주 3회 이상 적당한 운동을 한다.
⑥ 좋아하는 일에 전념한다.
⑦ 킬러세포가 암을 물리치는 이미지 트레이닝을 한다.
⑧ 항상 웃는 얼굴을 하려고 애쓴다(즐거운 일이 없어도).
⑨ 즐겁게 웃는다(웃음 거리 찾기).
⑩ 긍정적인 사고를 갖는다.(좋은 방향으로 생각한다).

―같은 책, p.92

건강하게 오래 살고 싶으면 베풀어라

루게릭병에 걸리기 전까지 브랜다이스 대학 교수였던 모리 슈워츠가 그의 제자 미치 앨봄이 쓴 저서 《모리와 함께한 화요일》에서 "받는 것은 내가 죽어 가는 느낌을 주지만 베푸는 것은 내가 살아 있다는 느낌을 준다."는 말을 했다.

그런데 실제로 베푸는 사람이 자신만을 생각하는 사람보다 오래 산다는 연구 결과가 있다. 미국 미시간 대학 사회과학연구소의 스테파니 브라운 박사는 다른 사람을 돕지 않은 노인은 돕는 노인보다 일찍 숨질 가능성이 두 배나 높다는 사실을 발견했다고 한다. 그는 1987년부터 423쌍의 노년 부부를 무작위로 뽑아 5년 동안 이들이 노년의 삶에 어떻게 대처하는지를 조사하며 친구, 친척 이웃에 어떤 도움을 주는지 또는 어떤 도움을 받는지를 물어 사망률과 비교했다.

분석 결과 남을 돕는 사람이 그렇지 않은 사람들보다 오래 산 반면, 남한테 도움을 받은 사람은 오래 사는 것과 관련이 없었다. 브라운 박사는 "남한테 도움을 주는 것이 장수의 비결"이라며 "도움을 받는 것이 수명 연장에 도움이 된다는 이전 연구와는 배치된다."고 말했다. 이 연구 결과는 다른 사람과의 친밀한 사회적 접촉의 끈이 강할수록 건강에 큰 도움을 준다는 이전 주장과 일치한다.

이러한 연구 결과를 뒷받침하는 산증인이 있다. 그가 미국의 부호 존 D. 록펠러(1839~1937)다. 그는 석유 정제사업으로 미국 최고의 부호이자 석유왕이 되었다. 그는 부자가 되기 위해서 수단과 방법을 가리지 않는 냉혹한 기업가였다. 그는 53세에 남은 수명이 1년이라는 불치병 진단을 받았다. 그때 그는 병원 로비의 액자에 써 있는 글이 눈에 들어왔다고 한다. 그 글의 내용은 '주는 자가 받는 자보다 복이 있도다'였다. 그때부터 그의 기부 사업이 시작되었다. 교회, 고아원, 도서관을 세워 어려운 사람을 돕고, 록펠러 재단과 대학교를 설립해 의학, 과학 분야의 발전에 지원했다. 그는 자선 사업을 하면서 가슴이 탁 트일 정도의 거대한 행복과 희열을 느끼게 된다. 거대한 부로도 느끼지 못한 행복감을 느끼게 되었다. 이때부터 암뿐만 아니라, 고질병인 우울증과 스트레스성 소화 불량에서도 벗어나게 된다. 그는 베풀기 시작한 지 43년이나 더 살아 97세까지 장수했다.

 록펠러보다 앞선 조선시대에도 선행으로 장수한 사례가 있다. 이규태 기자가 쓴 글 중에 〈베풀면 오래 산다〉(2002. 11. 27)는 글을 여기에 인용한다.

> 조선조 명종 때 점 잘 치기로 소문난 홍계관이라는 이가 있어 나라에서 국사나 정승 판서들의 길흉에 대해 맞히지 않은 것이 없어 상류 사회를 주름잡고 있었다.
> 이에 당대의 명정승 상진尙震대감도 매사를 홍계관에게 점을 쳐 대비했는데 맞히지 않은 것이 없어 죽을 날까지 알아 여생을 정리해 왔던 것이다. 상 정승이 죽는다고 예언한 연월일을 전후하여 홍계관이 일이 있어 전라도에 가 있었기에 한양에서 내려오는 사람마다 붙들고 상 정승의 안부를 물었다. 하지만 예언한 그 한 해가 다 가도록 아무런 변고가 없었다. 이상하게 생각하여 상경해 상 정승을 찾아가니 명

命이 작년으로 다한 줄 알았는데 어찌 맞지 않는가 했다. 심력을 다했기에 틀릴 리는 만무하다 하고 다만 남에게 알리지 않고 베푼 음덕陰德이 있으면 운명도 감당하지 못한다고 하고 지난날에 알지 못하게 베푼 일이 기필코 있을 것이오니 살펴 보십시오 했다.

상진이 말단 벼슬 자리에 있을 때 집으로 돌아가다 붉은 보자기에 싸인 금 술잔 한 쌍을 주운 적이 있었다. 보기에 대전大殿 수라간이 아니고는 있을 수 없는 물건이기에 아무 날 물건 잃은 사람은 아무 데 가서 찾아가라고 방을 붙였다. 후에 알고 보니 대전 수라간 별감이 자질子姪의 혼사가 있어 몰래 빌려 쓰려고 갖고 나왔다가 잃은 것이었다. 참수斬首감의 큰일을 아무도 모르게 베푼 일 때문에 운명의 신도 수명이 다한 그날을 지킬 수가 없었다는 홍계관의 풀이였으며, 그 후에도 15년이나 더 장수를 했다. 이 연수延壽도 상 정승의 할아버지 상 영부尙英孚가 어려운 사람 돈 빌려주고 받은 산적한 채권을 모두 불태워 버린데 대한 음덕이 가세한 것으로 소문 났었다. 평생을 베풀고 산 록펠러와 카네기가 장수한 것도 베풂의 생리 함수 때문이라는 심리학설이 있었듯이 선은 선으로, 악은 악으로 보상받는다는 전근대적 진리의, 첨단 과학으로서의 재확인이다.

—월간조선사, 이규태 코너(2002~2003), 〈베풀면 오래 산다〉, 2002. 11. 27. p.356

베푸는 것은 물론, 베푸는 것을 보기만 해도 똑같은 효과가 나타나는데 이것을 마더 테레사 효과라고 한다. 1998년 미국 하버드대학교 의과대학에서 시행한 연구로서 테레사 수녀(1910~1997)처럼 남을 위한 봉사활동을 하거나 선한 일을 보기만 해도 인체의 면역기능이 크게 향상되는 것을 말하며 슈바이처 효과라고도 한다.

사람의 침에는 면역항체 'Ig A(면역 글로블린-Immunoglobulin A)'가 들어 있는데, 근심이나 긴장 상태가 지속되면 침이 말라 이 항체가 줄어 든다. 연구를 주관한 하버드대학교 심리학자 데이비드 매클렐런드 교수(1917~1998)는 실험 전에 학생들의 'Ig A' 수치를 조사하여 기록한 뒤, 마더 테레사의 일대기를 그린 영화를 보여주고 'Ig A' 수치가 어떻게 변하였는지를 비교 분석하였다. 결과는 'Ig A' 수치가 실험 전보다 50%이상 증가하였다고 한다. 그래서 이 효과에는 봉사와 사랑을 베풀며 일생을 보낸 테레사 이름을 붙였다고 한다.

프랑스 작가 아나톨 프랑스는 "이 세상의 참다운 행복은 남에게서 받는 것이 아니라, 내가 남에게 주는 것이다. 그것이 물질적인 것이든 정신적인 것이든, 인간에게 있어서 가장 아름다운 행동이기 때문이다."라고 말했다.

우리는 일반적으로 자선을 베푸는 사람의 덕행이 자선을 수락하는 사람의 덕행보다 더 크다고 생각한다. 그러나 유대교 율법학자 조슈아는 "가난한 사람이 자선을 수락함으로써 부유한 사람에게 베푸는 덕행은 부유한 사람이 자선으로써 가난한 사람에게 베푸는 덕행보다 더 큰 것이다."(조셉 텔류슈킨 지음, 김무겸 옮김, 《죽기 전에 한 번은 유대인에게 물어라》, 북스넛, 2016, p.37)고 말했다고 한다. 나는 자선으로 기쁨을 얻을 수 있고, 자선 받는 사람은 주는 사람에게 덕을 베풀었으니 누이 좋고 매부 좋은 격이 아닐 수 없다.

단순히 준다고, 베푼다고, 자선한다고 장수하지는 않을 것이다. 마음에 우러나서, 기쁜 마음으로, 사랑하는 마음으로 베풀 때 기쁨이 생겨나고, 그 기쁨이 내게 행복을 주고 그 결과 수명에 영향을 주었으리라 짐작된다.

고독의 문제

 노년에 느끼는 감정 중 하나는 외로움이다. 그러나 외로움은 노년에만 해당되는 감정은 아니다. 외로움은 어떤 종류이든 고통이다. 하나님도, 새들도, 산그림자도 외로움을 느낀다고 시인 정호승은 시 〈수선화에게〉에서 말하고 있다.

>울지 마라
>외로우니까 사람이다
>살아간다는 것은 외로움을 견디는 일이다
>공연히 오지 않을 전화를 기다리지 마라
>눈이 오면 눈길을 걸어가고
>비가 오면 빗길을 걸어가라
>갈대숲에서 가슴 검은 도요새도 너를 보고 있다

> 가끔은 하느님도 외로워서 눈물을 흘리신다
> 새들이 나뭇가지에 앉아있는 것도 외로움 때문이고
> 네가 물가에 앉아 있는 것도 외로움 때문이다
> 산그림자도 외로워서 하루에 한 번씩 마을로 내려온다
> 종소리도 외로워서 울려 퍼진다

 노년의 삶을 가장 고통스럽게 만드는 것 중의 하나가 외로움이다. 그러나 외로움은 노인에게 고통이지만 특권인 경우도 있다. 늙어서도 여전히 자식이 독립하지 않거나, 금전적으로 고통을 겪든가 하는 사람은 이 외로움이라는 고통에서 제외된다. 그러니 어찌 보면 노년의 외로움은 축복받은 노인에게 부여된 권한이라고 말할 수도 있겠다. 같이 사는 배우자도, 둘도 없는 친구도 언젠가는 결국 헤어져야 하는 것이 인간이므로 언젠가는 홀로된다.

 그런데 홀로된다는 것과 외로움은 다르다. 즉, 홀로 있다고 외로운 것은 아니다. 가수이자 작가인 브로니 웨어는 "외로움은 주위에 아는 사람이 없어서 비롯되는 것이 아니다. 자기를 이해하고 받아들여주는 사람이 없을 때 생긴다. 사람들이 많은 곳에서도 얼마든지 외로울 수 있다. 오히려 사람들이 붐비기 때문에 그 많은 사람들 중에 나를 알아주는 사람이 한 명도 없다는 느낌은 더 심해진다. 주위에 나를 이해해줄 사람이 없을 때, 혹은 있는 그대로의 나를 받아들여주는 사람이 없을 때, 외로움은 그 고통스러운 모습을 드러낸다. 외로움은 혼자 있는 것과 매우 다르다. 혼자 있을 때 우리는 외로울 수도 있지

만, 행복할 수도 있다. 외로움은 혼자 있든 여럿이 있든 자신을 이해해주는 친구를 갈망하는 것이다."(브로니 웨어 지음, 유윤한 옮김, 《내가 원하는 삶을 살았더라면》, 피플 트리, 2023, p.163)라고 기술했다.

많은 사람을 만나거나 바삐 움직인다고 외로움이나 고독이 사라지는게 아니다. 인간으로 살아가는 한 외로움은 어쩔 수 없이 겪으며 살아가야 하는 동반자다. 중국의 소설가이자 평론가인 임어당은 혼자서 차를 마시면 속세를 떠난 이라는 말을 듣게 되고, 둘이서 차를 마시면 한적하다는 말을 듣게 된다. 서넛이 차를 마시면 유쾌하다는 말을 듣게 되고, 대여섯이 마시면 저속하다는 말을 듣게 된다고 말한 바 있습니다. 혼자 차를 마시는 사람은 외로운 사람이다. 그러나 혼자 차를 마시는 사람은 그 외로움을 즐기는 사람이다. 차 마시는 시간은 꿈꾸고 미래를 설계하는 시간이다.

"예수께서 이르시되 여우도 굴이 있고 공중의 새도 집이 있되 인자는 머리 둘 곳이 없도다."(누가복음 9장 58절)라고 하시면서 외로움을 토로한 적이 있다. 이처럼 절대자이신 예수님도 외로움을 느끼시는데 우리네 보통 사람들이 외로움을 느끼는 건 당연한 것인지도 모른다. 하나님께서 "사람이 혼자 있는 것이 좋지 않으니 내가 그에게 알맞은 사람을 만들어 주겠다(창세기 2:18)."고 말씀하셨다. 이 구절을 보고 17세기 존 밀턴은 《테트라코돈》에서 "'외로움'은 하나님이 좋지 않은 것으로 보신 최초의 것"이라고 기술했다.(조셉 텔류슈킨 지음, 김무겸 옮김, 《죽기 전에 한 번은 유대인에게 물어라》, 북스넛, 2016, p.134) 하나님께서 인간이 외롭지 않게 하려고 짝을 지어 주셨는데도 인간은 여전히 외롭다. 외로움은 결핍의 감정에서 나오지만, 고독은 충만에서 비롯됩니다. 외로움은 누군가의 부재를 느끼는 감정이지만, 고독은 그 누구의 부재 속에서 자신을 더 깊이 찾아가는 과정입니다. 인생의 끝자락에서 외로움은 피할 수 없습니다. 아니 외로움을 피하고 고독을 받아들여야 합니다. 타인에게 기대려는 마음을 내려놓고 자기자신의 성찰을 통해서 내면의 힘을 키워 가는 것, 그것이 노년의 지혜입니다. 외로움보다는 고독에 더 가까이 다가가려는 노력과 그러한 과정에서 의미를 찾을 수 있다면 우리는 더 단단해지고 행복할 수 있습니다.

그러면 우리나라 사람들은 어느 정도 외로움을 느낄까. 2022년도 우리나라 여론조사에서 성인의 절반 이상(55%)이 외롭다고 답했다.(목회데이터연구소, 《numbers》 152호, 2022. 7. 12) 속마음을 털어놓을 사람이 없거나 세상에 혼자 남겨진 느낌이라고 했다. 여기에는 노년층은 물론 청년과 취준생들도 외롭긴 마찬가지다. 군중 속에 있어 역설적으로 더 외롭고, 친구들의 SNS를 보면 외로움을 느낀다. '혼자 있으면 사람이 그리워서 외롭고 둘이 있으면 고독이 그리워서 외롭다'는 말처럼 군중 속에 있어도 외로움을 느끼는 것이다.

사회에서 고립되어 외로움이 심해지면 건강에도 문제가 생긴다. 외로움의 해악은 하루에 담배 15개비를 피우는 것과 같다는 연구도 있다. 그 외로움의 끝은 '고립사'다.(독일의 신학자 폴 틸리히는 "혼자 있음의 고통에 대해서는 '외로움', 혼자 있음의 영광에 대해서는 '고독'"이라고 표현한 바에 따라서 혼자 있음의 영광이 '고독'인데, 고독사라고 표시하지 않고 혼자 고립되어 죽는 것이므로 여기서는 '고립사'라고 표기한다.)

혼밥, 혼술, 혼잠의 결과 혼자 죽는 것이다. 아무도 슬퍼하지 않는 죽음이다. 아무도 곁에 있지 않고 혼자 떠나는 것은 비참한 죽음이다. 우리나라의 고립사는 2021년 3,378명으로 5년 사이 40% 급증했다. 전체 죽음의 1%가 고립사라니 놀랍고도 서글프다. 이제 외로움이 개인의 문제가 아닌 사회적 질병이라는 인식이 필요한 때이다. 《고독사는 사회적 타살입니다》의 저자인 경찰관 권종호 씨는 인간의 존엄이 무너진 마지막 순간들을 수없이 보면서 "고독사는 제도가 현실을 따라가지 못해 일어나는 사회적 타살"이라고 주장했다.

영국은 2018년 1월 세계에서 처음으로 고독을 담당하는 '외로움부'를 신설해 문화부처 장관이 겸직했다. 공공 의료가 무료인 영국에는 아파서 병원을 찾는 게 아니라 외로워서 의사를 만나러 오는 사람이 20%나 됐다. 의사가 이 사람은 치료가 아니라 '사회적 처방'이 필요하다고 판단하면, 약 대신 지역 활동에 참가하도록 도와준다. 연금 생활자와 집없는 청년이 공동 생활을 하게 하고, 퇴직자와 실직한 이들이 목공 등을 함께하는 프로그램을 만들었다.

일본은 히키코모리(은둔형 외톨이)가 일찌감치 사회문제가 돼 영국을 벤치마킹해 2021년 고독, 고립 담당 장관을 신설하였고, 지방 창생 장관이 겸직한다. 미국 정부는 최근 '외로움과 고립감이라는 유행병' 보고서를 통해 외로움을 비만이나 약물 중독 같은 심각한 공중 보건 문제로 다뤄야 한다고 지적했다. 외로움은 전염성이 강한 사회적 질병이다. 국가 차원의 고독 탈출 캠페인이라도 벌여야 할 정도로 심각하다. 이제 우리나라도 외로움, 고독, 고립사에 대하여 관심과 제도적 장치가 필요한 때라고 여겨진다.

외로움을 긍정적으로 받아들이자

"노년의 첫걸음은 혼자 지내야 하는 외로움을 인정하고 긍정적으로 받아들이는 것이다. 그러면 자기 자신과 세상에 존재하는 모든 것이 하나됨을 즐길 수 있다. 혼자서도 잘 지내는 사람은 문제 없이 새로운 관계를 맺고 친구도 잘 사귄다. 그리고 친구에게 의존하는 일도 없다. 단지 외로움을 잊기 위해 친구를 찾지 않기 때문이다."(안젤름 그륀 지음, 김진아 옮김, 《노년의 기술》, 오래된미래, 2010, p.128)라고 안젤름 신부는 기술했다.

쇼펜하우어는 "늙고 나면 자기가 속했던 세대에는 생존한 자가 없다. 낯선 세대에 둘러싸여, 객관적으로도 본질에서도 혼자가 되었다. 그래서 60대가 되면 혼자 있고 싶은 충동이 아주 자연스럽고 심지어 본능적으로 되는데, 이때 모든 요소가 하나로 뭉쳐 혼자 있고 싶은 충동을 촉진하기 때문이다."(아르투어 쇼펜하우어 지음, 박제헌 옮김, 쇼펜하우어 소품집 《남에게 보여주려고 인생을 낭비하지 마라》, 페이지2북스, 2023, pp.222~223)고 말했다.

인간은 본능적으로 혼자 있고 싶은 충동을 느낀다고 하니, 본능에 충실해지면 될 것이다. 그러나 혼자 놀지 모르면 늘 누군가에게 시간과 관심을 구걸할 수밖에 없다. "외로움을 피하는 방법도 스스로의 노력 없이는 해결되지 않는다. 그 노력의 일환으로 외부의 친구를 사귀는 것이다. 타인을 친구로 사귀기 위해서는 타인의 관심과 사랑을 기다리지 말고 먼저 다가가라고 얘기한다. 인간을 병들게 하고 불행하게 만드는 원인이 꼭 외로움 이겠는가? 혼자기 때문에 건강이 나빠지고 외로워서 인생이 불행해 지는게 아니다. 혼자 있는게 두렵고, 외로움이 무섭다면 외롭지 않으려고 노력하면 된다. 노후 생활을 위해 보험이나 연금을 들듯이 외로움에 대비하는 일도 잊어서는 안된다. 외로움에 대비하려면 무엇보다도 사랑하는 능력을 갈고 닦아야 한다. 나이먹었다고 다른 사람에게 대접 받고 그가 내게 먼저 다가오기를 바란다면 점점 더 외로워질 뿐이다. 다른 사람이 먼저 내 삶에 관심을 가져 주기를 기대해서는 안된다. 내가 먼저 연락하고 만난다. 전화나 SNS도 무방하다. 목소리를 듣거나 마음을 털어 놓는 것만으로도 위안을 얻는다."(이근후 지음, 김선경 엮음, 《나는 죽을 때까지 재미있게 살고 싶다》, 갤리온, 2013, pp.30~32)

로버트 L. 베닝가는 혼자이지만 외롭지 않은 비결을 이렇게 말하고 있다. "다른 사람에게 관심을 보여라. 아무 계획 없이 잠자리에 들지 마라. 약점을 드러내고 다른 사람들이 당신의 사랑을 깨닫는 것을 두려워하지 마라."(로버트 L. 베닝가 지음, 조민숙 편역, 《아름다운 실버》, 열음사, 2001, p.243)

노년이 고통스러운 것은 인간의 책임이다

독일의 동화작가 그림 형제가 수집한 한 동화는 인간의 수명이 왜 70인지를 제시하고 있다. "신께서는 인간과 모든 동물들에게 30년간의 삶을 정해 놓았다. 당나귀나 개, 원숭이는 30년이라는 오랜 삶이 너무 고통스럽게 여겨져 각각 자신의 삶에서 당나귀는 18년, 개는 12년, 원숭이는 10년을 빼달라고 요청하여 허락을 받아냈다. 그런데 인간은 30년보다 더 연장해주기를 요청했다. 그리하여 인간은 당나귀가 포기한 18년, 개가 포기한 12년, 원숭이가 포기한 10년을 얻어내어 자기 삶에 보탤 수 있었다. 그리하여 인간은 70년의 인생을 갖게 되었다. 처음 30년은 애초부터 정해진 인간의 삶이요, 또, 그 30년은 빨리 흘러간다. 그 후에는 당나귀의 18년이 오니 이 기간 동안 인간은 무거운 짐에 또 짐을 어깨에 지고 가야 하는 것이다. 그 다음에는 개의 12년이 온다. 이 기간 내내 인간은 이 구석 저 구석 기어 다니며 으르렁거린다. 왜냐 하면 물려고 해도 이젠 이가 없기 때문이다. 이제 그에게 남은 시간은 마지막 원숭이의 10년밖에 없다. 이제 그는 정신이 없고 약간 우스꽝스러워져, 아이들이 보면 웃고 조롱하는 이상한 짓을 한다. 이렇게 인간의 노년이 동물들의 노년보다 더 고통스러운 것은 모두 인간의 책임이다. 인간은 자기자신의 경솔한 탓에 그런 선고를 받은 것이다.

─시몬 드 보봐르 지음, 홍상희 등 2인 역, 《노년》, 책세상, 2022, p.190

진정한 친구가 있으면 외롭지 않다

사람은 선택할 수 있는 것이 있고 없는 것이 있다. 부모, 형제 등 가족은 내가 선택할 수 없다. 부모가 마음에 안 든다고 바꿀 수 없고 자녀가 힘들게 하여도 바꿀 수 없다. 그러나 우리 인생에서 자유롭게 선택할 수 있는 존재는 친구다. 그래서 외로움으로부터 벗어나고자

하는 사람들에게 해주는 충고는 친구를 만들라는 것이다. 마음 맞는 친구가 있으면 인생 살아가기가 훨씬 수월하다. 친구 관계가 얼마나 중요한지를 알려 주는 고대 이스라엘의 유명한 격언이 있다. '친구가 없으면 죽은 것이나 다를 바 없다.'(조셉 텔류슈킨 지음, 김무겸 옮김, 《죽기 전에 한 번은 유대인에게 물어라》, 북스넛, 2016, p.134-바빌로니아 탈무드 인용)는 말이다. 좋은 친구와 같이 있으면 시간 가는 줄 모른다. 취미가 같은 친구들과 어울리다 보면 세상 걱정, 근심도 줄어든다. 그런데 우리나라 사람들은 다른나라 사람들에 비하여 친구 관계가 소원한 것으로 나타났다.

통계청의 2021년 사회 조사결과에 따르면 '우울할 때 이야기 나눌 사람이 있다'와 '몸이 아플 때 집안일을 부탁할 사람이 있다'에 대해 '그렇다'고 응답한 비율이 각각 80%, 73%로 나타났다. 이는 2019년 동일 조사 대비 각각 3%p., 7%p. 하락한 수치이다. 또한 OECD 41 개국과 비교하면 1위인 아이슬란드 98%와 상당한 격차를 보이며, 한국은 최하위권인 38위에 랭크돼 있다.

— 문화선교연구원《넘버즈》의 195호 주간 리포트에서 추출한 것임

직장에서 은퇴를 하게 되면 제일 서러운 게 직장 동료나 선후배들과 관계가 소원해진다는 것이다. 설사 관계를 유지한다고 해도 두세 사람이고 그마저도 한 달에 한두 번 아니면 몇 달에 한두 번 만나는 정도이다. 이 정도 관계를 유지하는 사람은 그나마 성공한 케이스에

속한다. 그래서 고향과 멀리 떨어진 곳에서 직장생활을 한 사람들은 옛 친구를 찾아서 은퇴 후 자기 고향으로 돌아가는 경우도 있다. 왜냐하면 옛 친구가 좋기도 하지만, 새 친구 사귀는 정성의 반의반만 있어도 옛 친구와 친해질 수 있기 때문이다.

나이 들어 친구를 사귀는 것은 어릴 때 친구를 사귀는 것과는 달라서, 나이, 사회적 지위, 재산의 정도가 많은 영향을 받는다. 그래서 새로운 친구를 만드는 것이 쉽지가 않다. 새로 가입한 서클 등에서 돈 자랑, 과거 직책 자랑이 모자라서 나이까지 들먹이는 것을 보고 탈퇴한 사람도 있다고 한다. 사람은 사회적 동물이기 때문에 결코 혼자서는 살 수 없다. 특히 늙어가며 생의 마지막 길을 함께 걸어가는 친구의 중요성을 강조할 필요조차도 없을 것이다. 친구를 잘 사귀거나, 기존의 친구 관계를 원만하게 유지하기 위해서는 상대방을 존중할 줄 알아야 한다. 함부로 대하면 친구라고 할 수 없고, 친구라고 해도 오래가지 못한다.

814명의 성인 남녀 삶을 70여 년 동안 추적 조사해온 '하버드대학교 성인발달 연구'에 따르면 행복한 은퇴생활을 위해서는 새로운 관계를 만들어 나가는 것이 필요하다. 그 중에 가장 중요한 것이 친구를 사귀는 것이 필요하다고 말한다. 왜냐하면 직장의 동료들은 은퇴와 함께 멀어져 가기 때문에 이들을 대신할 새로운 사회적 만남이 필요하다는 것이다. 내가 어려운 일이 생겼을 때 도와줄 친구가 없으면 외롭고 힘들다. 직접 찾아와서 도와줄 친구뿐만 아니라, 외로울 때 전화 등으로 대화할 수 있는 친구 등이 필요하다. 많으면 좋지만 한

두 명이라도 항상 도와줄 친구가 있다면 그걸로 족하다. 그러나 유사시 친구가 없다고 생각된다면 새로운 친구를 사귀거나 옛날 친구를 찾아 우정을 다시 쌓아 나가는 것도 좋은 방법이다. 친구가 얼마나 소중한 존재인지를 잘 표현한 언론인이자 사상가인 함석헌 시를 소개한다.

만 리 길 나서는 길 처자를 내맡기며
맘 놓고 갈만 한
그 사람을 그대는 가졌는가

온 세상이 다 나를 버려 마음이 외로울 때에도
'저 마음이야.' 하고 믿어지는
그 사람을 그대는 가졌는가

탔던 배 꺼지는 시간
구명대 서로 사양하며
'너만은 제발 살아다오.' 할
그 사람을 그대는 가졌는가

불의의 사형장에서
'다 죽여도 너희 세상 빛 위해 저만은 살려두거라.' 일러줄
그 사람을 그대는 가졌는가

잊지 못할 이 세상을 놓고 떠나려 할 때

'저 하나 있으니.' 하며 빙긋이 웃고 눈을 감을

그 사람을 그대는 가졌는가

온 세상의 찬성보다도

'아니' 하고 가만히 머리를 흔들 그 한 얼굴 생각에

알뜰한 유혹을 물리치게 되는

그 사람을 그대는 가졌는가

―함석헌, 〈그대는 그런 사람을 가졌는가〉

종교인이 무종교인보다 덜 외롭다

2023년 6월 13일 목회데이터연구소가 발표한 '국민일보·피엠아이 공동 한국인의 외로움 조사' 결과에 따르면 의지적 치료가 필요할 정도로 외로움을 느끼는 비율에서는 종교인 경우는 23%에 그쳤다. 반면 무종교인은 30%를 차지했다. 특히 종교인 3명 중 2명은 '종교가 외로움 극복에 도움을 준다'고 답했다. 종교활동이 외로움 극복에 도움을 줄 수 있느냐는 질문에 '도움을 준다'고 답한 종교인 비율이 63%였다. 무종교인은 27%에 그쳤다. 개신교의 경우 74%가 '종교가 외로움 극복에 도움을 준다'고 답한 것으로 나타났다.(뉴시스, 이수지 기자, 〈종교가 외로움 극복에 도움 준다 …무종교인보다 행복도↑〉, 2023. 6. 16)

지금까지 언급한 외로움과 관련한 지표들은 19세 이상 일반인을 대상으로 조사한 것으로 노년의 외로움과는 차이가 있을 것이다. 그러나 적어도 65세 이상의 노인의 외로움이 그 이하의 성인들보다는 더 높을 것으로 추정된다. 어쨌든 종교 유무에 따라 외로움을 느끼는 차이가 있다는 점이다. 종교가 외로움을 극복할 수 있게 하는 데에는 관계성과 소속감이 중요하다. 종교 기관에서 많은 사람을 만나고 관계를 맺으며 다양한 종교 활동을 하고, 서로의 경조사에 관심을 두고 돕는 관계 속에서 종교인들은 끈끈한 유대감과 소속감을 느끼면서 외로움을 덜 느끼게 되는 것이다. 특히 주목할 점은 외로움을 극복하는데 사람들과의 관계성보다는 영적인 회복이 더 중요하다고 응답했다는 점이다. 종교인들은 사람들과의 관계를 통해 외로움을 해소하는 것은 일시적이고 가변적일 수 있으나 종교를 통해 외로움을 해소하는 것은 근원적이고 본질적이라는 특징이 있다. 따라서 종교인이 외로움을 극복하는 가장 핵심적 요소는 영적 회복이 되어야 한다는 것이다.

스마트폰에 집착하지 마라

221. 우리가 하루에 휴대전화를 확인하는 평균 횟수다. 시간으로 보면 매일 평균 3시간 15분에 달하고 1년에 거의 1,200시간이다. 10대의 절반정도가 이제 '거의 항상' 온라인 상태다. 전세계 성인 3분의 1이 아침에 눈을 뜬 지 5분 이내로 휴대 전화를 확인하고, 우리 중 다수가 한밤중에 깼을 때도 5분 안에 휴대전화를 확인한다.

　—노리나 허츠 지음, 홍정인 옮김, 《고립의 시대》, 웅진지식하우스, 2023, p.152

많은 사람들이 스마트폰에 열중하느라 자신의 안전을 등한시하는 경우가 많다. 운전자는 메시지를 보내거나 전화 거느라고 주의를 집중하지 못하고, 보행자는 휴대폰을 보고 걷느라고 주의가 산만해서 교통사고를 유발하는 사건이 많아지고 있다. 스마트폰이 등장하기 전에는 전철이나 버스 안에서 사람들의 행동은 각양각색이었다. 책을 보는 사람, 신문을 보는 사람, 이어폰을 꽂고 노래를 듣는 사람 등등 다양하였다. 그러나 스마트폰이 모든 사람들의 행동을 통일하게 만들었다. 경로석에서 한담을 나누는 몇몇 사람을 제외하고는 앉아 있건, 서 있건 간에 대부분의 사람들을 스마트폰에 열중하게 만든 것이다. 식당에 가족들이 각자 자기 휴대폰에 열중하느라 서로 대화하지 않는 모습도 본 적이 있다. 심지어 연인으로 보이는 사람들이 식당에서 음식을 주문한 후에 각자의 휴대폰에 열중하는 모습을 보았을지도 모른다. 이러한 행동은 상당히 파국적인 결과를 초래한다. 미국에서는 최근 몇 년 사이 휴대전화에 주의를 빼앗긴 부모 때문에 아기가 숨지는 사건이 몇 차례 발생했다고 한다.(같은 책, p.155)

파트너와 침대에 나란히 누워 있으면서 각자 자기 휴대폰에 열중한 적이 없었던가, 인스타그램에 올릴 완벽한 휴가 사진을 찍기 위해 얼마나 시간을 투자하였는가? 우리는 여행 가서도 거기에 없고 여기에 있어도 여기에 없으며, 함께이지만 혼자이다. 새로운 형식의 디지털 커뮤니케이션은 우리가 아끼는 사람들과 직접 나누는 대화의 저급한 대체물로서 우리가 집단적으로 겪는 단절 상태의 주요 원인이다.(같은 책, p.162) 스크린상에서 너무 많은 시간을 보내는 것이 좋지 않다는 건 분명한 사실이다. 문제는 이 사실을 잘 알면서도 휴대전화를 집어 들려는 충동에 저항하려면 큰 결단력과 의지력이 필요하다는 것이다. 그만큼 우리는 디지털 기기에 심하게 중독되어 있다.(같은 책, p.169)

스마트폰은 나와 우리 사이를 멀어지게 한다. 정확하게 말하면 나와 우리 사이를 단절시킨다. 소셜 미디어가 우리를 외롭게 만드는 것은 단지 우리가 소셜 미디어에서 보내는 시간 때문에 주변 사람들과 연결되어 있다는 느낌을 덜 받아서만은 아니다. 소셜 미디어가 우리 사회 전체를 더 심술궂고 잔인하게 만들기 때문이다. 심술궂고 잔인한 세계는 외로운 세계다.(같은 책, p.176)

지금까지 언급한 내용은 젊은이를 포함한 모든 세대의 스마트폰 중독에 따른 외로움 문제이다. 그러니 노년의 문제는 아니라고 무시할 수도 있다. 그러나 우리나라 스마트폰 보유율이 94.8%로 10~50대 보유율은 99% 이상으로 포화 상태이며 60대는 96.2%, 70세 이상은 66.5%로 고연령대 스마트 기기 사용이 확대되는 양상이 지속되고 있다.(국민일보, 임세정 기자, 방송통신위원회, '2023 방송 매체 이용 행태조사' 결과, 2023. 12. 29)

따라서 젊은이 못지 않게 스마트폰을 잘 다루는 베이비 부머세대(1956~1963) 등장은 젊은 세대들의 부정적인 영향으로부터 자유로울 수 없다. 60~70대의 특성상 손주 자랑, 자식 자랑과 재력을 과시하는 등으로 따돌림을 당할 수 있다. 따돌림을 당한 사람은 집단으로부터 소외되어 혼자 피해를 보면 그만이지만, SNS에서 타인의 행복한 순간, 멋진 파티, 가보고 싶은 외국 관광지, 입에 침이 고이게 하는 요리 따위가 온라인에 공유된다. 그럴 때마다 우리는 기분이 우울해질 수도 있다. 때로는 나는 해보지 못한, 가질 수 없는 것들에 대한 그들만의 세상이 부러울 수 있다. 흔히 '부러우면 진다'라는 말이 있다. 모임에서, 집단에서 타인이 부럽고 소외감을 느끼면 우울해지고 고독감을 느끼게 된다. '왕따 당하지 않는 비결'에서도 언급되지만 과시나 자랑으로 남에게 상처 주어서는 안되고 내가 일상적으로 하는 행동이 남에게는 독약이 될 수 있음을 아는 지혜가 필요하다. 그러니 스마트폰은 공부하는 도구로서, 길 찾는 도구로서, 친구와 소통하는 도구로서 한정적으로 사용하면 좋지 않을까 생각한다.

따돌림 당하지 말자

나를 둘러싼 인연들이 내가 싫어 모두 떠난 뒤 나만 혼자 남겨지는 경우나 많은 사람으로부터 따돌림을 당하는 사람들은 소외감을 느낄 수 있을 것이다. 인간이 소외되면 고독감을 느끼게 된다. 노년에 주변으로부터 따돌림을 당하면 더욱 외롭다. 그런데 청소년 왕따 문제에 대해서는 연구가 활발하게 진행되고 있으며 어느 정도 성과가 있는 것으로 짐작된다. 그러나 노인의 '따돌림' 문제에 대하여는 연구 사례가 드물어 보인다. 이것은 노인들이 '따돌림' 피해에 대하여 남에게 드러내지 않기도 하지만 노인들끼리 설마 '왕따'라는 게 있을 수 있나 하는 마음에서 가볍게 보아 넘기지 않나 하는 생각이 든다.

그럼 어릴 적 '따돌림'을 당한 사람이 성인이 된 후 겪는 후유증을 살펴보자. 최근 연구에 따르면 아동기 괴롭힘의 영향은 수십 년 동안 지속될 수 있으며 장기적 변화로 인해 정신적, 육체적 질병의 위험이 더 커질 수 있다고 한다. 하버드 정신의학 리뷰Havard Review of Psychiatry에 "어린 시절 왕따를 당한 여성은 청년기에 공황 장애를 앓을 확률이 27배 더 높다. 남성의 경우 아동기 괴롭힘으로 인해 자살 생각과 행동이 18배 증가했다. 괴롭힘은 또한 사람들의 사회 생활에 장기적인 영향을 미칠 것이다. 많은 희생자들은 노년에 친구를 사귀기가 더 어렵고 장기적인 파트너와 함께 살 가능성이 적다."라는 내용의 논문이 실렸다.(BBC News 'the Nordic way to stop, bullying', David Robson 특파원, 2022. 3. 14)

삼성서울병원 정신건강의학과 전홍진 교수 연구팀이 성인 4,652명을 대상으로 어릴 적 겪은 왕따와 성인 이후 우울증 발병의 연관성을 분석했다. "그 결과, 어릴 적 왕따를 겪은 사람은 그렇지 않은 사람에 비해 우울증을 앓을 확률이 1.84배 더 높았다. 그리고 왕따를 당한 사람들이 그 트라우마에서 벗어나기 위해서는 본인의 노력 외에도 주변인들의 도움이 필요하다고 한다. '그 정도는 다들 있는 경험이다' 등등 상대의 어려움을 무시하는 듯한 발언은 상처를 더욱 곪게한다. 주변인들은 왕따에 대해 이해해주고, 수용해주며 상대가 왕따를 극복할 수 있도록 동기 부여와 격려를 해 주는 것이 좋다."고 발표했다.(헬스조선, 이해나 기자, 〈왕따 당했던 경험 어떻게 잊어야 할까?〉, 2022. 6. 2)

노인이 되어서도 '따돌림' 당하는 것은 유쾌하지 않다. 아니 어느 누구도 '따돌림'은 기분 나쁘다. 또한 '따돌림' 후 후유증도 오래가고 극복하는데 많은 고통이 따른다. 노인의 왕따 사례를 살펴보자.

　서울 소재 한 경로당에 다니는 80대 A씨는 외로움을 달래기 위해 경로당 문을 두드렸지만 경로당을 다닌 이후 오히려 우울증에 시달리고 있다. 경로당을 다니기 시작한 지 한 달도 안돼 경로당 회장이 가족에게 전화를 해 "할머니(A씨)가 걷는 게 불안하고 넘어질 수 있으니 경로당에 나오지 않았으면 좋겠다"고 통보했다. 하지만 거동에 큰 문제가 없다고 판단한 A씨는 가족의 도움을 받으며 계속 경로당을 찾았다. 하지만 그 이후 A씨는 철저하게 '투명인간' 취급을 당하기 시작했다. A씨가 말을 걸어도 다른 회원들은 그를 없는 사람 대하듯 대꾸조차 하지 않았다. 푹푹 찌는 더위 때문에 A씨가 에어컨 바람을 잘 쐴 수 있는 공간으로 가려고 하면 회원들은 "왜 여기로 오느냐. 저쪽으로 가라"며 노골적으로 따돌렸다. 한 회원은 A씨에게 "지병이 뭐냐. 옮는 병 아니냐"고 면박을 주는가 하면, 나이가 많다며 어울리지 말라고 다른 회원들을 종용했다.

　일부 경로당에서 텃세를 부리거나 회원을 받지 않고 배척하면서 노인들이 경로당을 떠나고 있다. 신체적·정신적으로 약하거나 마음에 들지 않는다는 이유로 다른 노인을 조롱하면서 낙인 찍고 고립시키는 일이 버젓이 벌어지고 있다. 따돌림으로 인한 정신적 고통을 견디다 못해 아예 경로당으로의 발길을 끊는 노인들마저 생기고 있다. 하지만 이런 상황에서도 마땅히 의지할 곳이 없는 노인들은 울며 겨자 먹기로 경로당을 이용할 수밖에 없다.

경로당 내 갈등과 불화로 인해 노인이 노인을 폭행하는 일도 갈수록 심각한 사회적 문제가 되고 있다. 보건복지부와 노인보호전문기관에 따르면 65세 이상 노인이 노인을 학대하는 노노학대는 지난해 3,335건으로 전체 학대 건수의 42.2%에 이르렀다.

경로당 회원들 간 불화의 갈등이 극단적인 폭력 양상으로 치닫는 일도 잦아지고 있다. 지난해 7월 경북 봉화읍 내성 4리 경로당에서는 노인 4명이 농약이 든 커피를 마시고 병원으로 이송됐다. 경찰은 경로당에서 화투를 치면서 회원간 갈등이 있었다는 진술을 확보했지만, 농약을 탄 할머니가 스스로 목숨을 끊으면서 수사가 종결됐다.

―매일경제, 차장희·김정범 기자, 〈무리에 못 끼면 한여름 에어컨 근처도 못가 …경로당 갑질·왕따에 '노노학대' 급증〉, 2025. 1. 16

노년에 왕따로 고통받지 않는 삶을 위해 작가 유경의 '노년 왕따 예방 지침 8가지'를 인용한다. (유경 지음, 《마흔에서 아흔까지》, 서해문집, 2012, pp.187~193)

하나, 잘난 체하는 행동을 삼간다

나보다 어리다고, 혹은 못 배우고 덜 가졌다고 무시하며 모욕을 주면 비록 눈에 보이지 않을지라도 같은 분량의 무시와 모욕이 돌아올 것이다. 잘난 척할수록 친구들은 다 떠나고 남는 것은 외로움뿐이다.

둘, 예의를 지킨다

나이는 벼슬도 아니고 자격증도 아니다. "내가 늙어서 남의 눈치

보고 살랴?" "내 나이가 몇 갠데" 등등 세상만사에 안하무인이다. 말과 행동에서 인간에 대한 예의를 저버리면 그 누구에게도 사랑받거나 존중받지 못한다.

셋, 깔끔한 옷차림을 한다

노년에 대한 부정적인 이미지에는 외모에 대한 무관심과 깨끗하지 못한 옷차림 등이 한몫을 한다. 반대로 지나치게 화려한 몸치장 역시 주변 사람들에게 위화감을 준다. 몸이 힘들어 깔끔한 옷차림 하기가 쉽지는 않으나 철저한 자기 관리를 통해 단정한 모습을 보이도록 노력해야 한다.

넷, 자랑하지 않는다

부와 명예, 권력, 자식 등은 물론 건강에 대하여도 자랑하지 말자. 지나친 자랑은 질투를 불러일으켜 사람을 멀어지게 만든다. 이야기를 할 때 자기 자랑으로 시작해 자기 자랑으로 마치는 사람은 사람들에게 왕따 당하기 마련이다. 함부로 자랑할 일이 아니다.

다섯, 고집부리지 않는다

새로운 것을 받아들이지 못하는 것이 노년의 가장 특징 중 하나이기도 하다. 그러나 자신의 경험만이 전부 옳고 자기 방식만 정답이라고 고집하면 아무도 옆에 있지 않는다. 생명과 안전에 지장이 없는 일이라면 젊은 사람 뜻에 못 이기는 척하고 따라주는 것도 노년만이

지닐 수 있는 푸근함이다.

여섯, 엄살 부리지 않는다

내 부모 세대들은 많은 고생을 하셨다. 그래서 "내가 살아온 일을 책으로 쓰면 열 권도 넘을 것이다." "나만큼 고생한 사람 없을 거다." 라는 말을 하신다. 그만큼 수 없이 많은 고난을 겪었다는 말씀이다. 그러나 이런 말씀을 자주 하면 엄살부리는 것으로 보여질 수도 있다. 엄살은 괜한 응석이 되기도 하며, 노년의 응석은 보기 싫은 모습 중에서도 첫손 꼽히는 일이다.

일곱, 무기력하게 살지 않는다

공부는 물론 어떤 일에도 새롭게 도전하지 않는다. 자신에게 어떤 문제가 생겨도 남의 일처럼 행동한다. 자식이, 배우자가 해결해주겠지 하고 손놓고 기다린다. 맥 놓고 있으면 더 빨리 늙는다. 의욕이 저하된 사람들의 모습이라고 볼 수 있다. 가벼운 운동 등으로 세르토닌이 분비될 수 있도록 나름의 노력을 하면 원기를 되찾을 수 있다. 내 인생은 내 것이다. 세상 끝난 것처럼 살지 말자.

여덟, 인색하게 살지 말자

인색한 노년은 외롭다. 사람은 잃어 버리면서 얻고, 놓아버리면서 성장한다. 죽을 때 가져갈 것처럼 움켜쥐고 있어봐야 아무 소용 없고, 오히려 소중한 사람만 잃어 버린다. '입은 닫고 지갑은 열라'는 말이 있다. 자기 말만 하는 것도, 짜게 구는 것도 인색한 것이다. '말 많은 사람'보다 '말 잘 들어 주는 사람' 주변에 사람이 더 많은 것을 보면 어떻게 살아야 할지 알수 있을 것이다.

외로움과 고독, 고립의 차이

　캐럴라인 냅은 《명랑한 은둔자》에서 "내가 선택하면 고독이고, 타인에 의해 갇히면 고립이 된다. 내가 선택했을 때도 즐거우면 고독이고, 단절로 인하여 고통스러우면 고립이다."라고 했다. 법정 스님은 "고독은 옆구리께로 스쳐 지나가는 시장기 같은 것, 그리고 고립은 수인처럼 갇혀 있는 상태다. 고독은 때론 사람을 맑고 투명하게 하지만, 고립은 그 출구가 없는 단절이다. 고독에는 관계가 따르지만, 고립에는 관계가 따르지 않는다."고 했다
　독일의 신학자 폴 틸리히의 말을 빌리면 "혼자 있음의 고통에 대해서는 '외로움', 혼자 있음의 영광에 대해서는 '고독'"라고 한다.

무위無爲와 지루함의 문제

무위는 지루함을 낳는다. 그런데 지루함의 원인이 되는 것은 무위, 무관심, 목표 부재 등 여러 가지가 있으므로 여기서는 무위와 지루함을 같이 얘기하고자 한다. 무위 즉 아무런 할 일 없이 시간을 보내는 것처럼 지루하고 짜증나는 것은 없을 것이다. 그래서 지루함이 얼마나 견디기 어려운지를 보여주는 사례를 소개한다.

2002년 4월 21일 서울 반포동 한 APT에서 와병 중인 80대의 장소팔 씨 옆에 50대 아들이 앉았다. "아들아, 내가 이제 가야겠다. 근데 너 내가 왜 죽는지 아느냐?" "아니 아버지, 금방 회복되실 텐데 어찌 그런 말씀을. 돌아 가신다면 몸이 아프시니까……" "아니다, 심심해서 죽는다. 너도 늙어 봐라 늙으면 진짜 할일도 없고 심심해서 죽겠다. 그래서 세상을 뜨는 거야.(더 재밌는게 없나 하고)" 다음날 장소팔 씨는 숨을 거두었다. 그제야 아들은 그게 마지막 유언이었음을 깨달았다고 한다.

—중앙선데이, 조강수 기자, 2010, 장소팔의 유언,
〈아들아, 난 세상이 심심해서 죽는다〉

버틀런드 러셀은 권태가 생겨나는 필수 조건 두 가지를 이렇게 말했다. "하나는 어쩔 수 없이 상상하게 되는 지금보다 바람직한 상황과 현재 상황의 대조에 있다. 두 번째는 자신의 능력을 충분히 발휘할 필요가 없을 때에 권태를 느끼게 된다. 사형을 당하는 순간 권태를 느끼는 사람은 없을 것이며, 목숨을 건 도망자가 권태롭지는 않을 것이다. 그는 권태는 꼭 즐거운 일이 일어나지 않아서 생기는 것이 아니다. 이날이 다른 날과 다르다는 것을 깨달을 수 있을 정도의 사건이 생긴다면 권태로부터 벗어날 수 있지만, 이런 사건들이 일어나지 않는다면 사람은 권태에 빠지게 된다고 말했다."(버트런드 러셀 지음, 이순희 옮김, 《행복의 정복》, 사회평론, 2022, p.64)

아무리 재미있는 놀이나 좋아하는 노래라도 계속해서 되풀이하면 지겨워지기 마련이다. 우리 인간 자체는 삶에서 안정되고 확실한 것을 추구하지만, 반면 인간의 뇌는 불확실한 상황에서 더 열심히 일한다는 얘기다.(한소원 지음, 《변화하는 뇌》, 바다출판사, 2021, pp. 105~106) 그럼 왜 노년의 삶은 지루할까. 앞의 사례에서 '할 일도 없고 심심해서 죽겠다'는 것처럼 지루하게 만드는 가장 큰 요인은 '할 일 없음, 즉 '무위無爲'를 꼽을 수 있다. 벤저민 프랭클린은 "일하는 자는 행복한

자요 한가한 자는 불행한 자다."라고 설파했다. 또한 《탈무드》에서는 이렇게 말하고 있다. "이 세상에서 가장 힘든 일은, 일이 없다는 것이다." 보부아르는 "무위는 모든 활동에 대한 욕망을 죽이는 무감각 상태를 초래한다."고 말한 바 있다. 또한 프랑스 부를리에르 교수는 다음과 같은 말을 하였다.

> 양로원에 사는 노인들이 지루하다고 말할 수 있는 것은 바로 그들이 자기 시간을 능동적으로 사용할 수 있으면서 전혀 아무것도 하지 않을 때부터이다.
> ―시몬 드 보부아르 지음, 홍상희·박혜영 옮김, 《노년》, 책세상, 2022, p.378

　무위 즉 할 일 없음이 지루함을 가져오고 지루함은 결국 인간에게 불행을 줄 수 있기 때문에 문제가 된다. 쇼펜하우어는 "완전한 무위는 견딜 수 없게 된다. 왜냐하면 그것은 가장 끔찍한 권태를 낳기 때문이다."라며 무위가 곧 권태를 낳는다고 말하고 있다. 또한 그는 인간의 행복에 방해가 되는 요소 두 가지 중 하나가 지루함 이라고 기술하고 있다.(아루투어 쇼펜하우어 지음, 박제헌 옮김, 《남에게 보여주려고 인생을 낭비하지 마라》, 페이지2북스, 2023, p.39)

　미국의 사회학자 스콧 니어링의 배우자인 헬렌 니어링은 스콧의 말을 인용하여 일의 중요성을 다음과 같이 말하고 있다. "일은 사람이 늙는 것을 막는데 도움을 준다. 일이 곧 내 삶이다. 나는 일이 없는 삶을 생각할 수 없다. 일하는 사람은 결코 권태롭지가 않고 늙지 않는다. 희망과 계획의 자리에 후회가 들어설 때 사람은 늙는다. 일과 가치 있는 것들에 대한 관심이 늙음을 막는 가장 훌륭한 처방이다."(헬렌 니어링 지음, 이석태 옮김, 《아름다운 삶, 사랑, 그리고 마무리》, 보리출판사, 2022, p.240)

무위 다음으로 지루함을 낳는 것은 '무관심'이다. 관심이 살아있는 한 사람은 결코 권태를 느끼지 않는다.(버틀런드 러셀 지음, 이순희 옮김, 《행복의 정복》, 사회평론, 2022, p.18) "자신에 대한 관심은 적극적인 활동으로 이어지기 힘들지만, 외부에 대한 것 즉, 세상 돌아가는 것, 여러 분야의 지식, 호감을 느끼는 사람들에 대한 관심은 어떤 활동을 할 마음을 불러일으킨다."(같은 곳)고 말했다.

보부아르는 무관심은 여성보다는 남성 노인들의 특성이라고 얘기한다. "노인들 가운데 가장 널리 퍼져 있는 태도는 바로 무관심이며 특히 남자들에게서 그렇다. 나이 든 여자들은 공동의 관심사가 많아서 공감도 잘하며 토론할 주제도 많이 갖고 있다."(시몬 드 보부아르 지음, 홍상희·박혜영 옮김, 《노년》, 책세상, 2022, p.661) 그녀는 젊은이나 노인 모두 권태를 느끼지만, 젊은이와 노인의 차이는 젊은이는 무관심하지 않으나, 노인은 세상에 무관심하므로 권태롭다고 말하고 있다. "젊은이는 세계에 대해 무관심하지 않다. 사회, 부모, 환경이 도약을 가로막기 때문에 젊은이는 권태로운 것이지, 이러한 압박이 약화되고 자유로운 상태가 되면 그들은 호기심을 다시 찾게 되며, 삶의 욕구가 되살아난다. 반면에 노인들이 권태로운 것은 상황이나 노인의 무관심이 노인을 그의 계획들로부터 멀어지게 했기 때문이며, 그래

서 호기심이 저하됐기 때문이다."(같은 책, p.642)

노벨상 수상자 앙드레 지드(1869~1951)는 72세에 이렇게 표현했다. "삶이 아직도 내게 가져다줄 수 있는 것에 대해 나는 더 이상 호기심이 없다…… 하루하루에 진절머리가 난다. 이 지상에서 내게 남아있는 이 시간들을 어디에 사용해야 할지 이젠 잘 알 수 없다. 지독하게 무표정한 권태의 얼굴."(같은 책, p.643) 세상에 대한 무관심이 호기심을 악화·저하시키고, 모든 욕망과 욕구를 마비시켜 결국 지루함이 온몸을 휘감게 된다.

마지막으로는 '목표의 부재'이다. 목표의 부재는 그의 삶을 어둡게 만든다.(같은 책, p.642) 앙드레 지드는 다음과 같이 쓰고 있다. "더 이상 목표는 없고, 여가에 온통 얽매여 있는 영혼은 권태롭다." 더 이상 목표에 헌신하지 않는 것, 더 이상 절박한 욕망을 발견하지 못한다는 것이 노인들을 어쩔 수 없이 권태롭게 한다. 이제 이러한 지루함으로터 벗어나기 위해서는 어찌해야 할까?

정신이 풍요로우면 지루하지 않다

독일의 심리학자 레온 빈트사이트는 그의 저서 《감정이라는 세계》에서 '지루함'을 이렇게 말했다. "고통과 지루함을 비교하는 것은 지루함이 우리에게 왜 중요한지 보여주기 위해서다. 고통은 우리 몸에서 무언가가 잘못되었을 때 일어난다. 잘못 되었으므로 돌보고 고쳐야 한다고 우리에게 경고하는 것이다. 지루함도 우리 정신이 내리는 비슷한 경고일 수 있으며, 또한 변화하라는 암시이기도 하다."(레온 빈트사이트 지음, 이덕임 옮김, 《감정이라는 세계》, 웅진 씽크빅, 2023, p.77). 지루함은 우리를 올바른 길로 다시 인도하려는 신호입니다.(같은 곳)

또한 쇼펜하우어는 "정신이 풍요로워지면 지루함이 설 자리가 없다."(아루투어 쇼펜하우어 지음, 박제헌 옮김, 《남에게 보여주려고 인생을 낭비하지 마라》, 페이지2북스, 2023, p.40)고 말한 바 있다.

그러니 지루함을 부정하거나 두려워하지 말고 지루함과 더불어 사는 지혜가 필요하다. 멍때리기 시합이 있는 것처럼 우리에게는 가만히 앉아서 멍하니 앞을 바라보는 시간도 필요하다. 그런데 이러한 지루함을 견디는 데는 침착함이 많은 역할을 한다고 한다. 지루하다고 해서 재빨리 지루함을 털어내는 소일거리를 찾아내는 것도 중요하지만, 침착하게 자신의 내면의 소리를 듣는 시간, 지루한 시간도 우리에게는 필요하다.

또한 러셀은 어느 정도 권태에 견딜 수 있는 내성을 기를 필요가 있다고 보았다. 왜냐하면 권태에 취약할수록 자극을 찾기 마련이고, 자극의 정도가 커질수록 건강을 해칠 가능성이 크기 때문이다. 그는 어느 정도 권태를 견딜 수 있는 힘은 행복한 삶에서 필수적인 것이라고 말한다.

위대한 삶에도 재미없는 시기가 있고, 훌륭한 책들은 모두 지루한 부분이 있다. 칸트는 평생동안 쾨니히스베르크에서 16킬로미터 밖으로 나가본 적이 없다고 한다. 다윈은 세계일주를 한뒤 남은 생애를 자신의 집에서 보냈다. 전체적으로 보자면 조용한 삶이 위인들의 특징이며, 행복한 인생이란 대부분 조용한 인생이다. 진정한 기쁨은 조용한 분위기 속에만 깃들기 때문이다.

―버틀런드 러셀 지음, 이순희 옮김, 《행복의 정복》, 사회평론, 2022, pp.69~75

재미있고, 의미있게 살면 지루하지 않다

정신과 의사 이시형 박사는 "한국인의 3대 과잉으로 학생 때는 '공부', 성인이 되어서는 '일(업무)', 노인이 되어서는 '여가 시간'을 꼽는다." 왜 과잉인가. 학생 때는 놀 줄 모르고, 아니 놀아서는 안 된다고 생각하고 공부만 하니 '공부'가 과잉된다. 또한 성인이 되어서는 일도 하고 여가도 즐기면서 공부도 하면 좋은데 오로지 일만 하니 '일' 과잉이 되고 만다. 늙어서는 할 수 있는 일이 별로 없고, 공부는 죽기보다 싫으니 남는 것이 '여가 시간'뿐이다. 그런데 이렇게 공부와 일, 여가가 분리된 삶은 결코 행복할 수 없다. 자기가 좋아하는 음식만 먹는 편식은 건강에 좋지 않다. 골고루 먹는 것이 건강에 좋듯이 일과 공부, 여가가 균형과 조화를 이루는 것이 가장 이상적인 삶이다.

사람이 기쁨을 얻는 데는 두 종류가 있다. '재미있는 일'과 '의미 있는 일'을 할 때 그렇다. 자기가 원해서 일을 할 때 재미가 있다. 그런데 재미는 있는데 지나고 나면 허전할 때가 있다. 술먹고 놀 때, 친구들과 카드놀이할 때, PC방 등에서 게임할 때는 재미있었는데 끝나고 나면 뭔가 허전하다. 남는 게 없고 유익함이 없기 때문이다. 인생에서 너무 재미만 좇다 보면 후회할 위험이 크다.

의미 있는 일을 할 때 기쁨을 얻을 수 있다. 그런데 '의미 있는 일을 한다'고 할 때, '의미의 기준'을 무엇으로 하는가. 재산, 명예, 권력 아니면, 순탄한 삶을 의미의 기준으로 삼을 수 있을까? 좋은 기준이라고 보기 어렵다. 안젤름 신부는 "나는 누구에게 축복을 주는 존재였는가? 나는 누구에게 도움이 되었는가? 나를 통해 희망을 가진 사람이 있었는가? 나는 누구에게 친절을 베풀었는가? 세상을 살면서 나는 얼마나 진실했는가? 나는 어떤 가치를 추구했는가? 내 존재는 세상에 빛을 발하는 것이었는가? 등등의 질문에 좋은 느낌으로 답할 수 있다면 당신은 인생을 헛살지 않았다. 의미 있는 삶을 살았다는 자부심을 가져도 좋다."(안젤름 그륀 지음, 김진아 옮김, 《노년의 기술》, 오래된 미래, 2011, pp.135~136)고 말했다.

그런데 의미의 기준이 너무 이상적이다. 나같은 보통 사람들은 참 도달하기 어려운 기준이다. 그러나 우리에게도 다가갈 수 있는 기준이 있다. 안젤름 신부는 "스스로에게 만족하는 삶을 살다 보면 내게서 평화가 퍼져 나간다. 내 삶이 타인에게도 의미 있어 지는 이유다. 한편 의미는 '보냄'과 관련이 있다. 여행을 보내거나 주문서를 보내는 것처럼 의미는 보내고 보내지는 것이다. 비록 병이 들어 딱히 성과가 보이는 일을 할 수 없을 때에도 지금 이 상황에서 할 수 있는 일, 예를 들면 만족하고 감사하고 타인을 위해 기도하는 일을 한다면, 그리고 타인과의 연대 속에 더불어 사는 삶을 산다면 그 삶은 의미 있다."(같은 책, p.136)고 말하며 또 다른 의미의 기준을 제시하고 있다.

법륜 스님은 "보통 사람들은 주로 재미만 갖고 인생의 즐거움을 삼습니다. 그러면 반드시 후회나 허전함, 공허감 같은 것이 생기게 됩니다, 한편 너무 삶의 의미 같은 것만 찾으면 현재의 삶이 힘들어지고 스트레스도 많아져 지치기 쉽습니다. 이 두 가지가 적절하게 어우러지면 가장 좋은데, 바로 남에게 도움이 되는 일이 곧 자기 일이 되는 겁니다."(법륜 지음, 《인생 수업》, 한겨레엔, 2023, p.217)라고 말한다.

우리는 지금까지 '재미있는 일'과 '의미 있는 일' 모두에게서 즐거움을 얻는다고 말했다. 그러나 로버트 L. 베닝가는 《아름다운 실버 Your Renaissance years》에서 '재미있는 일'과 '의미 있는 일'을 각기 다르게 표현하고 있다. '재미있는 일'은 '즐거움'으로, '의미 있는 일'을 '행복'으로 표현하고 있다. "즐거움은 순간적 만족을 주는 활동에서 나타나지만, 행복은 깊은 만족감이다. 그것은, 나의 삶이 중요하며 내가 하는 일이 나 자신과 다른 이들에게 의미 있는 것이라는 믿음이다."(로버트 L. 베닝가 지음, 조민숙 편역, 열음사, 2000, p.102)고 말하고 있다. 말하자면 행복은 행위의 결과로 나타나는 것이고, 즐거움은 행위 자체 또는 행위하는 과정에서 오는 것을 말한다. 남을 돕는 일의 결과로서 행복을 느끼고, 술 먹거나, 도박, 게임은 그것을 하는 순간에 즐거움을 느끼는 것이지, 그 결과로 행복을 느끼는 것이 아니라는 말일 것이다.

위대한 랍비라는 칭호를 수여받은 마빈 토케이어 Marvin Tokayer는 그의 저서에서 '의미 있는 일(인생의 목적)'과 '재미있는 일(쾌락이나 즐거움)' 어느 것에도 치우쳐서는 안 된다는 것을 다음과 같은 사례를 들어 설명하고 있다.

배가 항해 중 항로를 벗어나 마침내 이름 모를 섬에 도착했다. 그곳은 바람이 없어서 돛단배가 더 이상 움직일 수 없었다. 섬에는 나무가 울창하고, 온갖 꽃이 만발해서 좋은 향기가 바람에 실려 왔다. 승객들은 다섯 그룹으로 나누어져 행동 했다.

첫 번째 그룹은 '언제 다시 바람이 불지 모르니 배에서 내리지 않겠다. 바람만 불면 바로 닻을 올리고 배를 출발시킬 것이다. 잘못하다가는 배를 놓쳐서 외딴섬에 남겨지게 된다.' 그래서 이들은 배 위에서 불편함을 감수하고 며칠이나 배에 그대로 남아 있었다.

두 번째 그룹은 잠깐 동안만 섬에 올라가 보기로 했다. 그들은 섬에 상륙해 꽃을 즐기고, 과실을 따 먹은 다음, 적당한 시간에 배가 있는 곳으로 돌아왔다.

세 번째 그룹은 배에서 내려 섬에서 충분히 즐겼다. 그래서 시간이 가는 줄 모르고 있었다. 하지만, 배가 닻을 올리는 것을 보고서 급히 배로 돌아왔다. 그 때문에 여태까지 모처럼 배 위에서 차지했던 편한 장소를 놓치고 불편한 자리에 앉아야만 했다.

네 번째 그룹은 섬에서 즐기는데 너무 깊이 빠진 나머지 배의 출발을 알리는 종소리를 듣지 못했다. 그들은 시간이 남아 있다고 하면서 최후의 순간까지 섬에서 즐기려 했다. 이렇게 해서 배가 정말로 출발할 무렵에 허겁지겁 되돌아오느라고 나무숲 사이를 달려가다가 상처를 입기도 하고, 혹은 넘어져서 다치기도 하였다. 그 상처는 항해를 마칠 때까지 낫지 않았다.

다섯 번째 그룹은 섬 생활의 즐거움에 아주 정신을 빼앗겼다. 배가 떠나는 줄도 모르고 있다가 섬에 남겨지게 되었다. 그래서 마침내는 짐승들에게 목숨을 빼앗기거나 혹은 병들어 비참한 최후를 맞고 말았다.

이 이야기 속에서 배는 우리들의 올바른 생활을 상징하고 있다. 배에는 목적지가 있는 법이다. 그리고 섬은 쾌락을 나타내고 있다. 랍비들은 첫 번째 그룹은 잘못된 것이라고 생각했다. 항해는 견디기 어려운 것이므로 이러한 섬이 나타나거든 잠시 즐겨야 된다는 것이다. 그러므로 두 번째 그룹이 가장 올바른 태도라고 여겼다. 그들은 섬에서 알맞게 즐겼기 때문이다. 세 번째, 네 번째, 다섯 번째 그룹으로 가면서 차츰 더 쾌락에 빠져들어 갔다. 특히 다섯 번째 그룹은 사기의 장래에 대해서 완전히 잊어버리고 있었기 때문에 자신들의 일생을 망쳐버리고 말았다.

―마빈 토케이어 지음, 주덕명 편역, 《영원히 살 것처럼 배우고 내일 죽을 것처럼 살아라》, 함께북스, 2017, pp.105~107

관심을 가지고 배우면 따분하지 않다

나이 들어 노쇠해지면 배우고 싶어도 배울 수 없는 것들이 생깁니다. 하지만 늙어서도 배울 수 있는 것은 공부입니다. 공부는 연령 제한도 없고 치매 예방 차원에서도 노인에게 적합합니다. 여유 시간이 많은 노년에 아무것도 하지 않는다면 지루해집니다. 버트란트 러셀은 '지루함과 과잉이 불행의 원천이다'라고 합니다. 이럴 때 취미생활이나 공부에 열중하면 삶이 무료해지지 않습니다. 흔히 나이 든 사람들이 "이 나이에 공부는 무슨 공부" 또는 "지금까지 배운 것만으로도 충분해"라고 말합니다. 그렇지 않습니다. 송차선 신부는 배움은 노년을 아름답게 한다고 말합니다.

> 배움은 관심에서 비롯되고, 관심은 흥미를 유발합니다. 그리고 호기심은 사람을 젊게 합니다. 무엇이든 호기심을 가지고 바라보면 배우고 싶은 것이 보입니다. 호기심이 가득한 맑은 눈을 가진 노인은 비록 노화되었어도, 얼굴에 주름이 가득해도 사랑스러워 보입니다. 그리고 배움이 가득한 노인은 분위기에서도 품위가 드러나고, 그 품위가 노년을 아름답게 만듭니다.
>
> ─송차선 지음, 《곱게 늙기》, 샘터사, 2023, p.169, p.176

나이 들면 시력이 감퇴하고 집중력이 떨어지니 책을 멀리할 수 있습니다. 그러나 책은 멀리해도 배움을 멀리해서는 안됩니다. 젊은이는 미지의 것, 새로운 것을 알기 위해 배우지만 노년에는 자신을 지탱하고 자신의 삶에 의미를 주는 것이 무엇인지 알기 위해 배워야 한다. 새로운 언어를 배우는 것도 좋고 글씨나 글자를 아름답게 쓰는 기술인 이른바 켈리그라피Calligraphy를 배우는 것도 좋다. 물론 여행을 통하여 새로운 역사와 문화를 익히는 것도 중요한 배움이다. 이런 공부를 하는 과정에서 세르토닌이 분비되기도 하고 내적 활기를 불어넣는다는 점에서 의미가 있다. 공부하는 동안 활기를 불어 넣고 지루함으로부터 멀어지기도 하지만, 안젤름 신부의 말을 빌리면 진정한 노년의 배움은 다른 영역에서 이루어진다고 합니다.

노년에는 무엇보다도 있는 그대로의 자신을 받아들이고 이제까지 살아온 자신의 인생과 화해하는 법을 배워야 한다. 인생에서 맡았던 자신의 역할과 자기를 버리는 법을 배워야 한다. 그리고 이제는 뒤로 한걸음 물러나 다른 이에게 길을 비켜주는 연습을 해야 한다. 이 모든 것은 과거 자신이 수행하던 직책과 활동이 이제 자기의 것이 아니라는 뼈아픈 인식을 거쳐 인생을 배워 나가는 과정이다.

―안젤름 그륀 지음, 김진아 옮김, 《노년의 기술》, 서해문집, 2010, p.66

자신의 과거를 자신과 동일시하여 자기 자랑만 늘어놓는 사람은 주변 사람들을 짜증나게 한다. 이런 노인은 젊은 사람에게 본보기가 되지 못한다. 이른바 기피의 대상이 되는 것이다. 결국 자신만 소외되고 외로워진다. 노년에 배워야 하는 이유는 우리가 처음 늙어 보기 때문이다. 경험이 없기 때문에 노년의 역할이 무엇인지, 어떻게 해야 되는지를 모르기 때문에 배워야 한다. 그래서 인생에 성공한 사람들의 이야기를 읽고 그들이 어떻게 노년을 보냈는지, 죽음을 어떻게 맞이했는지를 배우는 것이다.

공부를 하면 할수록 우리 뇌는 활성화된다. 기억을 담당하는 해마의 신경세포가 증식되기 때문이다. 새로운 신경세포는 노화를 방지하고, 젊음과 건강을 유지하게 된다. 공부를 하면 창의력이 함양되고, 주의 집중, 기억력, 이해력이 좋아지고, 성취감, 자부심, 긍지도 함께 온다.

―이시형 지음, 《행복한 독종》, 리더스북, 2010, p.185

《논어論語》술이 편술이편述而編에 "삼인행三人行 필유아사必有我師"라는 구절이 있다. '세 사람이 함께 길을 가면 거기에는 반드시 나의 스승이 있다. 그 가운데 나보다 좋은 사람의 좋은 점을 골라 그것을 따르고, 나보다 못한 사람의 좋지 않은점을 골라 그것을 바로 잡는다.'는 뜻이다. 책을 통해서만 배우는 것이 아니라, 사람과 자연 어디에서나 배울 것이 있다는 것이다. 유대인들은 배움을 중요시한다. 그래서 그들의 경험과 지식을 후대에 가르친다. 유대인의 묘지에는 흔히 책이 놓여 있다고 한다. 요컨대 생명이 다하더라도 공부는 끝나지 않았다는 것을 의미한다. 로마의 철학자 세네카는 "삶을 배우려면 일생이 걸린다."라고 말했다.

미국 건국의 아버지들 중의 하나인 벤저민 프랭클린은 "이 세상에서 당신은 두 가지만 가져갈 수 있다. 배움과 행동"라고 말한 바 있다. 또한 피터 드러커는 "평생 학습은 당신을 젊게 할 것이다. 평생학습을 하게 되면 뇌세포가 늙지 않는다. 뇌세포가 건강하면 육체적으로도 건강을 유지할 수 있다. 사람은 호기심이 없어지면서부터 늙는다. 배우면 젊어지고 삶을 즐길 수도 있게 된다."고 평생학습을 강조했다.

치매의 문제

 죽음이 예측되기까지의 시간의 길이를 기준으로 죽음의 방식을 구분하면, 돌연사, 시간을 예측할 수 있는 죽음, 예측 불가능한 죽음으로 구분할 수 있다. 심근 경색이나 동맥류 파열, 교통사고에 의한 죽음은 갑작스럽게 찾아온다. 그리고 암은 언제 죽게 될지 대략적으로 예측할 수 있다. 그러나 뇌경색이나 알츠하이머 등에 의한 치매를 앓는 사람들은 장애를 입었지만 육체의 기능은 유지되고 있어서 언제 죽을지 알 수가 없다. 그 마지막은 좀처럼 오지 않는다. 그래서 많은 사람들이 일찍 죽는 것보다 더 두려워하는 것이 치매다. 그럼 우선적으로 한국인의 치매 현황을 알아보자.

한국인의 치매 현황

 중앙치매센터에 따르면 65세 이상 노인의 치매 유병률은 2018년

10.2%, 2020년 10.3%, 2030년 10.6%, 2040년 12.7%, 2050년 16.1%로 갈수록 급증할 것으로 점쳐진다. 2016년 치매 역학 조사 결과 2018년 현재 65~69세에서 약 1%, 70~74세에서 4%, 75~79세에서 12%, 80~84세에서 21% 85세 이상에서 40% 정도의 유병률을 보였다. 연령별 유병률은 대략 연령이 5세 증가할수록 유병률도 2배 가량 증가하는 추세를 보이고 있다고 한다. 이것은 인구 고령화와 관계가 깊다.

우리나라는 고령화사회(2000년), 고령사회(2018년), 초고령사회(2024년)로 진입하여 세계에서 유래를 찾아볼 수 없을 정도로 빠르게 초고령사회로 진입하였다. 아래 표에 보는 바와 같이 치매는 2008년에는 한국인의 질병 순위가 20위 밖에 머물렀지만 10년 뒤엔 9위로 껑충 뛰어 올랐다.

한국인의 질병 상위 10위 변화

순위	2008년	2018년	기 타
1	당뇨병	당뇨병	
2	천식	척추관 협착증 등 요통	
3	만성 폐쇄성 질환	만성 폐쇄성 질환	
4	척추관 협착증 등 요통	심근경색증, 협심증	※자료: 예방의학 및 공중보건 저널 한국인의 질병 부담
5	심근경색증, 협심증	골관절염	
6	간경화	뇌경색	
7	뇌경색	간경화	
8	골관절염	낙상	
9	교통사고손상	치매	
10	자살	우울증	

뇌의 노화에 따른 알츠하이머병은 세계적으로 많은 나라에서 연구되고 있다. 하지만 아직까지 치료법은 알려지지 않고 있다. 사실 알츠하이머병은 치매를 일으키는 가장 흔한 퇴행성 질환으로 1907년 독일의 정신과 의사인 알로이스 알츠하이머Alois Alzheimer 박사에 의해 최초로 보고되었다. 그러나 지금까지 알츠하이머병의 정확한 발병 기전과 원인에 대해서는 정확히 알려져 있지 않다고 한다. 현재 베타 아밀로이드라는 작은 단백질이 과도하게 만들어져 뇌에 침착되면서 뇌 세포에 유해한 영향을 주는 것이 발병의 핵심 기전으로 알려져 있다. 알츠하이머병은 유전적 요인과 고령이 발병 위험을 증가시키는 주요 요인으로 알려져 있다. 유전적 요인이 전체 알츠하이머병 발병의 40~50%를 설명하는 것으로 보고되고 있다. 그리고 65세 이후 매 5세 증가 시마다 알츠하이머병 유병률이 약 2배씩 증가하는 추세를 보인다고 한다.

어쨌든 의학의 진보가 큰 질병을 극복하고 수명을 연장시킨다고 해도 결국 사람의 뇌는 늙어간다는 사실을 회피할 수 없다. 정신과 의사인 와다 히데키 씨는 그의 저서에서 "85세 이상의 노인 중 알츠하이머성 치매 증상이 뇌에 보이지 않는 분은 없다는 것이다. 그 정도의 나이가 되면 뇌는 확실히 늙어간다. 경중의 차이는 있어도 85세가 지나면 모두 뇌가 병드는 주요인으로 알츠하이머성 치매가 보통이다."(와다 히데키 지음, 정승욱 이주관 옮김, 《70세가 노화의 갈림길》, 지상사, 2023, pp.28~29)라고 말하고 있다.

그렇다면 향후 수명이 100세 가까이 연장될 경우 좋은 일만 있을까? 반드시 그렇지는 않을 것이다. 육체적 수명은 100세 가까이 가겠지만 뇌건강은 그렇게 유지하기 어렵다고 말한다. 그야말로 육체 건강과 뇌건강의 균형을 맞추기 어렵다. 100세 시대가 가까워질수록 치매 등과 같이 보내는 기간이 길어지는 고통이 말년을 기다리고 있다는 말이다. 그래서 의료계에서는 치매 위험 요인을 찾는데 주력하고 있다. 그 위험 요인을 찾아서 개선하면 치매를 늦추거나 예방할 수 있다고 판단한 것이다. 그러면 치매의 위험 요인에 대하여 알아보자.

치매 위험 요인과 위험을 높이는 음식 세 가지

치매 위험 요인에 대한 연구 결과가 미국 의사협회 신경학회지 JAMA Neutrology에 실렸는데 이를 소개한다.

중년의 3대 치매 위험 요인이 약 10년 만에 확 바뀌었다는 새로운 결과가 나왔다. 미국 캘리포니아대 샌프란시스코캠퍼스UCSF 연구 결과에 따르면 중년의 3대 치매 위험 요인이 신체활동 부족, 우울증, 흡연(2011년)에서 운동 부족, 비만, 고졸 미만의 저학력으로 최근 바뀐 것으로 나타났다. 또한 이들 중년의 치매 3대 위험 요인은 불변이 아니라 인종과 민족에 따라 달라질 수 있는 것으로 밝혀졌다. 연구의 주요 저자인 UCSF 데보라 반즈(정신과) 교수는 "이번 연구 결과는 건강한 생활 방식에 참여함으로써 알츠하이머 등 치매에 걸릴 위험을 상당히 줄일 수 있음을 시사한다"고 말했다. 알츠하이머 및 기타 형태의 치매에 대한 가장 큰 위험 요인은 두말할 것 없이 노년이다. 또다른 위험 요인은 유전성(유전적 감수성)이다. 예컨대 APOE4 유전자 변이를 가진 사람들은 그렇지 않은 사람들보다 알츠하이머에 걸릴 확률이 더 높다.

그러나 전세계 치매 사례의 약 40%가 가변적인 위험 요인에 의해 발생할 수 있다고 미국 알츠하이머협회 레베카 에델마이어 수석 이사는 말했다. 이번 연구 결과는 미국 건강조사에 참여한 미국 성인 37만 8,000명 이상을 대상으로 분석한 것이다. 연구팀은 미국 치매 사례의 37%가 중년의 비만, 신체활동 부족, 낮은 교육 수준을 비롯한 우울증, 고혈압, 당뇨병, 흡연, 청력 상실 등 가변적인 8가지 위험 요인 중 하나와 관련이 있을 것으로 추정되었다. 이들 위험 요인은 심장과 뇌에 영양을 공급하는 혈관을 손상시킬 수 있다.(〈미국의사협회 신경학회지 JAMA Neutrology〉에 실린 기사를 미국 건강 매체 '헬스데이'가 소개했다. 이것을 코메디닷컴 김영섭 기자가 2022년에 우리에게 소개한 것이다.)

그렇다면 위험 요인을 줄이기 위해서 우리가 할 수 있는 일이 무엇이 있을까? 먼저 음식에서 할 수 있는 일이 무엇인지 알아보자.

분당 서울대병원 김기웅 교수는 "뇌는 우리 몸에서 당분을 가장 많이 쓰는 기관이다. 신경세포가 재생될 때는 콜레스테롤 같은 지방이 필요하다. 뇌가 활동하기 위해서는 다양한 비타민도 필요하다. 따라서 뇌가 정상적으로 작동하기 위해서는 다양한 영양소가 골고루 공급되어야 한다."고 주장한다. (건강다이제스트, 허미숙 기자, 2017년 3월호)

따라서 건강한 식생활이 얼마나 중요한지를 충분히 알수 있을 것이다. 그러므로 건강하게 오래 살기 위해서는 치매에 나쁜 영향을 주는 음식과 좋은 영향을 주는 음식을 가려서 먹는 식습관이 필요하리라고 본다. 치매위험을 높이는 음식 3가지를 소개한다.

트랜스 지방

트랜스 지방은 불포화 지방산이 산패하는 것을 방지하고, 보존 기간을 늘리기 위해 액체 상태의 식물성 기름을 반고체나 고체 상태로 가공한 지방으로 마가린이 대표적이다. 가공된 음식인 빵과 쿠키, 그리고 튀긴 음식에 지방이 많이 함유되어 있다. 빵과 쿠키의 맛과 바삭함을 위해 들어가는 트랜스 지방인 쇼트닝은 체내에 들어와 뇌의 모세혈관을 공격하고 염증을 유발한다. 매일 습관적으로 먹는 빵과 쿠키는 만성적인 높은 혈당과 필요 이상의 당으로 혈관을 공격하고 뇌신경을 손실시켜 치매를 유발한다.

우리 뇌가 정상적으로 움직이기 위해서는 당이 필요하다. 하지만 필요 이상의 당이 공급되면 뇌신경에 염증을 일으키고 인지 능력에 심각한 손상을 입게 한다. 일본 규슈대 연구팀이 60세 성인 남녀 1600명의 혈중 트랜스 지방 농도를 10년간 추적 관찰했다. 트랜스 지방 농도에 따라 대상자를 4개 그룹으로 나눴을 때 혈중 트랜스 지방 수치가 높은 그룹이 가장 낮은 그룹보다 치매에 걸릴 확률이 52% 높았고, 알츠하이머 치매에 걸릴 확률은 39%가 더 컸다.(코메디닷컴, 김용주 기자, 〈치매 유발하는 뇌 건강에 '못된 음식' Best 3는?〉, 2023. 4. 29.)

알코올

술은 알코올 성분 때문에 뇌 속에 전두엽 해마 등의 기억 능력을 수행하는 기관을 손상하게 만들어 장기적으로 마실 경우 치매 증상 중 하나인 인지 능력 저하에 직접적인 영향을 준다. 구미 차병원 가정의학과 전근혜 교수 등 공동 연구팀(삼성서울병원 가정의학과 신동욱 교수, 숭실대 정보통계보험수리학과 한경도 교수)이 2009년과 2011년 국가건강검진을 받은 40세 이상 393만 3,382명을 평균 6.3년 추적 관찰한 결과, 지속적인 과음이 치매에 걸릴 확률을 높인다는 결과를 2023년 초 발표했다.

하루 음주량을 기준으로 비음주군, 저위험 음주군(15g 미만), 중위험 음주군(15g이상 30g 미만), 고위험 음주군(30g 이상)으로 나눠 음주량의 변화가 치매 발생에 미치는 영향을 살펴본 결과 고위험 음주를 유지한 사람들의 치매 발병 위험은 비음주군보다 8% 높았다. 알코올 15g은 대략 맥주 1캔(350ml) 또는 소주 1잔 반에 해당하는 양이다. 또 고위험 음주에서 중위험 음주로 음주량을 줄인 사람들은 고위험 음주를 유지한 사람들과 비교해 치매 발병 위험이 8% 감소한 것으로 조사됐다.(같은 기사)

나는 비교적 자주 음주를 했었는데 지금은 음주량은 조금 줄이고 음주 횟수를 많이 줄여서 고위험 음주군에 들지 않으려고 노력하고 있다. 요즘 시중의 소주 한 병(2홉)은 알콜이 약 60g, 맥주 한 캔(500cc)이면 약 30g에 해당된다. 두 가지를 합하면 90g이 되므로, 이것을 5~7일 간격으로 먹는다면 하루 음주량은 13~18g으로 저위험 내지는 중위험 음주군에 해당된다. 마실 때의 기쁨도 있으니 저위험 음주군에 해당되기를 기대해 본다.

햄, 소시지 등 가공육

치매를 예방하기 위해서는 햄, 소시지, 베이컨 등 가공육 섭취를 줄여야 한다. 영국 리즈대학 연구팀은 40~69세 성인 49만 3,888명의 고기를 섭취하는 습관과 인지기능 저하의 상관 관계를 8년간 추적 관찰한 결과를 2021년 발표했다.

연구조사 결과에 의하면 하루 25g씩의 가공육을 섭취했을 경우 치매 발생 위험은 44%로 높아졌고, 그 중 알츠하이머 치매 위험은 52%로 증가했다. 반면 가공되지 않은 고기를 하루 50g씩 섭취했을 경우 치매 발생 위험은 19%로 나타났고, 알츠하이머 치매 위험은 30% 낮았다.

연구팀은 가공육은 체내 산화 스트레스와 염증을 증가시키는 아질산염을 함유하고 있으며, 나트륨 함량이 높아 치매 위험 인자인 고혈압 발생률에도 영향을 미친다고 밝혔다.(같은 기사)

치매를 예방하는 음식 네 가지

치매라고 하면 70대 이상의 노인들에게 발병하는 질환이라고 생각하지만 최근에는 60대 이하 연령대에서도 치매를 앓는 사람들이 늘어나고 있다. 치매를 예방하기 위해서는 육체적인 운동이나 사회적인 활동 그리고 악기를 배우는 등 공부하는 것이 도움이 되지만 음식

또한 중요하다.

음식과 뇌는 긴밀한 관련성이 있다. 왜냐하면 뇌는 섭취하는 음식의 영향을 크게 받는다. 무엇을 먹느냐에 따라 우리의 뇌가 좋아지고 나빠지기도 한다. 뇌를 구성하는 뉴런은 지방으로 만들어진다. 패스트푸드나 인스턴트 식품에 많은 트랜스 지방을 주로 먹으면 트랜스 지방으로 뉴런이 만들어진다. 트랜스 지방의 분자는 딱딱한 막대기처럼 생겼다. 뇌의 작동은 전기 신호가 뉴런 사이를 이동하며 이루어진다. 전기신호가 뉴런 사이를 이동하려면 세포벽의 작은 터널을 통과해야 하는데 트랜스 지방으로 만들어진 터널은 딱딱하기 때문에 전기 신호가 통과하는게 쉽지 않다. 전기 신호가 터널 사이를 억지로 빠져 나가려고 하면 뉴런이 망가진다. 패스트푸드나 인스턴트 식품을 많이 먹으면 트랜스 지방으로 만들어진 뉴런이 손상되기 때문에 뇌의 학습능력이 떨어지게 되는 것이다. 그렇다면 뇌에 좋은 영향을 미치는 식품에는 어떤 것이 있을까?(코메디닷컴, 김용주 기자, 〈'젊은 치매' 예방하는 음식은?〉. 2022. 9. 4.)

유제품

뇌에 도움을 주는 대표적인 식품은 우유, 치즈, 요거트 등 유제품을 꼽을 수 있다. 유제품은 칼슘과 단백질이 풍부해 뼈와 치아 등의 신체 발달은 물론 인지 능력 향상에도 도움이 된다.(같은 기사)

플라보노이드 식품

플라보노이드는 식물에서 발견되는 강력한 항산화 물질이다. 플라보노이드는 뇌의 혈액 순환을 원활하게 돕고, 뇌의 신경계를 구성하는 뉴런을 손상시키는 신경염증을 조절하며, 뉴런의 재생을 돕는다. 플라보노이드가 풍부한 식품으로는 각종 베리류(블루베리, 블랙베리, 라즈베리), 다크초콜릿, 자두, 시금치, 케일 등이 있다. 이런 식품을 자주 먹으면 뇌의 작업 기억에 영향을 미쳐 학습효과를 높인다.(같은 기사)

호두

호두는 생김새가 뇌와 비슷해, 뇌 건강에 좋은 식품으로 기억하기 쉽다. 다른 많은 질병들과 마찬가지로, 알츠하이머와 같은 뇌 질환도 염증이 나쁜 영향을 미친다. 호두에 든 폴리페놀, 토코페롤, 고도불포화지방산 등은 염증을 줄이는데 도움을 주는 성분들이다. 연구에 의하면 호두는 노화와 함께 감퇴할 수 있는 뇌 기능을 유지하는데 도움을 주는 것으로 나타났다.

등푸른 생선

많은 연구를 통해 뇌 건강에 좋은 식품으로 수없이 입증된 식품은 다름 아닌 생선이다. 고등어, 꽁치, 정어리 등은 이른바 등푸른 생선으로 오메가3 지방산이 풍부하다. 등푸른 생선에 많이 포함된 오메가 3 지방산인 DHA가 뇌를 보호하고 알츠하이머 발병 위험을 낮추는데 도움을 준다. 또한 콜레스테롤과 중성지방 수치를 낮추어 혈관을 건강하게 해주기도 한다.

치매는 모계 유전한다

앞에서 치매에 대한 가장 큰 위험 요인은 노년과 유전성(유전적 감수성)이라고 언급한 바 있다. 부모가 치매를 앓았을 경우 자녀들에게 어떤 영향을 줄까? 분당서울대병원 정신의학과 김기웅 교수 연구팀은 부모의 치매 병력이 자녀에게 미치는 영향을 분석한 결과, 부모 중 특히 어머니의 치매 병력이 자녀의 치매 발병 위험을 높이는 것을 밝혀내 국제 학술지에 게재했다.

김기웅 교수 연구팀은 대한민국, 독일, 이탈리아, 스페인, 스웨덴, 그리스, 호주, 필리핀 총 8개 국가에 거주하는 노인 1만 7,194명을 대상으로, 치매 가족력을 조사하고 임상평가와 신경심리검사, 혈액검사, 신경학적 검사 등을 통해 응답자의 치매 여부를 진단했다. 응답자들의 평균 연령은 72.8세였으며, 여성 비율은 59.2%였다. 연구 결과, 부모 중 한 명이라도 치매 병력이 있으면 치매 발병 위험이 47% 증가하였으며, 그 중에서도 알츠하이머병 발병 위험은 72% 증가한 것으로 나타났다. 아버지가 치매 병력이 있는 경우에는 치매 발병 위험이 유의미하게 증가하지 않았으나, 어머니가 치매 병력이 있는 경우에는 치매의 위험이 51%, 알츠하이머병은 80% 높아졌다.(코메디닷컴, 김용주 기자, 어머니 치매 병력, 자녀 발병 위험 얼마나 높을까?, 2023. 7. 11.)

김기웅 교수는 "이번 연구는 부모 중에서 특히 어머니의 치매 병력이 중요한 영향력이 있으며, 어머니가 치매에 걸리면 자녀는 본인 성별과 관계 없이 치매 중에서 가장 흔한 알츠하이머병 위험이 증가함을 명확히 보여줬다"며 "대규모의 다국적 코호트 자료를 분석해 치매의 모계 유전 경향은 국가와 인종을 불문하고 보편적인 현상임을 시사한다"고 말했다.

또 김 교수는 "알츠하이머병을 비롯한 치매는 단일 유전자가 아닌 다양한 유전자와 환경의 상호 작용에 의해 발생 위험이 결정되는 만큼, 부모의 치매 병력이 반드시 본인의 치매 발생으로 이어지는 것은 아니다"라며 "그럼에도 부모가 치매 병력이 있다면 보다 엄격한 금연과 절주, 식습관 개선, 고혈압, 당뇨 등의 기저 질환 관리를 통해 치매를 예방할 수 있도록 노력해야 한다"고 강조했다.

치매 예방을 위해 세 가지 운동을 하라

치매 예방을 위해서는 '사회적 운동', '육체적 운동', '뇌 운동'과 같은 3가지 운동이 필요하다.

❶ 사회적 운동을 하라

사회적 운동이란 사회적 관계를 유지하는 것을 의미한다. 한소원 서울대 심리학 교수는 그의 저서 《나이를 이기는 심리학》에서 '하버드대학교 성인 발달' 연구의 네 번째 연구책임자인 로버트 웰딩어의 말을 다음과 같이 인용하고 있다. "사회적 연결은 우리에게 정말 유익함을 주지만, 외로움은 생명을 단축시킨다. 사회적으로 고립된 사람들은 삶이 만족스럽지 않고 건강이 쇠퇴하고 중년기에 뇌기능이 떨어지는 경향이 있다. 외로움은 단순히 주변에 친구들이 있거나 배우자가 있다는 것과는 다른 차원이다. 대중 속에 끼어 있더라도 외로울 수 있고 배우자와 자녀가 있더라도 외로울 수 있다."(한소원 지음, 《나이를 이기는 심리학》, 바다출판사, 2022, pp.131~132)

• **외로움은 염증 수치를 높인다**

심리학자들은 외로움을 '지각된 고립'이라고 설명한다. 한 월간지에서 외로움과 질병 관련성 연구 결과를 소개한적이 있다.

영국 심혈관협회 기관지 《하트heart》가 외로움과 심혈관 질환의 관련성 조사를 연구한 결과, 전체 18만 1,006명의 독신 거주자 중 고독감을 밝힌 이의 관상동맥 질환은 4,628건, 뇌졸중은 3,002건으로 나타나 외로움을 느끼는 사람이 그렇지 않은 사람보다 관상동맥 질환은 29%, 뇌졸중은 32% 더 높게 발병했다. 연구에 참여한 관계자는 '외로운 사람이 자신감이 낮고 활동량도 적은데다 흡연과 음주에 빠져 면역력이 저하돼 심장병에 취약한 것'으로 분석했다. 실제로 사회적 고립과 외로움, 흡연은 심뇌혈관 건강에 좋지 않은 것으로 알려져 있다.

외로움은 체내 염증 수치를 높이고 인지 기능을 떨어뜨린다. 여러 연구를 통해 외로움이 고혈압과 당뇨, 뇌졸중, 치매를 유발하고 노화를 촉진해 수명을 줄이는 것으로 나타났다. 미국 브리검영대학교 연구팀은 300만 명의 데이터를 분석해 외로움이 수명을 단축하는 요인이 되었다고 밝혔다.

혼자 사는 노인은 치매에 걸릴 확률도 높다. 영국 유니버시티칼리지런던 임상교육·건강심리학 연구팀은 유럽과 아시아에 거주하는 55세 이상 1인 가구를 대상으로 진행한 연구에서 혼자 사는 사람이 동거인이 있는 사람보다 치매에 걸릴 확률이 30% 정도 높은 것을 확인했다. 즉 타인과 소통하지 않고 고립된 사람은 인지 부족으로 뇌 기능이 저하되고 빠르게 손상됐다. 한편 미국 스탠퍼드대학교와 바이오테크놀로지 기업인 홍콩 딥롱제비티사가 공동 연구한 노화 가속도의 원인 연구에서 외로움과 불행, 절망감을 자주 느끼는 사람이 그렇지 않은 사람보다 1.65년 더 빨리 늙는다는 결과가 도출됐다.

— 월간 인산의학, 2022년 12월호, pp.60~61

• 외로움은 노화를 촉진한다

한소원 교수는 외로움이 뇌에 가져다 주는 영향을 다음과 같이 설명하고 있다.

외로움의 폐해는 인지적인 기능에서도 나타난다. 외로움은 뇌의 입장에서 보면 생존과 관련되는 위기 상황이다. 외로움이라는 위기 상황 가운데, 특히나 위기가 되는 것은 사회적인 연결이고 따라서 뇌는 사회적 연결에 집중하고 민감하게 반응한다. 위기상황이 지속될 경우 역기능이 만들어져 그 결과 통제 기능과 주의 집중 기능 모두가 저하

된다.

　외로움은 사회적인 환경을 더 위협적으로 지각하게 만든다. 위협에 대한 반응은 싸우거나 도망치는 기제를 작동시키는데 이런 기제는 일상생활에서 경험하는 말초신경계의 반응으로 잘 알 수 있다. 즉 싸우거나 도망치기 위한 신체적 준비에 과도하게 집중되어 면역적으로는 싸움의 상처에 대비하기 위한 항염증성 반응에 집중하게 되고, 그럼으로써 항바이러스 반응은 낮아지게 된다. 외로운 사람들이 더 쉽게 감기에 걸리고 큰 병에도 더 취약해지는 이치다. 결국 외로움은 뇌의 노화를 촉진시킨다.

─한소원 지음, 《나이를 이기는 심리학》, 바다출판사, 2022, pp. 136~137

● 자주 대화하라

　그렇다면 외로움을 극복하고 삶의 질을 높이기 위한 방법은 무엇일까? 혼자 살더라도 사회적 관계망이 두텁고 대화를 자주 하는 사람은 우울증과 질병 발병 위험성이 낮다고 한다. 봉사활동을 하거나 경제활동, 정기적 기부 등 적극적으로 사회활동에 참여하는 사람은 우울증 위험이 4분의 1로 줄었다. 특히 봉사활동을 꾸준히 하는 노인은 '옥시토신' 분비가 늘어 염증이 감소한다는 미국 퍼듀대학교의 연구 결과도 있다. 옥시토신은 시상하부 내 신경세포에서 분비되는 것으로 낙천적 사고와 행복 등에 관여하는 물질이다.

　대화는 인간의 인지 기능과 신체 기능, 정서 기능에 영향을 미친다. 따라서 나이가 들수록 듣고, 말하고, 생각하는 대화의 모든 과정이 뇌의 전두엽에 자극을 줘 뇌 기능을 향상시키고 우울감을 해소해 심혈관, 고혈압, 치매 등을 예방할 수 있다. 노년기에 나타나는 외로움을 극복을 위해서는 사람을 만나는 횟수보다 양질의 사회적 관계가 중요하다. 가족이나 이웃, 지인 등 그간 쌓아온 관계를 돈독히 하고 강한 유대감을 맺어 편하고 자유롭게 대화할 수 있어야 한다. 사회적 관계는 절친이라야 가능한 것도 아니고, 혈연으로 맺어진 가족끼리여야 가능한 것도 아니다. 자신이 소속된 집단에서 의미 있는 관계를 찾을 수 있다. 동갑모임, 종교모임, 봉사 활동, 경로당 모임, 악기 등 배우는 모임 모두 좋다. 그 집단에서 마음을 열고 사회적인 연결을 유지하는 것이 건강한 뇌를 만든다고 한다.

사회적으로 연결되기 위해서는 노력이 필요하다. 그냥 앉아서 남들이 내게 다가와서 연결되기를 바랄 수는 없다. 또한 그렇게 되지도 않는다. 한소원 교수는 그의 저서 《나이를 이기는 심리학》에서 사회심리학자 존 카치오포의 말을 다음과 같이 인용하고 있다.

사회적인 연결을 세우기 위한 네 가지 단계가 있다.
첫째는 스스로 먼저 뻗어나가 남들에게 다가가는 것이다. 평범하고 가벼운 대화라도 그 순간 상대방이 내가 하는 말을 그대로 받아들여 주고 진심을 알아들을 수 있다면 그것만으로도 행복감은 커진다. 타인에게 다가가는 것도 연습이 필요하다. 봉사활동을 하거나 관심이 필요한 이웃을 찾아서 도움을 주는 것은 나의 자존감을 높여주는 귀중한 경험이다.

두 번째는 행동 계획을 세우는 것이다. 계획을 세우는 것은 내가 할 수 있는 한계를 인정하고 가능한 부분 안에서 조절하는 것이다. 새로운 만남에 대한 현실적인 기대를 가지고 어떤 활동에 참여하는 것 자체에 관심을 가지면서 한 걸음씩 시작하면 된다.

세 번째는 선택과 집중이다. 외로움의 해결책은 사회관계의 양보다 질에서 찾아야 한다. 사회관계는 상호적이어서 노력과 시간이 필요하다. 친구들과의 관계를 유지하는 것에도 투자가 필요하다는 얘기다. 시간도 들여야 한다. 다양한 사람들을 만나는 것도 의미가 있으나 선택과 집중을 해야 할 때는 나와 비슷하고 잘 맞는, 공통점이 많은 사람들과 더 사회적 관계를 잘 형성할 가능성이 많다.

마지막으로는 긍정적으로 기대하는 것이다. 자기방어적인 기제는 외로움의 전형적인 모습이다. 그런 자기방어를 내려놓고 위협에 대한 불안감을 긍정적인 기대로 만들어보자.

—같은 책, pp.146~147

- **가장 좋은 방법은 '일'을 계속 하는 것이다**

은퇴 후 일을 하지 않고 은둔생활을 하게 되면 뇌기능, 운동 기능을 노화시킬 위험이 크다고 한다. 주변에 퇴직한 지 얼마 지나지 않았는데 단번에 늙어 버린 사람을 볼 수 있다. 이는 은퇴 직후에 아무것도 하지 않고 활동을 그만두는 경우에 그럴 가능성이 있다고 한다.

직장에 다니면 집에 은둔하는 것보다 출퇴근은 물론 사무실 내에서 이동, 출장 등 생각보다는 몸을 많이 사용하고 있어서 운동 기능을 유지하기가 쉽다. 또한 직장에서는 새로운 아이디어 창출이나 다른 사람과의 의사소통 등을 통하여 뇌에 자극을 주지만 집에서 TV나 보고 빈둥거리게 되면 뇌 자극이 적어서 치매 위험이 높아진다. 와다 히데키 씨는 그의 저서 《70세가 노화의 갈림길》에서 '일'이 얼마나 중요한지를 설명하고 있다.

> 은퇴 후 일체 활동을 그만두는 경우 전두엽의 노화가 단번에 진행된다. 전두엽이란, 창조적 능력이나 다른 사람에 대한 공감 능력, 예상치 못한 일에 대처하는 능력에 관여하는 부분이다. 이 부분이 노화되면 어떤 일에도 의욕이 생기지 않고 활동 자체를 귀찮아 한다. 운동 기능의 저하와 뇌의 노화가 더욱 가속화될 것이다. 외형적인 인상에서도 발랄한 느낌을 잃은, 기운 없는 노인으로 변모하게 된다. 그렇게 되지 않기 위해서라도 조만간 퇴직을 맞이할 단계라면, 퇴직 이후 무엇을 할 것인지 미리 준비를 해둬야 한다. 퇴직하고 잠시 쉬었다가 다음에 무엇을 할지 생각한다면, 어느새 게으른 생활에 휩쓸려 습관으로 굳어버리는 경우가 허다하다
> ─ 와다 히데끼 지음, 정승욱·이주관 옮김, 《70세가 노화의 갈림길》, 지상사, 2023, pp.49~50

물론 젊어서 다니는 직장처럼 정규직이나 화이트 칼라가 아니어도 상관없다. 아르바이트, 계약직 같은 형태일지라도 '일'을 통하여 계속 사회와 관계를 맺고 있는 것이 활력을 떨어뜨리지 않고 젊게 살 수

있는 방법이다.

❷ 육체적인 운동을 하라

젊은 사람이라면 3주 입원했다고 하더라도 대부분 곧바로 일상으로 복귀할 수 있으나, 나이든 사람은 3주 정도 입원하면, 운동 기능은 물론 뇌기능도 단번에 쇠약해져 버린다고 한다. 뇌졸중이나 낙상으로 움직이지 못할 때 인지 기능이 급격히 저하된다는 것은 잘 알려져 있다. 이처럼 인간의 뇌는 사용하지 않으면 쇠퇴한다.

한소원 교수는 운동하지 않으면 뇌는 퇴화될 수밖에 없다고 말하고 있다.

> 뇌과학과 인지 과학에서 말하는 유산소 운동과 신체활동의 중요성은 아무리 강조해도 지나치지 않는다. 신체활동은 인지 기능에 결정적인 역할을 하기 때문이다. 몸을 움직이지 않으면 뇌는 퇴화될 수밖에 없다. 정신건강에도 신체활동은 중요하다. 걷거나 뛰는 것이 우울증을 막는데 도움이 된다는 것도 이미 알려진 사실이다.
>
> ―한소원 지음, 《나이를 이기는 심리학》, 바다출판사, 2022, p.51

사람들은 나이가 들어갈수록 활동량을 줄이는 경우가 많다. 젊었을 때보다는 몸이 둔하고 낙상에 대한 염려가 크기 때문이다. 그러나 나이 들수록 움직여야 하는데 활동을 줄인다면 노화를 더 촉진하고 뇌를 급격하게 쇠퇴하게 만드는 것이라고 한다. 고령자들 가운데 부상을 당하거나 질병으로 신체 활동을 제한 받는 경우에 인지기능이 갑자기 떨어지는 경우를 볼 수 있을 것이다. 그러나 나이들어도 근육은 얼마든지 발달시킬 수 있듯이 뇌또한 유연함을 유지할 수 있다고 한다.

나이가 들어갈수록 신체의 움직임이 인지기능과 직접적인 연관을 보이듯 몸을 움직여야 뇌가 퇴화하지 않는다. 하루에 30분 유산소 운동을 권한다. 운동이라기 보다 생활 체육이라고 표현하는 것이 맞을 것 같다. 시장에 가서 장을 보고, 가까운 편의점에서 우유를 사들고 오는 것도 유산소 운동이다. 물론 뇌의 인지기능에 도움이 될 정도의 유산소운동 효과를 보려면 요구되는 양상은 좀 달라진다. 심장 박동이 빨라지고 살짝 숨이 찰 만큼은 강도있게 움직여야 한다는 얘기다.

―같은 책, p.52

• 신체 활동이 고령자의 알츠하이머병 진행을 늦출 수도 있다

미국 알츠하이머병 협회 저널인 《알츠하이머병과 치매》에서 활발한 신체 활동이 고령자의 알츠하이머병을 늦출 수 있다고 발표한 바 있다.

나이가 들면 독성을 띠는 아밀로이드 단백질과 타우 단백질이 뇌에 쌓여 간다고 한다. 단백질의 뇌 조직 침적은 알츠하이머병 환자의 주요 특징이기도 하다. 먼저 아밀로이드가 침적하고 그 뒤를 이어 타우

가 쌓이면 뉴런(신경세포)과 뉴런 연접부(시냅스)가 점차 와해하는 것으로 알려졌다. 알츠하이머병은 노인성 치매의 주원인으로 꼽히지만, 아직 효과적인 치료법은 개발된 게 없다. 그러나 규칙적인 운동 등을 통해 신체 활동을 늘리면 알츠하이머병의 진행을 늦출 수 있다고 과학자들은 말한다.

　왕성한 신체활동이 왜 이런 효과를 가져오는지를, 미국 샌프란시스코 캘리포니아대(UCSF) 과학자들이 밝혀냈다. 신체활동을 많이 하면 뇌 건강에 이로운 특정 단백질이 증가하는 것으로 나타났다. 이 단백질은 시냅스 연결을 강화하고 인지기능을 건강하게 유지하는 작용을 했다. 이런 효과는 이미 독성 단백질이 많이 생긴 알츠하이머병 등 신경퇴행질환 환자에게도 나타나 주목된다. 활발한 신체 활동이 고령자의 알츠하이머병 진행을 늦출 수도 있다는 의미다.(2022년 1월 미국 알츠하이머병 협회 저널인 '알츠하이머병과 치매'에 실린 것을 연합뉴스(노년기의 규칙적인 운동, 어떻게 인지기능 저하 막을까, 2022. 1. 10. 한기천)가 소개한 것이다.)〕

• 육체 운동이 뇌를 활성화시킨다

　뇌전문 매체인 브레인미디어 기사에서 운동이 왜 필요한지를 아래와 같이 설명하고 있다.

　미국 메이오클리닉 신경학과의 에릭 알스코그 연구진은 인지 능력과 운동의 관계를 다룬 총 1,603건의 연구 논문과 보고서를 분석한 결과를 2011년에 발표했다. 규칙적으로 운동한 중년 남녀를 조사한 연구에서 운동이 노년기에 겪을 수 있는 모든 장애와 손상을 예방해주는 것으로 나타났다. 운동은 병을 앓고 있는 환자에게도 도움이 될 뿐 아니라 병을 예방하는 효과도 있다는 것이다.

운동은 근육의 움직임과 함께 뇌의 활동을 요구한다. 운동을 하면 뇌가 뇌유래 신경성장인자인 BDNF를 분비하는데, BDNF는 해당 움직임을 관장하는 부위만이 아니라 뇌 전체에 흘러 넘친다. 운동이 뇌가 원활하게 기능하는데 필요한 환경을 만들어줌으로써 뇌를 전체적으로 활성화하는 데 도움을 주는 것이다. 화학적인 측면에서 보면 운동은 중독이나 우울증 같은 문제와 관련해 오래전부터 연구되어온 세로토닌, 도파민, 노르에피네프린 같은 신경 전달 물질의 분비를 유발한다. 뇌는 에너지 소모가 큰 뉴런 신경 세포들의 네트워크로, 이 세포들은 몸 안 밖에서 들어오는 자극에 반응하면서 생화학적 변화를 만들어내고 이를 몸으로 내보낸다. 이를 뇌와 운동의 관계에서 보면, 우리가 몸을 더 강하고 정교하게 움직이고자 하면 그러한 움직임이 가능하도록 뇌 회로도 더 많이 작동하게 된다. 뇌 회로의 작동이 부족하면 원하는 움직임을 할 수 없으므로, 충분한 분량의 생화학적 변화를 만들어내기 위해 뇌의 활성이 올라가는 것이다. 이 같은 사실에 기초해서 보면, 앉아 있는 시간이 길어질수록 뇌의 활력은 떨어진다는 것을 알 수 있다. 운동 부족이 뇌의 성장과 건강을 위해 기능하는 신경전달 물질의 분비를 가로막는다는 점을 기억하자.

멍게는 유생일 때는 바닷속을 헤엄쳐 돌아다니지만, 식량 공급원이 될 자리를 찾으면 그곳에 몸을 붙이고 움직이지 않는다. 몸을 움직일 필요가 없어지는 순간 멍게는 자신의 뇌를 먹어서 분해시킨다. 움직일 필요가 없으니 뇌가 더 이상 필요하지 않은 것이다. 인간의 뇌는 몸의 필요에 의해 만들어졌고, 몸을 더 강하고 정교하게 움직이기 위해 뇌를 발달시켰다. 몸과 뇌는 신경 네트워크를 이루고 있기 때문에 몸의 움직임과 뇌의 활성이 비례하는 것은 당연한 작용이다.

―《브레인》 94호, 〈운동이 뇌의 활성화를 높인다〉, 2022. 9. 5. 전은애 기자

분당 서울대병원 김기웅 교수는 "운동은 뇌의 혈액 순환을 개선하고 신경세포의 재생을 돕는 여러 가지 신경물질들을 분비시킨다. 이러한 기전을 통해서 신경세포의 퇴화를 지연시키는 효과가 있다. 그동안 다양한 연구를 통해 정설로 굳어진 사실은 유산소 운동을 하면 많게는 30% 정도 치매 위험률을 낮춘다는 보고가 있다. 꾸준한 유산소 운동을 하는 것이 가장 확실한 치매 예방법으로 꼽힌다."고 주장한다.(《건강다이제스트》, 2017년 3월호, 허미숙 기자)

• 유산소 운동이 노인의 뇌를 성장시킨다

운동이 건강에 좋다는 것은 모두가 아는 사실이다. 앞에서 살펴본 바와 같이 최근의 연구들은 운동이 노인의 인지기능을 향상시킬 뿐 아니라 뇌 신경세포들의 연결을 증가시킨다는 사실을 확인하였다고 한다. 한소원 교수는 그의 저서 《변화하는 뇌》에서 다음과 같이 말하고 있다.

평소 운동을 잘 하지 않던 60세 이상의 참여자들이 몇 개월간 꾸준히 유산소 운동을 한 결과 인지기능이 향상되었다는 것을 보여주었다. 특히 운동으로 향상된 인지기능은 노화와 더불어 가장 많이 퇴화한다고 알려진 뇌의 전두엽과 관련된 집행 기능이다. 집행기능은 계획, 억제 및 통제능력을 담당하는 기능이다.

더욱 놀라운 것은 속속 진행된 후속 연구들을 통해 성인들이 유산소 운동을 꾸준히 할 때 뇌의 백질과 회백질의 부피가 증가되었다는 것을 밝혀냈다. 뇌의 백질은 신경섬유를 싸고 있는 미엘린이 흰색 지방질로 되어 있기 때문에 흰색으로 보이며 신경세포들의 연결을 보여준다. 회백질은 신경세포체와 모세혈관으로 이루어져 있는 구조이다. 즉 이 연구는 유산소 운동이 젊은이가 아닌 노인들 뇌의 신경세포까지 성장시키는 결과를 보여주었다.

―한소원 지음, 《변화하는 뇌》, 바다출판사, 2021, pp.138~139

• 매번 30분 이상, 장기간 운동하라

여러 연구들에서 운동이 뇌 건강에 유익하다는 것을 보여주었다. 그러면 어떻게, 얼마나 운동하는 것이 효과적일까? 한소원 교수는 그 방법을 다음과 같이 설명하고 있다.

신체적 피트니스가 인지기능에 미치는 영향을 좀 더 많은 연구를 바탕으로 일반화하기 위하여 일리노이대학의 스탠리 콜콤브 와 아트 크레이머 교수가 메타분석*을 통해 피트니스 훈련이 노인의 인지기능에 미치는 영향을 연구하였다. 1966년에서 2001년 사이에 출판된 18개의 고령자 대상 피트니스 개입연구를 토대로 메타분석을 통해서 조사하였다. 이 메타분석에서는 피트니스 훈련이 인지기능에 미치는 영향을 집행과제, 통제과제, 공각과제, 속도과제 등 네 가지 인지과제로 나누어 분석하였다.

먼저 운동은 이 네가지 과제들을 모두 의미 있게 향상시켰으나, 피트니스 훈련이 모든 인지기능을 동일하게 향상시키는 것은 아니었다. 피트니스 훈련의 덕을 가장 많이 보는 것으로 나타난 기능은 계획이나 통제 능력을 담당하는 집행기능이었다. 어떤 내용으로 피트니스 훈련을 하느냐, 그리고 한 번 운동할 때 얼마만큼의 시간이 더 효과적이냐에 따른 결과도 차이가 있었다.

장기간 꾸준하게 운동할 경우 더 효과가 높고, 한가지 종류만 단독으로 하는 것이 아닌, 즉 유산소운동과 근력운동을 함께 할 경우 유산소운동만 하는 것보다 효과가 높았다. 매번 운동 시간이 30분 이내로 짧은 경우에는 인지 기능에 있어서 향상 효과가 별로 나타나지 않았다. 이 연구 결과를 통해, 인간은 전생애를 통하여 인지기능이나 뇌신경계의 유연성이 지속될 수 있다는 점을 알 수 있다.

―한소원 지음, 《변화하는 뇌》, 바다출판사, 2021, pp.139~140

*특정 연구주제에 대하여 이루어진 여러 연구 결과를 하나로 통합하여 요약할 목적으로 개별 연구 결과를 수집하여 통계적으로 재분석하는 방법.

❸ 뇌 운동을 하라

앞에서 '사회적 운동'과 '육체적 운동'이 치매 예방에 효과적이라고 말한 바 있다. 여기에 추가하여 '뇌 운동'이 치매 예방에 상당한 도움이 된다고 한다. 최근에 미국 시카고 러시의료원의 로버트 윌슨 박사 연구팀은 '학습이 뇌를 변화시킨다'는 연구 결과를 발표하였다고 한다. 이 연구에는 모두 2,899명이 참가하였는데 평균 78세로서 평생동안 평균 16.3년의 교육을 받았다고 한다. 연구팀은 참여자들을 8년 동안 추적 관찰한 결과를 바탕으로 분석하였다. 한소원 서울대 교수는 연구 결과를 다음과 같이 소개하고 있다.

> 윌슨 박사는 나이가 들어서도 지속적으로 하는 활동들, 가령 외국어 공부나 사회적 활동, 인지 능력이 요구되는 여러 활동 등 의미와 목적을 둔 삶을 사는 일은 치매 예방에 도움이 된다고 하였다. 그리고 이런 활동들이 어린 시절의 학교 교육보다 훨씬 더 중요하다고 제시했다. 학습이 뇌의 발달에 긍정적인 영향을 끼친다는 것은 일반적인 결론이지만, 학교 교육을 넘어선 평생의 학습과 교육은 고령화 시대에 무척이나 요구되는 변화이다. 학습이 결국 뇌를 변화시키기 때문이다.
>
> ─한소원 지음, 《변화하는 뇌》, 바다출판사, 2021, pp.137~138

분당 서울대 병원 김기웅 교수는 "글자 배우기, 교육받기 등 지적인 활동을 많이 하는 것이 치매를 예방하는 비결이다. 실제로 학력이 낮을 경우 치매 위험률이 2~3배로 올라간다는 연구 결과도 있다. 또 지적인 활동을 꾸준히 한 사람이 치매 위험이 낮다는 연구 결과는 차고 넘친다. 따라서 치매를 예방하기 위해서는 두뇌를 활발하게 쓰는 것이 중요하다. 즐겨하는 머리쓰기 활동을 하자. 고스톱을 좋아하면 고스톱을 치고 독서를 좋아하면 독서를 하면 된다."고 말했다.《건강다이제스트》생동호, 2017년 3월, 허미숙 기자)

• 학습이 뇌의 해마 부피를 증가시킨다

런던대학교 인지신경 학자 엘리너 맥과이어Elenor McGuire 교수가 2000년에 발표한 런던의 택시 운전사에 대한 연구 결과 '학습이 뇌의 해마 부피를 증가시킨다'고 발표하였다. 맥과이어는 남성 택시 운전사 16명의 뇌를 MRI로 촬영하여 관찰하고, 택시 운전사가 아닌 남성 50명의 뇌와 비교했다. 맥과이어 교수는 기억력 증진에 관여하는 '해마'를 집중적으로 관찰했다. 연구에 따르면, 런던의 택시 운전사들은 실험에 참가한 다른 집단에 비하여 해마의 뒤쪽 부분이 컸다. 게다가 택시 운전사로 일한 기간이 길수록 후위 해마는 더 컸다.

그 후에 시행한 다른 연구에서 맥과이어는 런던 택시 운전사의 뇌와 런던 버스 운전사들의 뇌를 비교했다. 택시 운전사와 버스 운전사의 차이는, 버스 운전사는 동일한 노선을 반복해서 오가므로 최적의 경로를 찾아 내려고 애쓸 필요가 없다는 점이다. 연구 결과, 택시 운전사들의 후위 해마가 버스 운전사들보다 상당히 큰 것으로 나타났다. 이 결과에서 알 수 있는 것은 해마의 크기가 차이 나는 원인은 운전행위 자체와는 무관하며 해당 작업에 필요한 길 찾기 능력과 구체적으로 연관된다는 점이다. 런던의 택시 운전 기사의 기억력과 길 찾기 능력은 그야말로 놀랍다고들 한다. 자격을 취득하기도 어렵지만 취득 후 새로 생긴 지형지물 등에 주의를 기울이면서 스스로를 채찍질해야 한다고 한다.

지금까지 치매 예방을 위해서 사회적 운동, 뇌 운동, 육체적 운동을 사례로 들었다. 이것들을 종합한 내용이 있어 소개한다.

  치매에 잘 걸리지 않는 사람은 끊임없이 활동하는 사람이다. 나이가 들어도 복지관에 나가서 댄스를 배우고 바둑을 두고, 윷놀이를 하고, 어울려 즐거운 노래도 부르고 춤을 추면서 사람들과 흥겨운 시간을 갖는 사람이다. 집에 와서도 내가 할 일을 찾아 하는 활동적인 사람은 뇌세포 활성화가 이루어지게 된다. 나이와 상관 없이 새로운 일에 도전할 때 억지로가 아니라 기쁘고 감사하게 하면 치매에 잘 안 걸린다. 경도 인지장애로 진단받은 한 할머니는 치매 전단계라고 할 수 있는 상태에서 글쓰기에 도전해 문단에 데뷔하고 글쓰는 동호회에 가입해 사회적인 교류도 왕성하게 하고 경도 인지장애상태에서 치매로 진행되지 않았고 노년의 삶이 더 반짝반짝 빛나고 있었다고 한다.

그밖에도 새로운 것을 배우기를 두려워하지 않고 댄스를 배우거나 악기 혹은 그림을 배우는 사람들은 치매에 잘 걸리지 않는다. 누군가에게 도움을 주고 가족이나 다른 사람에게 의존하지 않고 작은 일이라도 스스로 해야 한다고 생각하는 사람은 치매에 잘 걸리지 않는다. 또한 좋은 점만 보는 사람은 역시 치매가 진행되지 않는다.

꾸준히 운동하는 사람은 뇌세포와 뇌혈관의 예비 용량이 늘어나 나이가 들어서도 치매에 잘 걸리지 않는다. 꾸준히 운동하는 습관은 대단하게 큰 활동을 의미하는 것이 아니라, 아주 작은 일상의 일도 포함한다. '나는 나이가 들어서 이제 못해.'라고 생각하지 않고, 하다못해 밥 짓기나 설거지라도 스스로하고, 반찬을 만드는 것도 끊임없이 활동하는 것이다. 계산을 하거나 수학 문제를 푸는 사람들, 사회적 교류를 끊임없이 하는 삶들도 치매에 잘 걸리지 않는다.(크리스천경남, 2023년 5월 17일, 〈치매에 안 걸리는 사람의 특별한 비법〉, 한국치매예방협회 창원지부장 김평화 목사)

서정주 시인의 치매 예방법은 인구人口에 회자膾炙된 지 오래이다. 서정주 시인은 아침에 일어나면 우리나라의 모든 강과 산 이름을 외운 다음에 아침 식사를 했다고 한다. 이 때문인지 서정주 시인은 사망할 때까지 건강하게 책을 읽고 시를 썼다고 한다. 인지기능을 향상시키고 싶은 사람들에게 추천할 만한 방법이라고 생각한다.

치매 걸린 사람도 정상적으로 생활한 사람들이 많다

정상적으로 살았는데 사후에 뇌를 부검해 보니 치매에 걸린 경우가 있고, 반대로 치매로 고생하였는데 부검결과 뇌 손상이 경미하였다는 연구 결과가 있다고 한다.

켄터키대학교의 데이비드 스노든 교수는 수녀修女 연구로 유명하다. 그가 678명의 수녀들을 대상으로 알츠하이머 치매와 관련된 연구를 진행하였다. 연구 대상자였던 노트르담 교육 수도회 수녀들은 이 연구의 참여에 동의하였다. 모두 75세 이상인 이 수녀들은 남은 생애를 통하여 정기적으로 행동검사 및 인지 검사를 받았고 사후에 뇌를 기증하여 치매연구에 공헌을 하게 되었다.

그 결과가 놀라웠다. 생전에 치매 증상이 전혀 없던 수녀가 심장마비로 죽었는데 부검결과 뇌 신경 세포가 광범위하게 파괴돼 1~6단계 중 가장 심한 6단계의 알츠하이머 치매의 소견을 갖고있었다. 반대로 중증 치매 증상을 보이던 수녀의 뇌는 초기 단계인 1~2단계 알츠하이머 치매로 진단되었다고 한다. 연구팀은 뇌 신경세포가 파괴됐지만 증상이 나타나지 않았던 수녀는 생전에 항상 낙관적, 긍정적으로 생각하고 행동했으며, 반대의 경우엔 항상 부정적이었고 우울해 했다는 사실을 발견하고 이것을 해답으로 제시했다고 한다. 즉 생물학적 뇌세포 파괴정도와 겉으로 드러난 치매 증상은 반드시 일치하지 않으며, 때로는 마음 자세와 생활하는 환경이 치매의 발현을 억제하기도 한다는 것이다.

더불어 나의 경험을 소개하고자 한다. 나의 선친께서는 78세에 돌아가셨는데 돌아가시기 일이 년 전에 나의 어머니 걱정을 많이 하셨다. 어머니가 건망증이 갈수록 심하고 신경 안정제까지 복용하신다고 하면서 치매가 걱정이 된다고 하셨다. 그때는 두 분이 농촌에서 살고 계셨다. 그런데 선친이 돌아가신 해에 어머니께서 평생을 사셨던 마을을 떠나고 싶어하셨다. 선친께서 집에서 심장마비로 돌아가셨는데 그 장면이 너무 선명하게 떠올라 그 집에서 도저히 살 수 없다고 하셨다. 그래서 3킬로미터쯤 떨어진 소도시 아파트로 이사를 하게 되었다. 그때 어머니의 연세 70이었다. 그 후 각종 시설에 접근성이 좋아지자 노인대학을 17년 이상 지속적으로 다니시고, 매주 요가를 하시며, 하루에 한 시간 정도는 걸으셨다. 모임(일명 친목계)이 여럿이어서 일주일에 네다섯 번 정도 친구들이나 지인들과 점심을 같이하는 등 사회적 관계를 유지하고 계신다. 또한 주변 사람들에게 점심을 사주든지, 주는 것을 좋아하셨다. 치매가 염려되었던 분이 90세가 된 지금도 꼿꼿하게 걸으시며, 친구들과 함께 여생을 보내시는 것을 보니 복합적인 문제이지만 사회적 활동과 육체적 운동 및 기부 행위가 치매 예방은 물론 삶의 질 향상에 얼마나 큰 영향을 주는 지를 피부로 느끼고 있다.

적절한 스트레스가 치매를 예방한다

미국의 억만장자들이 은퇴 후에 모여서 살고 있는 '선 밸리Sun valley'라는 지역이 있다. 이곳은 55세 이하는 입주가 허락되지 않는 아주 특수한 지역으로 모든 시설이 초 현대화된 호화로운 곳이다. 노점상도 없고, 노숙자도 볼 수 없는 곳이며 아이들이 시끄럽게 떠드는 소리도 들을 수 없는 지역이다. 노인들이 놀랠까 봐 자동차는 시속 25km 이하의 속도로만 달려야 하는 곳이다. 그런데 이 지역 사람들이 일반 사람들보다 치매 발병률이 훨씬 더 높다는 조사 결과가 나왔다고 한다. 미국인은 물론 외국인들조차 놀라지 않을 수 없었다. 이러한 보도에 대해 이시형 박사는 그 이유를 알아보기 위해서 그곳을 방문했다고 한다. 그런데 정말 지상낙원이 따로 없었다고 했다. 모든 편의 시설이 갖춰져 있었고 최신 의료 시설에 최고실력을 지닌 의사들이 배치된 곳이었다.

연구 결과 치매 발병률이 높은 것은 첫째, 그들은 일상적인 스트레스가 전혀 없고, 둘째, 생활에 불편한 점이 한 가지도 찾아볼 수 없었으며, 셋째, 그들에겐 생활에 변화가 전혀 없었기 때문이라는 진단이 내려졌다. 그래서 이곳에 와서 살고 있던 많은 사람들이 이제는 복잡하고 시끌벅적한 자신들이 원래 살았던 마을로 서서히 돌아가고 있었다고 한다.

행복한 삶이란 게 스트레스 없이 편안하게 아무 걱정 없이 사는 것보다는 오히려 이런 저런 일들을 겪으면서 그것을 해결하기 위해 만나고 대화하고 걱정하고 마음 쓰는 과정에 있다는 것이 매우 중요하고 필요하다는 것이었다. 그렇기 때문에 사람과 어울려 살아가는 사회 속에서 모든 것을 나에게 맞추려고 하기보다 내가 주어진 입장과 처지에 맞추어 살면 행복도 함께 따라오는 것 아니겠는가.

새로운 치매위험 요인을 주목하라

지금까지 발견한 치매 위험 요인은 고혈압, 알콜, 당뇨, 비만, 흡연, 운동 부족, 우울증, 난청, 외상 등이다. 이러한 위험 요인을 개선하면 치매 위험 요인을 낮출 수 있다고 한다. 그런데 이러한 치매 위험 요인 목록에 시력 손실을 포함해야 한다는 학계의 주장이 나오고 있다.

세브란스 병원 배형원 교수는 "아직 명확한 인과 관계는 밝혀지지 않았으나 최근 발표되는 연구 결과와 임상 경험 등을 종합하면 평소 정기적인 눈 검진으로 시력 저하를 막으면서 눈 건강을 챙기는 것은 치매 예방의 한 방법입니다."라고 강조합니다. 한 월간지에 이에 대한 자세한 내용이 실려 있다.

황반변성이나 백내장 등으로 양쪽 시력에 장애가 생긴 사람을 11년 동안 추적 관찰한 영국 유니버시티칼리지런던 연구팀은 이들이 정상 시력을 지닌 사람보다 치매 위험이 4배 높다는 결과를 2018년 발표했습니다. 또한 중국 베이징대 연구팀은 2020년 관련 논문 16편을 종합 분석해 치매 발병 전에 다양한 시력 손실이 발생할 수 있다는 결론을 내놨습니다.

실제로 안과 질환이 단독으로 치매 위험을 높이는지는 불분명하다는 지적이 있었습니다. 이런 지적에 해답을 제시한 연구 결과가 2022년 미국 안과학회에 보고됐습니다. 중국 광둥인민병원 연구팀은 영국 바이오 뱅크(50만 명의 건강 기록과 유전 정보)의 데이타를 활용해 2006년부터 2021년까지 55~73세 약 1만 2천 명을 추적 조사했습니다. 그 결과 노인성 황반변성* 환자는 알츠하이머성 치매 발병 위험이 26% 높았으며, 백내장은 알츠하이머병 발병 위험을 11% 높였습니다. 녹내장은 혈관성 치매** 위험을 높이는 것으로 나타났습니다. 또 당뇨병성 안과 질환(당뇨망막병증) 환자는 정상인보다 알츠하이머성 치매에 걸릴 위험이 61% 높게 나타났습니다. 당뇨망막병증은 망막의 미세 혈관이 손상되는 당뇨합병증으로 심하면 실명으로 이어집니다.

이런 결과는 국내 연구에서도 확인됐습니다. 여의도 성모병원 연구팀이 2009~2010년 국민건강영양조사에 참여한 40세 이상 남녀 602만 명을 대상으로 시력 손실과 치매의 연관성을 분석했더니 심한 시각장애가 있는 사람은 알츠하이머성 치매와 혈관성 치매 등 전체 치매 위험이 증가하는 것으로 나타났습니다. 시력이 약화함에 따라 치매 발생 위험은 1.4배까지 높아진 것입니다. 특히 당뇨병 진단을 받은 시력 상실 환자에게서 치매 유병률이 더 높은 것으로 나타났습니다. 게다가 시력 손실에 난청까지 겹친 사람은 그렇지 않은 사람보다 모든 형태의 치매에 걸릴 위험이 3배 높다는 사실이 2022년 학계에 보고됐습니다.

그렇다면 시력 손실을 바로 잡으면 치매 위험은 낮아질까요? '그렇다'는 연구 결과가 2021년 12월 미국의학협회에 보고됐습니다. 미국 워싱턴대 의대 연구팀은 백내장 또는 녹내장 진단을 받았으나 치매가 발병하지 않은 65세 이상 남녀(평균연령 74세) 3,038명을 1994년부터 2018년까지 추적 관찰했습니다. 이들 중 백내장***수술을 받은 1,382명은 수술 후 10년 이내에 모든 유형의 치매 발생률이 약 30% 낮아진 것으로 나타났습니다. 특히 수술 이후 5년까지 치매 발생률이 뚜렷하게 하락했습니다. 한편 녹내장**** 수술을 받은 환자와 그렇지 않은 환자 간 치매 발생률에는 유의미한 차이가 없었습니다. 연구팀은 논문에서 '백내장 수술이 알츠하이머병을 포함한 모든 유형의 치매 발생 위험을 낮추는 것을 확인했습니다. 치매 위험이 큰 고령층은 정기적으로 안과 검진을 받을 필요가 있습니다.'라고 주장합니다.

또 미국 미시간대 안과·시각과학과 연구팀은 2022년 50세 이상 약 1만6,000명을 조사한 결과 치매 위험 요인에서 시각장애가 1.8%를 차지 한다는 연구 결과를 학계에 보고했습니다. 고혈압이 약 12%를 차지하는 것과 비교하면 낮은 비율이지만 치매 예방 건수는 결코 적지 않다는 것이 연구팀의 주장입니다. 연구팀은 논문에서 '건강한 시력으로 미국에서만 10만 건 이상의 치매를 예방할 수 있습니다. 개선할 수 있는 치매 위험 요인에 시력 손실을 포함할 필요가 있습니다.'라고 밝혔습니다.(《공무원 연금》 2023년 5월호, 〈치매예방을 위한 눈건강 관리〉, 노진섭 시사저널 의학전문기자, pp.10~13)

*황반변성은 눈의 망막중심(황반부)에 변화가 생겨 시력 장애가 생기는 질환
**혈관성 치매는 뇌혈관 질환으로 뇌조직이 손상되면서 생기는 치매
***백내장은 수정체가 혼탁해져 사물이 뿌옇게 보이는 질환
****녹내장은 안구에 영양을 공급하는 동시에 안압을 유지해주는 눈 속 체액이 방출되지 못해 안압이 상승하고 망막의 시신경이 손상되는 질환

늙어가는 사람을 위한 기도

영국에서 유래했다고 하는, 그러나 기도문의 저자는 테레사 폰 아빌라로 전해지는 다음의 기도로 'Well Aging'장을 마감하려고 한다.

오, 주님, 내가 하루가 다르게 늙어가고 있다는 것, 언젠가는 노인이 된다는 것을 당신이 더 잘 아십니다. 어디에서든 내가 나서야 일이 된다는 착각을 하지 않게 하여 주소서. 타인의 일에 끼어들고 싶어 하는 나의 과도한 열정을 다스려 주소서.

사색하되 사변적이지 않고 도움을 주되 지배하지 않는 방법을 배우게 하십시오. 내게 엄청난 지혜가 쌓여 있어 혼자만 가지고 있기에는 아깝다는 것을 아실 겁니다. 그러나 주님, 내게도 친구 몇 명은 필요합니다. 잔소리 속에 불필요한 것을 낱낱이 열거하지 않게 하시고 나비처럼 날아 벌처럼 쏘는 직관을 허락하여 주소서. 내 몸의 아픔과 병에 대해 침묵하는 법을 배우게 하십시오. 병의 고통은 점점 심해지고 엄살에 대한 유혹은 점점 커집니다. 남의 엄살을 기쁜 마음으로 들을 수 있는 재능을 바라지는 않습니다. 그저 참고 들을 수 있는 인내심을 주소서.

나도 틀릴 수 있다는 세상에 둘도 없는 지혜를 배우게 하십시오. 그리고 남에게 사랑받는 사람이 되게 하소서. 성자가 되고 싶은 생각은 없습니다. 성자, 성녀 와는 밥 한 끼 같이 먹기도 불편합니다. 하지만 말도 붙일 수 없이 괴팍한 노인네가 되기는 싫습니다. 다른 사람에게서 뜻밖의 재능을 발견하는 능력을 갖게 하소서. 그리고 오, 주님, 그 재능을 입 밖에 내는 훌륭한 재능도 겸비하게 하소서.

WELL DYING

제2부

편안하게 죽는 것에 대하여

이 책의 주제가 '잘 늙어야 편안하게 죽는다'이다. 제1부에서는 어떻게 늙어 가는 것이 가장 잘 늙어 가는 것인지를 알아보았다. 이제 '편안하게 죽는 것'이 어떤 것인지 궁금하다.

우리네 삶의 끝은 죽음이다. 그 죽음이 우리의 삶을 마무리하고 완성한다. 그런데 삶을 완성하려는 죽음에 저항하는 것은 죽음을 인정하지 않는 것에서 비롯된 것이다. 죽음을 인정하지 않는 것은 죽음에 대한 두려움 때문이다. 대부분의 사람들은 죽음을 두렵게 생각한다. 그러나 우리가 정말 두려워해야 할 것은 죽음 그 자체가 아니라 무의미한 삶, 허송세월한 삶, 어리석은 삶이다. 어리석은 삶을 살아온 사람들일수록 죽음에 이르러서 울부짓거나 고함을 지르곤 한다. 비록 죽음이 두려울지라도 삶을 제대로 산 사람들은 죽음을 자기의 것으로 받아들이며 떠날 수 있다.

매년 겨울이 오듯이, 인생의 겨울 즉, 죽음이 언젠가는 우리에게 온다. 겨울이 오면 겨울 지낼 준비를 하듯이 사람은 죽음을 준비해야 한다. 우리가 해야 할 준비는 오직 하나 훌륭한 인생을 사는 것이다. 그것은 내 삶을 의미 있고 가치 있게 사는 것이다. 훌륭한 인생을 살면 살수록 죽음은 우리에게 무의미한 것이 되며 두려움도 사라질 것이다.

나의 죽음이 끝이 아니라 나의 삶의 완성이라는 생각을 가지기 힘든 사회가 되어가고 있지만, 그래도 우리는 죽음을 통하여 미래를 바라보는 노력이 필요하다. 자연이 우리의 후손들로 하여금 이 세상을 지속되게 하는 것처럼 죽음을 거스를 수 없는 자연의 섭리로 받아들이는 것이 편안한 죽음-존엄하게 죽는 것-의 기본요소라고 할 것이다.

우리는 살아가면서 많은 일이 일어나고, 그 일을 받아들이느냐 마느냐에 따라 결과가 달라진다는 것을 경험한 적이 있을 것이다. 가령 중병을 얻었을 때 그것을 받아들인 사람은 향후 그 병을 어떻게 극복할 것인가를 구상하고 생각하게 된다. 그래서 받아들이지 않는-부정하고 분노하거나 너무 늦게 받아들이는-사람에 비하여 빨리 대처할 수 있다. 죽음도 그렇다고 할 수 있다. 내게 온 죽음을 받아들인 사람은 자신의 삶을 완성하기 위해서 노력한다. 그래서 죽음을 받아들이지 않는-거부하거나 저항하는-사람들에 비해서 좀 더 존엄하게, 편안하게 떠날 수 있을 것이다.

WELL DYING

제1장

죽음이란 무엇인가

Death와 Dying의 의미

 죽음의 사전적 의미는 생명체의 삶이 끝나는 것, 즉, 생의 종말을 가리킨다. 그리고 세계보건기구(WHO)에서는 죽음을 '소생할 수 없는 삶의 영원한 종말'이라고 정의하고 있다. 인류는 죽음을 이렇게 정의했다고 한다. 육체의 죽음이 바로 죽음이라는 것이며, 다른 해석의 가능성이나 필요성도 없다.(부위훈 지음, 전병술 옮김,《죽음 그 마지막 성장》, 청계, 2001, p.49) 죽음에 대한 국제적인 정의를 보면 호흡이 없고, 심박출량이 없고, 뇌간반사가 없는 상태로 규정하고 있다.(피터 팬윅, 엘리자베스 팬윅 지음, 정명진 옮김,《죽음의 기술》, 부글, 2008, p.285) 의학적으로는 심장 박동정지, 호흡정지 및 동공반응 소실을 죽음으로 본다.

 그럼 'Death와 Dying'은 어떤 차이가 있을까? 일반적으로 죽음Death은 육신을 지닌 생명의 소멸을 말하고, '죽음을 맞이함Dying'은 살아서 죽음을 맞이하는 생명 활동의 한 부분에 해당한다. 죽음학에서는 죽음을 이렇게 표현하고 있다.

> 죽음Death은 모든 생명을 가진 존재가 자연의 섭리 앞에서 무릎을 꿇게되는 불가항력적이고 수동적인 사건이지만, '죽음에 잘 다가서는 일Well dying'은 의미를 추구하는 존재의 '의지'에 의한 능동적 사건이다. 무의미한 연명치료로 생명이 수동적으로—심폐소생술CPR 등으로— 연장되는 죽음은 '죽음에 다가서는 일'이 아니다. '죽음Death'이 수동적이고 피동적으로 자연의 섭리 아래 무릎을 꿇는 일이라면, '죽음에 잘 다가서는 일Well dying'은 이러한 자연의 섭리에도 불구하고 주체의 자율적 선택과 의지를 지닌 결정으로 능동적인 '죽음을 맞이하는 일'을 가리킨다.
> —임병식 등 14인 지음, 《죽음학 교본》, 한국싸나톨로지협회, 2023, p.84

'죽음에 잘 다가서는 일'은 능동적으로 죽음을 맞이하는 임종을 떠올릴 수 있다. 그리고 우리는 수동적이고 피동적인 '죽음'보다는 능동적이고 의미·의지적인 '임종臨終'이라는 말을 좋아할 수밖에 없다. 죽음학에서는 임종을 이렇게 묘사하고 있다.

"임종이라는 단어는 의지적 존재로서 '준비된 죽음'을 표현하기에 한층 적절하다고 볼 수 있다. 임臨이라는 글자는 수동적이라기 보다는 능동적이고, 피동적이라기 보다는 의지적 성격을 강하게 내포한다. 이처럼 임臨이라는 글자에는 '자기가 자기 주인이 됨Self-Sovereignty'의 의미가 강하게 들어 있다."(같은 곳)

죽음의 성격과 의의

죽음에는 다음과 같은 성격을 가지고 있다.(Lynne Ann Despelder & Albert Lee Strickland 지음, 이기숙 임병윤 옮김, 《죽음 : 인생의 마지막 춤》, 창지사, 2010, p.76) 하나는 보편성이다. 인간은 모두 죽는다. 죽음은 모든 존재를 포괄한다. 그 시기를 예측할 수 없지만 피할 수 없다. 둘은 불가역적이다. 죽음은 최종적이어서 죽은 것을 다시는 되살릴 수 없다. 그래서 어떤 인간도 죽은 다음에 돌아오지 못했다. 셋은 기능 정지이다. 죽음은 모든 물리적인 기능을 정지 시키고, 생명의 징후를 없앤다. 넷은 인과성이다. 죽음이 발생하는 생물학적 요인이 존재한다.

더불어 죽음에는 많은 의미가 포함되어 있다. 이쪽에서 사라져 보이지 않는 배는 저쪽에서 나타난다. 죽음과 삶도 이와 유사하다. 바닷가에서 출항하는 배를 보고 있을 때 그 배가 점점 멀어 지면서 사라질 때 그 배는 사라져 없어지는 것이 아니다. 그 배는 항구를 떠날 때의 크기 모습 그대로이다. 우리 쪽에서는 사라진 것이지만, 그 너머에 있는 쪽에서는 새로운 배가 나타났다고 기뻐할 것이다. 그리고 그것이 우리가 죽음이라고 부르는 것이다. 죽음에는 어떤 의미가 포함되어 있는지 살펴보자.

죽음은 평등하며 공정하다

프로이트Sigmund Freud는 인간이 겪는 모든 문제점은 영원히 살 수 있다는 착각에서 비롯된 것이라고 말했다. 인간이 영생한다면 어찌될까? 지구상은 아비규환이 되고 말 것이다. 그런데 다행히 인간은 모두 죽는다는 것이다. 세상에서 이보다 공정한 일이 있을까. 이 세상에 나올 때조차도 '금수저' '은수저' '흙수저'로 구분하며, 불공평하다고 투덜댄다. 그러나 죽음은 누구에게나 공정하다. 부자든 가난하든, 배웠든지 안 배웠든지, 권력이 있든 없든, 유명하건 하지 않건, 건강하건 그렇지 않건, 인생을 제멋대로 살았건 아름답게 살았건, 관계 없이 모두 죽게 마련이다.

심지어 부위훈 교수는 노자老子의 "하늘 그물은 촘촘하여 어느 것 하나 빠뜨리지 않는다(天網恢恢, 疏而不失)"는 말을 원용하면서 "사람은 누구나 반드시 죽는다."는 명제가 인류를 완전하고 절대적으로 평등하게 만든다고 주장한다.

하나님께서 가장 합당한 사람으로 여겼던 다윗 왕은 죽음을 '세상 모든 사람이 가는 길(구약성서 열왕기 상2:2)'이라고 말했다. 그만큼 죽음은 공정하고 평등하다는 뜻이다.

죽음은 자연스러운 일이다

파도는 부서져 없어지는 것이 아니고 태어난 바다로 돌아가는 것처럼, 인간은 죽어 없어지는 것이 아니고 인간을 창조한 신에게로 돌아가는 것이다. 다시 말해 죽음은 자연으로 돌아가는 일이다. "죽음은 자연스러운 일이다. 우리가 죽음을 두고 소란을 떠는 것은 우리를 자연의 일부로 보지 않고, 인간이 자연보다 위에 있다고 생각하기 때문이다."(미치 앨봄 지음, 공경희 옮김, 《모리와 함께한 화요일》, 살림, 2022, p.251) 죽음의 때가 도래하였는데도 이를 거부하고 저항하는 것이야말로 가장 부자연스러운 일이다.

죽음은 인생을 졸업하는 것이다

나는 죽음이란 '인생을 졸업하는 것'이라고 생각한다. 학교를 마치면 학교를 졸업하듯이 인생을 마치면 인생을 졸업하는 것이다. 학교는 입학으로 시작하여 배우고 읽히는 소정의 과정을 이수하면 학교를 졸업하게 된다. 인생도 태어남으로서 시작하고 늙고, 병들어 일련의 과정을 마치면 인생을 졸업하는 것이다. 학교에서는 선생님에게 배우지만, 인생은 사회에서 부모, 상사, 동료, 후배 등 다양한 사람으로부터 다양한 방법으로 보고 배운다. 학교를 마치는 것이나 인생을 마치는 것 모두 여러 가지 면에서 유사점이 많다.

다만 학교와 인생이 다른 점은 학교는 여럿이 동시에 졸업하지만 인생은 정상적이라면 혼자서 졸업하는 것이다. 세월호나 이태원 참사 같은 경우에는 여럿이 졸업하지만 이는 극히 비정상적인 경우이므로 일반화할 수 없다. 또 다른 점은 학교는 일정 기간 소정의 과정을 마쳐야만 졸업이 가능하지만 인생은 사람마다 일정이 다 다르다. 어떤 사람은 길고, 어떤 사람은 짧으니, 모든 과정을 다 마치지 많아도 졸업이 가능하다. 주어진 삶이 다른데 어찌 모두가 똑같은 과정을 마칠 수 있겠는가. 그냥 자신의 삶에 주어진 과정을 다하면 그것으로 족하다. 학교를 마치는 것은 '학교 졸업'이요, 인생을 마치는 죽음은 '인생 졸업'이라고 말할 수도 있다.

노년에는, 특히 고령이 되면 주변에 대화를 할 수 있는 친구가 대부분 사라진다고 한다. 자신은 아직 인생을 졸업하지 않았는데 다른 친구들은 대부분 이미 인생을 졸업했다는 의미다. 이제 그분은 자기 차례가 올 것임을 깨닫게 될 것이다. 그에게는 이제 인생을 졸업하고 상급반으로 올라갈 차례가 다가오고 있음을.

죽음은 삶을 완성한다

하루는 완성되어야 끝날까? 끝나야 완성되는 것일까? 하루의 시간이 끝나야 하루가 완성되는 것이다. 하루를 충실하게 보냈든 그렇지 않든 하루는 완성되는 것이다. 행복하고 의미 있는 시간으로 가득찬 하루가 될 수도 있고, 고통과 무의미한 하루가 될 수도 있다. 수 많은 하루 하루의 의미는 각각 다르지만, 각각의 하루는 어쨌든 완성되는 것이다. 어떤 일이든 끝이 없다면 완성도 불가능하다.(유호종 지음,《죽음에게 삶을 묻다》, 사피엔스, 2010, p.163) 화가가 그림을 완성하기 위해서는 붓을 놓아야 하듯이 삶 역시 죽음에 의해 비로소 완성될 수 있

다.(같은 곳)

　죽음 없이 인간의 삶은 완성될 수 없다.(빅터 프랭클 지음, 이시형 옮김, 《죽음의 수용소에서》, 청아출판, 2024, p.110) 모든 삶은 완벽하고, 삶이 완벽하기 위해 필요한 조건은 오직 두 가지, 바로 탄생과 죽음 뿐이다.(데이비드 케슬러 지음, 유은실 옮김, 《생이 끝나갈 때 준비해야할 것들》, 21세기북스, 2017, p.185) 가족, 직업, 적정한 삶의 기간이 없다면 완벽하지 않다고 할지 모르지만, 좋든 싫든 탄생과 죽음이 삶을 규정한다.(같은 곳) 열여덟 살의 낭성섬유증Cystic Fibrosis(유전자 결함에 의한 희귀 질환) 환자가 역시 같은 질환을 가진 열일곱 살 여자와 결혼했는데, 그녀는 자신의 삶이 완벽했다고 느낀다고 했다.(같은 곳) 사람들은 많은 것을 원한다. 부자가 되고 싶어하고, 성공하고 싶고, 명예를 추구하고, 좀 더 예뻐지고 싶고, 더 건강해지고 싶고 등등. 그렇지만 그런 바람이 충족되지 않았다고 해서 삶이 불완전했다는 의미는 아니다.

　성공했든, 실패했든, 대단했든, 형편 없었든, 삶에서의 모든 순간은 그저 그때뿐이다. 내가 성공이라고 할 수 없듯 실패라고 할 수 없고, 그것들이 나라고 규정하지도 못한다. 우리는 존재만으로 완전한 인간이지 무엇인가를 이뤄야만 완전해지는 인간이 아니다.(데이비드 케슬러 지음, 유은실 옮김, 《생이 끝나갈 때 준비해야 할 것들》, 21세기북스, 2017, p.188)

　키가 작은 사람도 완전할 수 있듯 삶의 기간이 짧더라도 완전할 수 있다.(세네카 지음, 제인스 롬 엮음, 김현주 옮김, 《어떻게 죽음을 맞이할 것인가》, 아날로그, 2021, p.79)

17세기의 저명한 현자였던 토머스 브라운은 1643년 간행된 수상록 《의사의 종교Religio Medici》를 통해 탄생과 죽음을 이렇게 표현했다. 인간은 거의 미완성인 상태로 이 세상에 왔다가, 완전한 것을 남기고 무덤으로 들어갔다.(셔윈 B. 눌랜드 지음, 명희진 옮김, 《사람은 어떻게 죽음을 맞이하는가》, 세종, 2021, p.107)

생에 정해진 한계점이 있다는 사실을 담담히 받아들일 때 비로소 인생은 균형 있는 조화를 이룰 수 있다.(셔윈 B. 눌랜드 지음, 명희진 옮김, 《사람은 어떻게 죽음을 맞이하는가》, 2021, 세종, p.139) 모든 즐거움과 성취감, 그리고 고통까지도 받아들일 수 있는 인생의 틀이 완성되는 것이다.(같은 곳)

죽음을 피할 수 있는 사람은 없기 때문에 그것을 어떻게 받아들이느냐가 삶을 완성하는 핵심이다.(박중철 지음, 《나는 친절한 죽음을 원한다》, 홍익출판, 2022, p.163)

오로지 살기 위해 존재하는 동물들과 달리 사람은 고통과 행복, 슬픔과 기쁨, 실패와 성공 등 모든 것을 경험하면서 삶을 살아간다. 그러한 삶을 통해 자신만의 고유한 이야기를 써 내려 가고 죽음을 통해 그 이야기를 완성하는 존재이다.(같은 책, p.164)

죽음을 앞둔 사람은 누구나 죽는 순간이 오기 전까지는 살아있는 사람으로 대우 받기를 원하며 그렇게 대우받아야 한다.(데이비드 케슬러 지음, 유은실 옮김, 《생이 끝나갈 때 준비해야 할 것들》, 21세기북스, 2017, p.24) 그렇지 않으면 우리는 모르는 사이에 죽어가는 사람에게서 생을 완성할 중요한 기회를 빼앗고 있기 때문이다.(같은 곳)

요양원의 한 간호사는 서로 서먹해진 가족들의 화해를 위해 노력하면서 마지막에는 어떤 완성의 느낌까지 받았다고 한다.(피터 펜윅등 2인 지음, 정명진 옮김, 《죽음의 기술》, 부글, 2008, p.311) 이제 환자가 편히 잠들 수 있을 것 같다는 생각이 들었던 것이다.(같은 곳)

세상의 모든 것에는 끝이 있고 인간에게도 끝이 있습니다. 그리고 끝은 완성의 필수조건입니다. 자정이 되면 하루가 끝나고 완성되는 겁니다. 그 완성 위에 새로운 하루가 시작되는 것입니다.

죽음이 인생을 완성한다고 하는 이유는 죽음으로써 영혼이 완성되기 때문이다. 육체와 영혼으로 구성된 인간이 육체적인 삶에 가까울수록 영혼은 거의 존재하지 않지만 영적인 삶에 접근할수록 영혼은 왕성해지고 죽음으로써 육체가 소멸되면 영혼은 육체에서 해방되어 마침내 완성된다.

죽음은 삶을 겸손하게 한다

메멘토 모리memento mori는 '자신의 죽음을 기억하라'는 뜻의 라틴어 말이다. 고대 로마에서는 전쟁에서 승리를 거두고 개선하는 장군이 시가 행진을 할 때 노예를 시켜 행렬 뒤에서 큰 소리로 '메멘토 모리'라고 외치게 했다고 한다. '전쟁에서 승리했다고 너무 우쭐대지 말라, 오늘은 개선장군이지만 너도 언젠가는 죽는다. 그러니 겸손하게 행동하라.' 이런 의미에서 생겨난 풍습이라고 한다.

죽음은 삶을 강하게 한다. 항상 죽음만을 생각하라는 말이 아니다. 삶이 유한함을 인정해야 제대로 살 수 있다. 삶이 유한함을 아는 사람은 이 삶이 유일무이하다는 것도 안다. 삶이 한 번이라면, 남은 시간이 내 삶의 전부라면 겸손한 마음으로 살고 싶을 것이다.

죽음은 마지막 변화다

바닷가에 서서 보면 파도가 출렁거린다. 크고 작은 파도는 일어났다가 사라지고, 일어났다가 사라진다. 그런데 바다 전체로 보면 파도는 일어났다가 사라지는 것이 아니라 다만 물이 출렁거릴 뿐이다. 파도는 바람과 중력에 의해 발생한다. 파도를 인체에 비유한다면 심장박동과 같다. 심장이 박동치면 사람이 살아 있는 증거가 되는 것처럼 파도는 바다가 살아있다는 증거라고 할 수 있다. 그런데 바람이 거의 불지 않는 적도무풍대가 있다. 일명 '잠자는 바다' 또는 '바다의 사막'이라고 할 수 있다. 옛날에 범선이 이곳에 갇히면 오도 가도 못하는 경우가 많았다고 한다. 바다는 항상 깨어 있어야 한다. 바람이 불고 파도가 일어나야 한다. 바람이 싸이고 싸여 바다가 움직이면 해류가 만들어진다. 바람 따라 해류 따라 사람과 물건이 이동하여 오늘의 세상을 만들었다.

바다 전체를 보듯이 우주적 관점에서 인간을 보면 삶도 없고 죽음도 없다. 그러나 파도 하나하나를 보면 분명히 파도가 생기고 사라지듯이 인생도 언뜻 보면 생하고 멸한다고 볼 수 있다.(법륜 지음, 《인생 수업》, 한겨레엔, 2023, p.76) 이것은 실재가 아닌 관점의 문제다.

사람의 몸과 마음은 끊임 없이 변한다. 내 몸속에 있는 세포는 어제 와 오늘이 다르다. 어제 새로 교체된 세포가 있고, 오늘 교체된 세포가 있다. 어제의 나와 오늘의 나는 같다고 할 수 없다. 마음도 그렇다. 오늘 작심한 마음이 내일 사라지기도 한다. 사랑도 약속도 상황에 따라 변하게 된다.

인생 무상無常이라는 말이 있다. '상常'을 '변하지 않는 것' '불변하는 것'이라고도 한다. '무상'이란 '변하지 않는 것은 없다' 또는 '불변하는 것은 없다'는 뜻이다. 사람이 살아가는데 있어서 변하지 않는 것은 없다. 인생에서 수많은 변화가 발생하지만 그 마지막 변화는 죽음이다.

죽음은 흔적을 남긴다

우리는 죽으면 무언가를 남기게 된다. 재산이나 물질을 말하는 것이 아니다. 우리가 했던 말이나 행동을 말한다. 그 말과 행동이 흔적으로 남아 세상에 영향을 준다. 비록 이름 없고 평범한 사람들일지라도 최소한도 나를 알았던 사람들에게는 영향을 주게 된다. 내가 남긴 흔적이 타인의 삶을 풍요롭게 할 것인지 아니면 반면교사라는 부정적인 영향을 줄 것인지는 자신만 알고 있을 것이다. 조금은 두려운 생각이 들 것이다.

사자성어에 '인사유명人死留名 호사유피虎死留皮'라는 말이 있다. 사람은 죽어서 이름을 남기고, 호랑이는 죽어서 가죽을 남긴다는 말이다. 한마디로 말해서 부끄럽지 않게 살아야 한다는 말이다.

결론적으로 말해서 우리의 생각과 언행이 타인의 삶을 풍요롭게 하지는 못할지라도 부끄러운 사람이 되어서는 안 된다는 얘기이다.

평생을 타인에게 좋은 영향을 주는 삶을 살았더라면 얼마나 좋겠는가. 하지만 늦었다고 할 때가 가장 빠른 때라는 말도 있지 않은가. 이 책을 읽고 있는 지금부터, 아니 죽기 전에라도 말과 행동이 타인의 삶을 풍요롭게 했으며 좋겠다.

죽음은 누구도 피할 수 없다

누구도 죽음을 피할 수 없다. 죽음을 피하기 위해서 도망치다가 죽기도 하고, 영생불사의 약을 얻기 위한 절대군주의 노력도 아무런 의미가 없다. 피할 수도 없고 극복할 수도 없는 죽음의 사례들을 소개한다.

피할 수 없는 죽음 사례

'의미 치료학Logotherapy'의 창시자이자, 아우슈비츠 수용소에서 살아남은 빅터 프랭클 박사는 그의 저서 《죽음의 수용소에서》에서 죽음은 회피할 수 없음을 보여주는 '테헤란에서의 죽음'이라는 이야기를 인용하고 있다.

> 돈 많고 권력 있는 페르시아 사람이 어느 날 하인과 함께 자기 정원을 산책하고 있었다. 그런데 하인이 갑자기 비명을 지르면서 방금 죽음의 신을 보았다고 했다. 죽음의 신이 자기를 데려가겠다고 위협했다는 것이다. 하인은 주인에게 가장 빨리 달리는 말을 빌려 달라고 애원했다. 그 말을 타고 오늘 밤 안으로 갈 수 있는 테헤란으로 도망을

치겠다는 것이었다. 주인은 승낙했다. 하인이 허겁지겁 말을 타고 떠났다. 주인이 발길을 돌려 자기 집 안으로 들어갔다. 그런데 이번에는 그가 죽음의 신과 마주치게 됐다. 그러자 주인이 죽음의 신에게 물었다.

"왜 그대는 내 하인을 겁주고 위협했는가?"

그러자 죽음의 신이 대답했다.

"위협하지 않았습니다. 다만 오늘밤 그를 테헤란에서 만나기로 계획을 세웠는데, 그가 아직 여기 있는 것을 보고 놀라움을 표시했을 뿐이지요."

―빅터 프랭클 지음, 이시형 옮김, 《죽음의 수용소에서》, 청아, 2024, p.95

죽음을 피하기 위해 도망간 그곳에서 죽음을 맞이하는 것을 보면 죽음은 아무도 피할 수 없다는 것이다.

극복할 수 없는 죽음 사례

《수메르왕 길가메시 서사시》는 고대 메소포타미아 사람들의 세계관과 철학을 반영한 것으로 불멸은 신들의 영역이며, 인간은 결코 죽음을 피할 수 없다는 교훈을 주는 내용이다. 그 내용을 간추려 보면 다음과 같다.

기원전 3000년대 쯤 무자비한 왕이 살고 있었다. 그 왕은 백성들에게 강제로 노동을 시키고, 잔혹하게 백성을 죽이는 일을 서슴지 않았다. 그 만행을 참다 못한 백성들은 신에게 호소했다. 이에 여신 아루루는 진흙으로 거인 엔키두를 빚어 왕을 상대하게 했다. 엔키두는 왕과 씨름하였으나 지고 말았다. 그러나 왕은 엔키두를 죽이지 않고 친구로 삼았다. 그후 왕과 엔키두는 여러곳을 함께 여행하며 모험을 즐겼다. 어느 날 여신 이슈타르가 보낸 천국의 황소를 왕과 엔키두는 합심하여 죽이게 된다. 그 벌로 엔키두는 병에 걸려 죽게 되었다. 죽음 앞에 모든 것이 허무하다는 것을 깨달은 왕은 죽지 않는 방법을 찾기 위해 대홍수에서 살아남아 신들로부터 불사를 선물 받은 우트나피슈팀을 찾아 나선다. 왕은 온갖 역경과 몇 번의 죽을 고비를 겪으며 바닷가의 아름다운 정원에 도착한다. 왕은 여신 시두리를 만나지만 여신은 죽음이란 피할 수 없는 것이니 더 이상 가지 말라고 경고한다. 하지만 왕은 불멸을 포기할 수 없었으므로 여신의 도움을 받아 바다 건너 우트나피슈팀을 만나게 된다. 우트나피슈팀이 왕에게 젊음의 풀을 주었지만 왕은 그것을 샘가에 두고 목욕하다가 뱀에게 빼앗기고 만다. 뱀은 풀을 얻은 후 허물을 벗으며 새로 태어나게 된다. 끝내 불멸을 얻지 못한 왕은 죽음은 자신이 극복할 수 없는 것임을 깨닫는다.

—출처: 나무 위키

죽음은 보편적인 것이다

우리는 대부분 사람들과 마찬가지로 죽음을 보지 않고 회피해 왔다. 죽음은 사건일 뿐 나의 죽음과는 관련이 없다고 말이다. 사실 죽음은 나와 너무 멀리 떨어져 있는 것으로 생각해 왔던 것이다. 죽음이 언제 나에게 닥칠지는 아무도 알 수 없다. 그렇다고 너무 불안 속에 있을 필요는 없으며, 불안을 잠재우기 위해서라도 죽음은 회피할 수 없으며, 모든 사람에게 공평하게 나타는 보편적인 것임을 알아야 할 것이다.

죽음이 보편적임을 보여주는 사례

죽음이 보편적인 것을 나타내는 내용이 법구경에 전해온다.

부처님이 살아 계실 때 아름다운 키사코타미라는 처녀가 있었습니다. 키사코타미는 좋은 집으로 시집을 가서 행복하게 살았는데 어느 날, 젊은 나이에 남편이 죽고 외동아들마저 죽게 되었습니다. 키사코타미는 의사를 찾아다니며 아이를 살려 달라 애걸했지만 의사들은 우리도 어쩔 수 없다는 말만 했을 뿐입니다. 키사코타미도 죽음의 의미를 알고 있었지만 현실로 받아들여야 한다는 것을 인정하고 싶지 않았을 뿐입니다. 철학자, 현자들에게 부탁했지만 모두 다 죽음을 받아들여야 한다는 말뿐이었습니다. 그러자 이를 본 어떤사람이 부처님에게 가보라고 권유하게 됩니다. 그래서 죽은 아이를 안고 부처님을 찾아가 "부처님 우리 아이 좀 살려 주세요. 이렇게 애원합니다." 그러자 부처님이 말씀하시길 "내가 살려 주는데 조건이 있다. 겨자씨를 한 알만 얻어 오는데, 아직까지 사람이 한 번도 죽은 적이 없는 집안에 가서 얻어와야 한다." 키사코타미는 이집 저집 뛰어 다녔지만 사람이 한 번도 죽지 않은 집을 찾을 수 없었습니다. 그제서야 키사코타미는 부처님 말씀의 참 뜻을 깨닫고 부처님의 설법을 듣고, 후에 출가하여 수행한 끝에 아라한이 되었다고 합니다.

—불교신문 3756호, 2023. 3. 21

죽음의 역할

죽음에도 인칭을 부여할 수 있다.

첫 번째는 잘 알지 못하는 타인의 죽음, 즉 관계 없는 '그들'의 죽음이 '3인칭 죽음'이다. 흔히 매스컴을 통해서 알게 되는 사건, 사고의 죽음을 말한다. 지구상에는 매일 10만 명 이상이 3인칭 죽음을 맞이한다. '3인칭의 죽음'은 매일매일 접하게 되는 가장 빈도가 높은 죽음으로 듣는 순간 안타깝고 슬프지만 마음속에 남아 있지는 않는다.

두 번째는 가족과 친구, 친지의 죽음, 즉 내가 사랑하는 '너의' 죽음이 '2인칭 죽음'이다. 이 죽음은 사람으로 하여금 가장 깊은 상실감을 느끼게 하며 '죽음이란 무엇인가?'라는 의문을 갖게 한다. 그래서 '2인칭의 죽음'은 사람들로 하여금 자신의 죽음을 생각하게 하는 죽음이다. '2인칭의 죽음'은 그 빈도는 적지만 자신의 삶을 응시하고 되돌아보는 계기를 만들어 준다. 특히 부모나 형제보다 자식과 손자의 죽음은 이 세상에서 가장 깊은 상처를 남기는 '2인칭 죽음'으로서 자신의 죽음 그 이상의 고통을 준다.

끝으로 '나의' 죽음이 '1인칭 죽음'이다. '1인칭 죽음'은 단 한 번만 경험할 수 있는 것으로, 자신이 느낄 수 없는 죽음이다. 왜냐하면 온전한 정신으로 자신이 죽어감을 느끼는 사람은 없으며 죽음이 오는 그 찰나에 자신은 없기 때문이다.

3인칭 2인칭 1인칭으로 갈수록 죽음에 대한 두려움, 불안은 더욱 더 커진다. 그러나 죽음에 반드시 부정적인 것만 있는 것은 아니다. 죽음은 고통에 자지러지는 환자를 해방시켜 주고 인류가 영속할 수 있는 시스템을 가지게 해주는 긍정적인 면도 가지고 있다. 그렇다면 죽음은 우리에게 무슨 역할을 할까?

하나, 죽음은 우리를 고통에서 해방시켜 준다.

우리가 질환이나 부상에서 회복될 수 없다는 것이 분명해진 후 죽음은 모든 것을 끝내는 역할을 한다. 즉, 암, 질병 등에 의한 고통에서 우리를 해방시킨다.

둘, 죽음은 슬프면서도 위로가 된다.

환자가 오랜 투병 과정을 거쳐 마침내 죽음을 맞이하였을 때 우리는 슬프다. 그러나 환자가 더 이상 극심한 고통을 느끼지 않아도 된다는 생각에 위로가 되기도 한다.

셋, 죽음은 세상이 지옥으로 변하는 것을 막아준다.

사람이 죽지 않는다면, 현재 세계 인구는 약 1~2천억 명으로 추정된다. 지금 세계 인구(75억 명)의 14~25배가 넘는다. 이것이 지옥이 아니면 무엇이 지옥이겠는가. 다행히도 사람은 누구나 죽기 때문에 이 세상이 지옥이 되는 것을 막아준다.

넷, 죽음은 끝이 아니라 영원한 삶의 시작이다.

사람이 죽으면 육체와 영혼은 분리된다.(인간이 육체로만 구성되어 있다고 생각하는 일원론자들은 인정할 수 없을 것이지만…) 육체는 소멸 되지만 영혼은 육체에서 분리 되어 영원한 삶을 시작한다.

다섯, 죽음은 인류가 영속할 수 있게 해준다.

씨앗이 썩음으로 새로운 생명을 잉태하듯이 하나의 죽음은 새로운 생명을 낳는다. 죽음을 통하여 인간은 변화하며 세대 교체한다. 우리 조상들이 태어나기만 하고 죽지 않았다면 불과 몇십 세대만으로 지구는 포화상태가 되었을 것이고 그들은 자손 낳기를 중단했을 것이다. 그러면 우리가 이 세상에 태어날 수 없었을 것이다.

여섯, 죽음은 누구에게나 공평하다.

사람은 남녀노소, 빈부에 관계 없이 누구나 죽는다. 지금까지 인류 역사상 죽음에서 예외는 없었다. 이 정도면 공평하다고 할 수 있지 않을까.

죽음의 기원과 인간이 죽는 이유

　아담과 하와는 선악과를 먹지 말라는 하나님의 명령을 어기고 뱀의 유혹을 이기지 못하여 하나님의 계율을 어기게 된다. 아담과 하와는 선악에 대한 지혜를 얻기 위해 선악과를 훔쳐먹고 죄책감과 수치심을 알게 되었고 에덴 동산에서 쫓겨나게 된다. 하나님은 아담에게 "너는 흙이니 흙으로 돌아갈 것이니라"(창세기 3장 19절)고 죽음의 형벌을 내린다. 이것이 죽음의 기원이다.
　예수 사후 기독교 신학의 기초를 정립한 사도 바울은 "한 사람으로 말미암아 죄가 세상에 들어오고, 죄로 말미암아 사망이 들어왔나니 이와같이 모든 사람이 죄를 지었으므로 사망이 모든 사람에게 이르렀느니라"(로마서 5장 12절)라고 하면서 죽음이 한 사람 아담에서 비롯되었음을 알려주고 있다. 바울의 이 말은 이후 기독교 원죄설의 이론적 근거가 된다. (부위훈 지음, 전병술 옮김, 《죽음 그 마지막 성장》, 2001, 청계.

p.148)

죽음은 탄생과 동시에 시작된다는 말도 있다. 19세기의 유명한 사학자 A 펠그레이브 경의 《상인과 수도사》라는 책에 "섬유질이 형성되고 모든 기관에 생명이 부어지는 그 순간에 나타난 최초의 맥박 그 자체가 죽음의 근원이다. 신체 조직이 채 형성 되기도 전에 이미 그 조직들이 들어가 묻힐 무덤이 마련되는 것이다."(셔윈 B.. 눌랜드 지음, 명희진 옮김, 《사람은 어떻게 죽음을 맞이하는가》, 세종, 2021, p.134)라고 쓰여 있다고 한다.

인간이 죽어야 하는 운명임을 보여주는 전설들이 많이 있다. 그 중에서 몇몇 나라의 전설을 살펴본다. 아프리카의 전설에는 이런 것이 있다고 한다.

태초에 하느님이 카멜레온에게 영생을 준다는 내용의 편지를 우리 선조에게 전해 주라고 명령하고, 도마뱀에게는 누구나 반드시 죽어야만 한다는 내용의 편지를 전해주라고 명령하였다고 한다. 카멜레온이 게으름을 피는 사이 도마뱀이 먼저 도착하였다. 도마뱀이 편지를 무사히 전한 뒤에 죽음이 이 세상에 다가왔다고 한다.(부위훈 지음, 전병술 옮김, 《죽음 그 마지막 성장》, 청계, 2001, p.31)

멜라네시아에는 다음과 같은 이야기가 전해져 내려온다고 한다.

태초에 사람의 몸은 생명의 발전에 따라 뱀처럼 때가 되면 허물이 벗겨지고 새로운 껍질이 자라났다. 어느 날 새로 태어난 어떤 노부인이 자신의 집에 돌아갔으나 자식이 알아보지 못하였다. 그 부인은 자식에게 혼란을 주지 않으려고 벗겨진 허물을 다시 뒤집어썼고, 이때부터 사람은 죽게 되었다고 한다.(같은 곳)

인도네시아에 전해져 내려오는 바나나와 돌의 이야기도 있다.

태초에 하늘과 땅은 그리 멀리 떨어져 있지 않았고, 하느님은 밧줄을 이용하여 사람들에게 선물을 내려주곤 하였다. 그러던 어느 날 하느님이 돌멩이를 밧줄에 매달아 내려주자, 사람들은 "이 돌멩이로 무엇을 하란 말입니까? 다른 것을 내려 주십시오"라며 받기를 거절하였다. 하느님은 사람들의 청을 받아들여 돌멩이를 거두었다. 얼마 뒤에 하느님이 바나나를 내려 주었고, 사람들은 즐거운 마음으로 받았다. 그때 하늘에서 소리가 들려왔다."너희가 바나나를 선택했기 때문에 너희의 생명은 바나나의 운명과 마찬가지로 바나나 나뭇가지가 생기면 줄기가 죽듯이, 너희는 언젠가 죽고 너희의 아이들이 너희를 대신할 것이다. 만약 너희 인간이 돌멩이를 선택했다면 돌멩이처럼 영원히 살 수 있었을 것이다."(같은 책, p.32)

반면 그리스 신화에서 나오는 이야기지만 죽음이 인간에게 얼마나 축복인지를 보여주는 사례도 있다. 비극의 주인공, 트로이의 왕자 티토누스를 통해서 죽을 운명을 타고난 우리는 행복한 인간임을 깨닫게 된다.

티토누스를 사랑한 새벽의 여신 에오스는 미남 왕자 티토누스를 보자 한 눈에 반하여 그를 동쪽 끝 에티오피아의 오케이노스 강변에 있는 자신의 궁전으로 데려가 남편으로 삼았다. 에오스와 티토누스는 두 아들을 낳고 행복하게 살았다. 하지만 인간인 남편이 언젠가는 죽음을 맞으리라는 것을 걱정하여 제우스 신에게 티토누스를 불사의 몸으로 만들어 달라고 간청했다. 제우스는 에오스의 청을 들어주었다. 하지만 얼마 후 에오스는 남편의 모습이 눈에 띄게 달라지는 것을 알아차렸다. 머리가 희어지고 피부가 늘어지고 주름투성이가 되어가고 있었다. 남편을 불사의 몸으로 만들어 달라고 할 때 영원히 늙지 않는 불로의 몸도 함께 청했어야 했던 것이다. 때는 이미 늦고 말았다. 티토누스는 완전히 쭈글쭈글한 늙은이가 되어 버린 것이다. 티토누스의 꼴을 더이상 보고 싶지 않았던 여신은 그를 궁전의 구석방에 가두고 청동 문을 잠가 버렸다. 티토누스는 점점 더 쪼그라 들더니 어린아이처럼 작아져서 다시 요람에 눕는 신세가 되었다. 에오스는 방 안에서 계속 울음소리가 들려서 열어보니 티토누스는 간 곳이 없고 매미 한 마리가 벽에 붙어 "에오스!, 에오스!"하며 울고 있었다. 제우스가 불쌍히 여겨 그를 매미로 바꾸어 놓았던 것이다. 또 다른 설에 따르면 여신이 껍질만 남은 티토누스를 더 이상 두고 볼 수가 없어 매미로 만들어 버렸다고도 한다.

— 데이비드 재럿 지음, 김율희 옮김, 《이만하면 괜찮은 죽음》, 월북, 2020, p.8

이로써 티토누스는 죽음이라는 자비로운 위안을 결코 누리지 못한 채로 영원히 살아야 하는 저주를 받게 되었다.

죽음의 인지 방식

　죽어가고 있는 사람에게 진실을 말해야 할까? "권위있는 대부분의 랍비(유대교의 율법학자)들에 따르면 심각한 병에 걸린 사람에게 그 병을 알려야 한다고 말한다. 단 그 사람의 희망을 꺾지 않도록 단정적인 말은 삼가야 한다."(조셉 텔류슈킨 지음, 김무겸 옮김,《죽기 전에 한 번은 유대인에게 물어라》, 북스넛, 2016, p.78) 퀴블러 로스 교수가 환자에게 병명을 어떻게 알게 되었느냐는 질문을 던져본 결과, 의사가 분명히 가르쳐 주었든 그렇지 않았든 자기가 치명적 병에 걸렸다는 사실을 환자 전원이 알고 있었다고 한다.(엘리자베스 퀴블러 로스 지음, 김진욱 옮김,《죽음의 순간》, 자유문학사, 2000, p.50) 환자는 결국 어느 시기가 되면 자신의 질병을 알게 된다. 그럼에도 불구하고 일부 의사나 가족은 숨기려 하는 경향이 있다. 미국 심리학 교수인 Lynne Ann Despelder 등 2인이 펴낸《죽음: 인생의 마지막 춤》에서 중병이나 불치병을 앓는 말기 환자가 죽음을 인지하는 네가지 방식을 아래와 같이 소개하고 있다.

폐쇄형 the closed awareness context

환자가 죽음을 인식하지 못하는 상황, 즉 다른 사람들은 알고 있지만 환자 본인은 죽음이 임박했음을 알지 못하는 상황이다.(Lynne Ann Despelder & Albert Lee Strickland 지음, 이기숙·임병윤 옮김, 《죽음: 인생의 마지막 춤The Last Dance: Encountering Death and Dying 7th》, 창지사, 2010, p.182) 이런 상황의 특징은 환자의 병명이나 예상되는 죽음에 대해서 의사와 가족들이 환자에게 전혀 알리지 않는다는 것이다.(같은 곳) 가족들이 환자 본인에게 병명이나 상태 등을 정확하고 제때 알리지 않는 이유는 발병 사실을 알리는 것이 자식들로서 불효라고 생각하거나 병세를 급격히 악화 시킬지도 모른다는 걱정 때문인 경우가 많을 것이다.

그러나 언제까지 그 사실을 숨길 수 있겠는가. 그 사실을 알리는 순간은 괴롭고 힘든 일이어도 환자에게 병명과 상태를 정확하게 알리는 것이 바람직 하다고 본다. 남은 시간이 며칠 몇 달일지 모르나, 인생에서 가장 소중한 마무리를 할 시간을 뺏는 결과를 가져올 것이기 때문이다. 전형적인 폐쇄형 사례를 소개한다.

나(셔윈 B. 눌랜드)의 형 하비 눌랜드가 62세의 나이에 장암에 걸렸다. 형 하비의 상태는 심각했고 종양은 간까지 전이되어 몸은 악성 세포 천지가 되어 있었다. 나는 하비가 수술 후유증을 견뎌내고 있는 동안, 두 가지 선택을 놓고 고민했다. 그것은 모든 것을 솔직하게 말하느냐, 아니면 아무 말 않고 치료만 계속하느냐 하는 것이었다. 고민이 더욱 컸던 까닭은 내가 무슨 결정을 내리든 형은 나의 뜻을 따를 것임을 알고 있었기 때문이다. 하지만 어떻게 같은 피를 나눈 형제에게 임상학적인 판단을 객관적으로만 내릴 수 있겠는가? 하는 수 없이 나는 모든 짐을 내 어깨 위에 짊어지리라 결심하고 몇 가지 실수를 저지르고 말았다. 나로서는 최선의 방책이었다고 아무리 생각을 바꾸려고 해도, 아직까지 그 실수들은 내 뇌리에 아픔으로 짙게 남아 있다. 현실을 있는 그대로 말한다는 것이 그의 마지막 희망을 앗아버리는 일처럼 생각되었다. 내가 여러 의사들에게 경고했던 실수를 나 스스로 저지르고 말았던 것이었다. 수술 후 회복기간에도 나는 그 누구든지 완치될 희망이 전혀 없다는 말을 형앞에서 하지 못하도록 방어막을 치려고 애썼다. 당시의 병세로 보아 여름을 넘기기가 힘들어 보였지만 그 사실을 나만의 비밀로 하고 싶은 간절함 뿐이었다.

― 셔윈 B. 눌랜드 지음, 명희진 옮김, 《사람은 어떻게 죽음을 맞이하는가》, 세종서적(주), 2021, pp.326~330

의심형 the suspected awareness context

자신의 몸 상태가 정상적이지 않은데 의사나 가족이 쉬쉬하는 경우가 있다. "환자가 자신의 예후로 보아 죽을 수도 있다는 의구심을 가지지만, 이 사실을 알고 있는 사람들은 확인을 해주지 않는 상황이다. 환자는 가족들이나 친구 또는 의료진 등 사실을 알고 있는 제한된 일부 사람들로부터 정보를 얻어내려고 노력을 하면서, 자신의 의

구심에 대한 분명한 답을 얻기 위해 노력한다."(Lynne Ann Despelder & Albert Lee Strickland 지음, 이기숙·임병윤 옮김, 《죽음: 인생의 마지막 춤 7th》, 창지사, 2010, p.182) 이러한 비밀 유지에도 불구하고, 환자는 자신의 병에 대한 가족들 간의 대화가 이상하다는 것과 자신의 병에 대한 다른 사람들의 우려를 느끼면서, 자신의 의구심이 맞다는 생각을 하게 된다.(같은 곳)

의심형이나 아래의 상호 자제형 모두 폐쇄형과 크게 다르지 않다. 자신이 말기 암이며 남은 날이 많지 않다는 사실은 누가 말해 주지 않아도 시간이 지나면 서서히 눈치를 챌 것이다. 이렇게 되면 환자는 가족에게 고마움보다 배신감을 느낄 것이다. 따라서 죽음에 이르는 과정에서 누가 진정한 주인인지 진지하게 생각해 볼 필요가 있다.

상호 자제형 the mutual pretence context

마치 약속이나 한 듯이 환자의 상태에 대하여 환자와 가족들이 서로 직접적인 언급을 회피하는 상황이다. 이런 상황은 보통 묵시적이긴 하지만 환자의 상태가 좋아질 수 있다는 환상을 깨지 않기 위해 미묘한 행동 규칙이 생겨날 수 있다.(같은 책, p.183) 환자를 포함한 모든 사람들이 결과는 죽음이라는 사실을 다시 확인하면서도, 마치 환자가 회복될 수 있을 것처럼 행동한다.(같은 곳) 이런 상황은 환자가 사망할 때까지 계속될 수 있고, 때로는 환자의 상태를 드러낼 정도로 이런 묵시적인 규칙들이 깨어질 때조차도 상황은 지속될 수 있다.(같은 곳) 간단히 말해서, 상호 자제는 힘들고 고통스런 상황을 대처하는

데 상당히 유용한 방법 이라고 할 수 있다.(같은 곳) '상호자제형'의 사례를 들면 다음과 같다.

이모가 집안 일과 우리 두 형제의 양육을 책임지고 있던 어느날, 70대 초반의 이모는 온몸에 옴이 퍼져 고생을 했고, 겨드랑이 밑의 임파선이 크게 붓기도 했다. 발병 후 몇 달 사이 급격하게 쇠약해진 이모를 지켜보며, 사촌과 우리 형제는 이모에게 자세한 검진 결과를 숨기자는 쪽으로 의견을 모았다. 그런 결정이 임종 말기에 이르러 크나큰 실수로 드러날 것이라는 사실을 모른 채, 우리는 당장 눈앞에 있는 고통을 애써 감추려고 했다. 우리의 행위가 이모에게서 마지막 평화는 물론, 존엄성이 깃든 죽음마저 빼앗을 수 있다는 생각은 조금도 하지 못했다. 그저 우리에게 다가온 현실을 부정하려고만 했던 것이다.

우리는 로즈 이모도 자신이 암으로 죽어가고 있다는 사실을 어느 정도는 알고 있을 거라고 짐작하면서도 서로 그 문제를 화제삼으려 하지 않았다. 이모는 우리를 염려했고, 우리는 또 우리대로 이모를 염려하는 등 서로 상처를 주지 않으려고 각별히 노력했다. 우리가 이모의 안색을 보고 병세를 진단하듯, 이모 역시 그랬다. 우리는 이모가 눈치챘다는 걸 알면서도 스스로를 세뇌하듯 다짐했다. 이모는 아무것도 모르고 있으며, 결코 우리 입으로 사실을 말하지 않으리라고. 이모는 이모대로 우리가 우리 자신을 속이듯, 알면서도 모르는척 행동했다. 암에 걸려 마지막 날을 얼마 남겨두지 않을 환자와 그 가족들이 엮어내곤 했던 옛 시나리오 그대로였다. 우리는 알고 있다. 이모도 그것을 알고 있다. 이모가 알고 있다는 것을 우리는 알고 있다. 우리가 알고 있다는 것을 이모도 알고 있다. 그러나 서로 알고 있다는 것을 입 밖에 내진 않았다. 우리는 그런 연극을 막이 내릴 때까지 계속했다. 이런 면에서 로즈 이모의 죽음은 정말 외로운 죽음이었다고 할 수 있을 것이다.(셔윈 B. 눌랜드 지음, 명희진 옮김, 《사람은 어떻게 죽음을 맞이하는가》, 세종서적(주), 2021, pp.354~355)

개방형 또는 공개 인식형the open awareness context

환자의 죽음에 대해서 모두가 알고 있고 서로 토론을 나누는 상황이다.(Lynne Ann Despelder & Albert Lee Strickland 지음, 이기숙·임병윤 옮김, 《죽음: 인생의 마지막 춤 7th》, 창지사, 2010, p.183) 공개적 인식이 반드시 죽음을 쉽게 받아들이게 하는 것은 아니지만, 다른 인식 상황에서는 쉽게 사용할 수 없는 방식의 환자에 대한 지원을 제공할 수 있는 가능성을 열어 준다.(같은 곳) 환자와 가족들에게 병의 진행 과정에 대한 새로운 정보가 제공됨에따라, 인식 상황에는 변화가 올 수 있다. 예를 들면, 치료가 계속되는 동안에는 상호자제 상황이 지속되다가 새로운 검사 결과가 나오면, 사람들은 생명이 위태로운 상태라는 것을 공개적으로 인정하게 될 수도 있다.(같은 책, p.184) 다음은 개방형 사례를 소개한다.

변호사이자 코네티컷 시의원으로 활약했던 마흔아홉 살의 로버트 데마타이스는 원래 의사를 몹시 두려워하는 사람이었다. 14년 전 교통사고로 대수술을 받았을 때 나는 그의 주치의였다. 그때 나는 입원 기간 내내 미미한 통증은 말할 것도 없고, 일어나지도 않은 미래의 고통까지 두려워하는 그의 심한 공포증을 주의 깊게 지켜 보았다. 로버트는 누구의 충고도 받아들이지 않는 완고한 성격으로 자신감도 대단한 사람이었다.

한달 전 그의 아내 캐럴린이 억지로 그를 내과로 끌고와서 검진을 시킨 결과, 궤양까지는 진행되지 않았으나 십이지장 표면이 부식된 듯한 사진이 나왔다. 그러다 직장에서 과다출혈로 입원하게 되었는데, 예일-뉴헤이번 병원에 입원하자마자 수술을 받아야 한다는 나의 말에 예상대로 로버트는 히스테리컬한 반응을 보였다. 죽어도 수술 같은 건 받지 않겠다던 그도 아내 캐럴린의 끈질긴 설득에는 더 이상 어쩌지 못하고 수술대에 올랐다. 개복을 해보니 종양은 충격적일 정도로 넓게 번져 있었다. 종양 한가운데는 괴저 상태로 심하게 궤양을 보이고 있었고, 그로 인해 출혈이 일어났던 것이다.

로버트 데마타이스는 곁가지로 빙빙 도는 답변을 귀신같이 알아채고 즉시 물리쳤다. 자신에게 일어난 상황이 어떤 것인지, 조목조목 숫자 하나도 빼지 않고 정확하게 말해달라는 식으로 밀고 나왔다. 나는 항상 환자들에게 솔직하고 자세하게 모든 것을 알려주려고 노력해왔다. 나중에 닥쳐올 결과가 우려되기도 했지만, 나는 로버트에게 있는 그대로를 말해주었다. 병적일 정도의 공포심과 깊은 좌절감을 보일 것이라는 예상을 뒤엎고 로버트의 반응은 의외로 침착했다.

그는 암 환자이면서도 암 전문의의 의견에는 신경을 쓰지 않았다.

우여곡절 끝에 로버트는 화학 요법을 받기로 결정했다. 로버트를 담당한 암 전문의는 화학요법을 시작하기 전에 그를 만나 종양이 심하게 전이된 상태를 자세히 설명한 뒤, 화학요법이 효능을 발휘하지 않을 경우 급속히 생의 내리막길로 떨어져 결국 3개월 또는 6개월 이상을 견디지 못할 것이라는 말을 솔직하게 해주었으며, 로버트가 솔직한 말에 고맙다는 말을 하였다고 한다.

빠른 속도로 전이된 암세포는 무더기로 자라났고, 간장이 암세포의 공격에 무너져 내려 황달 증세가 나타났다. 그럼에도 불구하고 로버트는 마지막 성탄절을 예전과 같이 보내기로 마음 먹었다. 로버트는 성탄절 저녁 행사를 훌륭하게 치러냈다. 거의 새벽까지 이어진 파티 내내 로버트는 두 시간마다 안간힘을 다해 주방을 찾았다. 통증을 덜어보려고 캐럴린이 놓아주는 모르핀 주사를 맞기 위해서였다. 파티가 끝난 뒤 캐럴린은 로버트에게 오늘 저녁 기분이 어땠냐고 물었다. "몇 십 년 동안 치렀던 성탄 파티 중 가장 좋았어! 당신 알아, 캐럴린? 죽기 전까지 최대한 재미있게 살아야 된다고."

그 크리스마스가 끝난 지 한 달여가 지난 뒤 로버트는 집을 나와 코넷티컷 호스피스 요양소로 들어갔다. 쉽게 응소한 것은 아니지만, 어쨌든 로버트는 호스피스의 입원시설에 만족해했다. 호스피스 입소 후 삼일째 되는 날 로버트는 마지막 혼수상태에 빠졌다. 캐럴린은 그가 입을 열지는 않았지만 소리는 들을 수 있으리라 굳게 믿고 있었다. 캐럴린은 로버트에게 자신과 딸에게 있어서 그의 인생이 지닌 의미를 나직이 속삭였다. 로버트는 크나큰 기쁨을 맛본 듯 눈감은 얼굴 위로

환한 미소를 한 가닥 내보였다. 로버트는 미소를 담뿍 담은 표정을 지은 뒤 5분 후에 숨을 거두었다.(셔윈 B. 눌랜드 지음, 명희진 옮김, 《사람은 어떻게 죽음을 맞이하는가》, 세종서적(주), 2021, pp.339~349)

미국에서 의사를 대상으로 암환자에게 병명을 알려야 하는지 여부에 대한 조사가 실시된 적이 있었다. 1961년에는 90퍼센트의 의사가 알리지 않는다고 말했지만, 1997년이 되자 97퍼센트의 의사가 암이라는 사실을 알린다고 대답했다.(알폰스 데켄 지음, 오진탁 옮김,《죽음을 어떻게 맞이할 것인가》, 궁리출판, 2003, p.113) 현재 미국 의사는 거의 일백 퍼센트가 병명을 환자 본인에게 알리고 있다.(같은 곳)

국립 암센터와 7개 대학 병원에서 380명의 환자와 281명의 가족들을 대상으로 말기 통고에 대한 질문과 인구의학적 정보를 포함한 설문 조사를 하였는데 그 결과는 아래와 같다.

환자에게 말기라는 사실을 알려야 할 것인가에 대해 환자의 96.1%, 가족의 76.9%가 찬성하였다. 누가 환자에게 알려야 하는가에 대해 환자의 80.5%, 가족의 51.5%가 담당 의사가 이러한 사실을 알려야 한다고 대답하였다. 통고 시기에 대해서는 환자의 72.5%, 가족의 45.3%가 말기라는 진단이 된 즉시 알려야 한다고 대답하였다. 본 연구에 의하면, 암 환자들은 인생을 정리하고 의료진과 협력하여 적절한 치료를 받기 위해서 그리고 불필요한 치료로 인한 자신들과 가족들의 부담을 덜기 위해서 그들의 예후를 알고자 함을 알 수 있다. 그러나 환자들이 자신의 상태에 대해 알 권리가 있음에도 환자 스스로는 이 문제를 거의 거론하지 않는다. 따라서 의사들은 '대부분의 암 환자들은 자신이 말기암이라면 진실을 알기를 희망하며 환자와 가족의 태도에는 차이가 있다'는 사실을 알아야 함을 보여주고 있다.

또한, 환자들은 자신의 상태에 대해 알 권리가 있다고 말한다. 그러므로 의사들은 환자들이 말기라는 사실을 알고 싶어하지 않는다는 가정 하에 가족 중심의 모델에만 집착하지 말고 진실을 알고자 하는 환자의 희망을 파악할 필요가 있다. 이 논문은 한 문화내에 존재하는 말기 통고에 대한 태도의 차이가 문화적 차이 때문이기 보다는 환자와 가족이라는 입장의 차이 때문일 수 있다는 점을 제시하고 있다.(국립암센터는 《미국 임상종양학회지Journal of Clinical Oncology》 2004년 1월호에 〈말기통고에 대한 암환자와 가족의 태도〉를 게재했다고 발표)

미국에서 행한 여론조사에 의하면 대부분의 의사들은 죽음에 대해 일반인보다 훨씬 더 커다란 공포를 느낀다고 한다.(알폰스 데켄 지음, 오진탁 옮김, 《죽음을 어떻게 맞이할 것인가》, 궁리출판, 2003, p.124) 이러한 공포심은 의사가 환자에게 병명을 알리는 것을 가로막는 한 가지 원인이 됩니다.(같은 곳) 의료 관계자들 자신이 죽음에 대해 지나치게 공포심을 품고 있다면 말기 환자가 원하는 바에 따라 적절하게 대응하는 것이 어려울 것이다.(같은 곳)

퀴블러 로스 교수는 '문제는 알려야 하느냐 알리지 말아야 하느냐가 아니라, 어떻게 알리느냐다'고 말하였다.(엘리자베스 퀴블러 로스 지음, 김진욱 옮김, 《죽음의 순간》, 자유문학사, 2000, p.47) 로스 교수가 환자에게 병명을 어떻게 알게 되었느냐는 질문을 던져본 결과 "의사가 분명하게 알려 주었든, 그렇지 않았든 자기가 치명적인 병에 걸렸다는 사실을 환자 전원이 알고 있었다."고 한다.

자기 자신이 죽음을 부정하고 싶어하는 의사는 환자도 죽음을 부정하고 싶어한다고 믿고 있으며, 망설이지 않고 사실을 밝히는 의사는 환자도 이 문제를 직시하고 인정하려 한다고 믿고 있다는 것이다.(같은 책 p.51)

대부분의 환자는 언젠가 사실을 알게 된다. 자기를 대하는 달라진 눈길, 의사의 낮은 목소리, 회진을 피하는 모습, 가족의 우울한 표정, 감정을 감추지 못하는 친척의 부자연스러운 웃음…, 이런 것들을 통해 환자는 민감하게 사실을 깨닫는다.(같은 책 p.57)

시설리 손더스는 말기 환자의 대부분이 죽음이 가까이 왔다는 사실을 자각하고 있으며, 그것은 의사가 사실을 알려 주었든 알려주지 않았든 관계 없다고 잘라 말한다. 그렇기 때문에 환자와 죽음에 대해 이야기 하더라도 결코 기분 나쁘게 받아들이지 않는다는 것이다.(같은 책 p.318)

서울대병원에서 114명의 말기 암 환자를 대상으로 조사한 바에 따르면, 그 중 100명의 가족이 의료진이 직접 환자에게 회생 가능성이 없다(임종이 임박했다)는 사실을 알리는 것을 거부했다.(허대석 지음, 《우리의 죽음이 삶이 되려면》, 글항아리, 2021, p.99) 환자에게 그런 이야기를 하면

낙담해서 자해를 할지 모른다는 것이 주된 이유다.(같은 곳)

생각과 실재 현황이 많이 다르다. 한국에서 불치병 통보에 대한 생각과 실재 현황을 살펴보면 "불치병 환자에게 병의 상태를 제대로 알리는 것에 대해 환자는 96% 찬성, 가족은 78% 찬성으로 나왔으나, 실재 현장에서는 말기 상태임을 알고 있는 환자는 26%밖에 되지 않는다."고 한다.(같은 책, p.100)

의사가 환자에게 질병의 상태를 제대로 알려 주지 않아 일어난 비극이 결코 적지 않다.(알폰스 데켄 지음, 오진탁 옮김, 《죽음을 어떻게 맞이할 것인가》, 궁리출판, 2003, p.112) 시한부 환자를 보살피는 문제에 주의를 기울이고 있는 각국에서는 이젠 '알릴 것인가, 말 것인가'보다 '누가 언제 어떤 식으로' 알릴 것인가를 논의의 핵심으로 여기고 있습니다.(같은 책, p.120)

말기 환자에게 '죽음'을 알려야 하는 이유

독일 태생의 신부이자 교수인 알폰스 데켄은 말기 환자에게 사실 그대로를 적극적으로 알려야 하는 이유를 네 가지로 요약하여 제시한 바 있다

첫째, 환자가 사실을 있는 그대로 아는 것은 인격의 존엄과 가치와 관계되는 기본적인 인권입니다. 둘째, 사실 그대로 알리는 것은 의사와 환자 사이의 신뢰관계를 유지하기 위해서도 필요합니다. 셋째, 환자로 하여금 자신의 병에 대해 끊임없이 불신과 의혹을 느끼게 하는

것은 심리적으로도 바람직하지 않습니다. 넷째, 사실을 공개하면 환자는 남은 여생을 마무리하고 의미있게 보낼 수 있기 때문입니다.

—같은 책, p.119

불치병 환자에게 사실을 통지하지 않은 것은 지진과 쓰나미 경보 시스템 부족으로 수 많은 사상자를 낸 사고에 비유할 수 있다. 2004년 12월 26일 인도네시아 수마트라 섬 서부 해안의 40km 지점에서 초대형 해저 지진이 발생하였다. 이는 20세기와 21세기를 통틀어 세계 역사상 두 번째로 컸던 지진이다. 이 지진으로 인해 30만 명 이상이 사망하였고, 사망자의 대부분은 쓰나미에 의해 발생했다. 이처럼 피해가 컸던 원인은 인구 밀집도가 높고, 지진보다는 쓰나미에 안일한 자세 등 여러 가지가 있으나 그 중에 하나가 예비 경보 시스템이 부족하였다는 것이다.

"'구름을 사랑한 과학자'로 유명한 지질학 박사 리차드 험블린(영국 태생)이 동남아 및 남아시아에 부족하고, 부족할 수밖에 없는 쓰나미 예보 시스템을 안타까워했다."는 얘기가 전해지고 있다. 쓰나미 발생 시 대피 방법을 훈련하고, 그 당시 쓰나미 발생 사실을 신속하게 주민들에게 알렸더라면 그렇게 많은 사망자가 발생하지 않았을 것으로 생각된다.

갑자기 쓰나미를 언급한 것은 '쓰나미 사전 경보 시스템'과 '말기 환자에게 말기라는 사실을 통고하는 것'이 유사점을 갖고 있다고 보기 때문이다. 쓰나미 경보는 몇 분에서 몇십 분의 시간을 벌어줄 수 있음으로 희생자를 그만큼 축소할 수 있을 것이며, 말기 환자에게서 사실 통고는 며칠에서 몇 달의 시간을 확보해주기 때문에 인생을 아름답게 마무리할 수 있는 여유를 줄 수 있다.

어떻게 알리는 것이 좋은가

악성종양이라는 진단을 받은 환자에 대한 대응은 어떤 경우에도 쉽지 않을 것이다. 본인에게는 사실을 숨기고 가족에게만 알리는 것이 환자의 정신을 혼란스럽지 않게 하기 때문에 더 낫다고 할 수도 있고, 환자의 요구를 면밀하게 파악하여 그 사실을 환자에게 전달하는 것이 좋다고 생각하는 의사도 있을 것이다.

엘리자베스 퀴블러 로스 교수는 "문제는 알려야 하느냐 알리지 말아야 하느냐가 아니라, 어떻게 알리느냐다"라고 단언하고 있다. "왜냐하면 로스 교수가 환자에게 병명을 어떻게 알게 되었느냐는 질문을 던져본 결과, 의사가 분명히 가르쳐 주었든 그렇지 않았든 자기가 치명적 병에 걸렸다는 사실을 환자 전원이 알고 있었다고 한다. 하지만 환자들은 의사가 환자의 입장에서 편안히 받아들일 수 있는 방법으로 병명을 알려 주기를 강하게 기대하고 있었다."(엘리자베스 퀴블러 로스 지음, 김진욱 옮김, 《죽음의 순간》, 자유문학사, 2000, p.50)

로스 교수는 환자가 편안하게 받아들일 수 있는 방법을 다음과 같이 힘차게 제시하고 있다.

이 문제에 대하여 많은 환자들과 대화를 나누어본 결과, 확신할 수 있는 것은 자기 자신이 죽음을 부정하고 싶어하는 의사는 환자도 죽음을 부정하고 싶어한다고 믿고 있으며, 망설이지 않고 사실을 밝히는 의사는 환자도 이 문제를 직시하고 인정하려 한다고 믿고 있다는 것이다. 즉, 의사는 죽음에 대한 자신의 심리 상태를 환자에게 그대로 적용하고 있었다. 그러므로 의사는 우선, 악성 종양이나 죽음에 대한 자기 자신의 태도를 검토한 뒤에 환자에게 지나친 불안감을 주지 않도록 이 중대한 문제에 대해 이야기할 수 있어야 한다. 그리고 현실을 직시하려는 환자의 뜻을 간파하기 위해 환자가 보내는 신호에 주의를 기울여야 한다. 의사나 가족이 사실을 말하기 전에는 환자도 모르는 척하지만 만약 누군가가 환자에게 그 사실을 솔직하게 알리고, 또한 환자가 방어를 필요로 할 때 그것을 인정해주는 사람이 있다면 환자는 기꺼이 그 사실을 받아들인다. 환자는 의사가 사실을 알려주든 알려주지 않든 언젠가는 사실을 알게 된다. 그리고 자기에게 거짓말을 한 의사, 또는 좀더 빨리 질병의 중대함을 직시할 수 있도록 알려 주었다면 주변 정리를 할 수 있었을 지도 모르는데, 그 사실을 알려주지 않았던 의사를 신뢰하지 않게 된다.

고통스런 사실을 환자에게 전하는 것은 기술이다. 전하는 방법이 간결하면 간결할수록 환자의 입장에서는 받아들이기 쉽다. 설사, 그 때는 귀를 기울이지 않는다 해도 나중에는 기억해 낸다. 우리가 상대한 환자들은, '중요한 점은 사실을 알려야 한다는 현재의 비극보다는 환자에 대한 공감'이라고 역설했다. 모든 수단을 강구할 것이다. 당신을 결코 포기하지 않겠다, 여러 가지 치료법이 있다. 증상이 상당히 진행된 경우에도 희망이 있다, 라는 말에 의해 환자는 자신감을 되찾게 된다. 이런 방식으로 사실을 전해 듣는다면 환자는 의사를 신뢰할 수 있고, 이 위기적 상황에 대처하기 위해 발생하는 여러 가지 육체적 반응을 여유 있는 마음으로 참아낼 수 있다.(엘리자베스 퀴블러 로스 지음, 김진욱 옮김, 《죽음의 순간》, 자유문학사, 2000, pp.51~58)

죽음을 받아들이는 과정

죽음의 인지 방식이 개방형이든 폐쇄형이든 환자가 자신이 죽을 것임을 알게 되었을 때 어떻게 받아들일까? 그 과정을 생각해 보자. 죽음학의 창시자 로스 교수는 말기 환자의 정신 상태는 대체적으로 다섯 단계를 거친다고 말했다. 부정denial → 분노anger → 타협bargain → 우울depression → 수용acceptance의 단계를 거친다고 한다.

말기 환자에게 가장 먼저 찾아 오는 것이 이 '부정'이다. 부정은 시간을 벌기 위한 건강한 대처 방법이라고 볼 수 있다. 로스 교수의 설명을 들어 보자.

질병 초기에 분명하게 사실을 전달받은 환자, 또 분명하게 사실을 전달받지 못했어도 어느 정도 시간이 흐른 뒤에 스스로 그 사실을 알게 된 환자도 모두 그런 사실을 인정하려 들지 않는다. 말기라는 사실을 알게 되면 불안을 느끼고 그것을 부정하지만 부정은 자신이 살아 남기 위해 그런 생각을 한다고 한다. 부정이 불쾌하고 고통에 가득찬 상황에 대처하는 건강한 방법이기 때문이다. 환자는 부정하는 것에 의해 자기 자신을 안정 시키고, 시간이 지남에 따라 보다 온화한 자기 방어법을 사용하게 된다. 부정은 대개 일시적인 자기 방어에 지나지 않으며, 곧 부분적 수용으로 이행되어 간다. 말기 환자들 중 죽음이 다가왔다는 사실을 마지막 까지 부정한 환자는 200명 중 겨우 세 사람이었다.(엘리자베스 퀴블러 로스 지음, 김진욱 옮김, 《죽음의 순간》, 자유 문학사, 2000, p.59, p.61, p.62)

디스펠더 교수는 이 '부정' 단계에 대하여 단기적으로는 긍정적이지만 장기적으로는 부정적으로 생각했다.

부정은 방어 장치이지만, 사람과 환경에 따라 적절할 수도 있고 적절하지 않을 수도 있다. 근시안적으로 보면, 부정은 아주 힘든 상황을 버텨 내는 '한숨 돌릴 수 있는 공간(breathing room)'을 확보하는 것일 수도 있다. 하지만 장기적 안목에서는 부정에 의한 방어는 필요한 자원의 활용과 적절한 행동을 기피하게 함으로써 긍정적인 결과를 방해할 수 있다.(Despelder 등 2인 지음, 이기숙 등 2인 옮김, 《죽음 인생의 마지막 춤》, 창지사, 2010, pp.192~193)

부정의 단계를 유지할 수 없게 되면 '분노, 질투, 분개'라는 감정이 대신 나타난다.(엘리자베스 퀴블러 로스 지음, 김진욱 옮김, 《죽음의 순간》, 자유 문학사, 2000, p.75)

분노 단계에서 의사나 가족은 분노의 표적이 될 수 있어 환자를 케어하기 어렵다. 로스 교수는 분노 단계를 이렇게 묘사하고 있다.

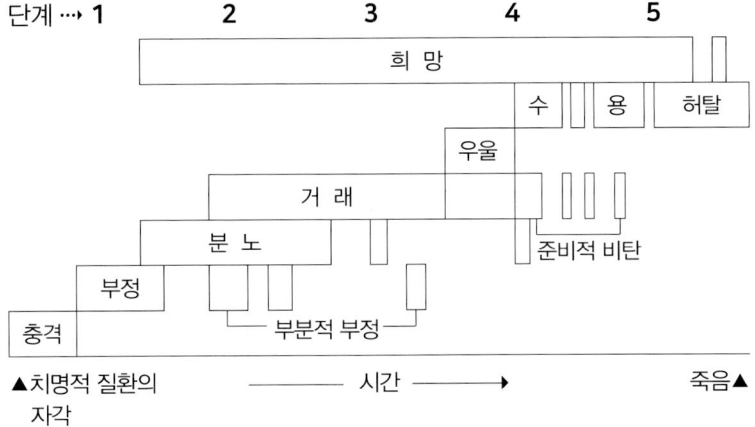

죽음의 단계

(엘리자베스 퀴블러 로스 지음, 김진욱 옮김, 《죽음의 순간》, 자유문학사, 2000, p.341)

분노 단계가 오면 어째서 자기인가 하는 의문이 고개를 치켜든다. 분노의 단계는 부정의 단계와 대조적으로 가족이나 스태프들의 입장에서 볼 때, 매우 대응하기 어렵다. 왜냐하면 이 분노는 목표가 없이 모든 방향으로 향해지며, 닥치는 대로 주위에 투사되기 때문이다. 환자의 입장에서 의사와 간호사는 분노의 표적이 된다. 그리고 병문안을 온 가족에게 반가운 모습을 보이기는커녕 오지 않아도 상관 없다는 태도를 보이기 때문에 가족은 면회를 오는 것도 괴롭다.

문제는, 자기를 환자의 입장에 놓고 이 분노가 어디에서 발생하는 것인지 진지하게 생각해 보는 사람이 거의 없다는 점이다. 이렇게 일찍 자기의 인생이 중단되어버린다면 우리도 틀림없이 화를 낼 것이다. 환자가 두려워하는 것은 자신이 살아 있다는 사실이 잊혀지는 것이라고 한다. 소중하게 다뤄지고 이해의 대상이 되며, 잠깐 동안의 시간이라도 할애해 주는 누군가가 곁에 있는 환자는 목소리도 부드럽고 화를 내는 일도 거의 없다. 그런 환자는 자기가 가치있는 사람이고 사랑받고 있으며, 가능하면 오랫동안 자기의 몸을 움직여도 괜찮다는 사실을 알고 있다. 굳이 짜증을 내지 않아도 자기의 말을 들어주는 사람이 있다는 것을 알기 때문이다. 환자는 분노를 드러내는 것으로 안정을 느끼며, 또한 그런 분노의 표현에 의해 마지막 시기를 여유있는 마음으로 받아들인다.

우리는 그런 점을 염두에 두고 환자의 이야기에 귀를 기울이고, 때로는 불합리한 분노를 받아들이는 방법도 배워야 한다. 그것이 가능해지려면 우리 자신이 마음속에 끌어안고 있는 죽음에 대한 공포와 무엇인가를 부수어 버리고 싶다는 파괴적인 감정을 직시하고, 우리의 자기 방어가 환자의 치유를 방해할 수도 있다는 점을 자각해야 한다.(엘리자베스 퀴블러 로스 지음, 김진욱 옮김, 《죽음의 순간》, 자유문학사, 2000, pp.76~78)

'거래' 단계도 환자에게 도움이 된다고 하면서 로스 교수는 이렇게 표현했다.

부정, 분노 단계를 지난 환자는 피할 수 없는 결과를 연장 시키기 위해 거래(타협)하는 단계로 접어든다. 말기 환자들의 거래는 어떻게든 생명을 연장 시키는 것이다. 대부분의 거래 상대는 신이다. 그런

거래는 환자의 마음속에서 비밀스럽게 이루어지지만, 뜻밖으로 은근히 내비치거나 목사에게 만은 이야기하는 경우도 있다.

—같은 책, p.117, pp.119~120

거래 다음 단계로 나타나는 것이 '우울'상태이다. '우울'단계는 수용의 전 단계로서 격려보다는 함께 있어 주는 것이 중요하다고 로스 교수는 말한다.

장기간 입원에 따른 경제적 부담이나, 일을 제대로 할 수 없어서 발생하는 퇴직, 유방암으로 여성스러운 몸매를 유지할 수 없다는 상실감 등으로 '우울' 상태를 초래한다. 이 우울이, 이제 곧 사랑하는 사람들과 헤어지기 위한 준비 수단이고, 그 사실을 수용하기 위한 것이라면 사람들이 아무리 격려한다고 해도 별 의미가 없다. 환자가 우울 단계에 빠져 있는 동안에는 슬퍼하지 말라는 말보다는 조용히 옆에 있어 주는 게 더 중요하다. 그것만으로도 환자는 감사할 것이다.

—같은 책, p.124

'수용' 단계는 행복한 단계와 오인해서는 안 된다. 수용이란 감정이 거의 결핍되어 있는 상태다(같은 책, p.156). 로스 교수는 '수용' 단계를 다음과 같이 상세하게 설명하고 있다.

'긴 여행을 앞둔 마지막 휴식'의 때가 찾아 온 것처럼 느껴지는 상태다. 이 시기는 환자 자신보다는 가족에게 많은 도움과 이해가 필요하다. 죽음을 앞둔 환자는 어느 정도의 평안과 수용을 발견하지만, 동시에 주위에 대한 관심이 희박해 진다. 혼자 있고 싶다, 적어도 이 세상의 사건이나 문제는 휘말리고 싶지 않다는 바람을 가진다. 면회객들의 방문도 바라지 않고 설사 누가 찾아 온다고 해도 환자는 대화를 하지 않는다. 단순히 옆에 있어 주는 것만으로 환자는 우리가 마지막까지 자기와 함께 있어줄 것이라고 확신한다. 환자가 중요한 일 처리를 끝내고 영원한 잠으로 빠져드는 것은 이제 시간 문제이기 때문에 굳이 말할 필요가 없다는 사실을 환자에게 알려주는 것만으로 충분하다. 그것만으로 환자는 자기가 외톨이가 아니라는 확신을 갖는다. 시끄럽게 이것저것 이야기를 늘어놓는 것보다는 환자의 손을 잡고 조용히 바라보거나 등에 베개를 대어주는 쪽이 훨씬 더 많은 의미를 전달하기도 한다. 이런 커뮤니케이션을 하기 위해서는 저녁에 찾아가는 것이 좋다. 왜냐하면 면회객에게든 환자에게든 하루가 끝나는 시간이며, 환자는 누구의 간섭도 받지 않는 자기만의 시간이기 때문이다.

수용단계에 쉽게 도달하는 데에는 두 가지 방법이 있다. 하나는 주위의 도움을 받지 않고 수용하는 타입과 주위의 도움과 이해가 필요한 타입이 있다. 주위의 도움을 받지 않고 수용하는 타입은 많은 고생을 경험하면서 자식들을 성장시키고 다른 임무도 완수한, 자기는 이제 인생의 종착역에 가까워졌다고 생각하는 고령환자들이다. 이 타입도 주위 사람들은 조용히 이해할 뿐 간섭하지 말아야 한다.

이해와 도움이 필요한 타입은 일반적인 환자인데, 그들도 죽음에 대한 충분한 시간이 주어질 경우, 마찬가지로 앞의 환자와 같은 심신 상태에 도달할 수 있다. 가족에게 가장 괴로운 시기는 수용단계다. 환자는 가족을 포함한 자기의 세계로부터 서서히 자기 자신을 이탈시켜 나간다. 그러나 가족은 죽음의 시기가 다가오고 죽음에 안정과 수용을 느끼게 된 환자가 가장 사랑하는 것을 포함한 주위의 모든 것들로부터 조금씩 자기 자신을 이탈시키지 않으면 안 된다는 사실을 좀처럼 이해하지 못한다.

―같은 책, p.156, p.157, p.164, p.225

수용 즉, 죽음을 받아들이는 자세에도 여러 가지가 있다. 일리노이 대학 부위훈 교수는 그의 저서 《죽음, 그 마지막 성장》에서 죽음을 받아들이는 자세를 네 가지로 나누고 있다.

첫째는 '마지막까지 수용 거부'하는 것이다. "최후의 순간 까지 저항하며 죽음의 사실을 받아들이기를 거부하는 형태이다. 이러한 형태의 환자는 근본적으로 평온한 마음으로 죽음을 받아들일 수 없고, 존엄한 죽음과 관계가 없다."(부위훈 지음, 전병술 옮김, 《죽음 그 마지막 성장》, 청계, 2001, p.89)

둘째는 '수동적 수용'이다. "이러한 형태의 환자는 더 이상 희망도 갖지 않고 몸부림도 치지 않지만, 평온한 마음으로 존엄한 죽음을 맞이하기도 힘들다. 다만 어쩔 수 없는 마음으로 죽음이 오기를 수동적으로 기다릴 뿐이다."(같은 곳)

셋째는 '자연스러운 수용'이다. "자연스럽고 편안한 마음으로 죽음을 받아들이는 형태이다. 이러한 형태의 환자들 대부분은 봄이 오면 꽃이 피고 가을이 되면 낙엽이 떨어지듯, 죽음도 자연 현상의 하나로서 대항하느니 차라리 그냥 자연스럽게 받아들이는 편이 좋다고 여긴다. 우리는 이러한 형태에서 기본적 의미에서의 죽음의 존엄을 엿볼 수 있다."(같은 곳)

넷째는 '긍정적‧적극적 수용'이다. "종교나 고도의 정신적인 어떤 신념에 근거하여 죽음을 정면으로 받아들이는 형태이다. 이러한 형태의 환자들 모두는 어떤 것에도 흔들리지 않은 신앙이나 철학적 지혜‧인류애나 우주애 같은 고도의 정신적 신념을 지니고 있어서 세 번째 형태의 환자들과 마찬가지로 평온한 마음으로 자연스럽게 죽음을 맞이할 수 있을 뿐만 아니라, 동시에 그러한 신념에 따라 신명을 다했다고 자부할 수 있어서 이상적 의미에서의 존엄한 죽음을 반영하고 있다. 언뜻 보기에 세 번째 와 네 번째 형태는 구분하기가 쉽지 않다. 그러나 정신적으로 커다란 차이가 있다. 세 번째의 자연스러운 죽음에 더하여 삶과 죽음이 하나라는 지혜로서 죽음을 받아들이는 안신입명安身立命의 도리를 표현한다."(같은 책, p.90)

앞에서 설명한 다섯 단계는 극도로 어려운 상황에 대처하기 위해 갖추어져 있는 정신적 메카니즘이다.(엘리자베스 퀴블러 로스 지음, 김진욱 옮김, 《죽음의 순간》, 자유문학사, 2000, p.187) 각 단계는 계속되는 기간도 각양각색이고, 순서가 바뀌어 나타나는 경우가 있는가 하면 동시에 나타나는 경우도 있다.(같은 곳) 그러나 대부분의 경우, 각 단계를 통해 줄곧 존재하는 것이 하나 있는데 그것은 희망이다.(같은 곳)

일·이·삼원론과 죽음에 대한 태도

죽음을 '생명체의 삶이 끝나는 것'이나 '삶의 영원한 종말'이라고 정의하는 것들은 인간이 육체로만 구성되어 있다고 생각하는 데서 비롯된 것으로 보인다. 따라서 '죽음이란 무엇인가'를 알기 위해서는 죽음의 대상인 '인간은 무엇인가'를 알아야 한다. 즉, 다시 말해 인간은 무엇으로 구성되어 있는가 하는 것이다 인간이 육체로만 구성되어 있다면, 죽음이 도래하였을 때 육체는 소멸되어 사라지므로 죽음 이후 삶은 없다고 할 것이다.

예일대학교 셸리 케이건 교수는 그의 저서 《죽음이란 무엇인가 Death》에서 '죽음'은 '삶의 끝'이기 때문에 삶의 끝, 그 이후 삶은 없다고 말한다. 그러나 인간에게 육체 이외의 다른 무엇이 있다면 이야기는 달라질 것이다. 종교인들은 일반적으로 죽은 후에 천국이나 극락 또는 연옥이나 지옥에 간다고 말하는데 인간이 육체로만 구성되었다면 물질인 육체가 소멸되지 않고 천국에 간다는 말이 되므로 이는 수긍하기 어려울 것이다. 따라서 육체 이외의 그 무엇이 존재한다고 볼 수 있다. 이른바 인간은 육체 와 영혼으로 구성 되었다는 것이다. 또한 육체와 영혼 외에 마음을 추가하여 3가지로 구성되었다는 주장도 있다.

일원론一元論(monism)

인간은 한가지 기본 요소로만 이루어져 있다는 것이 일원론이다. 즉, 물질적 존재인 육체만이 존재한다. 이러한 관점을 물리주의物理主義(physicalism)라고 부른다. 인간은 육체에 불과하며, 특정한 형태의 물질적 존재라고 설명하기 때문이다. 일원론은 예일대 셸리 케이건 교수가 선호 또는 주장하는 이론이다. 그는 일관되게 "죽음의 진정한 의미는 바로 육체적 죽음을 말한다."(셸리 케이건 지음, 박세연 옮김, 《죽음이란 무엇인가》, 웅진씽크빅, 2021, p.35)고 주장한다.

이원론二元論(dualism)

인간은 육체 와 영혼으로 구성 되었다는 것이 이원론의 핵심이다. 대표적인 이원론자는 소크라테스를 들 수 있다. 소크라테스는 '영혼불멸설'을 처음 주장하였다고 알려져 있다.(피터펜윅 지음, 정명진 옮김, 《죽음의 기술》, 부글, 2008, p.246) 소크라테스의 제자 플라톤이 쓴 《소크라테스의 변명》의 〈파이돈〉에서 '인간은 육체와 영혼으로 구성되어 있으며, 육체는 소멸 되어도 영혼은 불멸한다'고 말하고 있다. 자신이 독배를 마시면 육신은 멸하지만 영혼만은 행복한 이들의 축복을 누리려 떠난다. 그러니 죽음은 흉사가 아니라 고귀한 영혼이 비천한 육신에서 해방되는 경사라는 것을 제자들에게 설파하였다.

삼원론三元論

인간은 육체, 영혼과 마음으로 구성되었다는 것이다. 이원론의 구성 요소 외에 '마음'이라는 요소를 추가한 것이다. 삼원론을 주장하는 사람은 고故 이어령 교수가 최초인 것으로 보인다. 그는 삼원론을 아래와 같이 설명하고 있다.

> 어떤 유리컵을 사람의 몸이라고 가정할 때, 컵에 담은 것은 마음이며, 컵의 뚫린 바깥 면이 끝도 없이 우주까지 닿는데, 그것이 영혼이다. 우리 마음은 항상 욕망에 따라 바뀌어 아침 다르고 저녁이 다르다. 이같은 마음을 지탱해 주는 것이 육체이다. 컵이 깨지면 컵 안의 물체는 다 사라지고, 컵도 원래의 흙으로 돌아간다. 쏟아지고 흩어지는 것처럼, 육체가 사라지면 마음도 사라진다. 그러나 마음으로 채워지기 이전부터 있었던, 우주까지 닿았던 영혼은 사라지지 않고 그대로 있다.
> ―김지수 지음, 《이어령의 마지막 수업》, 열림원, 2022, pp.24~25

나는 개인적으로 이원론을 선호한다. 첫 번째 이유는 우리가 먼저 떠난 가족이나 친척에게 말하거나 기도할 때 하늘을 우러러보고 하는 경향이 있다. 이미 육체는 땅속에 묻히거나 유골이 산하에 뿌려져 흙으로 돌아갔음에도 죽은 사람의 묘지 외에서는 하늘을 향하여 기도하기 때문이다. 하늘에 영혼이 있다고 믿기 때문이다. 두 번째 이유는 그렇게 되기를 소망하기 때문이다. 죽음으로 육체는 소멸되어, 그 이후에 내가 존재하지 않는다고 생각하면 허무하고 두렵다. 따라서 죽음 후에도 내 영혼이 존재한다면 두려움이 덜할 것이다. 또한 영혼이 영적으로 성숙되도록 살아 생전에 노력하는 계기도 될 것이다. 한마디로 사랑과 감사의 마음을 가지고 잘살 수 있는 동기 부여가 될 것임으로 나는 이원론을 선호한다.

죽음에 대한 태도

죽음을 영원히 피할 수 있는 사람은 존재하지 않는다. 우리 모두 죽을 거라는 사실은 필연적인 사실이다. 그래서 인간은 언젠가는 죽음을 맞이하게 된다. 이처럼 죽는다는 사실을 알게 될 때 사람들은 어떤 태도를 취할 것인지 궁금하지 않은가. 이론적인 차원에서 우리는 죽음에 대해 세 가지 태도를 취할 수 있다고 한다. 가장 먼저, 우리가 죽을 것이라는 사실을 '부정'하는 것이다. 다음으로는 그것을 '인정'하는 것이다. 그리고 '무시'할 수도 있다.

'부정'형은 죽음을 부정함으로써 많은 오류를 범하는 태도이다. '인정'형은 죽음에 관한 사실을 그대로 '인정'하고 이에 따라 살아가는 것이다. 즉, 우리가 죽을 것이라는 사실에 직면해 가장 바람직한 방향으로 살아가고자 노력하는 것이다.

'무시'형은 죽음을 부정함으로써 오류를 범하거나 이를 인정하고 그에 따라 살아가는 것 말고, 완전히 무시해 버리는 것이다. 나는 편의상 '인정'형, '부정'형, '무시'형의 순서로 설명하고자 한다.

인정 형型

말 그대로 죽는다는 사실을 그대로 인정하는 형으로 그에 따라 살아가는 '형'이다.(셸리 케이건 지음, 박세연 옮김, 《죽음이란 무엇인가》, 엘도라도, 2021, p.400) 즉 우리가 죽을 것이라는 사실에 직면해 가장 바람직한 방향으로 살아가고자 하는 것이다. 그런데 죽음을 인정하는 것에서 더 나아가서 기꺼이 죽을 준비가 되어 있고, 죽음을 행복한 것으로 생각하는 사람이 있었다. 그가 소크라테스다. 그래서 '인정'형은 '소크라테스' 형으로 볼 수도 있다. 소크라테스는 사형에 처해지기 전에 여러번 죽음을 회피할 기회가 있었으나 그는 이를 거부하였다. 그래서 그 유명한 '악법도 법이다'라는 말이 탄생하는 배경이 된 것으로 생각된다.

소크라테스가 사형되는 과정을 개략적으로 살펴보면, 그는 만 70세인 기원전 399년에 사형에 처해지게 된다. 그 해 아테네 민회가 소집되어 소크라테스의 죄를 논의하였는데, 소크라테스의 죄목은 첫째, 아테네 신들을 섬기지 않고 생소한 신을 섬겼다는 것이고, 둘째는 청년들을 타락시켰다는 것이다. 30표 차이로 유죄판결을 받았고 (배심원이 500명이었다고 한다면, 찬성표 280표, 반대표는 220표였다는 것이 된다. 찬반동수일 때 무죄로 간주), 2차 판결에서 형량을 사형으로 확정하였다.(플라톤 지음, 박문재 옮김, 《소크라테스의 변명》, 현대지성, 2022, p.48)

소크라테스는 제자 플라톤(본명 아리스토클레스)이 쓴 《소크라테스의 변명(파이돈)》에서 "죽음이 좋은 일일 가능성이 크다는 것을 우리는 알아야 합니다. 죽음이라는 것은 둘 중 하나이기 때문이지요. 즉, 죽음은 소멸해버리는 것이어서, 죽은 자들이 지각할 수 없게 되는 것이거나, 어떤 변화가 일어나서 영혼이 이승에서 저승으로 장소를 옮겨 살아가는 것이거나, 둘 중 하나라는 것입니다."(같은 책, p.56)

소크라테스는 죽어 저승에 사는 것이 이승보다 더 행복할 것이라며(같은 책, p.58) 흔쾌히 죽음을 인정하고 미련없이 독약을 마셨다.

부정 형型

'부정'형은 죽음을 부정함으로써 많은 오류를 범하는 태도이다. 나는 죽음을 부정하는 대표적인 인물이 중국을 최초로 통일한 진나라 시황제 영정嬴政* 이라고 생각한다. 그래서 '부정'형을 일명 '시황제始皇帝'형으로 부르고 싶다.

시황제始皇帝의 죽음에 관한 자료가 많지 않아서 설명이 충분하지 않을 수 있으나 사마천의 사기에 기록된 것을 중심으로 살펴보면 다

---

* 사기의 제6권第六券(진시황본기秦始皇本紀) 서두에 '태어나자 이름을 정政이라 하고 성을 조씨趙氏로 삼았다(及生 名爲政 姓趙氏)'고 기록되어 있는 것은 시황제가 조나라에서 태어났고 하여 성을 조씨로 표현하고 있고, 제6권第六券 말미에는 '여정은 잔악한 정치를 했지만 그는 13세에 제후가 되었다(呂政殘虐 然以諸侯十三)'고 기록되어 있는 것은 여불위가 총애하는 여인이 임신하자 장양왕에게 바쳐 시황제를 낳았으므로 여불위 성을 따서 '여정'이라고 한 것이다. 또한 사기史記 제5권第五券(진본기秦本紀) 마지막에 "태사공은 말한다 진나라 선조의 성은 영嬴이다(太史公曰 秦之先爲嬴姓)". 따라서 여기서는 시황제의 아버지인 장양왕의 성이 '영'씨이므로 '영정嬴政'으로 사용하고자 한다. (사마천 지음, 한가람역사문화연구소 번역, 《신주사기》, 한가람역사문화연구소, 2020)

음과 같다. 사마천의 〈사기〉의 제6권第六券(진시황본기秦始皇本紀)에 죽음에 관한 단어가 딱 한마디가 기록되어 있다. "시황제는 죽음이라는 말을 싫어해서 모든 신하들이 감히 죽는 일에 대해서 말하지 않았다.(始皇惡言死 羣臣莫敢言死事)"

또한 죽음에 대한 두려움 때문인지 아니면 죽음을 싫어함이 극에 달해서 인지 불로초를 구하여 영생을 꿈꾸었음이 두 번 기록되어 있다. "시황제가 서불을 보내 동남동녀 수천명을 선발하여 바다로 들어가 신선을 찾도록 했다.(於是遣徐市 發童男女數千人 入海求仙人) 한종과 후공과 석생을 시켜 신선들의 불사약을 구하도록 했다.(因使韓終 侯公 石生 求仙人不死之藥)"

한발 더 나아가 시황제는 "나는 진인眞人을 흠모했으니 스스로 '진인'이라 이를 것이고 짐朕이라고 칭하지 않을 것이다.(吾慕眞人 自謂眞人 不稱朕)"

그런데 여기서 '진인眞人'은 물속에 들어가도 물에 젖지 않고, 불에 들어가도 타지 않으며, 구름을 타고 다니며 천지와 영원히 함께하는 자(眞人者 入水不濡 入火不爇 陵雲氣 與天地久長)를 말한다. 기록에서 보듯 시황제는 죽음을 싫어했고, 신선이 갖고 있는 불로초를 구하려고 온갖 노력을 다했으며, 진인이 되어 죽지 않고 천지와 함께 영생하기를 원했다.

결론적으로 죽음에 대한 '싫어함'이 매우 커서, 죽음에 저항하고, '진인'이 되어 영생 불멸을 꿈꾸며 죽음을 부정하는 형이라고 볼 수 있다.

여담으로 시황제는 수많은 사람들을 보내 불로초를 구하였지만 구해오는 사람은 없었다. 그래서 불멸의 명약을 만들기 위해 강요받은 술사들이 제조한 물약에는 수은이 들어 있어 그는 수은에 중독되어 사망했다고 전해진다.

무시 형型

말 그대로 죽음을 완전히 무시해 버리는 것이다. 즉 죽음에 관한 사실을 마음속에서 완전히 몰아내는 게 죽음을 바라보는 가장 좋은 태도라고 말할 수도 있는 것이다.(셸리 케이건 지음, 박세연 옮김,《죽음이란 무엇인가》, 엘도라도, 2021, p.400) 다시 말해 죽음을 아주 잊고 살아가는 것이다.(같은 곳) 일반적으로 사람들은 죽는다는 사실이 두렵기도 하고, 특히 남이 아닌 자신이 죽는다는 것을 염려한다. 또한 죽음에 관하여 얘기하는 것이 어색하고, 자연스럽지 못한 것으로 생각한다. 죽음을 언급하면 죽음이라는 것에 오염되고 자신이 죽음에 더욱 더 가까워지는 것이 아닌가 하고 의심한다. 그래서 알려고도 하지 않고 아예 무시해 버리는 것이다.

나는 죽음에 대하여 언급하는 것을 회피한 공자가 '무시 형'에 속 한다고 생각한다. 공자의 제자인 자로가 죽음이란 무엇인가?라고 묻자, 공자는 이렇게 대답했다고 한다. 삶도 모르는데 어찌 죽음을 알겠느냐(未知生 焉知死). 이 말 속에는 "오늘을 살아가는 백성들의 삶이 어떤 지도 아직 모르면서 어떻게 죽은 뒤의 일을 궁금해 한다는 말이냐?"라는 뜻이 담겨 있다. 그러나 공자의 이 발언으로 유가에서는 더 이상 죽음에 대한 연구나 담론이 중지되었다시피 하였다고 한다. 그래서 유가에서는 기독교나 불교와 달리 사후 세계에 대한 개념이 별로 없다. 단지 자손을 통한 제사로 자신이 잊혀지지 않기를 바랄 뿐이다.

지금까지 죽음에 대한 태도를 '인정'형, '부정'형, '무시'형으로 살펴 보았는데, 어떤 유형이 가장 좋다고 말하기 어렵다. 왜냐하면 유형별로 그 나름대로 이유가 있기 때문이다.

셸리 케이건 교수는 죽음에 대한 자세를 이렇게 소개하고 있다.

> 언제나, 어느 곳에서나 죽음에 관한 사실을 생각하는게 아니고 적절한 시간과 공간이 따로 있다고 생각한다. 연인과 키스를 나누는 때는 절대로 죽음을 생각하는 그런 시간이 아니다. 그렇기 때문에 자신의 운명을 늘 '인정'하고 있어야 한다는 건 잘못이라고 생각한다. 그리고 자신이 죽을 것이라는 사실과 죽음의 본질에 대해 '무시'해야한다는 것 역시 잘못이라고 생각한다. 사실 죽음에 관한 사실과 그것이 우리의 삶에 영향을 미치는지 생각하기 위한 가장 적절한 시간과 장소는 여러분이 죽음에 관한 책을 읽고 있는 바로 지금 그리고 이곳이다.
>
> ―같은 책, p.405

모든 것에는 때가 있듯이 죽음에도 때가 있다

　모든 사람은 죽음에서 벗어날 수 없다. 다시 말해 우리는 한번은 죽기 마련이다. 그것이 보편적이고 자연스러운 것이다. 삶이 권리라고 생각하는 사람들은 죽음에 분노하고 억울해할 것이다. 그러나 삶이라는 기차가 도착한 종착지에 사람들이 내리기를 거부하는 것은 자연스럽지 않다. 선조의 죽음으로 물려받은 삶을 나혼자 영원히 누리려고 한다면 세상은 영속되지 못할 것이다. 나의 후손들이 영속되기 위해서는 적절한 때에 내가 떠나야 하는 것이다. 그래야 세대가 교체되고 인류는 지속하여 존재할 수 있을 것이다.

죽는 날이 태어나는 날보다 낫다
　태어나는 것과 죽는 것은 흔히 바다를 항해하는 두 배, 즉 항구를 떠나는 배와 항구로 돌아오는 배에 비유될 수 있다. 항구를 떠나는 배를 보면 모든 사람이 경축하지만 항구로 돌아오는 배를 보며 기뻐하는 사람은 불과 몇 명에 지나지 않는다. 우리 인생에서도 항구를 떠나는 배, 즉 태어난 날은 많은 축하를 받지만, 항구에 들어오는 배, 즉 죽는 날은 별로 축하받지 못한다. 그러나 성경은 이것이 잘못 되었다고 말하고 있다. 성경에 "죽는 날이 태어나는 날보다 낫다."(구약성경 전도서 7장 1절)는 구절이 있다. 항구를 떠나는 배의 미래는 알수 없다. 풍랑으로 침몰할지도 모르는 일이다. 긴 항해를 마치고 무사히 귀환하는 배야말로 성대한 환영을 베풀어야 하는 것 아닐까? 왜냐하면 자신의 책임을 완수했으니 축하받을 일이다. 인과적으로 보더라도 아무것도 한 일이 없는 금방 태어난 사람을 축하하는 것보다는 자신의 임무를 완수하고 돌아온 죽은 사람을 축하하는 것이 옳은 일이다.

유대인들은 생일은 기념하지 않고 죽은 기일을 기념한다고 한다. "유대인들이 기일을 강조하는 이유는 아마 사람은 죽고 나서야 그 사람이 가치 있는 삶을 살았는지, 그렇지 않았는지를 알 수 있다고 여기기 때문일 것이다. 우리는 태어나는 아기에 대해서는 아무것도 모르기 때문이다."(랍비 조셉 텔루슈킨 지음, 김무겸 옮김, 《죽기 전에 한 번은 유대인에게 물어라》, 북스넛, 2016, p.286)

죽는 시점에서 생명이 충만해지려고 해서는 안된다

레오나르도 다빈치는 밀라노 교회에서 자그만치 열세 번이나 인체 해부를 감행하고 나서 "인간은 죽을 수밖에 없도록 되어 있는 존재"

라고 얘기했다고 한다. '의미 치료학Logotherapy'의 창시자이자, 아우슈비츠 수용소에서 살아남은 빅터 프랭클 박사는 그의 저서 《죽음의 수용소에서》에서 죽음은 누구도 피할 수 없음을 보여주는 '테헤란에서의 죽음'이라는 이야기를 인용하고 있다.〔이 책 '죽음의 성격과 의의(죽음은 누구도 피할수 없다)' 편 참조〕

프랑스 철학자 몽테뉴의 저서 《수상록》에 나오는 스토아 학파의 어떤 사람이 '죽음에 저항하는 사람'에게 이렇게 말했다고 한다. "자신을 괴롭히지 마시오. (중략) 산다는 것은 중대한 일이 아니오. 그대의 하인들이나 동물들도 살고 있소. 그렇지만 영예롭고 현명하게, 태연하게 죽는 것은 중대한 일이오. 생각해 보시오, 그대가 얼마나 오랫동안 똑같은 일을 반복해 왔는가를. 먹고 마시고 잠자고 먹고, 우리는 끊임없이 이러한 순환을 계속하고 있소. 불행하고 견딜 수 없는 사건뿐만 아니라 삶의 포만도 우리로 하여금 죽음을 원하게 하오."(몽테뉴 지음, 민희식 옮김, 《몽테뉴 수상록》, 육문사, 2021, pp.432~433)

"모든 것에는 때가 있다. 태어날 때가 있고, 죽을 때가 있다."(구약성경 전도서 3장 1~2절)고 성경에서는 말한다. 태어날 때 내 스스로 자궁을 벗어날 수는 없지만 벗어날 수 있을 때까지 기다리는 것은 할 수 있다. 죽을 때도 마찬가지다. 죽을 때 내가 할 수 있는 것은 죽음을 기다리는 사람으로 있어야 한다는 것이다. 삶에서 멀어지고 있을 때는 생명이 충만한 인간이 되려고 해서는 안된다.(로라 프리챗 지음, 신솔잎 옮김, 《죽음을 생각하는 시간》, 빌리버튼, 2019, p.94)

우리가 성장할 때, 일을 할 때, 결혼을 할 때 죽음을 생각할 필요도 없고 그래서도 안된다. 하고자 하는 일에 충실해야 하듯이 죽을 때는 죽어가는 그 순간에 충실해야 한다. 죽음의 순간에 충실하는 것은 생명이 충만한 인간이 되려고 하는 것보다는 죽음을 받아들이고, 기꺼이 맞이하며, 기다리는 사람으로 머물러야 하는 것이다. 고령이 되어서 신이 찍은 마침표를 쉼표로 바꾸려고 해서는 안 될 것이다.

삶은 선물이지 권리가 아니다

우리가 이 세상에 태어날 확률은 얼마나 될까? 정자는 한번에 약 2억 마리가 나오고 난자는 일생 동안 400~500개만이 성장하여 배란된다고 한다. 한 남성이 일생 동안 배출하는 정자의 수량(결혼 후 25년간 사정 시) = 1회 사정 시 정자수 2억(마리/주)×52(주/1년)× 25년 = 2,600억 마리, 여성의 평생 난자 수 = 400~500개. 따라서 부모에게 태어날 아이의 수 = 정자 수(2,600억 마리)×난자 수(400개) = 104조 명이 된다. 부모가 한 아이만 낳는다면, 태어날 확률은 104조 분의 1이다.

흔히 '로또 당첨보다 더 어렵네'라는 말을 자주 한다. 우리나라 로또 당첨 확률이 815만 분의 1이라고 하니 우리가 인간으로 태어날 확률은 로또에 당첨될 확률보다 약 천이백칠십육만 배 더 어렵다.(815만×1,276만≒104조) 지금까지 지구상에 왔다가 사라져간 사람은 1,005억 명이라고 한다.(마이클 셔머 지음, 김성훈 옮김, 《천국의 발명》, 아르테, 2019, p.11) 그 사람들 중에 한 사람으로 뽑힐 확률보다 약 일천 배 작다.

확률상으로 볼 때 우리가 태어날 수 있는 확률은 거의 불가능하다고 해도 과언이 아니다. 어렵다는 로또를 1,276만 번이나 당첨될 확률이 있어야 태어난다는 것은 놀라운 사건이며, 기적 그 이상이다. 그리고 태어나는 과정에서 내가 주체적으로 의지를 가지고 역할을 한 것이 없다. 그러므로 내 삶은 우연히 내게 주어진 선물이지 본래 내 것 이라고 할 수 없다.

이어령 교수는 김지수 기자가 쓴 《이어령의 마지막 수업》에서 "인생은 선물, 기프트다."라고 고백한다. 김지수 기자가 이어령 교수에게 "암 선고 이후 어떤 과정을 거치셨나요?"라고 묻자, 이어령 교수가 이렇게 대답한다. "늦게나마 생의 진실을 깨닫게 된다네. 모든게 선물이었다는 걸. 내 집도 내 자녀도 내 책도 내 지성도……분명히 내 것인 줄 알았는데 다 기프트였어. 우주에서 선물로 받은 이 생명처럼. 내가 내 힘으로 이뤘다고 생각한 게 다 선물이더라고."(김지수 지음, 《이어령의 마지막 수업》, 열림원, 2022, p.231)

기독교에서는 하나님이 인간을 창조하였다고 말하고, 불교에서는 전생에 지은 업이 한 사람을 필연적으로 이 세상에 태어나게 했다고 본다. 그리고 확률적으로도 세상에 태어날 확률은 아주 적다. 창조되었든 필연적이든 확률이 작든 우리가 영원히 또는 일정기간 죽지 않을 권리는 어디에도 없다. 따라서 언제 죽음이 찾아오든 그것이 나의 권리를 빼앗아 갔다고 보기 어렵다. '내 것'이나 '나의 권리'를 뺏겼다고 생각한다면 억울할 것이나, 본래 내것이 아닌 것이 사라졌다고 생각하면 서운하기는 하지만 분노하지는 않을 것이다.

랍비 조셉 텔루슈킨은 죽음이라는 것은 '내게 맡겨진 것'을 '맡긴 이에게 돌려주는 것'이라고 말한다. 그의 글을 요약하여 인용하면 다음과 같다.

> 랍비 요카난의 아들이 죽자, 많은 친구·친척·지인들이 그를 위로하려 했습니다. 그러나 요카난은 아들을 잃은 슬픔이 얼마나 컸던지 그들의 위로를 완곡히 거절했습니다. 때로는 위로에 저항했습니다. 그 때 랍비 엘라자르 벤 아라크Elazar ben Arakh가 들어왔습니다. 요카난은 그를 보자마자 하인들에게 말했다. "내옷을 가지고 따라 오도록 해라. 그는 훌륭한 제자이기에 내가 그에게 저항할 수 없기 때문이다." 마침내 랍비 엘라자르가 들어와 요카난 앞에 앉아 그에게 말했다. "전 스승님께 이야기 하나를 들려주고자 합니다. 왕이 한 남자에게 세심하게 간수해야 하는 어떤 물건을 맡겼습니다. 이에 그 남자는 매일같이 울며 한탄했습니다. '내 자신이 가련하구나! 언제 이 물건으로부터 해방되어 다시 평화를 찾을 수 있을까?' 스승님도 이와 마찬가지입니다. 스승님에겐 아들이 있었고, (…중략…) 그리고 죄를 짓지 않고 깨끗이 이 세상을 떠났죠. 스승님은 맡으신 것을 돌려주신 것입니다. 그래서 위안을 받으시는 것이 합당합니다." 랍비 요카난이 엘라자르에게 말했다. "나의 제자 엘라자르야, 네가 적절한 방식으로 날 위로하는구나. 다른 사람들도 이 같은 방식으로 위로해야 할 것이다."(랍비 조셉 텔루슈킨 지음, 김무겸 옮김, 《죽기 전에 한 번은 유대인에게 물어라》, 북스넛, 2016, p.296)

삶은 우연히 내게 주어진 선물이고, 그 선물은 본래 내 것이라고 주장할 수 있는 권리가 아니므로, 그 삶을 가져간다고 해서 억울할 것도 분노할 것도 없다.

목적지에 도착한 배에서 내리는 것은 당연하다

흔히 배의 출항과 입항은 인간의 탄생과 죽음에 비유되곤 한다. 배는 일정한 노선이 있고, 목적지에 도착하는 것이 배의 목표이다. 목적지에 도착한 배의 승객은 배에서 내려야 한다. 만약 배에서 내리기를 거부한다면 그 배는 다음 승객을 태울 수 없다. 그러한 배들이 많으면 그 항구는 마비되고 말 것이다. 항구가 마비되면 그 항구에서는 배가 출항하지 못하게 되고 만다. 삶과 죽음도 마찬가지다. 우리는 각자가 선택한 노선의 삶을 살다가 최종 종착지인 죽음이라는 것에 이른다. 내가 도착한 종착지인 죽음에서 내리기를 거부한다면 세상은 혼란스럽게 될 것이다. 그리되면 우리는 새로운 생명을 보기 어려울지도 모른다.

지금까지 지구상에 태어났던 사람들이 1,080억 명이라는데 그들이 죽음을 거부하고 아직 살아있다고 한다면 얼마나 끔찍한 일인가. 영국 BBC의 인기드라마 '닥터 후'에서 파생된 '토치우드: 미라클 데이 Miracle Day'라는 드라마가 있었다. 인간이 죽지 않고 영생한다면 축복이 아니라 재앙임을 보여주는 내용으로 중심줄거리는 아래와 같다.

이 드라마는 어느날 갑자기 인류의 사망률이 0%가 되는 현상을 배

경으로 한다. 처음에는 모두가 좋아하지만 시간이 경과하자 이것이 결코 축복이 아님을 깨닫게 된다. 죽지 않으니 인구 수가 기하학 적으로 늘어나는 것도 문제이지만 병원에서 문제가 발생한다. 죽지는 않지만 여전히 늙고 병에 걸리며 치료도 받아야 한다. 그런데 병원의 어떤 환자도 죽지 않으니 중병에 걸려도 중환자실에 입원 치료를 받을 수 없다. 또한 폭발적인 인구 증가로 식량이 부족하여 4개월 뒤에는 사회 시스템이 붕괴되는 가상의 상황을 그리고 있다. 사람이 죽지 않는 것은 축복이 아니라 재앙임을 현실감 있게 보여주는 드라마이다.

앞에서도 언급했지만 태어날 때가 있으면 죽을 때가 있는 것이다. 비행기나 배가 목적지에 도착하면 내리는 것이 자연스러운 것이다. 오랜 시간 배나 비행기에 있으면 답답하고 부자연 스러운 경험이 있지 않은가. 그런 곳에서 내릴수 있는 기회를 가질 수 있다는 것은 오히려 감사할 일이다.

독일 태생의 심리학자이며 티벳 불교에 대한 주옥 같은 저서를 남긴 '라마 아나리카 고빈다(1898~1985)'는《티벳 사자의 서》에 대한 해설에서 이렇게 말하고 있다. "죽어 보지 않은 사람은 누구도 죽음에 대해 얘기할 수 없다고 할지 모른다. 그리고 사실 객관적으로 보기에 누구도 죽음의 세계로부터 돌아온 적이 없으니, 죽음이 무엇인지 또는 사후에 어떤 일이 일어나는지 누가 어떻게 알까."(파드마 삼바바 지음, 류시화 옮김,《티벳 사자의 서》, 정신세계사, 2021, p.187) 그러나 티벳 사람들은 이렇게 대답하리라. "한 사람도, 사실은 살아 있는 어떤 존재도, 죽음의 세계로부터 돌아오지 않은 자는 없다. 사실 우리들 모두는 이번 생에 태어나기 전에 무수히 많은 죽음들을 겪었다. 그리고 우리가 태어남이라고 부르는 것은 단지 죽음의 반대편에 불과하다. 그것은 동전의 양면 가운데 한 면 같고, 방안에서는 출구라고 부르고 바깥에서 입구라고 부르는 방문과 같다."(같은 곳)

죽음으로 세대가 교체된다

인간은 이 세상에 태어나면 언젠가는 죽게 되고, 그 죽음으로 세대가 교체되는 것이다. 무릇 살아있는 모든 생물이 때가 되어 죽는 것은 생의 무대를 다음 세대들에게 물려주기 위한 자연의 섭리다.(셔윈 B. 눌랜드 지음, 명희진 옮김, 《인간은 어떻게 죽음을 맞이하는가》, 세종, 2021, p.138) 하물며 인간이랴. 그런 의미에서 노화는 세대 교체를 하기 위한 준비요 출발이다. 자연스럽게 자손들에게 물려주기위한 탈출 과정이다. 후손들이 적절한 환경에서 살 수 있도록 수명이 다 된 사람들은 적절한 시기에 지구에서 물러나야 한다.

나는 항구에서 출항하는 배를 보고 있다. 그 배는 점점 멀어지고 크기는 작아지다가 마침내 보이지 않는다. 그 배는 작아진 것도 사라진 것도 아니다. 그 배는 항구를 떠났을 때의 크기 그대로이다. 우리 쪽에서는 사라진 것이지만, 그 너머에 있는 반대 쪽에서는 새로운 배가 나타났다고 기뻐할 것이다. 그것이 우리가 죽음이라고 부르는 것이다.

"우리가 인간답기 위해서는 생물학적으로나 정신적으로 반드시 필요한 요소들이 있다. 문제는 그러한 요소들을 부정하고 물리치려는 헛된 시도이다. 죽음에 대한 불필요한 저항으로 사랑하는 사람들과 자신의 가슴을 해쳐서는 안 된다."(셔윈 B. 눌랜드 지음, 명희진 옮김,《인간은 어떻게 죽음을 맞이하는가》, 세종, 2021, p.138)

낡은 자동차를 버리고 새 차를 만들어내는 과정을 통해 자동차 산업이 유지되는 것처럼, 인간의 생명을 커다란 관점에서 보면 인간의 생명에 대해서 '죽어야 새로운 생명이 태어난다'라는 논리가 성립된다.(이어령 지음,《딸에게 보내는 굿나잇 키스》, 열림원, 2015, p.166) 죽어야만 세대가 교체될 수 있고, 그의 DNA를 또 다른 모습으로 이어갈 수 있는 것이다.(같은 책, p.167)

미국의 정신의학자 셔윈 B. 눌랜드는 그의 저서《인간은 어떻게 죽음을 맞이하는가》에서 "죽음의 손을 뿌리칠 수 있다는 환상은 품위를 떨어뜨리고 결코 명예로운 일이 될 수 없다."고 말한다. 이것은 인류 발전의 영속성과는 양립할 수 없으며, 더 정확히 표현해서 우리의 영생이 우리 자녀들의 권익과 양립할 수 없다는 얘기다.(셔윈 B. 눌랜드 지음, 명희진 옮김,《인간은 어떻게 죽음을 맞이하는가》, 세종, 2021, p.138)

현재가 죽어야 미래가 내게로 온다. 과거는 이미 지나갔고, 미래는 아직 오지 않았으며, 우리는 현재를 살고 있지만 현재라는 각각의 시간들은 끊임없이 죽어 가고 있다. 현재의 시간들이 죽어가는 그 순간 미래가 내게로 온다. 현재가 죽어야 미래가 오는 것처럼 내가 죽어야 세대가 교체된다.

남미 아마존에 사는 데사나 부족은 세상의 모든 피조물 사이에 흐르는 에너지의 양은 고정되어 있고, 모든 탄생은 사망을 이끌고 모든 사망은 탄생을 가져 온다고 믿는다고 한다.(미치 앨봄 지음, 공경희 옮김, 《모리와 함께한 화요일》, 살림, 2022, p.211) "데사나 부족은 식량을 얻기 위해 사냥을 하면 죽은 동물이 '영혼의 우물'에 구멍을 남긴다고 믿는다. 그 구멍은 사냥꾼이 죽어야 메워진다. 죽는 사람이 없으면, 새나 물고기도 태어나지 않는다고 그들은 생각한다."(한겨레 인터넷 신문, 박기용 기자, 〈지지 않는 별 '주극성', 그곳에 진시황과 파라오가 산다〉, 2015. 6. 20.)

조병화 시인의 《의자·7》이라는 연작시가 있다.

> 지금 어드메쯤 아침을 몰고오는 분이 계시옵니다. 그분을 위하여 묶은 의자를 비워드리지요. (중략) 먼 옛날 어느 분이 내게 물려주듯이. 지금 어드메쯤 아침을 몰고오는 분이 계시옵니다. 그분을 위하여 묶은 의자를 비워드리겠습니다.

이 시는 시간의 흐름을 묘사하는 것을 넘어 역사적 맥락에서 인간 삶의 교체 과정을 철학적으로 성찰하고 있다. 어느 분에게서 물려 받은 이 의자를 새로운 세대에게 물려 주겠다는 의지와 함께 변화의 필연성을 긍정적으로 수용하며 이를 통해 인간 존재의 유한성과 세대 간에 단절되지 않고 연속되는 아름다움을 노래하고 있다.

시에서 보듯이 선배들이 죽지 않았으면 나는 태어날 수 없었을 것이다. 지금까지 지구상에 태어난 사람은 1,080억 명이라는데, 이는 현재 세계 인구(75억 명)의 14.4배다. 우리나라 인구가 5천 2백만명 (2023년 7월 1일 기준)이므로 대한민국에서 태어난 누적 인구수는 약 7억 5천만 명으로 추정할 수도 있다. 만약 현재 우리나라의 인구가 7억 5천만 명이라고 한다면 아비 규환 그 자체일 것이다. 그리되면 인간은 살기 위해서 자동 불임으로 이어져 이 세상에 새로운 사람, 즉 아기는 태어나지 않을 것이다.

앞 세대가 죽으면 다음 세대가 그 뒤를 이어 살다가 또 다음 세대에게 삶의 자리를 물려주고 떠나는 것이 인류 사회의 이치이다.(유호종 지음,《죽음에게 삶을 묻다》, 사피엔스, 2010, p.40) 이런 이치로 본다면 누구도 자기만은 죽어서는 안 된다고 주장할 수 없다.(같은 곳) 한평생 살았다면 다음 세대를 위해 양보할 의무가 있다.(같은 곳)

앞 세대의 죽음으로 자리를 물려받고 태어난 사람이 자기만은 죽으려 하지 않아서 실제로 죽지 않게 되었다고 해보자. 그는 암세포와 같은 존재일지도 모른다. "암세포들은 마땅히 죽어야 할 때도 그 뜻을 온당하게 따르지 않는다. 모든 자연은 정상적인 성숙 단계의 마무리를 죽음으로 끝맺지만 악성 세포는 그 순리에 복종하려 들지 않을 것이다. 따라서 그들의 수명에는 끝이란 것이 없다."(셔윈 B. 눌랜드 지음, 명희진 옮김,《사람은 어떻게 죽음을 맞이하는가》, 세종, 2021, p.308)

우연히 내게 온 삶, 아무런 값을 치르지 않고 선물처럼 주어진 삶, 앞 세대에게 물려받은 삶을 누리다가 후세에게 물려주는 것이 삶이라는 개념을 이해한다면 죽음을 거부하는 일은 없을 것이다. 내게 닥친 죽음을 부정하고 분노할지라도 부정과 분노에 머물지 않고 결국

'죽음 수용'을 통해 평온을 찾을 수 있을 것이다.

제퍼슨이 그의 인생 말년에 존 애덤스에게 쓴 편지를 보면 한 세대가 반드시 물러나야 할 이유가 잘 나타나 있다. "우리 모두에겐 죽음이 무르익어 찾아올 때가 있소. 우리가 죽음으로써 또 다른 성장을 이루어야 할 바로 그때가 말입니다. 우리에게 주어진 시간을 다 산 뒤에 남의 것을 탐할 수는 없겠죠."(같은 책, p.121) 남의 것을 탐하지 않는 것이 자연의 순리라면, 우리는 위대한 농부인 제퍼슨의 말처럼 언젠가는 '죽음으로써 또 다른 성장을 이룰' 시기에 다다르게 될 것이다.(같은 책, p.122)

제2장

좋은 죽음이란 무엇인가

죽음의 모습들

　기원전 5만 년과 기원후 2017년 사이에 사람이 약 1,080억 명이 태어났다고 한다.(인구 통계학자인 칼 하브Carl Hau는 "지금까지 이 지구상에 얼마나 많은 사람이 살다 갔는가How Many People Have Ever Lived on Earth"라는 글에서 2011년까지의 내용으로 인구를 추정하였고, 이것을 토대로 마이클 셔머가 2017년까지의 내용으로 이 수치를 업데이트 했다고 한다) 현재 살아 있는 사람이 대략 75억 명이므로 지금까지 지구상에 왔다가 사라져간 사람이 1,005억 명이 된다고 볼 수 있다.(마이클 셔머 지음, 김성훈 옮김, 《천국의 발명》, 아르테, 2019, p.11)

　내가 지금 인류의 인구 수를 거론한 것은 죽음이란 것이 개별적이어서 어느 누구의 죽음도 똑같지 않다는 것이다. 그러니까 지구상에 왔다가 사라져간 사람이 1,005억 명이었으니 1,005억 건의 죽음이 다 다르다는 얘기이다. 지금까지 1,005억 건의 죽음 중에서 고독한 죽음 또는 고통스러운 죽음, 비극적인 죽음 등등 죽음의 모습들을 일상이나 소설에서 찾아 소개하고자 한다.

슬프고 억울한 죽음

코로나 전염병 대 유행으로 많은 사람이 희생됐다. 어느 누구도 억울하지 않은 사람은 없다. 내 주변에도 희생된 사람 여럿이다. 고령으로 갑자기 코로나에 걸려 죽어 가는 가족 이야기를 가장 슬프고 억울한 죽음으로 소개한다.

수도권에 거주하는 30대 직장인 A 씨는 병문안도 작별 인사도 제대로 못 하고 아버지를 황망하게 떠나보낸 것이 내내 회한으로 남아 있다. 70대 초반이던 아버지는 몇 년 전 심장 실환을 앓았지만 건강했다. 그런데 지인들과 식사한 것이 회근이 됐고 불과 8일 만인 8월 말에 별세했다. 다음은 일문일답 내용이다.

— 언제 아버지를 마지막으로 만났나.

"7월에 뵌 것이 살아 계신 상태에서 마지막 만남이었다. 코로나 때문에 집에 안 오는 게 효도라고 말씀하셔서 자주 찾아뵙지 않았다. 이렇게 황망하게 가실 줄 알았다면 더 자주 찾아뵀어야 했는데 돌이켜 보니 참으로 후회된다."

— 확진 이후 8일 만에 별세했는데.

"입원 직후 상태가 급격히 나빠졌다. 2~3일 후에 산소호흡기를 쓰고, 4~5일 후에 인공 호흡기를 달았다. 단기간에 상태가 악화해 렘데

르시비를 써보지도 못했다. 별세 당일 '마음의 준비를 하고 오라'는 청천벽력 같은 병원 연락을 받았다."

- 가족이 아버지를 임종했나.

"중환자실 투명 유리 너머로 심폐소생술을 받는 모습을 봤지만, 그때 아버지는 미동도 하지 않으셨다. 그렇게 세상을 떠나시자 방호복을 입고 병실에 들어가 마지막 인사를 올렸다. 아버지 혼자 중환자실에 누워 계시다 돌아가셨다고 생각하니 지금도 눈물이 앞을 가린다. 병원 측은 환자 상태에 대해 가족에게 정확히 알리고, 최악의 상태가 되기 전에 먼 발치에서라도 볼 수 있게 해줘야 한다. 방호복을 입은 가족이 마지막 인사를 나누도록 배려해주면 좋겠다."

- 코로나 환자라고 퇴짜 놓는 장례식장이 많다던데.

"이곳저곳 알아봤지만 코로나 사망자를 받아준다는 장례식장은 없었다. 결국 빈소를 마련하지 않기로 했다."

- 화장 과정에서는 어땠나.

"아버지와 작별할 시간이 너무 없었다. 시청이 제공한 영구차에 가족이 같이 탈 수도 없었고, 염습이나 입관식도 없이 바로 화장장으로 이동했다. 감염을 막기 위해 화장장 업무가 끝난 뒤에야 화장을 진행했다. 방호복을 입더라도 장례 과정을 함께하고 싶었지만, 밖에서 대기해야 했다. 아버지가 가시는 길이 너무 외로울 것 같아 마음이 쓰려도 다른 방법이 없었다."

─중앙일보, 장세정 기자, 오피니언 〈작별도 못했다, 코로나 시대 두가족의 '아픈 이별'〉, 2020. 11. 23

감동적인 죽음

2006년 3월 11일 개그맨 김형곤 씨가 유명을 달리했다. 그는 운동 중 쓰러져 유명을 달리한 것인데 그의 나이 49세였다고 한다. 그는 '회장님 우리 회장님' 등 시사 풍자 코미디로 국민들에게 많은 웃음을 준 인기 절정의 개그맨이었다. 김형곤 씨의 죽음을 한국일보는 이렇게 보도하고 있다.

지난해 3월 타계한 개그맨 김형곤의 유해 장례식이 그가 숨진 지 20개월이 지난 2007년 11월 12일 오전 10시 카톨릭 의대 강남성모병원에서 열렸다. 장례식이 이처럼 늦게 치러진 것은 자신의 시신을 의학 연구용으로 기증하겠다는 그의 유언 때문이다. 운동을 하다 쓰러진 뒤 그의 시신은 카톨릭 의대에 기증됐다. 그 뒤 지금껏 소아암 환자 치료를 위한 연구와 학생들의 해부학 실습 및 교수들의 학문 연구에 사용됐다. 카톨릭 의대 관계자는 '김형곤 씨의 시신은 의학과 학생들을 위한 실습과 연구에 소중히 쓰였다'며 '의학 발전에 많은 도움이 됐다'고 말했다. 이 관계자는 '김씨처럼 시신 기증 의사를 밝힌 인사가 강남 성모병원에만 1만 7,000여 명에 이른다'고 전했다. 병원측은 장례식 이틀 전인 10일 그의 시신을 화장 처리했다. 생전에는 시사 풍자 코미디로 국민에게 웃음을 준 그가 죽어서는 시신 기증이라는 선행을 통해 국민에게 또 다른 감동을 준 것이다.

― 한국일보, 2007년 11월 13일

유교의 영향을 많이 받은 우리나라에서는 '신체발부 수지부모身體髮膚 受之父母(신체와 터럭, 살갗은 부모에게서 받은 것이다)'라는 생각을 가지고 있다. 따라서 부모로부터 받은 몸을 훼손하는 것은 큰 불효라고 생각하는 경향이 강하다. 그럼에도 불구하고 자신의 몸을 기증했다니 대단히 감동적인 죽음이라고 아니할 수 없다.

고통스럽고 끔찍한 죽음

《이만하면 괜찮은 죽음》의 저자 데이비드 재럿은 그의 저서에서 레이먼드 텔리스 교수의 저서 《히포크라테스 선서 : 의료와 그 불만》를 인용하여 에스파냐의 왕 펠리페 2세의 죽음을 인용하고 있다.

막대한 부와 권력을 소유한 에스파냐의 왕 펠리페 2세는 16세기 당대 최고의 의료인들을 부릴 수 있었으나 사실 생존율을 높이는데 도움이 되지는 않았다. 1598년 7월 22일, 펠리페 2세는 고열이 발생해 침대로 옮겨졌는데 이는 죽음이 가까워졌다는 뜻이었다. 두 달 동안 그 자리에 누운 채, 오랫동안 그를 괴롭혀온 관절염에 시달리며 꼼짝하지 못했고 누군가의 손길이 닿을 때마다 끔찍한 고통을 느꼈다. 침구의 무게조차 고통스러웠다. 죽음의 침대에 누운 지 53일 뒤에 결국 그는 세상을 떠났다. 사람들은 흔히 죽음이 두렵지 않다고 말하면서 죽음이 삶의 일부이고 자연스러운 현상이라는 말을 덧붙인다. 그럼에도 불구하고 마취제(1846년 이전에는 마취제 없이 수술함)가 생기기 전에 통증은 인간으로서 상상하기 힘들며, 특히 펠리페 2세 같은 경우는 고통이 아니라 지옥 그 자체라고 하지 않을 수 없다. 텔리스 교수는 그의 비참한 처지를 이렇게 묘사하고 있다.

> 그 무서운 '삼일열'은 그에게 전신의 열감과 오한을 번갈아 일으켰다. 손발의 발진도 악화되어 절개가 필요했다. 오른쪽 무릎 위에 곪은 종기가 돋아 8월 6일에 어떤 마취제의 도움도 없이 절개해야 했다. 벌어진 상처에서 고름이 제대로 빠져나가지 않은 탓에 매일 고름을 두 그릇씩 꽉 짜내야 했다. 만성 수종으로 배와 관절이 퉁퉁 부어 올랐다. 시련이 더해지면서 엉덩이에 욕창이 마구 돋아났다. 그는 가끔 얕은 잠에 빠지거나 의식이 거의 없는 것처럼 보이기도 했지만 불면증에 시달렸고 자신의 몸 상태에 대한 공포에서 정말로 벗어나지는 못했다.
>
> 목격자들의 말에 따르면 가장 끔찍한 고통은 설사였는데, 이 최후의 질병 중반부터 증상이 지속되었다. 타인의 손길이 닿거나 몸을 움직일 때면 견딜 수 없을 만큼 극심한 고통이 따랐기 때문에 그가 누는 대변을 치우지 않고 침대 시트조차 갈지 않는 것이 최선이었다. 침대는 대개 더러운 상태에서 끔찍한 악취를 풍겼다. 결국 이 심각한 문제를 조금이라도 해결하고자 매트리스를 도려내 구멍을 뚫었지만 불완전한 방책이었다. 펠리페는 계속 변을 보면서 스스로 만든 오물 속에서 뒹굴었고, 그 모든 냄새와 모욕으로 고통받았다. 어느 이야기에 따르면 이 lice에도 시달렸다고 한다.
>
> ─데이비드 재럿 지음, 김율희 옮김, 《이만하면 괜찮은 죽음》, 월북, 2020, p.15~16

비극적인 죽음 1

셰익스피어의 작품 〈로미오와 줄리엣〉은 주인공들이 사랑하지만 사랑을 이루지 못하고 죽는다는 비극적인 사랑이 다음과 같이 묘사되고 있다.

이탈리아 베로나 공국에서 명성 높은 두 가문 몬태규 가와 캐플릿 가는 끝없는 혈투를 벌인다. 그때 몬태규 가 당주의 아들 로미오는 캐플릿 가문의 줄리엣을 연모한다. 허나 그녀는 사랑하지 않기로 맹세했기에 로미오는 이루어질 수 없는 사랑으로 인해 절망에 빠진다. 어느 날 로미오는 친구 머큐쇼와 함께 캐플릿가의 파티에 몰래 참석하고, 거기서 캐플릿 가 당주의 외동딸 줄리엣을 만나 첫눈에 반하여 사랑에 빠진다. 로미오와 줄리엣은 두 가문을 서로 화해 시킬 방법을 물색하던 로렌스 신부神父의 도움으로 비밀 결혼식을 올린다.

한편, 줄리엣의 사촌 티볼트는 로미오가 가문의 무도회에 숨어들어온 것을 알아챈다. 그래서 비밀 결혼식 이후 우연히 길거리에서 로미오와 그의 친구 머큐쇼와 마주치자 로미오를 처단하려고 싸움을 걸지만, 로미오는 차마 응수할 수 없었다. 그러자 친구 머큐쇼가 로미오를 대신하여 티볼트를 상대하여 결투를 벌이다 죽고만다.

친구의 죽음에 분노한 로미오는 복수를 다짐하고, 얼마 지나지 않아 티볼트는 로미오에게 죽임을 당한다. 티볼트를 죽이게 된 로미오가 베로나에서 추방당하게 되자, 로미오와 줄리엣은 처음이자 마지막으로 하룻밤을 보내고 로미오는 도피한다. 그 후 줄리엣은 그녀를 좋은 가문에 강제로 결혼시키려는 부모를 피해 수면제를 먹고 죽은 것처럼 가장한다. 로미오는 줄리엣이 죽었다는 소식을 듣고 돌아와 슬픔에 빠진 나머지 독약을 먹고 자살하고, 깨어난 줄리엣 역시 숨진 로미오를 발견하고 단검으로 가슴을 찔러 자살한다.

비극적인 죽음 2

기원전 431년 팰로폰네소스 전쟁이 터진지 1년 만에 그리스에는 엄청난 역병으로 인구의 1/4이 죽었다고 한다. 그후 일년쯤 지나 역병의 한복판에서 소포클레스의 《오이디푸스왕》이 등장한다. 비극의 주인공 오이디푸스는 아버지를 죽이고 어머니와 결혼하여 두 형제와 두 딸을 낳는다. 그러나 이 모든 것이 백일하에 드러나자 어머니는 자결하고, 자신의 눈을 찔러 실명 후 죽게 되는 《오이디푸스왕》을 두 번째 가장 비극적인 죽음으로 소개한다.

테베의 왕 라이오스와 왕비 이오카스테 사이에 태어난 아들이 오이디푸스 (부은 발'이라는 뜻) 다. 그런데 델포이의 신전에서 '오이디푸스가 아버지를 죽이고 어머니와 동침할 것이다'라는 신탁을 내놓자 왕은 아이를 양치기에게 넘겨주며 죽이라고 명한다. 테베의 양치기는 차마 아기를 죽이지 못하고 발을 꿰뚫어 국경지대 쪽에 있는 산의 나무에 매달아 놓았다. 그때 이웃나라인 코린토스의 양치기가 아이를 발견하고 자식이 없는 코린토스의 왕에게 데려가 바쳤다.

장성한 오이디푸스는 한 취객으로부터 자신이 코린토스의 왕 폴리

보스의 친자가 아니라는 말을 듣는다. 이에 대한 사실을 알기 위해서 델포이로 가서 신탁을 듣는데 신탁에서는 친자 여부는 무시하고 '너는 아버지를 죽이고 어머니와 동침한다'라는 예언을 한다. 충격을 받은 오이디푸스는 패륜을 저지르지 않으려고 밤중에 코린토스를 떠나 도망간다.

그런데 테베에 스핑크스가 나타나자 이를 해결하기 위해 테베왕 라이오스는 신탁을 받으로 가고 있었다. 코린토스에서 테베로 도망가던 오이디푸스와 신탁을 받으러 가던 라이오스 왕이 좁은 길목에서 마주친다. 서로 비키라고 하다가 다툼이 일어났다. 이에 왕이 화가 나서 말 채찍으로 오이디푸스를 때렸고, 결국 오이디푸스는 왕과 일행들을 그들이 누군지도 모르고 죽여버린다.

여행을 계속하다 테베에 다다른 오이디푸스는 지나가는 이에게 수수께끼를 내고 풀지 못하는 사람을 잡아 먹었다는 스핑크스에 대한 이야기와 과부가 된 테베의 왕비 이오카스테가 스핑크스를 제거해주는 사람에게 왕위를 주고 그의 아내가 되겠다고 약속했다는 이야기를 듣고 스핑크스를 찾아간다. 오이디푸스는 아무도 풀지 못했던 스핑크스의 수수께끼(아침엔 네발, 점심엔 두발, 저녁엔 세발인 동물은?)를 풀어내자 스핑크스는 수치심에 절벽에서 뛰어내려 자살했다.

그렇게 오이디푸스는 테베의 영웅이 되었으며, 죽은 라이오스 왕을 이어 왕좌에 앉아 친어머니인 이오카스테와 결혼하게 된다. 이오카스테는 아들과의 사이에 폴리네이케스와 에테오클레스 형제, 안티고네와 이스메네 자매를 낳았다. 그렇게 오이디푸스가 모르는 사이에 예언은 전부 실현되었다.

그런데 어느 날부터 테베에 역병이 돌기 시작한다. 오이디푸스는 이오카스테의 오빠인 크레온을 보내 다시 신탁을 듣는다. 거기서 "라이오스 왕의 살해범이 테베를 떠나지 않는 한 역병도 사라지지 않을 것이다"라는 예언을 듣는다. 그래서 오이디푸스는 라이오스 왕을 살해한 살인자를 찾으면 그의 눈을 멀게 하겠다고 맹세하며 장님 예언가인 테이레시아스로 하여금 살인자를 찾게한다. 결국 모든 출생의 비밀을 증거로 오이디푸스 왕이 친아버지를 죽이고 어머니인 이오카스테와 결혼한 진실이 밝혀지자, 이오카스테는 절규하며 수치심에 스스로 목을 매달아 자살한다. 오이디푸스는 자신의 공약대로 스스로 눈을 찔러 실명한다. 실명한 오이디푸스는 죽을 때까지 두 딸과 함께 떠돌아 다니며 가는 곳마다 패륜아라며 대중들에게 갖은 모욕을 당했다. 그 후 죽을 곳으로 정한 동굴에서 파란만장한 인생을 마쳤다.

—출처: 나무위키

담담한 죽음

폐결핵으로 고생하던 안톤 체호프는 자신이 죽어감을 알고 가볍게 샴페인 한잔을 마시고 담담하게 죽는다.

1904년에 위대한 러시아 극작가이자 의사인 안톤 체호프가 독일의 온천 휴양지 바덴바일러에 갔다. 그는 폐결핵을 앓았는데 얼마 전부터 쇠약해지고 있었다. 아내 올가의 회상에 따르면 그가 갑자기 침대에서 몸을 일으켜 자신이 죽어가고 있다고 말했다고 한다. 의사가 왔을 때, 그는 심장 기능을 되돌리는 강심제를 주사한 뒤 샴페인을 달라고 했다. 죽어가는 동료의사에게 샴페인을 주는 것이 의사들의 전통이었다. 체호프는 샴페인 잔을 받았고 웃음 띤 얼굴로 그 잔을 비우며 이렇게 말했다. "오랜만에 마시는 샴페인이군." 그러고 나서 자리에 누운 다음, 세상을 떠났다.

—데이비드 재럿 지음, 김율희 옮김, 《이만하면 괜찮은 죽음》, 월북, 2020, p.173

우리는 언제, 어디에서 죽을까

사람에게 확실한 것과 불확실한 것 한 가지씩이 있다면 그것은 '죽음'과 '죽는 때'일 것이다. 죽음은 가장 확실하지만 그 죽음이 언제 나를 나를 찾아올지는 알 수 없는 일이다. 그 많은 교통사고와 재난, 전쟁, 천재지변 등이 나를 향해 다가올지 알 수 없다. 살아간다는 것은 죽음 쪽에서 보면 한 걸음씩 죽어오고 있는 형국이다. 로스 교수는 "나비가 고치에서 벗어나 날아오르듯 내가 몸에서 떠날 때를 정해 놓은 것은 창조주라는 것을 나는 알고 있다."(엘리자베스 퀴블러 로스 지음, 강대은 옮김, 《생의 수레바퀴》, 황금부엉이, 2019, p.285)고 말했다. 창조주는 인간이 죽는 날을 숨기셨다. 만일 하나님이 모든 사람의 사망일을 숨기지 않으셨다면 아무도 집을 짓지 않고 포도밭에 포도를 심지 않았을 것이다.(랍비 조셉 텔루슈킨 지음, 김무겸 옮김, 《죽기 전에 한 번은 유대인에게 물어라》, 북스넛, 2016, p.286) 우리가 죽는 날을 안다면 우리는 '내일이

죽는 날인데 지금 다른 사람을 위해 일할 이유가 있겠는가?'라고 생각할 것이다.(같은 곳)

모든 것에는 때가 있다. 태어나는 날이 있으면 죽는 날도 있다. 분명 모든 것에는 마지막 때가 있다. 단지 우리는 그때가 다가오면 그것이 마지막이라는 사실을 잘 알지 못할 뿐이다. 마지막으로 운전한 차, 마지막으로 산책하던 때, 마지막 내 손으로 밥을 먹을 때, 마지막 전화를 했을 때, 그것이 마지막이 될 줄을 누가 알겠는가. 그러나 내가 모를 뿐 마지막은 있기 마련이다. 그 마지막 중에서 최종적인 마지막 행위는 숨을 들이쉬는 것이다.

우리는 어디에서 죽을까?

한 일간 신문은 "우리나라 65세 이상 노인에게 임종을 원하는 장소를 물었을 때 1위는 집(38%), 2위는 병원(19%), 3위가 호스피스(13%)였다. 노인이 아닌 일반 성인을 대상으로 조사했을 때는 집(57%), 호스피스(20%), 병원(16%) 순서로 나타났다. 노인이든 일반 성인이든 가장 선호하는 임종 장소는 집이다."라고 밝혔다.(국민일보, 박중철의 '좋은 죽음을 위하여' (21) 편히 죽을 곳이 없다. 2024. 11. 5.) 하지만 2020년 대한민국 전체 사망자의 75.6%는 요양병원을 포함한 의료기관에서 사망했고, 주택에서 사망한 비율은 15.6%에 불과했다.(박중철 지음, 《나는 친절한 죽음을 원한다》, 홍익출판, 2022, p.16) 집과 호스피스를 원해도 결국은 병원에서 죽는 것이 한국인의 운명이다.

실제로 우리나라는 20세기 말까지는 자택 사망률이 높았다. 그러나

2003년을 기준으로 자택과 병원에서의 임종장소 점유율이 역전됐다. 1989년에는 자택 사망이 77.4%, 병원 사망이 12.8%였다.(김현아 지음, 《죽음을 배우는 시간》, 2021, 창비, p.101) 그러나 2003년에는 자택 사망 42.6%, 병원 사망 45.1%로 엇비슷하더니 지금(2018년)은 병원 사망이 76.2%, 자택 사망 14.3%로 완전히 역전됐다(같은 책, p.102).

일본에서도 병원 사망률이 자택 사망률보다 높다. 일본인 중 80%는 연명 치료를 받느라 병원에서 죽는다고 한다.(이시토비 고조 지음, 노미영 옮김, 《우리는 죽음을 어떻게 맞이해야 하나》, 마고북스, 2012, p.15) 반면 미국에서는 2017년을 기준으로 자택 임종이 병원 임종을 추월한 것으로 조사됐다고 한다. 동년 기준으로 자택 임종은 31%, 병원 임종 30%, 간호시설 21%, 호스피스 시설 8%로 집계됐다고 한다.(출처: 뉴스 윅스 고종관 기자, 미국, 재택 임종이 병원 임종 앞섰다. "31% VS 30%로 근소하지만 의미있어", 2019. 12. 23.)

사망 장소 변화 단위: %

연도	집	병원
1991년	74.8	15.3
2003	45.1	42.6
2010	20.3	67.6
2016	15.3	74.9

자료: 통계청

출처: 10명중 7명은 병원서 눈감아 …재택 임종 작년 15.3% 역대 최저, 중앙일보 신성식 기자, 2017. 3. 6

우리나라 사망 장소 변화를 보면 그래프와 같다. 이와 같이 병원 사망이 늘어난 이유는 무엇일까?

병원에서 죽는 이유

박중철 교수는 사람들이 집과 호스피스를 원해도 병원에서 죽을 수밖에 없는 이유를 이렇게 말하고 있다.

> 집에서 임종이 어려운 이유는 생애 말기 돌봄, 즉 간병이 어렵기 때문이다. 또한 말기 암과 같은 질환이 있는 경우는 고통을 견디기가 어려워 병원을 택하게 된다. 건강보험 공단 분석에 따르면 병원 사망의 경우 마지막까지 연명치료가 행해질 가능성이 높다. 여우를 피해 들어간 굴에서 호랑이를 만나는 것처럼, 집에서 겪을 고통이 두려워 병원으로 갔지만 오히려 연명치료의 고통에 빠지는 격이다. 결국 연명치료를 받지 않으면서 고통 없는 임종이 가능한 곳은 호스피스 병원뿐이다. 하지만 국내 요양기관 수는 9만7천개 정도인데 입원형 호스피스 기관은 94개로 전체의 0.1% 수준이다. 호스피스에 입원하려면 0.1%의 행운이 따라야 한다. 또한 현행법상 호스피스는 말기 암을 비롯해 몇 개 질환이 아니면 입원 자체가 불가능하다.
>
> ─국민일보, 박중철의 '좋은 죽음을 위하여' (21) 편히 죽을 곳이 없다, 2024. 11. 5

간병의 어려움 외에도 사후 책임 문제가 있다. 자택이나 노인 요양원에 있다가 위급 시 아무런 조치를 하지 않은 채 사망한 경우 책임(일본의 경우 보호 책임자 유기치사죄에 해당)을 추궁당할 우려가 있다.(이시토비 고조 지음, 노미영 옮김, 《우리는 죽음을 어떻게 맞이해야 하나》, 마고북스, 2012, p.101)

병원에서의 죽음은 환자만 비참하게 된다

비유가 적절할지는 모르지만 전쟁과 병원에서의 죽음을 비교해 보자. 전쟁은 아군과 적군 모두 사상자가 발생하고 전쟁터도 피해를 입는다. 그러나 병원에서의 임종은 아군(의사)과 적군(질병)은 아무런 상처를 입지 않고 전쟁터(환자)만 파괴(죽게)되는 피해를 입는다.

사람들이 병원에서 죽는 것을 꺼리는 이유 중의 하나가 의료진의 '의료 집착'이라고 볼 수 있다. 미국 하버드 의대 교수 안젤로 볼란데스는 "무력감을 벗어나기 위해 환자에게 행해지는 의료적 집착은 한마디로 불필요한 것, 죽음의 과정을 연장하는 것, 환자에게 가하는 고통과 해로움 그 자체이다."(박중철 지음, 《나는 친절한 죽음을 원한다》, 홍익출판, 2022, p.271)라고 말한다.

의료인이 정말로 수치스럽게 여겨야 하는 것은 환자의 목숨을 구하지 못한 것이 아니라 내 환자가 고통에 몸부림치다 비참하게 죽음을 맞이하는 것이다.(같은 곳, p.297)

죽음을 자주 목격한다는 어떤 의료인은 "병원은 생의 마지막을 보내는 장소로 결코 바람직하지 않다. 특히 가장 가까운 가족과의 접촉조차 금지되는 중환자실에서의 죽음은 더욱 그렇다."고 말한다.(김현

아 지음, 《죽음을 배우는 시간》, 창비, 2021, p.103)

많은 사람들이 요양원에서 자연스러운 종말을 맞기를 원한다.(이시토비 고조 지음, 노미영 옮김, 《우리는 죽음을 어떻게 맞이해야 하나》, 마고북스, 2012, p.16)

독일의 경우 노인 요양원에서 죽음을 맞이하는 경우가 대부분이고 병원으로 옮겨지는 경우가 드물다고 한다.(같은 곳, p.224) 그런데 우리는 요양원에 있다가 위급한 일이 생기면 바로 병원 응급실이나 중환자실로 직행한다. 고령의 환자가 죽을 때가 되어 자연스럽게 죽어가는 과정인데도 응급실로 이송한다. 요양원에는 의사도 없고, 유사 시 책임문제가 따르기 때문이리라.

병원에서 죽기 싫어하는 이유

중환자이든 아니든 대부분의 사람들이 병원에서 죽는 것을 싫어한다. 왜냐하면 자기 집처럼 편안하지 않고 외롭기도 하지만 무엇보다도 사람 대접을 받지 못하기 때문이다. 물론 부자들은 대접받으면서 편안하게 치료받을 수 있지만 일반 환자는 그렇지 못하는 경우가 많다. 여기에 병원에서의 죽음이 어떠한지를 보여주는 한 할머니의 이야기를 소개한다.

스코틀랜드 어느 작은 요양병원에서 한 할머니가 돌아가셨다. 간호사들이 할머니의 짐을 정리하다가 이 '시'를 발견하였다. 시의 내용에 감동받은 간호사들이 이 시를 복사하여 모든 간호사들에게 전달하였고, 한 간호사는 이 시를 '북아일랜드 정신건강협회' 뉴스지의

'크리스마스판'에 실리게 하였다. 단순하지만 마음을 움직이는 이 시는 동영상으로 만들어져 소개되었고 인터넷을 통해 전 세계로 전해졌다. 그 시를 소개한다.

간호사님들! 무엇을 보시나요?
댁들이 저를 볼 때, 무슨 생각을 하시나요?
현명하지 않고, 변덕스런 성질과 촛점없는 눈을 가진
투정이나 부리는 늙은 노인으로 보이겠지요?
음식을 질질 흘리고, 대답을 빨리빨리 못하냐고 큰 소리로 말할 때면
"전 정말 당신들이 좀 더 노력해 주기를 원했습니다!"
당신들이 귀찮다고 주먹질을 할 때는 맞아가면서도…
"전 정말 안 움직이는 몸 속에서 용기를 내어
헛손질로나마 싸우고 싶었던 것이랍니다."
댁들이 하는 일도 못 알아 차리는 것 같이 보이고,
양말이나 신발 한 짝을 항상 잃어버리는 늙은 노인으로밖에는 안 보였나요?
저항하든 말든 목욕을 시킬 때도 설거지 그릇만도 못하고,
댓돌만도 못한 내 몸뚱이에 눈물도 쏟아 냈지만,
흐르는 물에 감추어져 당신들 눈에는 보이지 않았겠지요!
음식을 나누어 먹는 것이 아닌 그냥 먹여 주는 댁들의 눈에는
가축보다 못난 노인으로 비추어졌던가요?
댁들은 저를 그런 식으로 생각하시나요?

댁들은 저를 그런 식으로 보시나요?

제 팔에 든 수많은 멍을 보고 당신들 눈에는 도화지 위에 아무렇게나 그려놓은 망가진 보라색 도라지꽃으로 보이던가요?

간호사님들!

그렇다면 이제 눈을 뜨고 그런 식으로 절 보지 말아 주세요.

이 자리에 꼼짝하지 않고 앉아서, 나의 의지는 상실되어 댁들이 지시한 대로 행동하고, 나의 의지가 아닌 댁들의 의지대로 먹고, 온몸에 멍이 들어도 아픔을 삭혀야 되었던 제가 누구인지 말하겠습니다!

제가 '열 살' 어린아이였을 땐

사랑하는 아버지가 있었고 사랑하는 형제들도 자매들도 있었답니다.

'열여섯 살'이 되었을 땐, 발에 날개를 달고 이제 곧 사랑할 사람을 만나러 다녔답니다.

'스무 살' 땐, 평생의 사랑을 평생 지키기로 약속한 결혼 서약을 기억하며 가슴이 고동쳤답니다!

'스물 다섯 살'이 되었을 땐, 안아주고 감싸주는 행복한 가정을 필요로 하는 당신들 어린 시절과 같이 귀엽던 어린 자녀들이 생겨났답니다.

'서른 살'이 되었을 땐 여러명의 자녀들과 서로 오래도록 지속될 관계가 맺어졌답니다.

'마흔 살'이 되었을 땐, 어리기만 했던 아들 딸들이 성장해서 집을 떠나게 되었지만, 남편은 제 곁에 있어 슬프지 않았답니다.

'오십 살'이 되었을 땐, 제 자식들은 당신들처럼 직장에서 일을 하고, 손주를 제 무릎에 안겨주며, 그때 비로소 인생의 맛을 느끼는 저 자신을 알게 되었답니다.

마침내 어두운 날들이 찾아와 내 옆에 있던 이가 먼저 하늘로 떠나게 되면서, 앞으로의 삶을 생각해 보니 두려운 마음에 등골이 오싹해졌답니다.

자녀들이 모두 자기의 자식을 키우고 있는 그 모습을 보고, 난 내가 알고 있던 지난 날들과 사랑을 한 번 생각해 봤답니다.

저는 이제 늙은이가 되었는데, 참으로 우습게도 늙은이를 바보처럼 보이게 만드는 것들을 보면서, 세월은 참으로 잔인한 것 같다는 생각도 해봤답니다. 몸은 망가지고 우아함과 활기는 떠나버렸고 한때는 마음이었던 것들이 이제는 무딘 돌이 되어버렸답니다.

시체와도 같은 이 늙은이 속에는 아직도 어린애 같은 마음은 살아 있어 가끔씩 다 망가진 이 가슴이 부풀어 오를 때가 있답니다.

좋아하는 사람이 생겨

젊은 시절처럼 사랑도 하고 싶다는 꿈도 꾸어 본답니다.

즐거웠던 일을 기억해보고, 고통스러웠던 일들을 기억해 보면서,

난 지금 다시 한 번 삶을 사랑하며 이렇게 살아가고 있답니다.

너무 짧고 빨리 지나간 지난날들을 생각하면서

영원한 것은 아무것도 없다는 엄연한 현실을 받아들이기로 했답니다.

이제, 사람들이여! 눈을 떠 보십시오! 눈을 떠 보십시오!

투정이나 부리는 늙은이로 보지 말고, 좀더 자세히 나를 봐주세요!

당신의 아버지는 아니나 아버지일 수도 있고

당신의 어머니는 아니나 어머니일 수도 있습니다.

그냥 가축에게 모이를 주듯 하지 마세요…

그냥 먹고 싶습니다. 멍들게 하지 마세요.

가슴속에 멍을 안고 이 세상을 떠나지 않게 해주세요.

사는 동안 간절한 내 소망입니다!

이 시詩에서 우리는 인간의 존엄성을 찾아볼 수 없다. 이것이 간호사나 의료진 만의 문제는 아닐 것이다. 한 의료진이 너무 많은 업무나 환자를 담당하는 문제, 병원 경영상의 문제 등 많은 것들이 복합적으로 얽힌 문제일 것이다. 이제 자기 집에서 편안하고 존엄하게 떠날 수 있는 시스템을 만들어야 한다. 자기 집에서 죽는 것이 가장 경제적이라고 하니 시스템만 갖추면 된다. 경제적 문제이지만 관심과 사랑의 문제이기도 하다. 어려운 일이지만 우리 모두가 헤쳐나가야 할 일이다.

집에서 죽는 것이 잘 죽는 것이다

19세기는 물론 20세기 중반까지 대한민국 사람들은 대부분 농촌에서 살았고, 집에서 임종을 맞이할 공간이나 환경을 갖추고 있었다. 또한 수 세대 동안 이어져 온 집안과 마을 사람들의 애도 속에 장례가 치러졌다. 임종이 가까워지면 친척들이 환자의 집에 모여서 밤을 지새우는 등 임종을 맞이한다. 친척들은 뜬눈으로 밤을 새우고 고인에 대한 곡을 하는 등 애도를 표한다. 마을 청년들은 인근의 마을들에 부고를 전달해주는 역할을 하고, 장례에 경험이 많은 사람들은 고인을 염한다든가 고인의 묘지를 파는 역할도 한다. 동네 사람들은 상여를 메고 묘지까지 운반하며, 매장하는 일도 기꺼이 감수한다. 임종을 지켜보는 일에서부터 장례식에 이르기까지의 이러한 일련의 과정을 통해 죽음은 가족, 친척과 마을의 공동체 안에 자리잡게 마련이다.

나의 할아버지는 내가 13살 때인 1971년에 사시던 시골 집에서 돌아가셨다. 1986년에 외할머니, 1992년에 할머니, 1996년에 장인어른, 모두 사시던 집에서 돌아가셨고 그곳에서 장례식을 하였다. 그리고 나서 2004년 장모님, 2005년 아버지 두 분은 집에서 돌아가셨지만 병원에서 장례식을 하였다. 지금 생각해보면 자신의 집이라는 익숙한 환경에서 가족 친척은 물론 마을 사람들의 전송을 받으면서 가셨으니 더 이상 바랄 수 없을 만큼 존엄하게 내세로 가신 것으로 생각된다.

미국 듀크대학의 학장이자 정신과 의사인 앨런 프랜시스는 병원과 집에서의 죽음을 다음과 같이 비교하고 있다.

> 병원 사망보다 더 나쁜 죽음은 없다. 잘 죽는다는 것은 집에서 죽는 것이다. 왜냐하면 병원은 주삿바늘이 쉴 새 없이 몸을 찌르고, 종일

시끄럽고, 밝은 불빛으로 잠들 수도 없고, 가족들에게 작별 인사도 못한 채 낯선 사람들 속에서 외롭게 죽기 때문이다.

—박중철 지음, 《나는 친절한 죽음을 원한다》, 홍익출판, 2022, p.19

또한 "병원에서 죽는 경우는 마지막까지 수액 주사를 놓으므로 시신의 얼굴과 손발이 부어오른다. 이에 비해서 자택에서 자연스럽게 돌아가신 경우는 얼굴 모습이 단정하다."(이시토비 고조 지음, 노미영 옮김, 《우리는 죽음을 어떻게 맞이해야 하나》, 마고북스, 2012, pp.182~183)고 하니 병원보다는 집에서 죽는 것이 좋은 모양이다.

우리 속담에 '먹고 죽은 귀신은 때깔도 곱다'라는 말이 있다. 이 속담은 먹는 것에 너무 집착하는 사람들이 스스로를 변명하기 위해서 하는 말로 생각된다. 하지만 고령으로 죽음이 옆에 와 있을 때에는 이런 말을 해서는 안 된다. 죽음이 옆에 있을 때쯤이면 '먹지 않아서 죽는 것이 아니라, 죽어가니까 먹지 않는 것이다.' 그리고 자택에서 돌아가시는 분의 얼굴이 단정한 이유는 억지로 먹이지 않기 때문이다.

20세기 말까지 우리나라 사람들 대부분은 자택에서 죽음을 맞이했다. 집밖에서 죽으면 '객사'라고 하여 이를 터부시하였다. 심지어 병원 치료 중에 죽음이 임박하면 바로 퇴원하여 자택에서 죽을 맞이하곤 하였다. 얼마나 객사를 금기시하였으면 의사들까지도 이를 권유하고, 퇴원을 허락했을까? 그러나 1997년에 발생한 보라매병원 사건 이후 중증 환자와 말기 환자의 퇴원이 허용되지 않으면서 병원에서 객사하는 것이 일반화되었다.

　우리나라뿐만 아니라 미국에서도 과거에는 대부분 집에서 임종하였고 현재도 그렇게 되기를 원한다고 한다. 왜냐하면 자기 집은 편하고 안정적이며 사랑하는 가족에게 둘러싸여 있기 때문이다. 데이비드 케슬러 교수는 "우리 할아버지의 할아버지 세대에서 그랬듯이 집은 진정한 치유의 장소임이 입증됐다. 집에서는 자신이 좋아하는 물건과 사람들에 둘러싸여 필요한 치료를 받을 수 있다. 집은 추억을 되새기며 반려동물과 사랑하는 사람 곁에서 죽을 수 있는 치유의 장소가 됐다."(데이비드 케슬러 지음, 유은실 옮김, 《생이 끝나갈 때 준비해야 할 것들》, 21세기 북스, 2017, p.12)고 말하고 있다. 그리고 많은 병원과 의사와 보험회사가 집에서 죽음을 맞는 편이 더 편안하고 개인을 존중해주는 길일 뿐 아니라 경제적이라는 점을 인식하고 있다.(같은 곳)

　편안하게 가족에게 둘러싸여서 죽어갈 수 있음에도 많은 사람들이 그러지 못한 경우가 많다. 자택에서 평온하게 떠나려면 최소한 다음의 두 가지 조건을 만족하여야 한다.

　첫째, 임종 시까지 고통 등의 증상에 대하여 집에서 대처할 수 있어야 한다. "호스피스에 입원한 환자들 중 증상이 안정되면 퇴원하여 집에서 임종하기를 원하는 분들이 적지 않지만 퇴원 후 며칠 되지 않아 다시 응급실로 내원하는 경우가 많다."(박중철 지음, 《나는 친절한 죽음을 원한다》, 홍익출판, 2022, p.208) 퇴원한 환자가 갑자기 통증을 호소하거나 호흡 곤란이 악화되어 거친 숨을 몰아쉬며 창백해지면 가족은 불안과 공포에 휩싸이게 된다. 다시 병원 응급실로 갈 수밖에 없을 것이다.

둘째, 가족들이 경제적, 육체적으로 간병할 준비가 되어 있어야 한다. 간병인을 고용할 경우에는 치료비보다 더 많은 비용이 소요되므로 경제적으로 준비가 돼 있어야 한다. 물론 가족이 간병을 전담할 경우에는 비용은 적게 들지만 누군가는 휴직을 하는 등의 손실을 감수해야 한다.

덴마크에서는 '집에서 죽고 싶다'라고 의사를 표현하는 노인은 거의 대부분 그 바람을 이룬다고 한다. "마지막의 마지막 식사도 받아들이지 못하고 물도 마시지 못하게 되었을 때 한국이나 일본이라면 병원으로 옮겨서 경관영양이나 수액주사 공급을 할 것이다. 덴마크에서는 물을 마시지 못하게 되면 끝이다. 이제 죽을 것임을 알게 되면 수액 주사도 놓지 않는다. 병원으로 옮기지 않는다."(이시토비 고조 지음, 노미영 옮김, 《우리는 죽음을 어떻게 맞이해야 하나》, 마고북스, 2012, p.225)

모두가 원하는 '좋은 죽음'이란

사람들은 어떤 죽음을 원할까? 오래 살기를 바라는 사람, 집에서 죽기를 바라는 사람, 호스피스에서 죽기를 바라는 사람, 연명의료를 원하지 않는 사람 등등 사람마다 다르기 마련이다. 이렇게 죽어 갈 때 원하는 바람직한 죽음을 '훌륭한' 죽음이라고 표현하는 사람도 있고, 어떤이는 '적절한' 죽음, 또 어떤이는 '아름다운' 죽음, 다른 이들은 '존엄한' 죽음 또 다른 이들은 '좋은' 죽음이라고 표현한다. 각각의 죽음이 어떤 의미를 가지고 있는지 알아보자.

훌륭한 죽음

정신과 의사 피터 펜윅은 '훌륭한 죽음'은 단순히 본인이 원하는 대로 죽는 것을 의미해야 한다고 말했다. "대부분의 사람에게 '훌륭한 죽음'은 아마 갈등과 오해를 다 푼 뒤 흐트러지지 않는 마음으로 죽는 것을 의미할 것이다. 모든 사람에게 그것은 아마 가능한 빨리, 고통 없이 다가오는 죽음을 의미할 것이다."(피터 펜윅 등 2인 공저, 정명진 옮김,《죽음의 기술》, 부글, 2008, p.306)

정현채 교수는 미국 내과학회지〈Annals of Internal Medicine〉논문을 소개한 바 있다.(정현채 지음,《우리는 왜 죽음을 두려워할 필요가 없는가》, 비아북, 2021, p.240) 이 논문은 특이하게도 임종을 앞둔 환자와 가족과 의료진이 모여서 토론을 하고 회의를 하여 내린 결론을 다루었으며 논문에서 밝힌 '훌륭한 죽음'의 요소는 6가지이다.

- 통증 완화, 조절
- 명확한 의사 결정
- 죽음 준비
- 훌륭한 마무리: 갈등해소, 인사
- 다른 사람에 대한 기여
- 온전한 인간으로서의 기여

적절한 죽음

인간의 죽음이 과연 훌륭하다고 할 수 있을까? 그래서 디스펠더 Lynne Ann Despelder 교수는 그의 저서에서 "훌륭한 죽음보다는 '적절한 죽음appropriate death'이라는 말이 더 실효성 있을지 모르겠다."고 말했다.(Lynne Ann Despelder 등 2인 지음, 이기숙 등 2인 옮김,《죽음:인생의 마지막 춤》, 창지사, 2010, p.465) 디스펠더 교수는 에버리 와이즈만의 말을 인용하여 '적절한' 죽음의 정의를 충족하는 몇가지 조건을 기술하고 있다. "적절한 죽음은 고통이 상대적으로 적어야 한다. 즉, 고통은 최소한도로 유지되어야 한다는 것이다. 또 중요한 자신의 능력들은 아낌없이 모두 활용되어야 한다. 임종자는 장애로 인한 여러 가지 제약 외에는 한 인간으로서 자신의 역할을 수행하고 자신이 원하는 대로 활동할 수 있어야 한다. 이 외에도 아직 남아 있는 개인적 갈등이나 사회적 갈등은 임종자가 최대한 인지하고 해결할 수 있도록 해야 한다. 임종자는 자신이 처한 상황에 맞추어 그리고 자신의 정체성과 자존심을 상하지 않으면서 자신이 원하는 것을 충족할 수 있어야 한다."(같은 곳)

아름다운 죽음

완화 의료 전문의 아이라 바이오크는 저서 《아름다운 죽음의 조건》에서 아름다운 죽음의 조건으로 네 가지 조건을 제시했다.(정현채 지음, 《우리는 왜 죽음을 두려워할 필요가 없는가》, 비아북, 2021, p.246)

첫째, 사랑해요
둘째, 고마워요
셋째, 용서합니다, 용서해 주세요
넷째, 안녕히 가세요

세상을 떠나기 전에 자신의 실수나 잘못을 용서받고 타인의 허물을 용서하며, 가족·친척·친구들에게 고마움을 전하며, 사랑한다고 말하며, 환자를 둘러싼 사람들이 환자에게 평안하게 가시라는 말을 할 때, 그 죽음은 아름답다고 말할 수 있을 것이다.

존엄한 죽음

눌랜드 교수는 "죽음 속에 내재된 위대한 존엄성은 죽음 전의 인생이 얼마나 고귀했느냐에 따라 좌우된다."고 말했다. 존엄한 죽음은 우리가 이루어낼 수 있는 희망의 한 형태이고, 그 희망은 생전의 삶이 어떠했는가에 따라 존재여부가 갈리게 된다.(셔원 B. 눌랜드 지음, 명희진 옮김, 《사람은 어떻게 죽음을 맞이하는가》, 세종, 2021, p.352)

눌랜드 교수는 존엄한 죽음에도 기본적인 요소가 있다고 한다. 자연이 우리의 자식들로 하여금 이 세계를 이어가게 만든 것처럼, 죽음을 거스를 수 없는 자연의 섭리로 받아들이는 것이 바로 존엄성 있는 죽음의 기본 요소다.(같은 책, p.371)

그리고 눌랜드 교수는 희망적이고 존엄한 죽음을 이렇게 정의했다.

> 우리 인생의 끝은 죽음이다. 그 끝을 막으려 하는 것은 존엄성 있는 죽음을 인정하지 않는 행위와 같다. 세월이 흘러 죽음이 다가온 순간은 영적으로 매우 신성한 시간이다. 그 시간에는 죽어가는 자와 세상에 남게 되는 자 사이에 합당한 영적 교류가 이루어져야 한다. 이러한 죽음이 바로 희망 있는 죽음이요, 존엄성 있는 죽음이다. 사랑하고 사

랑받던 사람들과 나누게 되는 마지막 교감, 위로, 사랑, 그리고 슬픔, 이러한 감정들을 나눌 수 있는 시간은 당사자들로 하여금, 아름다운 죽음은 가치 있는 것이라는 생각과 하느님의 존재와 내세에 대한 희망을 갖게 만든다.

—같은 책, pp.371~372

의학계의 존엄한 죽음에 대한 인식을 반영하듯이 1981년 포르투갈의 리스본에서 열린 세계의사총회에서는 획기적인 선언이 채택되었다. "환자는 인간으로서 존엄함을 유지하면서 죽음을 맞이할 권리가 있다"라는 유명한 '리스본선언'이 바로 그것이다.(알폰스 데켄 지음, 오진탁 옮김,《죽음을 어떻게 맞이하는가》, 궁리, 2003, p.101)

좋은 죽음

죽음의 산파이자 좋은 죽음 운동가인 안젤라 메니토Angela Mennitto는 '좋은 죽음은 아쉬움 없이 살다가 죽는 것'이라고 말한다.(박중철 지음,《나는 친절한 죽음을 원한다》, 홍익출판, 2022, p.20) 그녀는 잘 죽는다는 것은 잘 사는 것의 결과물이며 죽음의 순간을 두려워하기보다 죽음이 가지고 있는 교훈에 주의를 기울이면서 내면의 성장을 이루어야 한다고 조언한다.(같은 곳)

또한 "병원 사망보다 더 나쁜 죽음은 없다. 잘 죽는다는 것은 집에서 죽는 것이다."(박중철 지음,《나는 친절한 죽음을 원한다》, 홍익출판, 2022, p.19)고 말하는 교수도 있다. 수잔 호벤Susan Hoben은 그의 저서《잘

죽는 것: 우리의 사랑과 상실 여행》에서 '좋은 죽음은 자신이 원하는 방식으로 죽는 것'이라고 말한다. 더불어 그는 미국인의 90%가 집에서 죽음을 맞이하기를 원하지만 실제로 그것을 이루는 사람은 3분의 1밖에 되지 않는다. 원하는 죽음의 방식에 대한 원칙을 미리 세울 것을 권유한다.(같은 곳)

미국인들만이 병원에서 죽는 것이 아니다. 대부분의 나라에서도 집보다는 병원에서 죽는 것이 현실이다. 특히 한국은 더 심한 편이다. 2020년 전체 사망자의 75.6%는 요양병원을 포함한 의료기관에서 사망했고, 주택에서 사망한 비율은 15.6%에 불과했다.(같은 책, p.16)

한마디로 한국인의 임종장소는 병원이라고 해도 과언이 아니다.

한국인은 미국인들처럼 좋은 죽음을 바라면서도 대부분 그 바람과는 달리 비참하고 쓸쓸한 죽음을 맞이하고 있다. 인생을 훌륭하고 멋있게 마무리하기보다는 마지막까지 생명 연장 치료를 받다가 사망하는 것이 오늘날의 흔한 죽음의 모습이다.

소설가 프리쳇은 "죽음을 앞둔 사람들은 중환자실에서 기계에 의지해 두렵고 외로운 모습을 보이는 것보다, 집에서 평온하고 사적인 환경 속에서 죽음을 맞이하는 모습이 좋은 죽음, 지혜로운 죽음이다."고 말한다.(로라 프리쳇 지음, 신솔잎 옮김, 《죽음을 생각하는 시간》, 빌리버튼, 2019, p.86)

작가 로라 프리챗이 밝힌 자신이 본받고 싶어하는 좋은 죽음의 사례를 소개합니다.

아흔여덟 살의 지인 한 분이 몸에 이상이 생기기 시작했다. 한평생 목장과 함께했던 그는 유명한 정치인이자, 총명하고 의욕적이며, 크게 생각할 줄 아는 분이었다. 그런 그가 나이가 들고 늙어갔다. 건강이 나빠졌고, 1년 정도 입원과 퇴원을 반복했다. 병원을 마지막으로 방문했을 때 의사는 그에게 남은 평생 산소호흡기에 의존해야 한다고 말했다. 그는 자신의 아들을 올려다보며 말했다. "이제 목장 일은 못 한다는 말이겠지?" 그의 아들은 고개를 끄덕였다. 그는 무척 조심스럽게 산소호흡기를 벗었다. 한 시간 후 가족들에게 둘러싸여 죽음을 맞이했다. 그는 스스로 결단을 내렸다. 자신이 떠날 시간이라고 생각했다.

—같은 책, pp.191~192

품위 있는 죽음

유호종 박사는 '품위 있는 죽음'을 이렇게 포괄하여 정의하고 있다. 단말마의 고통이 없는 편안한 죽음, 잘 매듭지어진 죽음, 작별 인사를 제대로 나누는 죽음을 '품위 있는 죽음'이라고 말한다.(유호종 지음, 《죽음에게 삶을 묻다》, 사피엔스, 2010, p.136) 누구나 다 고통 없고 편안한 죽음을 원한다. 하지만 이런 죽음을 맞이하기는 어렵다. 셔윈 B. 눌랜드는 "고통 없는 편안한 죽음을 맞는 사람은 다섯 명 중 한 명도 안된다"고 말했다.

나의 아버지는 약간의 고혈압 외에는 별다른 병이 없었는데 78세에 돌아가셨다. 혈압약을 드신 지 3년째쯤 되셨다. 돌아가신 날 저녁을 드신 후 갑자기 온몸에 많은 땀을 흘리시고 욕실 바닥에서 대변을 배설하셨다고 한다. 어머니께서 목욕을 시켜 드리고 나서 아버지께 물었다. "고혈압 약을 드셨습니까?" "아니 먹지 않았소." "왜 먹지 않았습니까?" "고혈압 약이 없습니다." "왜 없습니까?" "지난달 병원에서 고혈압약을 처방 받을 때 간호사가 혈압이 매우 좋다고 해서 이제는 안 먹어도 되는 줄 알고 이번 달에는 병원에 가지 않았소." 어머니 말씀에 의하면 약 보름 정도 혈압약을 드시지 않았다고 한다. 아버지가 쓰러지고 나서 어머니께서 자식들에게 전화하려 하자 아버지가 만류하셨다고 한다. 자식들이 늦은 밤에 급하게 운전하다가 좋지 않은 일이라도 생길까 염려했던 것이다. 어머니가 119를 부르려고 하자 아버지께서 "그럴 필요 없다. 괜찮다."고 하셨단다. 그때가 금요일 밤 열 시 삼십 분 경으로 어머니는 기억하고 있다. 그렇게 아버지는 안방에서 어머니 곁에 누워 떠나셨다. 이 모든 것이 서너 시간 만에 발생한 일이다. 목욕 재계하시고 배우자에게 작별 인사를 한 후 떠나셨으니 품위 있는 죽음에 해당한다고 볼 수 있다.

  자식들은 아무도 임종을 보지 못해서 두고두고 죄송한 마음을 금할 수 없었다. 그 당시 78세는 적지는 않지만 많은 나이라고 볼 수도 없는데 서운한 마음이 들었다. 큰 지병도 없고, 자식들이 크게 속 썩이는 사람도 없으니 더 살고 싶었을 텐데 왜 119 호출을 거부하셨을까? 많은 생각이 들었다. 나름대로 죽음에 대한 철학이 확고하셔서 떠날 때임을 직감하신 것이 아닌가 짐작해 본다.

지금까지 '훌륭한 죽음', '적절한 죽음', '아름다운 죽음', '존엄한 죽음', '좋은 죽음', '품위 있는 죽음' 등 여러가지의 죽음에 대하여 알아보았다. 표현은 다르지만 뜻하는 바는 유사하다고 생각한다. 그래서 여기서는 통일하여 하나의 용어, '좋은 죽음'을 바람직한 죽음에 대한 표현으로 사용하고자 한다.

우리나라에서는 호상好喪 즉, '좋은 죽음'이라는 말이 오래전부터 내려오고 있다. 호상이라는 말을 사용할 명확한 기준은 없지만, 일반적으로 고인이 평균 수명에 필적 혹은 그 이상의 천수를 누리다 별세했을 경우 붙이는 편이라고 한다. 그 외에도 지병이나 악재 등으로 고생한 흔적이 없다던지, 자연사로 편하게 눈감았다던지, 유가족과 작별을 충분히 나눴다던지 하는 점들도 중요한 고려 요소라고 한다. 옛날 사람들이 장수한 후 죽는 것을 호상이라고 하는 이유는 장수 이외에 '좋은 죽음'의 요건을 다 갖추는 경우가 많았기 때문이라고 본다. 그 당시 죽어가는 사람들 대부분은 살던 집에서, 가족에게 둘러싸여서, 연명의료장치 없이 죽었으니 장수만 하면 좋은 죽음이 아니었을까 생각된다.

내가 초등학교 육학년 때 할아버지가 돌아가셨는데, 1971년도에 돌아가실 때 연세가 71세였다. 그런데 발인 전날 상여꾼들이 모여 사전 리허설을 하는 데 "이 분은 참 호상이야"라는 말을 여러 번 들었다. 나중에 커서 알고 보니 그게 '좋은 죽음'이라는 말이었다. 1971년도에 우리나라 평균 수명이 약 오십육칠 세 정도였으니까 71세면 천수를 다했다고 볼 수 있을 것이다.

많은 용어들을 제쳐두고 '좋은 죽음'을 선택한 이유는 위와 같이 조상들이 사용하던 용어에 조금은 익숙해서가 아닐까 생각된다. 앞에서 언급한 모든 죽음들을 포괄하는 '좋은 죽음'이란 무엇일까? 거기에 합당하다고 생각되는 논문이 2016년 미국 노년 정신의학회지 (American Journal of Geriatric Psychiatry)에 발표되었다. 연구자들이 정리한 '좋은 죽음'의 요건들은 다음과 같다.(박중철 지음, 《나는 친절한 죽음을 원한다》, 홍익출판, 2022, p.20)

- 고통 없이 죽는 것
- 두려움 없이 평온한 상태에서 죽는 것
- 원하는 장소에서 잠들 듯이 죽는 것
- 작별 인사를 아쉬움 없이 남길 수 있는 것
- 사람들의 존경과 존중을 받으면서 죽는 것
- 가족들에게 둘러싸여 있는 상태로 죽는 것
- 영적, 종교적 평안 속에서 죽는 것
- 미리 작성한 사전의료의향서, 연명의료 거부 등이 지켜지는 것
- 평소대로 살다가 죽는 것

좋은 죽음에 장애, 방해가 되는 것

앞에서 여러 가지의 죽음에 대하여 살펴보았고 결론적으로 '좋은 죽음'이라는 표현을 사용하기로 하였다. 그런데 이러한 '좋은 죽음'에 방해가 되는 가장 큰 장애물은 채 마무리 짓지 못한 일이며, 그 일을

해결하는 가장 중요한 방법은 화해이다.(피터 펜윅 등 2인 공저, 정명진 옮김, 《죽음의 기술》, 부글, 2008, p.309) 펜윅 교수는 또 한 번 강조하기를 '좋은 죽음'을 방해하는 최대 장애물은 가족 갈등과 같은 마무리되지 않은 일, 죄의식이나 증오 같은 풀리지 않은 개인적인 문제이다.(같은 책, p.326) 우리가 사랑하는 사람이 평화롭고 좋은 죽음을 경험하도록 돕는 도구로서 가장 효과적인 것은 가능하기만 하다면 화해의 과정을 돕는 것이다.(같은 곳) 그는 또 만약에 평화로운 죽음을 맞이하고 싶다면 다음과 같이 할 것을 권하고 있다.

> 우리는 다른 사람을 용서하고, 그들의 용서를 구하고, 자신의 잘못이나 오해에 대해 스스로를 용서할 필요가 있다. 만약 당신이 죽어가는 사람을 돌보고 있다면 그들을 위해 해 줄 수 있는 가장 값진 일은, 그들이 깨어졌거나 위기에 처한 인간 관계를 바로 잡을 기회를 만들어 주는 것이다. 그것은 아무리 늦어도 관계없다. 만약에 마무리 짓지 못한 일, 즉 가족 사이의 불화나 문제가 있는 인간관계가 해결되지 않은 채로 남아 있다면, 모두가 그 문제들을 해결할 기회를 갖는 것이 매우 중요하다. 이런 화해가 중요한 것은 죽어가는 사람이 평화롭게 세상을 떠나도록 만들기 위해서만은 아니다. 그것은 뒤에 남는 사람들도 죄의식을 느끼지 않은 채 평화로운 이별을 하도록 만들기 때문이다.
>
> ─같은 책, pp.309~310

죽음의 고통 중에 하나가 화해와 용서하지 못하고 떠나는 것이다. 심리학자 헨리 나우웬은 그의 저서 《겨울 너머의 세계》에서 "진정한 고통은 사랑하는 사람과 헤어지는 문제가 아니었다. 문제는, 내가 용서하지 못한 사람들과 나를 용서하지 못한 사람들을 남겨 두고 떠나야 하는 것이었다."라고 말했다. (정현채 지음, 《우리는 왜 죽음을 두려워할 필요가 없는가》, 비아북, 2021. p.252)

얼마 전 내가 다니는 교회에서 폐결핵으로 17년 동안 입원 생활을 한, 사모다움 선교회 하귀선 대표의 간증이 있었다. 폐기능이 15%밖에 남지 않아 걷기는 물론 말하기도 힘든 상태였다. 산소호흡기를 달고 사는 그녀는 간증에서 이렇게 말했다. "너무 고통스러워 죽고 싶었는데, 그 죽음 앞에서도 용서하지 못한 사람이 두어 명 있더라. 용서할 수 없는 사람이라고 생각했던 그 사람들을 용서하지 못하고 가려고 하니 하나님께 미안했다. 그래서 전화를 해서 용서하고 화해했다. 그러자 마음이 편안해졌다. 그래서 그런지 아직까지 살아 있으니 감사할 일이다."

사람은 사는대로 죽는다

불행이 닥칠 때 자신이 행복했던 때를 알게 되고, 질병을 통해 건강의 소중함을 알게 되고, 죽음을 통해 삶이 소중함을 깨닫게 되는 것이 인생이다.

죽음을 향해 나아가는 존재인 각 개개인은 이 세상에 태어나면서부터 나날이 늙어가고 있으며 죽음의 위협에 직면해 있기 때문에 인생의 궁극적인 문제인 삶과 죽음에 관한 문제에 대해 성찰하지 않을 수 없다.(부위훈 지음, 전병술 옮김,《죽음 그 마지막 성장》, 청계, 2001, p.47)

죽음은 삶의 일부분이다. 어려서의 삶, 젊어서의 삶, 늙어서의 삶, 죽을 때의 삶 등등으로 이루어진 것이 우리네 인생이다. 죽음은 그 중에서 가장 마지막에 나타나는 삶이다. 대부분 사람들이 기다리지 않는, 보고 싶어하지 않는 삶 말이다. 모든 일에서 끝이 중요하듯이 삶에서 죽음도 그러하다. '끝이 좋으면 모든 것이 좋다'는 셰익스피어의 말처럼 말이다. 삶에서 어떻게 살았든지 무엇을 했든지 중요하지 않은 건 없다. 가장 중요한 것은 마무리다. 스포츠 경기장에서 경기가 끝난 후 '쓰레기 등으로 가득찬 경기장'이나 '선수들끼리 패싸움 또는 패배한 팀의 볼썽사나운 태도' 등은 좋은 마무리라고 할 수 없다. 우리의 삶의 마지막을 장식하는 죽음도 마찬가지로 마무리가 중요하다.

나름대로 잘 살았다고 생각하는 사람은 죽음이 다가와도 별 동요 없이 이를 받아들인다.(유호종 지음,《죽음에게 삶을 묻다》, 사피엔스, 2010, p.71) 하지만 삶을 제대로 살지 못했다고 생각하는 사람은 죽음이 직면했을 때 회한과 자책으로 크게 괴로워하며 이대로 삶을 끝낼 수 없다는 생각에 부질없이 죽음에 저항한다.(같은 곳)

레오나르도 다빈치는 1500년에 "보람 있게 보낸 하루가 편안한 잠을 가져다 주듯 값지게 쓴 인생은 편안한 죽음을 가져다 준다."라고 말했다. 성실하게 산사람은 후회도 없을 뿐더러 마지막 순간조차도 편안한 법이다.(정현채 지음,《우리는 왜 죽음을 두려워할 필요 없는가》, 비아북,

2021, p.40)

의미있는 인생을 살아온 사람은 죽음을 두려워하지는 않는다.(린네 안 디스펠더 등 2인 지음, 이기숙/임병윤 옮김,《죽음 인생의 마지막 춤》, 2010, 창지사, p.433-로버트 버틀러의 말을 인용한 것임) 왜냐하면 우리가 진정 두려워하는 것은 죽음 그 자체가 아니라 무의미하게 보내 버린 어리석은 삶이기 때문이다.(같은 곳)

많은 사람들이 죽음을 두려워하지만 삶을 제대로 산 사람들은 죽음을 두려워하지 않는다. 평생 죽은 채로 살았던 사람만이 죽음을 두려워한다.(레오 버스카글리아 지음, 이은선 옮김,《살며 사랑하며 배우며》, 홍익출판사, 2018, p.235) 삶이라는 아름다운 여행을 즐겼던 사람은 종착역에 이르러 울부짖거나 고함을 지르지 않고 기꺼이 죽음을 받아들인다.(같은 곳) 이 말은 '잘 죽으려면 잘 살아야 한다'는 말과 일맥상통한다고 보여진다.

스페인 게로니카 태생의 '루이스 마리아 우리베' 신부님은 유의배라는 한국 이름을 갖고 있다. 그는 경남 산청의 성심원에서 44년째 한센인과 중증 장애인들을 돌보고 있는데, 신부님의 방에 이런 글귀가 걸려 있다고 한다. '살아 있는 동안 가난한 사람을 사랑하는 사람은 죽을 때 두려움이 없다.' 유의배 신부님에게 '가난한 사람을 사랑하는 것'은 삶의 의미이자 가치가 아닐까. 삶의 가치를 실현한 사람은 제대로 잘 산 것이다. 신부님은 언젠가 두려움 없이 죽게 되리라고 믿는다.

세네카는 "나는 젊었을 때는 잘 사는 것에 관심을 두었고 늙어서는 잘 죽는 것에 신경 쓰고 있다."고 말했다.(세네카 지음, 김현주 옮김, 《어떻게 죽음을 맞이할 것인가》, 아날로그, 2021, p.67) 그는 말하기를 "충분히 살았음을 결정하는 것은 햇수도 아니고 날수도 아니고 정신이다. 삶도 어떻게 잘 끝나느냐가 중요하지, 얼마나 긴지는 중요하지 않다. 그저 근사하게 끝내기만 하면 된다. 일찍 죽든 늦게 죽든 중요하지 않다. 잘 죽느냐 그렇지 못하느냐가 중요하다. 잘 죽는 것은 잘 살지 못하는 위험에서 벗어나는 것이기도 하다. 잘 죽는 법을 모르는 이는 잘 살지 못한다."(같은 책, p.68, p.77, p.113, p.39)

카프카는 "죽음이란, 날마다 밤이 오고 해마다 겨울이 찾아오는 이치와 같이 피할 수 없는 일이다. 밤이나 겨울이 다가오면 우리는 준비를 한다. 그렇듯 죽음에 대한 준비는 단 하나밖에 없다. 훌륭한 인생을 사는 것이다. 우리들이 훌륭한 인생을 살면 살수록 죽음은 더욱 더 무의미한 것이 되며, 그에 대한 공포도 없어진다."고 말했다. 훌륭하게 잘 살게 되면 삶을 의미있게 해주고, 잘 죽을 수 있다.

방송인 미치 앨봄은 모리 교수의 말을 인용하여 '어떻게 죽어야 할지 알면 어떻게 살아야 할지 알게 된다.'고 말하였다.(미치 앨봄 지음, 공경희 옮김, 《모리와 함께한 화요일》, 살림, 2022, p.8) 삶이 영원히 계속되지 않는다는 것을 깨달아야만 삶을 소중히 여기게 된다. 세상에서 보낼 날이 정해져 있는 것을 깨달아야 하루하루를 최우선으로 삼게 된다.(같은 책, pp.8~9)

15년 동안 호스피스 활동을 한 최화숙 작가는 호스피스 활동을 하면서 깨달은 것을 한마디로 요약하여 '잘 살아야 품위 있게 죽는다'고

말했다.(최화숙 지음, 《아름다운 죽음을 위한 안내서》, 월간조선사, 2004, p.269)

품위 있는 생활과 품위 있는 죽음은 나누어 생각할 수 없다. 생활의 품위 속에는 품위 있는 죽음도 포함되어 있다.(부위훈 지음, 전병술 옮김, 《죽음 그 마지막 성장》, 청계, 2001, p.47) 열한 명의 아들딸을 훌륭하게 키워낸 아흔한 살된 한 할머니의 임종 모습을 품위 있게 죽은 사례로 소개한다.

의사의 연락을 받고 열한 명의 자녀와 많은 손자 손녀들이 병실에 모였을 때, 그녀는 이미 혼수상태에 빠진 듯했습니다. 장남이 카톨릭 신부였으므로, "유감이지만 어머님은 이미 말씀하시는 것이 불가능하니까, 다함께 기도를 올리자"라고 말하고 미사를 올렸습니다. 미사가 끝나자 할머니는 눈을 번쩍 뜨고서 "나를 위해 모두 기도를 했구나, 고맙다. 그런데 위스키 한잔 마시고 싶은대"라고 말하여 모두 놀랐습니다. 위스키 한 잔을 가져오자, 할머니는 한 모금 마시고는 "미지근하니까 얼음을 넣어줘"라고 말하는 것이었습니다. 이후 두 시간 정도 밖에 살 수 없다고 여겨지는 그녀가 얼음마저 요구하니 모두 충격을 받았습니다. 재빨리 얼음을 넣어주자, 할머니는 "맛있다"고 말하면서 전부 마셔버렸습니다. 그리고 나서 이번에는 "담배가 피고 싶구나"라고 말하는 것이었습니다. 마침내 할머니의 요구를 받아들일 수 없었던 장남이 "의사가 담배는 좋지 않다고 말했어요"라고 하자, 할머니는 "죽는 것은 의사가 아니라 바로 나지, 담배 한 개비 주게나"라고 응대했습니다. 그녀는 여유 있게 담배를 한 대 피우더니 모두에게 감사를 표한뒤 "천국에서 다시 만나자, 안녕"이라고 말하고는 옆으로 누워 그대로 숨을 거두었습니다. 그때 슬퍼했던 자녀는 단 한 사람도 없었습니다. 죽음의 순간 그녀가 보여주었던 밝은 유머를 생각하면서 얼마나 할머니답게 죽었는지 모두가 이구동성으로 이야기하고는 웃었습니다. 할머니는 평생 위스키나 담배를 거의 입에 대지 않았습니다. 그러니까 죽기 직전 아무리 생각해도 위스키를 마시거나 담배를 피울 이유는 없었습니다. 그녀는 여러 번 친지의 장례식에 참석하여 모두가 눈물을 흘리면서 슬퍼하는 것을 보아왔습니다. 그래서 자신이 죽으면 자녀와 손자를 슬프게 할 게 아니라, 밝은 분위기를 만들어 주려고 했던 것이죠.

―알폰스 데켄 지음, 오진탁 옮김, 《죽음을 어떻게 맞이할 것인가》, 궁리출판, 2003, pp.144~145

참으로 아름다운 배려가 아니겠습니까? 할머니는 유머러스한 행동을 통해 자녀와 손자들에게 평생 잊을 수 없는 귀중한 선물을 남겨주었습니다. 결국 인간답게 죽는 일은 인간답게 사는 일입니다.

셰익스피어의 작품 〈햄릿〉은 덴마크 왕자 햄릿이 갑자기 죽은 아버지의 복수를 하는 내용이다. 덴마크 왕이 갑자기 죽고 왕의 동생 클로디어스가 왕이 된다. 그리고 왕이 죽은 후 두 달도 되기 전에 어머니 거투르드는 새로운 왕 클로디어스와 재혼을 한다. 햄릿은 갑작스러운 부왕의 죽음과 재혼한 어머니에 대한 원망 속에 괴로워한다. 그런데 부왕이 사고로 죽은 것이 아니라 삼촌인 클로디어스가 아버지를 살해했다는 사실을 알게 된다. 이때부터 햄릿은 아버지의 원수를 갚기 위해 계획을 세운다. 결국 복수는 성공했지만 자신도 어머니도 죽게 된다.

장황하게 〈햄릿〉을 언급한 것은 '인간은 사는 대로 죽는다'는 것이다. 복수를 위해 살던 햄릿은 복수 때문에 죽고, 욕심에 매여 살던 클로디어스는 그 욕심을 버리지 못해 죽는다. '우리가 살던 이유가 우리가 죽는 이유가 된다.'는 것이다. 그래서 잘 죽으려면 잘 살아야 한다.

죽을 때는 의지하는 것이 아름답다

　많은 사람들은 죽음에 대한 두려움과 불안을 가지고 있다. 그 이유 중의 하나가 자식이나 가족에게 폐를 끼친다고 생각하기 때문이다. 그래서 늙어서 정신적으로든 육체적으로든 병에 걸리면 스스로를 고립시키는 경우가 많다. 병이나 죽음을 별 것 아닌 것처럼 숨기려 애쓰며 혼자서 죽어 가다가 우리는 본의 아니게 자신이 사랑하는 사람들과 멀어지고 소외되기도 한다. 왜냐 하면 자신 때문에 가족과 주변 사람들을 힘들게 한다고 생각하기 때문이다. 병이 들었다는 것을 동네방네 자랑할 일은 아니지만 가족에게까지 굳이 숨기면서 도움을 회피할 이유는 없다. 그러는 중에 자신이 혼절하여 쓰러져 있는 것을 가족들이 본다면 그 심정은 얼마나 처참하겠는가. 내가 할 수 있는 최선의 것은 죽어감을 인정하고 가족이나 친지가 져야 할 짐을 최대한 줄이는 것이다. 내가 온전하였을 때 부모 친척의 휠체어를 밀었듯이 이제 내 휠체어를 밀 수 있는 기회를 가족에게 줄 뿐이다.

우리 선조들은 '아기를 키우는 일은 온 동네가 함께한다'고 생각했다. 그리고 돌아가신 후 상을 치를 때에도 마을 공동체가 함께했다. 그래서 죽어갈 때 가족이나 다른 사람에 의지하는 것을 크게 부담스러워하지 않았다. 그러나 현대인들은 독립심과 경제적 자립심을 지나치게 중시한다. 물론 둘 다 중요한 덕목이지만 지나치면 좋지 않다. 건강이나 경제적으로 홀로서기 한다는 것은 좋은 일이지만 노쇠하고 병들었을 때만은 남의 도움을 받아야 한다. 남의 도움을 받아서는 안 된다고 생각하는 것은 정신적으로나 육체적으로도 좋지 않다고 생각한다.

사람은 누구나 죽는다. 내가 죽을 때 그 모든 과정을 나 홀로 처리할 수 있을까? 그런 사람은 없다. 죽음의 과정 없이 급사한 경우에는 다르겠지만, 그 경우에도 죽음 이후의 과정은 타인의 도움이 필요하다. 특히 몸이 아파서 어떤 식으로든 도움이 필요하거든 가족이나 곁에 있는 사람들의 도움을 받아들여야 한다. 당신이 이를 거부하면 당신과 가장 가까운 사람에게 더 큰 짐을 지우게 된다. 당신이 거절하고 싫어함으로써 그들은 살아가는 동안 사랑하는 이를 돌보지 못했다는 죄책감에 시달릴 것이다. 가족이나 주변 사람들이 평안하기를 바란다면 그들이 당신을 보살피도록 기회를 주어야 한다. 가족에게 부담을 주는 것을 얼마나 싫어하는지 알 수 있는 조사결과가 있어 소개한다.

우리나라 40세 이상 성인 10명 중 4명은 고령이나 질병이 닥쳤을 때 요양보호사에 의존하겠다는 생각을 가진 것으로 조사됐다. 자녀에 의존하겠다고 생각하는 사람은 거의 없었다. 21일(2025년 5월) 재단법인 돌봄과미래는 이러한 내용을 담은 '지역사회 돌봄 인식과 수요조사' 결과를 발표했다. 이번 조사는 돌봄과미래가 한국리서치에 의뢰해 전국 40세 이상 남녀 1,000명을 상대로 지난달 25~30일 실시됐다. 조사 결과 응답자의 39%는 늙고 아프게 되면 '요양보호사가 돌볼 것'이라고 답했다. '배우자가 돌볼 것'(35%), '스스로 나를 돌봐야 한다'(21%)는 답변이 뒤를 이었다. '자녀가 돌봐줄 것'이라고 응답한 사람은 4%에 불과했다.

―한국경제신문, 진영기 기자,
⟨"병들면 자식에 의존 안해"…부모 부양 인식 확 달라졌다⟩, 2025. 5. 21

스핑크스의 수수께끼에서 '인간은 늙으면 세 발로 걷는다'고 하였다. 그러나 요즘에는 늙고 병들면 세 발이든지 네 발이든지 걷지 못하는 이가 부지기수다. 그럼에도 불구하고 걷지 못한다고 인간임을 포기할 수는 없다. 그러니 타인의 돌봄이 반드시 필요하다. 갓 태어난 아기를 씻기고, 먹이고 돌보는 것은 가족과 친지의 일이다. 죽어가기 직전의 사람을 돌보는 것 또한 가족들의 일이다. 인간은 죽기 전 언젠가는 한 번쯤 대소변을 스스로 해결할 수 없을 때가 올 수도 있다. 태어 날 때 나를 씻겨 주던 것과 같이 죽어갈 때도 나를 씻겨주는 이가 있을 것이다. 우리가 할 수 있는 것은 돌봄을 받을 그때 당당히 받을 수 있도록 잘 사는 것이다. 가족이나 타인이 아량을 베푸는 것을 받아들일 때 인간의 존엄성은 지킬 수 있다.

부모에게 의지해야 하는 갓난아기들을 보살피는 방식에서 우리는 노쇠하여 죽어가는 노인들을 보살피는 방법을 알 수 있다. 우리는 갓난아기들을 씻겨서 뽀송뽀송한 기저귀로 갈아주고 젖병을 물려 배불리 먹게 할 뿐만 아니라 사랑의 표현도 하기 마련이다. 우리 아이뿐만 아니라 이웃집, 친지의 아기들도 안아주고 얼르고 한다. 우리가 의식적으로 아이를 신체적으로 접촉하는 것은 아이를 편안하고 즐겁게 해주기 위해서다. 죽음을 앞두고 우리에게 육체적으로 의존하는 사람들에게 이와 같이 하지 못할 이유가 없다. 특히 부모라면 더욱 그러하다. 그런데 가족이나 친지의 이러한 마음을 외면하고 홀로 죽어 간다는 것은 안 된다. 유대 사회에서 홀로 죽음을 맞이하는 것은 금기라고 한다. 죽어가는 사람들에게는 생명을 연장하려는 치료의 의술보다는 사람으로서 존중받는 사랑의 보살핌이 더 필요하다. 에이즈에 걸려 죽어가는 자신을 부모에게 맡겨 돌봄의 기회를 준 아들 사례를 소개한다.

호레이스 휘트먼과 루이스 부부는 기독교 근본주의자로 네 아이를 키우며 헌신적으로 교회 활동을 했다. 아들 마이크와 세 딸은 신학대학교를 다녔다. 아들 마이크는 부모 집에서 걸어다닐 수 있는 만큼 가까운 거리에서 살았는데 어느 날 아들이 무단결근한 사실을 알고, 그의 누이가 아파트를 찾아갔을 때 마이크는 의식을 잃은 채 땅바닥에 쓰러져 있었다. 병원 검사 결과 에이즈에 걸렸고 병이 깊어진 상태임이 밝혀졌다.

　동성애라는 말만 들어도 불쾌해지는 독실한 기독교 신자였으니 마른 하늘에 날벼락 같았을 것이다. 부부는 아들이 하필이면 그런 병에 걸렸다는 것이 수치스러웠다. 솔직히 아들과 관계를 완전히 끊고 싶을 정도였다. 부부는 자신들이 철석 같이 믿는 신앙의 교리와 아들에 대한 사랑 사이에서 가슴이 미어 터질 것 같은 고민에 휩싸였다. 부모인 자신들이 그러할진대 하물며 교인들의 반응이야 보나마나 뻔할 테지만, 부모로서 아들에 대한 사랑 또한 부정할 수 없었다. 아들을 내칠 것이냐 아니면 받아들일 것이냐의 기로에서 부부는 망설이지 않고 단호하게 결정했다. 아들을 자신의 집에서 보살피기로 작정한 것이다.

　아들의 입장에서 보면 부모님의 집으로 가는 것을 꺼려할 수도 있지만 부모의 집으로 가는 것을 선택한 것이다. 동성애자들이 함께 사는 보금자리로 갈 수도 있었고, 실제로 그를 보살펴주겠다는 친구들도 있었다. 그들은 시외에 살고 있었으므로 친구들에게 가면 부모가 수치스러워 하는 모습을 안 볼 수도 있었을 것이다. 비록 부모가 아무 소리도 안 하고 내색도 전혀 안 하지만, 부모와 형제 자매가 동성애자의 가족이라는 낙인이 찍혀 교인들 앞에서 고개조차 제대로 들지 못할 것은 뻔한 이치였다. 그런데도 어머니와 아버지에게 자기 몸을 의탁하기로 한 것은 어떤 면에서 보면 아들이 노 부모에게 부모 노릇을 할 수 있는 기회를 주었던 셈이다.

―아이라 바이오크 지음, 곽명단 옮김, 《아름다운 죽음의 조건》,
도서출판 물푸레, 2010, pp.191~194

WELL DYING

제3장

삶은 준비하면서 죽음은 준비하지 않는다

죽음에 대한 불안 사유

　미국의 인디언은 악령의 존재를 믿고 그것을 쫓아내기 위해 공중에 화살을 날려보냈다. 또한 국빈이 방문했을 때 예포를 쏘는 이유는 환영의 표시로, 악마를 내쫓는다는 의미가 숨겨져 있다. 한마디로 활을 쏘는 것, 예포를 쏘는 것은 죽음에 대한 두려움에서 비롯된 것으로 볼 수 있다.

　죽음을 두려워하거나 멀리한다고 해서 죽음에서 벗어날 수는 없다. 그러면 왜 사람들이 죽음을 두려워하는지 생각해 보자. 죽어가는 사람들이 보이는 보편적인 반응은 공포와 불안이다. 일반적으로 공포나 불안이라는 감정의 원인과 대상은 다양하다. 키에르케고르Kierkegaard는 그 공포와 불안을 다음과 같이 구별했다. "공포는 병과 같이 무언가 분명한 원인에 의해 발생합니다. 이에 반해 불안은 무언가 알 수 없는 막연한 기분 같은 것이어서 포착하기 어렵다고 말합니다."(알폰스 데켄 지음, 오진탁 옮김, 《죽음을 어떻게 맞이할 것인가》, 궁리출판, 2003, p.123)

키에르케고르의 정의에 따라 생각해 보면 죽음의 공포란 공포와 불안, 두 가지가 복잡하게 얽힌 것이어서 확실하게 경계선을 긋는 것은 불가능하다. 공포의 대상이 되는 것은 임종에 이르기까지 겪어야 하는 몸과 마음의 고통일 수도 있고, 알 수 없는 체험인 죽음을 눈앞에 두고 가진 의문이라든가 자신의 실존을 위협하고 있다는 불안도 있을 것이다.(같은 곳)

우리가 죽음을 두려워하게 될 때, 정확히 무엇을 두려워하는 것인가? 로버트 니마이어Robert Niemeyer와 그의 동료들은 죽음에 대한 불안은 특정한 대상이 없으며, 두려움, 불안, 위협, 불편함 등, 죽음에 대한 부정적 태도와 감정을 포함하는 것이라고 말했다.(임병식 외 13인 지음, 《죽음학 교본》, 가리온, 2023, p.71). 일반적으로 죽음에 대한 불안은 백인보다는 흑인이, 남성보다는 여성이, 종교가 있는 사람보다는 없는 사람이, 자제력이 강한 사람보다는 그렇지 않은 사람이, 노인보다는 젊은 사람이, 혼자 사는 노인보다는 시설에 있는 노인들이 더 많이 느낀다고 한다.(같은 곳) 어쨌든 사람이 죽음을 두려워하는 것은 여러 가지 이유가 있을 수 있다. 그 원인은 복잡하고 다양하다. 몇 가지만 살펴보면 다음과 같다.

육체적 고통

우리가 가장 두려워하는 것은 절멸하기 직전에 있을 고통이다.(피터 펜윅, 엘리자베스 펜윅 지음, 정명진 옮김, 《죽음의 기술》, 부글, 2008, p.328) 고통에는 육체적·심리적·사회적·영적인 고통이 있다. 이 중에서 육체적인 고통은 의학의 발전으로 각종 진통제 등 적절한 의학적 조치로 충분히 해결할 수 있다고 한다. 현재 호스피스에서는 말기 환자의 육체적 고통을 90퍼센트까지 없앨 수 있다고 한다.(알폰스 데켄 지음, 오진탁 옮김, 《죽음을 어떻게 맞이할 것인가》, 궁리출판, 2003, p.99) 그러나 호스피스 이외의 병원에서는 마약성 진통제에 대한 오남용이 두려워 아직도 죽어가는 사람의 고통은 이루 말할 수 없다고 한다. 아무런 고통 없이 죽을 수만 있다면, 사람들은 죽음을 쉽게 받아들인다는 것을 보여주는 이야기가 이솝 우화에 전해지고 있다.

> 파리가 고기를 삶는 토기 속에 빠지자, 그 국물 속에서 죽어가면서 중얼거렸다. "나는 먹고 마시고 목욕까지 했다. 그러니 죽는다 해도 아무렇지도 않아."
>
> —이솝 지음, 박문재 옮김, 《이솝우화전집》, 현대지성, 2023, p.292-파리

반면에 톨스토이의 작품 《이반 일리치의 죽음》에서 주인공인 '이반 일리치'는 자신이 죽을 것이라는 사실과 고통에 죽는 순간까지 끊임없이 비명을 질러댄다.

> (…전략) 그때부터 사흘 동안 이반 일리치의 비명 소리가 한순간도 끊이지 않고 흘러 나왔다. 그 소리가 얼마나 처절하던지 방 두 칸을

사이에 두고도 듣는 이를 공포에 떨게 했다. 이반 일리치는 자신이 나락으로 떨어졌고 다시는 돌아올 수 없으며 종말이, 이제 진짜 종말이 다가왔지만 의혹은 풀리지 않은 채 여전히 의혹으로 남아 있음을 깨달았다. 우! 우우! 우! 이반 일리치는 높낮이를 달리하며 비명을 질렀다(후략…).

—톨스토이 지음, 이순영 옮김, 《이반 일리치의 죽음》, 문예출판사, 2021, pp.95~96

죽음에 따르는 고독

환자에게 있어서 죽음 그 자체는 문제가 아니다.(엘리자베스 퀴블러 로스 지음, 김진욱 옮김, 《죽음의 순간》, 자유문학사, 2000, p.345) 그들이 죽음을 두려워하는 이유는 거기에 따르는 절망감이나 고독감 때문이다.(같은 곳) 말기 환자의 고독에 대한 공포는 혼자 고독하게 죽음을 맞이할지도 모른다는 두려움을 말한다. 환자가 입원하는 초기에는 친척, 친구, 지인 등이 자주 방문하지만 입원 기간이 길어질수록, 죽을 날이 가까워질수록 병문안 발길이 줄어드는 것은 당연한 일인지도 모른다. 그렇지만 이때 말기 환자는 고독에 대한 두려움을 느낄 수 있다.

하지만 인간은 아무도 경험해보지 않은 죽음의 세계로 여행을 하게 되므로, 고독에 대한 공포를 완전히 극복하기란 불가능할 것이다. 다만 환자를 보살피는 가족들이 마지막까지 환자와 함께한다는 믿음을 준다면, 어느 정도 고독에 대한 공포를 줄이는데 도움이 되리라고 생각한다.

죽음과 죽음 이후를 알지 못하는 것

죽음에 대해 느끼는 불안과 두려움, 고통은 죽음에 대해서 잘 알지 못하고 익숙하지 않기 때문에 발생하는 감정이다.(유호종 지음,《죽음에게 삶을 묻다》, 사피엔스, 2010, p.23) 또한 우리가 죽음을 두려워하는 것은 아직 가보지 않은 미지의 세계에 대한 정보가 없기 때문이다.(정현채 지음,《우리는 왜 죽음을 두려워할 필요 없는가》, 비아북, 2021, p.215) 그리고 정현채 교수는 영국의 유명한 장의사인 배리 앨빈 다이어의 글을 인용하여 성직자도 죽음 앞에서는 두려움을 느끼는 경우가 있다고 말하고 있다.

> 한 신부가 임종이 가까워지자 신도였던 장의사가 병문안을 갔더니 신부가 '죽음이 두렵다'고 하자 장의사가 말하길 '하지만 신부님은 하느님을 믿지 않으십니까? 믿음은 어디로 갔습니까?'라고 물었더니 신부는 '미지의 세계로 들어가는 것만큼 두려운 것은 없네.'라고 대답했다고 한다.
>
> ―같은 책, p.225

이 세상에서 사후세계를 경험하고 이를 우리에게 가르쳐 주는 사람은 아무도 없다. 그러니 스스로 죽음과 죽음 이후 세계를 공부해야 한다. 다행히 죽음을 깊이 사유한 사람들치고 죽음은 본래 두렵고 무서운 것이라고 결론 내린 사람은 거의 없다.(유호종 지음,《죽음에게 삶을 묻다》, 사피엔스, 2010, p.26) 처음에는 죽음에 대해 느끼는 공포와 불안에 문제 의식을 느끼고 탐구를 시작하지만 탐구가 끝났을 때는 더 이상 죽음을 두렵게 여기지 않는 경우가 많다.(같은 곳)

죽음과 죽어감, 그리고 죽음 이후에 대해 어느 정도 파악하게 되면 두려움과 공포에서 벗어날 수 있을 것이다.(정현채 지음, 《우리는 왜 죽음을 두려워할 필요 없는가》, 비아북, 2021, p.60) 죽음을 응시하고 정확히 알면 죽음은 더 이상 두렵거나 고통을 주는 대상이 아니게 된다.(유호종 지음, 《죽음에게 삶을 묻다》, 사피엔스, 2010, p.23) 그렇지 않고 죽음을 외면하기만 하면 죽음은 계속해서 두렵고 고통스러운 외피를 벗지 않는다.(같은 곳)

죽음의 과정에 대한 불안

작가 로라 프리챗은 자신이 주최한 죽음 카페에 참석한 사람들 중 절반은 죽음에 이르기까지의 과정을 두려워한 반면, 나머지 절반은 죽음 그 자체를 두려워하는 것으로 드러났다고 밝혔다.(로라 프리챗 지음, 신솔잎 옮김, 《죽음을 생각하는 시간》, 빌리버튼, 2019, p.70)

그러나 오시스와 해럴드슨의 연구 결과는 "죽음을 앞둔 사람의 기분이 갑자기 좋아지는 경우를 매우 자주 보는데, 이러한 현상을 보면 죽음의 과정에는 우리를 두려워하게 만들 요소가 원래부터 전혀 없는 것 같다."는 것이다.(피터 펜윅, 엘리자베스 펜윅 지음, 정명진 옮김, 《죽음의 기술》, 부글, 2008, p.78)

미국의 저명한 호스피스 간호사 매기 캘러넌Maggie Callanan은 다음과 같이 말했다. 우리가 죽음과 죽음의 과정에 대해 실제로 알고 경험하는 것은 우리가 생각했던 것보다 덜 무섭다는 사실을 알게 되었다.

사람들에게 잊히는 것

인간이 죽음을 두려워하는 것은 죽음 자체가 아니라 사람들로부터 잊히는 것이다.(미치 앨봄 지음, 공경희 옮김, 《모리와 함께한 화요일》, 살림, 2022, p.27) 우리나라 사람들은 특히 잊히는 것을 두려워 했나 보다. 그래서 자손들이 대를 잇는 것을 매우 중요시하였다. 조선 시대에는 아들을 못 낳는 여자는 칠거지악이라는 핑계를 대어 쫓아내기도 하였다고 한다. 아들이 계속 이어져서 조상이 잊히지 않기를 바랐기 때문이다. 아들이 대를 잇는다고 계속해서 기억될까? 우리가 할아버지의 얼굴과 이름은 기억하지만 그 이전 증조부, 고조부의 얼굴은 본 적도 없고 이름도 모른다. 그러니 삼대 이후에도 내가 의미 있게 기억되기 바라는 것은 무리다. 그러니 언젠가는 잊히고, 그래서 사람들은 두려운 것일지도 모른다.

자기 소멸에 대한 불안

소멸에 대한 불안은 영적인 고통으로 볼 수 있다. 죽으면 육체가 소멸되어 끝나는 것인지, 육체는 소멸되지만 영혼이 있어 내세가 있는지 등 인간의 근원적 의의에 대한 의문을 초래하는 영적인 고통이 있다. 인간이 육신과 영혼으로 구성되어 있다고 믿는 이원론자들은 죽으면 육체는 소멸되지만 영혼은 육체와 분리되어 다른 세상에서 존재한다고 믿으므로 소멸에 대한 불안이 적다. 그러나 일원론자들은 인간이 육체로만 구성되어 있다고 생각하여 자신의 소멸에 대한 불안감을 가질 수 있다. 어찌 보면 자연 스러운 반응일 수도 있다. 그러나 뒤집어보면 육신이 소멸되어 없어지므로, 내가 더 이상 존재하지 않으니까 두려워할 것이 없다고 나는 생각한다.

에피쿠로스가 이런 말을 한 적이 있다. "내가 있을 때는 죽음이 없고, 죽음이 오면 내가 없다." 에피쿠로스의 말을 빌리지 않더라도 자기가 소멸되어 없어진다면 고통을 느끼는 주체도 사라진다. 따라서 죽음 이후에 두려움이나 공포를 느낄 수도 없다.

사후 심판에 대한 불안

앞에서 얘기했듯이 인간이 육체로만 구성되어 있다고 믿는 일원론자들은 죽으면 육체는 소멸되어 없어지므로 사후의 일에 대하여 염려할 것이 없다. 오히려 영혼이 존재하여 사후 세계를 믿는 사람들 중 에서는 죽은 뒤 심판을 통해 벌을 받는 일이 두렵다고 말하기도 한다.

프랑스 철학자 몽테뉴(1533~1592)는 "우리는 죽음에 대한 근심으로 삶을 엉망으로 만들고, 삶에 대한 걱정 때문에 죽음을 망쳐 버리고 있다."고 말한 바 있다. 사후의 엄격한 심판을 상상하면서 현재의 삶을 망치지 말고, 선善함을 최대한 유지하면서 현재의 삶에 충실하는 것이 불안을 진정시킬 수 있는 방법이라고 생각한다.

가족에게 부담이 되는 것

현재 우리나라 국민은 65세 이후 노년 시기에 생애 의료비의 절반을 지출하는 것으로 보고되고 있다. 평생 동안 남성은 7천5백만 원, 여성은 8천5백만 원을 의료비로 지출한다는 것이다. 단순하게 계산하면 평생 동안 남녀 평균 팔천만 원이 소요되므로 노후에 사천만 원이 필요하다는 얘기다.

그런데 지금의 노인 세대는 자식 농사를 지으면 자식이 노인을 부양하는 것을 당연히 여기던 시대에 젊은 시절을 보낸 세대이다. 한국전쟁 이후 빈곤에서 탈출하기 위해 오직 자식 교육에 모든 것을 투자하였지만, 황혼의 나이에 자식들에게도 손을 벌리지 못하고 경제 문제로 하루하루를 고민하는 노인들이 많아졌다.

따라서 제때에 병원 가는 것도 어렵지만 말기 환자들은 자식들에게 경제적 부담을 주는 것을 고통스럽게 생각한다. 이는 우리나라 노인들의 자살률이 세계 1위가 된 것과 관련이 없다고 볼 수 없을 것이다. 이 문제는 죽음의 고통 중에서 경제적 고통이라고 볼 수 있다. 가장이나 집안의 경제활동을 하는 사람들은 자신이 죽었을 때 남아 있는 식구들에 대한 걱정으로 경제적 고통이 심화될 수 있다. 나이 들어 병으로 죽어 가는 사람, 특히 중환자실이나 장기 입원 환자들은 가족에게 주는 부담 때문에 고통은 가중된다. 가족을 위해 더 이상 아무것도 할 수 없다는 자신의 무력감에 대한 고통이라고 말할 수 있다. 이것은 사회복지와 관련된 문제로 가족들의 취업 알선등 사회복지사의 역할이 크게 필요하다고 본다.

완성하지 못한 것에 대한 불안

일생 해 오던 일이 미완성인 상태로 죽음을 맞아야 하는 경우, 그 원통함은 말로 표현할 수 없다.(알폰스 데켄 지음, 오진탁 옮김,《죽음을 어떻게 맞이할 것인가》, 궁리출판, 2003, p.131) "그럴 때 죽음이 자기 생애의 완성을 가로막는, 넘기기 어려운 장벽이라고 느끼게 됩니다. 그러나 죽어가는 과정을 인간으로서 마지막 순간까지 성장하기 위한 도전으로 받아들인다면, 그 사이 겪었던 고통과 공포도 적극적으로 새로운 가능성을 개척하기 위해 극복해야 할 한 가지 목표로 간주할 수도 있다."(같은 곳) 자신에게 성취해야 할 과제가 남아 있다는 의식은 지나치게 두려워하기만 함으로써 낭비되는 에너지를, 더욱 건설적인 목표로 돌리기 위한 원동력이 될 수도 있습니다.(같은 책, p.132) 죽음 불안에 있어서 우리는 인생의 의미를 새겨볼 필요가 있다. 자신에게 있어 인생은 어떤 의미를 가지고 있는지 말이다.

우리는 언제 죽음과 대면하게 될까?

　죽음에 대한 자세에는 '대면 자세'와 '외면 자세'로 나누어 볼 수도 있다. '대면 자세'는 '자신의 죽음을 만나는 자세'라고 할 수 있고 '외면 자세'는 '자신의 죽음을 회피하거나, 멀리하려는 자세'라고 볼 수 있다. 자신의 죽음에 대하여 무관심, 회피하려는 '외면 자세'를 취하는 사람에게는 아무도 도움을 줄 방법이 없다.

　그렇다면 우리는 언제 죽음과 대면하게 될까? 두 가지로 나누어 볼 수 있다.

　하나는, 나이 들어서 자신의 죽음이 임박했음을 알 때 자신의 죽음과 대면하게 된다. 말기암 환자, 호스피스 병동에 내원한 환자들은 자신의 죽음을 응시하고 대면할 수밖에 없게 된다. 이 경우 죽음과의 대면은 비자발적이다. 물론 자신의 죽음과 대면한 환자들이 모두 이것을 수용하고 존엄하게 죽는 것은 아니다. 때로는 어떤 사람들은 자신의 죽음과의 대면을 거부함으로써 존엄하게 죽는 기회를 상실하는 경우도 적지 않다. 죽음학의 창시자 로스 교수는 200명의 임상 실험에서 3명이 죽음을 거부하였다고 말한 바 있다.

둘은, 나이와 관계 없이 자신의 죽음을 배우고 준비할 때 죽음과 대면할 수 있을 것이다. 이 경우는 죽음과의 대면이 자발적이라고 할 수 있다. 자발적이라는 용어로 인한 오해를 해소하기 위해서 여기서 만나는 죽음이란 자연스러운 죽음을 의미하며 스스로가 스스로의 목숨을 결정하고 행동하는 이른바 자살과는 관계가 없다.

죽음을 준비한다는 것이 삶보다는 죽음에 집중하라는 의미가 아니다. 우리의 삶의 중심은 현재가 되어야지 미래에 닥쳐올 죽음이 되어서는 안 된다. 죽음을 준비한다는 것은 삶에 최선을 다하되 일정 시간을 죽음에 대하여 성찰한다는 것을 의미한다. 죽음에 대한 성찰 그것이 바로 죽음과 대면하는 것이다.

죽음을 준비해야 하는 이유

20세기 말까지는 대다수의 사람들이 집에서 죽음을 맞이했다. 그 때문에 가족들이 죽어가는 사람을 보살피는 것은 당연한 일이었다. 그것이 살아있는 가족들에게는 죽음준비교육의 기회였다. 그러나 지금은 병원에서 전문가들에 의해서 죽음이 처리되고 있어서 과거와 같은 죽음준비교육 기회는 찾기 어렵다.

제자인 자로가 죽음에 대하여 묻자 공자가 말했습니다. "아직 삶도 모르는데(未知生), 어찌 죽음을 알겠는가(焉知死)?" 우리에게는 이러한 유교의 영향으로 죽음에 대하여 말하는 것을 꺼리는 문화가 생겨났는지도 모른다. 그러다 보니 삶의 최대 시련으로 여겨지는 죽음에 대해서는 준비하고 있지 않은 것 같다. 많은 사람들은 사랑하는 사람의 죽음과 자기 자신의 죽음에 전혀 마음의 준비를 하고 있지 않은 것이 현실이다.

어떤 모임에서든 죽음을 주제로 하는 것은 피해야 한다. 분위기를 썰렁하게 만들기 때문이다. 특히 한국인은 죽음을 부정하고 회피하는 경향이 강하다. 죽음을 자주 접하고 생각할 여건이 안되기 때문이다. 서양에서는 공동묘지가 주거지역 근처에 있는 곳이 많지만, 한국에서는 혐오 시설로 취급되어 외진 곳에 격리되어 있는 경우가 많다. 우리는 그만큼 죽음에 대해 접할 기회가 적어서 두려움이 크므로 죽음을 맞을 준비가 안됐다는 뜻이기도 하다.

"인간은 누구나 자기의 죽음을 알려고 하지 않는다. 단 가끔씩, 그것도 어쩔 수 없이 자기의 죽음의 가능성을 흘깃거릴 뿐이다. 그때가 자신이 치명적인 질병에 걸렸다는 사실을 알았을 때다."(엘리자베스 퀴블러 로스 지음, 김진욱 옮김, 《죽음의 순간》, 자유문학사, 2000, p.47) 우리는 자기의 인생에서 죽음과 만나기 전에 죽음과 그 과정에 대하여 가끔씩 생각하는 습관을 길러야 한다. 그렇지 않으면 가족 중 누군가 암이라는 진단을 받았을 때, 즉시 자기의 죽음부터 떠올리게 되기 때문이다.

100세 시대를 살고 있는 현대는 의학의 발전으로 삶을 연장시킬 능력까지 주어졌다. 그러나 의학은 죽음에 대하여는 아무것도 가르쳐 주지 않으며 오로지 삶을 연장하는 것에만 관심을 쏟고 있다. 우리가 죽음을 두려워하는 한편으로 삶을 사랑한다는 사실은 죽음 그 자체 또는 죽어가는 과정에 좀처럼 준비를 하고 있지 않다는 것을 의미한다.(피터 펜윅, 엘리자베스 펜윅 지음, 정명진 옮김, 《죽음의 기술》, 부글, 2008, p.297) 그런 까닭에 우리 모두 언젠가 반드시 죽게 되어 있음에도 불구하고, 훌륭하게 죽을 준비가 되어 있거나 준비를 하고 있는 사람은

거의 없다.(같은 곳)

톨스토이는 "이 세상에 죽음만큼 확실한 것은 없다. 그런데 사람들은 겨우살이는 준비하면서도 죽음은 준비하지 않는다."고 말했다. 우리는 취업이나 결혼, 노후에 대비한 준비는 열심히 하면서도 죽음을 준비하기를 꺼려하고, 죽음에 대해 생각조차 하지 않으려는 경향이 있다. 우리는 평상 시 죽음을 준비해야 한다는 것을 어느 정도는 알고 있다. 그럼에도 불구하고 그것을 실천하기는 매우 어렵다. 왜냐하면 우리가 죽음을 알면 알수록 죽음에 물들거나 죽음에 가까워지는 것으로 생각하기 때문이다. 그리하여 궁극적으로는 자신이 소멸될 가능성을 마주치는 것을 좋아하지 않기 때문이다.

미리 미리 자신의 미래를 준비하는 사람은 지혜로운 사람이다. 삶을 준비하는 그 이상으로 우리에게 중요한 것은 죽음을 준비하는 일이다. "나이가 들면 스스로 죽음을 준비하는 것이 인간의 본능인 것 같기도 하다. 오늘날 많은 사람들이 나이 들어 죽는다. 그들은 침착하게 죽음을 맞이할 가능성이 크다. 특히 고령의 환자인 경우에는 죽음을 기꺼이 환영할 수도 있다."(같은 책, p.333)

90세인 나의 어머니는 '인생은 고해苦海다'라는 말씀을 자주 하셨다. 괴로움이 끝이 없는 인간 세상에 더 이상의 큰 미련이 없다는 말로 들린다. 질병의 고통과 육신의 나약함으로 고통스러운 삶보다는 평온한 죽음을 더 원하는 시기가 되어 버린 듯하다. 그래서 마음속으로 죽음을 준비하고 죽음을 멀리하려 하지 않는 것 같다. 죽는 그날까지 우리가 할 수 있는 최선의 일은 계속 살고, 죽음을 준비하고, 죽

음의 과정에 대해 배운 것을 지침으로 받아들이는 것이다.(같은 책, p.342)

죽음 준비란 잘 살기 위한 준비이기도 하다. 만약 우리가 죽어서 소멸되어 아무것도 없는 무無의 상태가 된다면 우리는 죽음을 준비할 필요가 없다. 살아 있을 때 무슨 짓을 하건 죽음 이후에 아무런 영향을 주지 않는다면 살고 싶은 대로 살아도 될지 모른다. 그러나 인간은 육체와 영혼으로 구성되어 있다는 이원론을 믿는다면 그렇게 살아서는 안된다. 죽기 전에 어떻게 살았느냐에 따라 영혼의 상태는 달라질 것이기 때문이다.

또한 죽음 준비란 죽음의 의미를 생각하고 죽음이 찾아오더라도 허둥대지 않고 편안히 맞이할 수 있도록 준비하는 것이다. 죽음 준비는 단순히 죽음을 준비하라는 것이 아니라, 자신의 삶을 돌아보고 의미 있게 살라는 뜻이기도 하다. 그리고 죽음 준비를 통해서 삶을 의미 있게 하려는 노력이 필요한 것이다.

배우가 자신의 역할을 다 마치고 무대에서 내려오는 것은 당연한 일이며, 그 역할이 무엇이든 극에서 주어진 임무대로 연기했다면 그는 인생을 의미 있게 산 것이다.(최화숙 지음, 《아름다운 죽음을 위한 안내서》, 월간조선사, 2004, p.13) 반면에 자신의 임무나 역할은 잊은 채 자신이 내키는 대로 연기했다면 후회가 올 때가 있을 것이다. 죽음이 내 앞에 닥쳤을 때 후회한들 아무 소용이 없다.

돌아가시는 분들의 모습은 다양하지만 대개는 지금까지 살아 왔던 삶의 방식대로 떠나는 것을 알 수 있다.(같은 책, p.14) 예를 들면 집을 나설 때 가족들에게 인사 한마디 없이 급히 나서던 사람들은 돌아가실 때도 그 먼 여행을 떠나면서 간다는 말 한마디 없이 떠난다.(같은 곳) 한마디로 '사람은 사는 대로 죽는다'는 것이다. 참 무서운 말이다. 그러니 우리는 죽음을 준비해야 한다. 아니 삶을 준비해야 한다. 우리의 생각을, 행동을, 삶을 의미있게 만들려는 준비가 필요하다. 그래야 의미있는 삶, 후회하지 않는 삶이 될 것이며, 잘 죽게 될 것이다.

죽음을 준비해 두지 않는다면 죽음이 임박한 나 자신 그리고 내가 죽은 뒤에도 나를 돌봐 줘야 하는 사람들이 어려움을 겪게 된다.(롤란트 슐츠 지음, 노선정 옮김, 《죽음의 에티켓》, 스노우폭스북스, 2020, p.37) 의사나 장의사나 운구자나 가족이나 친구들이 당신이 무엇을 하고 싶은지 모르면 그들은 해줄 수가 없다.(같은 곳) 세네카는 삶을 제대로 인식한다면 인생은 죽음으로 가는 여정일 뿐이며 인간은 태어나는 날부터 매일 죽어가기에 살아가면서 죽음을 연습해야 한다고 주장한다.(세네카 지음, 제임스 롬 엮음, 김현주 옮김, 《어떻게 죽음을 맞이할 것인가》, 아날로그, 2021, p.10)

우리가 미래에 원하는 죽음이 무엇인지를 이야기하는 한 죽음 카페에서 있었던 일이다. "죽음을 연습한 경험 있는 사람은 극소수였지만, 죽음 연습이 우리의 삶을 더욱 밀도 있고 활기차게 만들어준다는 데는 모두 동의했다. 처음에는 참석자들이 조심스러운 태도를 보였지만, 모임이 끝날 때쯤에는 실천할 생각에 이르렀다는 점이 큰 결실이었다."(로라 프리챗 지음, 신솔잎 옮김, 《죽음을 생각하는 시간》, 빌리버튼, 2019,

p.70)

죽음이 다가올 것이라는 생각을 항상 마음속에 지니고 있으면 매사에 더욱 부지런하고 뜻있는 삶을 영위할 수 있을 것이다.(셔윈 B. 눌랜드 지음, 명희진 옮김, 《사람은 어떻게 죽음을 맞이하는가》, 세종서적, 2021, p.140) 또 그래야만 '조용하고 침착하게' 죽음을 견딜 수 있다는 것이 몽테뉴가 펼치는 죽음론이었다.(같은 곳)

일반인이든 의료인이든 미리 자신의 죽음을 준비해 놓지 않는다면 예외 없이 최빈도 죽음의 시나리오인 집, 요양기관, 병원을 오가며 인공영양을 받다가 온갖 감염의 배지가 되는 쳇바퀴에 올라타게 될 것이다.(박중철 지음, 《나는 친절한 죽음을 원한다》, 홍익출판, 2022, p.207) 그 와중에 미리 사전연명의료의향서 등을 작성하지 못하게 되면 중환자실에서 기계호흡장치를 달고 누워 있을 수도 있다. 만약 살면서 진지하게 죽음에 대해 떠올려 본 적 없는 사람에게 불현듯 죽음이 닥치면 가장 흔한 최빈도 죽음의 과정을 따르게 될 가능성이 크다.(같은 책, p.252) 그는 죽어가는 과정 내내 병원 천장을 바라보며 신세를 한탄하다가 몸부림치며 죽게 될 것이다.(같은 곳)

미국의 퓨리서치센터 Pew Research Center의 조사에 따르면 75세 이상 연령층 가운데 자신의 마지막을 어떻게 맞이할 것인지에 대해 심각하게 생각해 본 사람이 절반도 안 된다는 것이다.(로라 프리챗 지음, 신솔잎 옮김, 《죽음을 생각하는 시간》, 빌리버튼, 2019, p.29) 미국인 가운데 자신이 원하는 죽음을 맞이하는 사람이 많지 않은 이유가 바로 죽음을 기록하고(법적 서류를 정리하고), 죽음을 정서적으로 받아들이고 혹은 실

제로 죽음이 어떻게 전개될지 생각해 보는 준비를 하지 않았기 때문이라고 한다.(같은 곳)

모리 교수는 제자 미치가 쓴 책에서 "우리는 자신의 죽음에 대해서 생각하는 것은 매우 어렵다. 왜냐하면 다들 잠든 채 걸어 다니는 것처럼 살고 있으며, 해야 한다고 생각하는 일을 기계적으로 하고, 반쯤은 졸면서 살고 있기 때문이다."고 말했다.(미치 앨봄 지음, 공경희 옮김,《모리와 함께한 화요일》, 살림, 2022, p.142)

죽음을 준비한다는 것이 모두에게 이상하게 들릴지 모른다. 그렇지만 어느 대학에 갈지, 어떤 회사에 취업할지, 언제 결혼할지 등을 결정하는데 몇주 몇 달을 생각하듯이 죽음도 시간을 가지고 충분히 숙고해야 할 중요한 일이다.

그럼에도 불구하고 사람들은 죽음 준비하기를 꺼린다. 그 이유가 무엇일까?

☞ **죽음이 언제 올지 모르니까**: 잠자다가 갑자기 죽을 수도 있고, 늙어서 서서히 죽을 수도 있으며, 화재, 재난 등으로 죽을 수도 있다. 말기 환자 병구완을 하던 가족이 교통 사고로 먼저 떠날 수 있는 것이 죽음이다. 그러니 어떻게 죽음을 준비할 수 있겠는가?

☞ **죽음에 오염될까 봐서**: 죽음을 떠올리거나 준비하면 죽음이라는 부정적 이미지에 오염될 거라는 미신 때문에 죽음을 준비하기 어렵다. '암을 걱정하면 암에 걸린다'고 믿는 사람처럼 '죽음을 생각하

면 죽을지도 모른다'고 잘못 생각하는 사람도 있다. 죽음을 말한다고 해서 내 죽음을 앞당기거나 죽음이 내게 닥치는 것도 아니다. 오히려 회피의 단계를 벗어남으로써 삶을 알차게, 건강하게 꾸려갈 수 있다.

☞ **죽음의 경험자가 없어서**: 역사상 죽은 자 가운데 살아 돌아온 사람은 예수 한 사람뿐이었다. 그나마 그도 부활한 지 40일 만에 승천하셨으니 죽음에 대해서 가르칠 시간이 없었다. 그러니 사후 세계에 대해 우리가 아는 것은 아무것도 없다. 미지의 세계에 대한 두려움이 죽음 준비를 어렵게 한다.

☞ **'설마'라고 생각하니까**: 세상의 모든 죽음은 하나의 사건일 뿐 나와는 무관하다는 생각이 우리를 지배하고 있다. '설마 내가 죽겠는가'라고 생각한다. 그러니 죽음을 생각하거나 준비할 생각 자체를 하지 않는 것이다.

죽음을 두려워하는 것은 어리석다

 셰익스피어는 죽음에 대한 두려움이 불가사의한 일이라고 말하고 있다. 셰익스피어는 줄리어스 시저의 입을 통해 죽음을 다음과 같이 표현하고 있다. 내가 지금껏 들었던 불가사의 중 가장 이상한 것은, 인간이 죽을 때, 때가 되어 찾아드는 필연적 종지부를 두려워한다는 것이다.(셔윈 B. 눌랜드 지음, 명희진 옮김,《사람은 어떻게 죽음을 맞이 하는가》, 세종, 2021, p.381) 또한 로마 제국시대 정치인이자 문학가인 루키우스 안나이우스 세네카(BC4 ~AD65)는 '죽음은 보편적이고, 나이 뒤에 따라오는 것이며, 느끼지 못하는 것'이라면서 죽음을 두려워하는 것은 어리석은 것이라고 말한다. "죽음은 보편적 종점이다. 두려움이란 우리가 불확실하다고 여기는 것에 나타나는 감정이므로 죽음을 두려워하는 것은 바보 같은 짓이다."(세네카 지음, 제임스 롬 엮음, 김현주 옮김,《어떻게 죽음을 맞이할 것인가?》, 아날로그, 2021, p.48)

"죽어감이라는 행위에 죽음 이후가 있다는 생각보다 두려운 것은 없다. 그러나 경험하지도 않을 것을 두려워하는 것만큼 느껴지지도 않을 것을 두려워하는 것은 어리석은 일이다."(같은 책, p.46) 세네카는 친구 바수스에 대하여 "그는 죽음을 자유롭게 언급하고 너무도 차분하게 감당해서, 만일 죽음이 두렵거나 괴롭다면 이는 죽어가는 사람의 잘못이지 죽음의 잘못이 아니라고 생각하게 된다."고 말했다.(같은 곳)

오진탁 교수는 죽음 그 자체가 두려운 것은 아니라고 말한다. "모든 사람이 죽음을 두려워한다면 '죽음은 무서운 현상'이라고 기정사실화할 수 있을 것이다. 하지만 모든 사람이 죽음을 두려워하는 것은 아니다. 어떤 사람은 평안한 마음으로 삶에 대한 만족감 속에서 죽음을 맞이하기도 한다. 이렇게 사람마다 다른 모습으로 죽어가는 현상을 보더라도, 죽음은 그 자체로 두려운 현상이 아님을 알 수 있다."(오진탁 지음, 《자살, 세상에서 가장 불행한 죽음》, 세종서적, 2008, p.51)

아무런 죄도 없이 죽음을 앞둔 소크라테스는 이렇게 충고했다. "어떤 사람이 죽음을 두려워한다면, 그는 지혜로운 것처럼 보여도 실제로는 지혜롭지 않으며, 무엇을 아는 것처럼 보여도 실제로는 알지 못하기 때문입니다. 인간에게 허락된 복 중에서 죽음이 최고의 복일지도 모르는데, 사람들은 마치 죽음이 최악의 재앙임이 확실한 것처럼 죽음을 두려워합니다."(플라톤 지음, 박문재 옮김, 《소크라테스의 변명》, 현대지성, 2022, p.35)

죽음 준비가 공포 극복의 관건이다

죽음에 대한 두려움이 죽는 것을 더 어렵게 만들 뿐 아니라 삶의 모든 고결함과 도덕적 청렴까지 감축시킨다.(세네카 지음, 제임스 롬 엮음, 김현주 옮김, 《어떻게 죽음을 맞이할 것인가?》, 아날로그, 2021, p.39) 이러한 공포와 불안을 완화시킬 수는 있어도 완전히 극복하기는 쉽지 않을 것으로 보여진다. 총 13편으로 구성된 손자병법의 모공謀攻 편에 "자신과 상대방을 잘 알고 있으면 백번 싸워도 위태로울 것이 없다知彼知己 百戰不殆."는 말이 있다. 이 말을 빌려서 '나 자신을 알고 죽음을 안다면 위태롭지 않다.'고 볼 수 있다. 그런데 많은 사람들이 자신은 안다고 해도 죽음에 대해서는 안다고 볼 수 없다. 왜냐하면 사후 세계에 대하여 경험하고 그것을 우리에게 알려주는 사람이 없었기 때문이다. 물론 최근에는 임사 체험 경험자들이 많아서 사후 세계에 대한 것들을 일부 알게 되었다. 그러나 의사들이나 과학계에서는 임사체험을 섬망 현상이나 비과학적인 것으로 폄훼하는 경향이 있어, 공식적으로 인정받지 못하고 있다.

미국이나 유럽처럼 학교에서 죽음에 대한 교육이 일반화된다면 죽음에 대한 공포를 완화시킬 수 있을 것이다. 죽음을 자신의 문제로 이해하고 삶과 죽음의 의의에 대해서 배워나간다면, 의식 속에 억압되어 있는 죽음의 공포가 어떤 것일까를 분명히 인식하게 되어 공포는 완화되기 시작할 것이다. 그러나 죽음에 대해 공부했다고, 알고 있다고 두려움과 고통이 완전히 없어지는 것은 아니다. "그나마 두려움을 줄일 수 있는 방법은 죽음을 자꾸 입 밖으로 꺼내는 것이다. 죽음에 대한 대화나 수다가 삶은 선명하게 죽음은 무디게 만든다. 죽음을 두려워하며 산다면, 죽음의 순간에도 두려움에 떨게 될 터이다. 죽음에 대해 말하지 못하고 산다면, 죽음의 순간에도 그 죽음을 감히 입에 올리지 못할 것이다."(로라 프리챗 지음, 신솔잎 옮김, 《죽음을 생각하는 시간》, 빌리버튼, 2019, p.116)

술은 물을 많이 섞을수록 약해지고, 죽음에 대한 말을 많이 할수록 죽음은 무디어진다. 죽음을 자주 접할수록 죽음을 향한 깊은 혐오감이 옅어지고, 죽음이 점점 덜 두렵고 덜 낯선 무언가로 달라진다는 이야기를 많이 들었다.(같은 책, p.139) 기원전 6세기 경에 노예 출신의 작가 이솝이 지은 《이솝 우화》에서도 어떤 것을 자주 접하다 보면 두려움이 완화된다는 것을 보여주는 우화 두 가지를 소개한다.

> 사자를 한 번도 본 적이 없는 여우가 어쩌다 사자와 마주쳤다. 처음 보았을 때는 까무러치게 놀라 거의 죽을 뻔했다. 두 번째로 보았을 때는 무섭기는 했지만 첫 번째처럼 그렇게 놀라지는 않았다. 세 번째로 보았을 때는 용기를 내어 다가가서 대화를 나눌 정도가 되었다.
> ─이솝 지음, 박문재 옮김, 《이솝우화전집》, 현대지성, 2023, p.68-사자를 본적이 없는 여우

사람들이 낙타를 처음 보았을 때는 그 큰 몸집에 공포심을 느껴서 겁을 먹고 도망쳤다. 하지만 시간이 지나자, 낙타가 온순한 동물이라는 것을 알고서는 두려움이 사라져서 가까이 다가갔다. 그러다가 얼

마 후에는 이 동물이 무슨 짓을 해도 화를 내지 않는다는 것을 알아차렸다. 그러자 이 동물을 깔보게 된 사람들은 굴레를 씌운 후에 아이들에게 주어 몰고다니게 했다.

―같은 책, p.185-처음 본 낙타

결론적으로 죽음준비는 죽음을 입 밖으로 꺼내어 자주 대화하며, 죽음을 자주 접하는 것이다. 이를 통해서 죽음에 대한 두려움, 혐오감이 옅어지고, 나아가서 덜 두렵게 하며, 궁극적으로 죽음에 대한 두려움에서 벗어날 수 있게 하는 것이다.

죽음 준비는 빠를수록 좋다

 언제 죽음을 준비하는 것이 좋을까? 사람마다 준비하는 시기가 다르다. 어떤 사람은 너무 빠르고 어떤 사람은 너무 늦다. 또 어떤 사람은 끝까지 준비하지 않는 경우도 더러 있다. 그러나 가급적 빠를수록 좋다고 본다. 왜냐하면 죽음은 언제, 어디서, 어떤 모습으로 찾아올지 모르기 때문이다. 나이 들어 자연스럽게 죽음을 맞이하는 사람도 정확하게 언제 죽을지는 모른다. 또 대부분이 죽음의 시기와 방식을 예측할 수 없기 때문에 우리는 죽음을 준비해야 한다.
 정현채 교수는 죽음 준비는 빠를수록 좋다면서 이렇게 말했다. "원불교의 경전은 마흔이 넘으면 죽음을 준비하라고 하는데, 저는 이를수록 좋다고 봅니다. 초등학생 때 반려동물의 죽음부터 교육하는 게 좋아요. 독일은 초등학교 5학년 때 죽음 교육을 시작하고, 고 2 윤리 시간에 '시한부 선고를 받는다면 어떻게 할 건가'를 주제로 토론을 합니다. 아이들에게 죽음 교육을 하면 염세적이 되고 자살이 늘어날 거라고 걱정하는데 몰이해한 탓이에요. 일본의 어느 고등학교 교사가 학생들에게 1년 12번 죽음 교육을 했습니다. 반려 동물의 죽음, 시한부 선고, 자살, 장기 이식, 죽음에 대한 공포, 사후세계 등을 다뤘죠. 이 교육 후에 교내 폭력, 집단 따돌림, 자살등이 30% 이상 줄어들었습니다. 우리가 영적인 존재라는 걸 알게 되면 남을 함부로 해치면 안 된다는 생각을 하게 돼요. 언젠가 내가 죽는다는 걸 기억하면 살아있는 하루 하루가 소중해지죠. 메멘토 모리Memento mori(죽음을 기억하라)와 까르페 디엠Carpe diem(지금 이순간에 충실하라)은 그래서 한 쌍의 대구입니다."(출처: 미래에셋투자와 연금센터, 투자와 연금, p.33)

유호종 박사도 죽음 준비는 빠를수록 좋다고 말한다. 그래야 죽음 문제로 시달리는 시간을 단축시킬 수 있기 때문이다.(유호종 지음,《죽음에게 삶을 묻다》, 사피엔스, 2010, p.28) 가령 죽음에 대한 불안과 공포에서 벗어날 수 있다면 20대에 벗어나는 것이 40대에서 벗어나는 것보다 낫고, 40대에서 벗어나는 것이 60대에 벗어나는 것보다 낫다.(같은 곳) 죽음이 언제 닥칠지 모른다는 점도 죽음 준비에 빨리 나서야 하는 이유다. 아무런 준비 없이 갑자기 죽음을 맞게 되면 자기 삶을 제대로 마무리 하지 못할 것이고, 남은 가족들은 큰 곤경에 시달릴 것이다.

2018년 1월 한국산학기술학회 논문지에 실린 '대학생들의 죽음 교육 전과 후의 죽음 인식 결정에 관한 연구'에서 죽음 준비의 필요성을 다음과 같이 언급했다.

대전의 한 대학교에서 죽음학 교양강좌를 15주 수강한 대학생 210명에게 설문조사를 했다. '죽음 준비가 필요하다'고 대답한 사람이 97.6%였다고 한다. '죽음 준비 교육이 필요한 이유'로 '죽음은 언제 어디서 올지 모르기 때문이다'가 39%로 가장 많았다. 그 다음은 '죽음 준비는 동시에 삶의 준비라고 생각한다'가 18.1%, '가족에게 주는 슬픔과 폐해를 줄이기 위함이다'가 15.7%였다. '죽음 준비를 언제부터 해야 하냐'는 질문에, '20살 이상 성인'이 34.8%로 가장 많았고, '중·고등학교'가 19.5%, '노인'이 18.6% 순으로 나타났다. 죽음이 언제 올지 모르기 때문에 노년기 전부터 죽음 준비를 해야 한다고 답한 것이다.

―한겨레 21, 허윤희 기자, 〈죽음 준비 교육이 필요한 이유〉, 2020. 5. 3

대다수의 사람들은 모든 신체 기능이 멎는 시점에 와서야 죽음을 준비한다. 그래서 죽음을 맞이하는 것이 아니라 죽음을 당한다.

죽음 준비가 늦을수록 존엄사는 어렵다

죽음 준비는 여행 준비와 유사한 점이 있다. 여행은 가기 전에 언제 어디로 갈 것인지가 결정되면, 그 시기와 장소에 맞는 준비물을 갖추어야 한다. 충분한 시간을 두고 준비해야 한다. 계획 없이 일단 떠나고 보는 경우도 있지만 그런 경우에는 불안을 안고 여행하는 것이다. 죽음 준비도 마찬가지라고 생각한다. 내가 죽을 시기는 정할 수는 없지만 임종 장소는 정할 수 있지 않은가. 그리고 사전의료의향서를 작성하여 제출하고, 자식이나 가족들에게 자신이 어떻게 죽고 싶은지를 건강할 때 알려 주는 것 말이다.

학생이 시험 전날에야 시험을 준비한다면 좋은 성적이 나올 리 없다. 설사 천재라 할지라도 말이다. 마찬가지로 죽기 직전에 죽음을 준비한다면 갑작스럽게 죽음을 맞이하는 돌연사와 다를 것이 없다. 아니 돌연사보다 못 할지도 모른다. 돌연사는 고통이라도 짧지만 준비 기간이 짧다면 자신의 죽음을 자신이 통제할 수 있는 확률이 작아진다. 어느 정도의 통제력도 준비했을 때 찾아오는 것이다. 자신이 통제할 수 없는 죽음은 존엄하지 않을 뿐만 아니라 기계장치로 마지막을 치장하는 비참한 죽음이 될 수도 있다.

죽음은 충분히 예고된다

우리는 죽음을 마주하면 허둥대기 마련이다. 충분한 준비를 하지 않았기 때문이다. 임종기와 같은 판정을 받으면 시간적으로 준비할 시간이 부족하다. 이처럼 허둥대지 않고 차분하게 떠나려면 언제쯤 준비하는 것이 좋을까? 사람마다 처지와 생각이 다르므로 일률적으로 규정할 수 없다. 그러나 우리가 참고할 만한 글로 그림Grimm 형제의 동화 〈죽음의 예고〉를 소개한다.

한 거인이 넓은 시골길을 여행하고 있었다. 그때 낯선 사람이 그 앞에 뛰어나와 외쳤습니다. "멈춰! 더 이상 한 발짝도 못 간다!" "뭐라고? 이 꼴같잖은 놈아, 너 같은 놈은 한 손으로 뭉개 버릴 수도 있어. 네가 내 길을 막겠다는 거냐? 네가 뭔데 감히 내게 그렇게 버릇없이 말하는 거지?" "난 저승사자다. 아무도 날 거역할 수 없지. 네가 아무리 그래도 내 명령에 따르지 않을 수 없을 걸."

그러나 거인은 그에게 굴복하지 않았습니다. 그래서 둘의 씨름이 시작되었습니다. 길고 격렬한 싸움이었습니다. 거인이 저승사자보다 기운이 세어서 마침내 거인의 한방에 저승사자는 옆의 바위에 가서 넘어지고 말았습니다. 쓰러진 저승사자를 두고 거인은 제 갈 길을 계속 갔습니다. 저승사자는 완전히 탈진하여 혼자서는 몸을 일으킬 수가 없게 되었습니다. "내가 여기 누워 있으면 어떻게 되는 거지? 이 세상 사람들은 더 이상 죽지 않을 거야. 그러면 세상에는 사람들이 너무 많아져서 방에 서 있지도 못하게 될걸."

바로 그때 젊고 활기차고 건장한 청년이 왔습니다. 그는 노래를 부르며 여기저기를 구경하고 있었습니다. 그러다가 의식 없이 쓰러져 있는 저승사자를 발견한 그 청년은 측은한 마음이 들어 저승사자에게 다가가 그를 일으켜 주었습니다. 그리고는 입에 마실 것을 부어주고 저승 사자가 기력을 회복할 때까지 기다렸습니다.

"지금 자네가 기운을 회복하게 도와준 내가 누군지 알기나 하는가?" 저승사자가 벌떡 일어서며 말했습니다. "아뇨. 난 당신이 누군지 모르겠는데요." 젊은이가 대답했습니다. "난 저승사자다. 난 살려 두지 않지. 그리고 거기에는 예외라는 게 없어. 그게 자네라 할지라도. 그러나 난 은혜를 갚을 줄은 알지. 그래서 약속을 하겠는데, 난 자네를 예고 없이 불쑥 데려가지는 않겠어. 내가 자네를 데리러 올 때는 그 전에 꼭 예고를 하고 오겠네."

"그렇다면 당신이 오는 것은 미리 알 수 있게 될 테고, 적어도 지금 이 순간 만큼은 안전하겠군요." 그리고 나서 젊은이는 저승사자와 헤어졌습니다. 그는 매일매일 즐겁고 기분 좋게 살았습니다. 하지만 젊음이 영원할 수는 없지요. 곧 질병과 슬픔이 찾아왔습니다. 낮에는 병마와 싸우느라 괴로웠고 밤이면 잠을 이루지 못했습니다. 그러나 그는 자기 자신에게 이렇게 말했습니다. "난 죽지 않아, 저승사자의 예고가 없었으니까. 단지 이 지긋지긋한 날들이 병마와 함께 사라지기만 하면 돼."

그런 생각을 하자 그는 다시 사는 게 즐거워졌습니다. 그런데 어느 날 누군가가 그의 어깨를 두드리는 사람이 있었습니다. 저승사자였습니다. "이제 나를 따라오게. 자네가 세상과 작별할 시간이야." "뭐라구요? 당신 스스로 한 약속을 깨트리겠다구요? 당신이 오기 전에 먼저 예고를 해주기로 내게 약속했었잖아요? 난 아무런 예고도 느끼지 못한 걸요."

그러자 저승사자가 말했습니다. "시끄러워! 내가 예고를 하지 않았다고? 느닷없이 열이 올라 자네를 휘청거리게 하고 결국은 그 때문에 쓰러졌지 않아? 현기증이 찾아와 자네 머리를 마비시키지 않았어? 통증이 자네의 모든 손가락을 부들부들 떨게 했잖은가? 자네 귀에서 나는 굉장한 고함소리 같은 걸 듣지 못했나? 치통이 자네 볼을 아프게 했지? 그리고 이 모든 것들과 함께, 바로 나의 동생인 잠이 알려 주는 나의 존재를 깨닫지 못했단 말인가? 저녁에 누우면 마치 이미 죽어 버린 것 같은 느낌이 들지 않더냔 말일세."

그 남자는 뭐라고 대답할 말이 없었습니다. 그래서 결국 운명에 굴복하고 저승사자를 따라갔지요.

—출처: 그림형제 동화, 〈죽음의 예고〉 편에서

죽음을 긍정하면 정신적으로 건강해진다

　죽음에 대하여 관심을 가지는 것이 좋다. 죽음이라는 말이 두렵거나 어색해질수록 우리는 죽음이라는 문제에 접근하기 어렵다. 시간과 마음을 투자해서 죽음을 이해하게 되면, 죽음을 긍정적으로 생각하게 되어, 죽음을 내 것으로 받아들이게 되며, 죽음이 달라지는 것이 아니라 삶이 달라지고 내가 달라지기 때문이다. 최근에 죽음을 긍정하면 정신적으로 건강해진다는 각종 연구 결과들이 발표되어 여기에 소개한다.

뇌는 죽기 직전에 긍정적으로 생각한다
　죽기 직전에 사람의 뇌는 긍정적인 생각을 많이 한다는 연구 결과가 나왔다. 미국 켄터키 주립대학교 베이든 드윌 박사와 플로리다 주립대학교 로이 바우메이스터 박사는 100여 명의 젊은이들에게 죽음을 상상케 한 결과 뇌가 긍정적인 생각을 만들어 냈다고 심리학 전문지 《심리과학Psychological Science》 최근호에 발표했다.

박사팀은 지원자들을 두 그룹으로 나눠 한 그룹은 죽음의 과정을 상상하게 하고, 다른 그룹은 죽음과는 별개의 나쁜 기억을 상상하게 한 다음 두 종류의 단어 연상 테스트를 실시했다. 첫 번째 테스트에서 지원자들은 제시어 'Jo'를 이용해 단어를 만들었다. 그 결과 나쁜 기억을 상상한 그룹은 'Jog(달리다)' 'Job(일)'처럼 일상적인 단어를 주로 떠올린 반면, 죽음을 상상한 그룹은 'Joy'같은 긍정적인 단어를 연상했다.

두 번째 테스트에선 제시어 'Puppy(강아지)'를 주고 비슷한 단어를 말하게 했는데 죽음을 상상한 그룹은 단어 뜻과는 상관 없이 첫 스펠링이 같은 긍정적인 단어 'Parade(행진)'를 답한 반면 나쁜 기억을 떠올린 그룹은 '강아지 → 동물 → 다리 → 많은 동물 → 벌레'까지 생각을 확장해 'beetle(딱정벌레)'를 떠올렸다.

드윌 박사는 "사람은 본래 위기 상황에 대비한 심리적 면역 체계를 갖고 있다"며 "이번 연구에서 죽음을 앞두면 뇌가 긍정적인 생각을 만들어 낸다는 새로운 체계를 발견했다"고 말했다. 바우메이스터 박사는 "죽음을 앞둔 사람이 긍정적으로 변한다는 사실은 지금까지 규명된 적이 없었다"며 "뇌의 긍정적인 작용은 사람이 좀 더 쉽게 죽음을 받아들이도록 도와 줄 것"이라고 덧붙였다. (코메디닷컴, 조경진 기자, 《죽기 전 뇌 긍정적으로 생각(죽음 쉽게 받아들이도록 도움 줘)》,

2007. 12. 29. 심리학 전문지 〈심리과학〉에 실린 것을 코메디닷컴이 보도했다)

죽음에 대해 긍정적인 사람이 정신적으로 더 건강

수년 전 매일경제에서 죽음에 대해 긍정적인 생각을 갖고 있는 사람들이 그렇지 않은 사람들 보다 더 건강한 삶을 사는 것으로 나타났다고 보도했다.

서울대병원 윤영호 암통합케어센터 교수 연구팀이 지난해 국내 암환자 1,001명과 가족 1,006명, 의사 928명과 일반인 1,241명을 대상으로 죽음에 대한 인식을 조사한 결과 이 같이 나타났다고 13일 밝혔다.

연구팀은 조사 대상자들에게 ① 죽음과 함께 삶은 끝이다. ② 죽음은 고통 스럽고 두렵다. ③ 사후 세계가 있다. ④ 관용을 베풀며 남은 삶을 살아야 한다. ⑤ 죽음은 고통이 아닌 삶의 완성으로 기억돼야 한다. 등에 대한 의견을 물었다.

①②번에 긍정적 의견을 낸 응답자는 그렇지 않은 사람들 보다 정신적·사회적 건강 상태가 1.2~1.4배 나빴다고 연구팀은 분석했다. ③④⑤에 긍정적인 의견을 낸 응답자는 그렇지 않은 사람들보다 정신적·사회적 건강 상태가 1.2~1.4배 좋은 것으로 나타났다.

실제 이번 연구에서 암환자, 가족, 일반인으로 구성된 군의 75.2%가, 의사군의 63.4%가 '죽음과 함께 삶은 끝난다.'고 응답했다. 윤영호 교수는 "의료진과 사회의 적절한 개입을 통해 환자의 죽음에 대한 태도를 긍정적으로 바꿔야 한다."고 말했다. 이번 연구 결과는 국제 저명 학술지 '세계 건강과학Gobal Journal of Health and Science' 10월호에 게재됐다.(매일경제, 한경우 기자, 〈죽음에 대한 생각 피하지 않는 사람이 정신적으로 더 건강〉, 2017. 10. 14)

죽음을 생각하면 정신 건강에 좋다

'정신적으로 건강하기를 바란다면 죽음에 대해 생각해 봐라.' 죽음에 대해 인식하는 것이 정신 건강과 좋은 삶을 이끄는 한 가지 비결이라고 '성격과 사회심리학 리뷰Personality and Social Psychology Review' 최신호가 소개했다.

건강정보 사이트인 프리벤션(Prevention.com)이 26일 실은 이 기사는 2011년 '셀프 앤 아이덴티티(Self and Identity)' 저널에 실린 연구 결과를 인용해 실시한 실험에서 죽음에 대해 환기 시킨 여성들은 유방암 자기 진단 검사를 더 잘 받는 것으로 나타났다고 밝혔다. 이와 유사하게 죽음에 대한 관념을 가진 사람은 자외선 차단제를 더 잘 바르다거나 운동을 더 열심히 하게 만들고, 금연을 더 잘하게 만들기도 한다는 것이다. 또한 평소에 죽음에 대한 생각을 통해 정신건강을 향상시키는 방법을 3가지 제시했다.

1. 죽음을 생각하며 마음을 느긋하게 먹어라: 죽음에 대한 생각은 삶의 목표와 우선 순위에 대해 다시 생각하게 한다. 한 연구에서 재산에 높은 비중을 두었던 참가자들에게 자신의 죽음에 대해 구체적으로

생각하게 하자 그 우선 순위가 더 내려 갔다.

2. 묘지 근처를 걸어봐라: 묘지 근처를 걸어보는 것만으로도 삶의 태도가 좋아진다. 2008년 성격과 사회심리학 회보(Personality and Social Psychology Bulletin)'에 실린 논문에 따르면 공동 묘지 근처를 산책한 사람은 그렇지 않은 사람에 비해 낯선 사람을 더 잘 도와주는 것으로 나타났다.

3. 나이 드는 것을 온전히 받아들여라: 나이드는 것이 갖는 이점들이 있다. 가령 더 관대해 지며 자비심이 많아 진다. '심리학과 노화(Psychology and Aging)'지에 실린 연구 결과, 나이든 이들과 젊은이들에게 각각 죽음에 대해 생각해보게 하고 도덕적 일탈 행위에 대한 생각을 물었더니 나이든 이들이 더욱 관대한 태도를 보였다.

―코메디 닷컴, 이무현 기자, 죽음을 생각하면 정신 건강에 좋다
〈건강 검사도 잘 받고 남들에 관대해져〉, 2012. 4. 27

'단곡'으로 죽음을 준비하는 사람들

'곡기를 끊는 것'을 단곡斷穀이라고 표현한다. '단곡'은 본인 의지에 따라 일체 음식을 끊고 임종에 다다라 스스로를 내리는 결단이다. 동물들이 흔히 택하는 죽음의 방식으로, 보이지 않는 곳까지 기어나와 스스로 먹이를 거부함으로써 죽는 것이라고 알려져 있다. 미물이지만 참 본받을 만한 모습이라고 생각한다. 동물도 죽을 때를 안다는 것인데, 인간은 좀 더 살려고 온갖 방법을 사용하는 것을 보면 참 안타까운 생각이 든다.

곡기를 끊어 단곡으로 죽는 것은 자연스러운 죽음이다. 먹지 않으면 죽는다는 자연의 섭리를 따르는 것이다. 고령의 환자는 '먹지 않아서 죽는 것이 아니라 죽어가니까 먹지 않는 것이다.'라는 말도 있지 않은가. 곡기를 끊는 적절한 타이밍이 문제지 곡기를 끊는 것 자체는 문제될 것이 없다고 본다. 안락사가 시행되지 않은 우리나라에서 특히 고령의 말기, 임종기 환자는 고려해 볼 만한 방법이다.

곡기를 끊고 죽은 사례

불교신문 논설위원인 선행 스님은 "지난해 연말부터 올해 초반까지 가까이서 뵙던 네댓 원로 스님의 입적을 접했다. 입적하신 스님들마다 한결같이 단곡하는 모습을 접하면서 결코 산 넘어 일이 아니라는 것을 실감한다."고 말했다.(불교신문 3827호, 2024년 7월 2일자)

선행 스님이 언급했던 스님은 아니지만 최근에 곡기를 끊은 이른바 '단곡'을 하신 스님을 여기 소개한다. "전 실상사 화엄학림 학장인 연관 선사(1948~2022)는 2022년 6월 15일 저녁 7시 55분 부산 관음사에서 입적했다. 세수 74세. 스님은 회복하기 어려운 질병임을 알고 난 후 입적 일주일 전부터 일체의 곡기를 끊었고 사흘 전부터는 물도 마시지 않았다고 한다."(불교닷컴, 서현욱 기자. 2022. 6. 15)

또한 치료가 불가능한 병으로 '단곡'하신 분은 신영복 교수님이다. 베스트셀러《감옥으로부터의 사색》을 저술한 신영복(1941~2016) 성공회대 교수는 감옥에서 그랬던 것처럼 죽음에 주눅 들지 않았다. "2015년 흑색종의 피부암을 치료하다 상태가 악화되자 퇴원해 집에서 임종을 맞았다. 그는 마지막 10일간 곡기를 끊었다. 마지막까지 의식이 있었고 밝은 표정으로 세상을 떠났다고 전해진다."(중앙 Sunday 심층기획, 웰다잉 실천한 그들의 마지막 순간, 2017년 2월 5일)

다른 한편으로는 수명을 다한 후 더 이상의 연명을 거부할 때 곡기를 끊는 경우도 있다. 2008년 96세로 세상을 떠난 김석기옹이 그런 경우다.

김옹은 눈길에 미끄러져 고관절이 부러졌다. 대수술 끝에 퇴원했지만 거동이 불편했다. 그러던 어느 날 아들과 '인생 숙제가 얼추 끝났으면 의식적으로 죽음을 준비하고 맞아야 한다'는 말을 나눴고 그날부터 식사량을 줄여 나갔다. 이듬해 새봄이 올 무렵 목욕탕에 다녀온 뒤 음식을 끊고 물만 마셨다. 의식이 흐릿해지자 대학병원으로 옮겼지만 김옹은 링거를 못 꽂게 하고 큰 아들 집으로 가자고 했다. 안방에 누운 김옹 옆에서 아들, 손자들이 옛이야기를 들려줬다. 김옹은 그만 가겠다면서 눈을 감았다. 장례 뒤 모인 자손들은 다시 통곡했다. 평소 그가 쓰던 책상 위에 가지런히 놓인 것들 때문이었다. 사망 신고 때 필요한 절차 메모지와 통장·도장·주민등록증· 금전출납부, 그리고 주변 지인들과 얽힌 대소사가 상세히 기록되어 있었다. 달력에도 졸卒한 날에 동그라미가 쳐져 있었다.

—중앙 선데이 – 아산정책연구원 공동기획,
우리 선조들, 삶 마무리 때도 평정심 잃지 않아, 2014년 9월 14일

서양에서도 단곡하여 죽음을 선택한 사람이 있다. 대표적으로 알려진 사람이 미국의 사회운동가이자 평화주의자였던 스콧 니어링(1883~1983)이다. 그는 죽음을 두려워하지 않았다. 그의 부인 헬렌 니어링은 《아름다운 삶, 사랑, 그리고 마무리》에서 남편의 유언을 이렇게 전했다.

인생의 마지막 순간이 오면 나는 자연스럽게 죽게 되기를 원한다.

나는 병원이 아니고 집에 있기를 바란다. 어떤 의사도 곁에 없기를 바란다. 가능하면 나는 죽음이 가까이 왔을 무렵 지붕이 없는 열린 곳에 있기를 바란다. 나는 단곡을 하다 죽고 싶다. 나는 죽음의 과정을 예민하게 느끼고 싶다. 그러므로 내몸에 어떤 진정제나 진통제, 마취제도 투약하는 것을 원하지 않는다. 회한에 젖거나 슬픔에 잠길 까닭이 없다. 죽음은 광대한 우주적인 경험의 영역이다. 나는 힘이 닿는 한 열심히, 충만하게 살아왔으므로 기쁘고 희망에 차서 새로운 길을 간다. 죽음은 옮겨감이나 깨어남에 불과하다. 나는 가장 가까운 사람들에게 존중받으면서 가고 싶다.

─ 헬렌 니어링 지음, 이석태 옮김, 《아름다운 삶, 사랑, 그리고 마무리》, 도서출판 보리, 2022, pp.247~248

우리가 '수필'이라고 부르는 문학 장르는 16세기 프랑스의 철학자 몽테뉴가 처음으로 소개한 양식이다. 몽테뉴의 수필 《수상록》에서 소개된 단식으로 죽음을 맞이한 사례 중 하나를 여기 인용한다.

키케로가 편지를 보내곤 했던 폼포니우스 아티쿠스Pomponius Atticus는 병석에 누워 있을 때 사위 아그리파Agrippa(로마의 정치가이며 장군, B.C.63~ B.C.12 옥타비아누스의 친구로서 클레오파트라의 해군을 격파함으로써 옥타비아누스의 승리를 확고히 했다.)와 두세 명의 친구를 불러 이렇게 말했다. "병을 고치려고 노력해도 소용이 없다는 것과 생명을 연장시키려고 하는 것은 고통을 증가시키는 것일 뿐이라는 것을 경험으로 알고 있으며, 따라서 나는 생명도 고통도 끝내기로 결심했다. 내 결심을 받아들여 주기 바란다. 무슨 일이 있어도 내 결심을 돌이키려는 헛수고는 하지 말라."

그리하여 그는 굶어 죽기로 했지만 뜻밖에도 그의 병이 완치되었다. 죽으려고 택했던 방법이 그에게 건강을 되돌려 준 것이다. 의사와 친구들은 다행스러운 결과를 축하하며 그와 함께 기뻐하려고 했지만 그 생각이 잘못임을 알았다. 그들은 그의 마음을 바꿀 수 없었기 때문이었다. 그는 "이 선線은 언젠가는 넘지 않으면 안 된다. 그런데 여기까지 와 있는 지금 다시 돌아가 처음부터 고통을 당하고 싶지는 않다."라고 말했다. 그는 죽음을 실컷 음미해 보았으므로 태연했을 뿐만 아니라 심지어 죽음을 맞이하기를 열망하기까지 했던 것이다. 죽음을 조금도 두려워하지 않는 것과 죽음을 맛보고 음미하기를 원하는 것 사이에는 커다란 차이가 있다.

―몽테뉴 지음, 민희식 옮김, 《몽테뉴 수상록》, 육문사, 2021, pp.431~432

곡기를 끊고 죽은 사람은 평온했다고 한다

전문가에 의하면 단식을 했을 때 처음 며칠은 탈수 현상이 오지만 지방과 근육이 소모되면서 피가 산성화되는 '케톤산 혈증'이 발생하게 된다. 혈액 속의 산과 염기의 균형이 깨져 산이 지나치게 많아진 상태인 산혈증이 발생되면 뇌는 고통 대신 오히려 행복감을 느끼는 것으로 알려져 있다.(박중철 지음, 《나는 친절한 죽음을 원한다》, 홍익출판, 2022, p.182) 물론 탈수로 인해 환자는 갈증을 느끼거나 탈수열이 발생

할 수 있지만 말기나 임종 과정에서의 탈수는 오히려 고통을 경감시키는 역할을 한다.(같은 곳)

스스로 곡기를 끊고 죽음을 택하는 경우는 자연사로 통계가 잡히기 때문에 정확하게 그 정도를 파악하기 힘들다고 한다.(같은 책, p.186) 2014년에 발표된 네덜란드의 정신과 의사 보두앵 엘리스 섀벗 Boudewijn E. Chabot의 조사에 따르면 네덜란드에서 물과 음식의 섭취를 자발적으로 포기하고 죽음에 이르는 사람은 전체 사망자의 2% 정도인 것으로 파악됐다고 한다.(같은 책, p.187)

2003년 미국 포틀랜드 오리건 보건과학대학교 정신병리학자 린다 간지니 교수 연구팀은 아사를 선택한 환자가 고통스러워 했는지 여부를 경험한 간호사를 설문 조사했다. 연구팀은 아사를 한 사람들이 좋은 죽음을 맞이했다고 보고하고 있다.

오리건 주의 호스피스 기관에서 근무하는 간호사 429명 중 307명이 설문지에 응답했는데, 그 중 102명은 지난 4년간 음식과 수분을 자발적으로 거부하고 임종을 맞은 환자를 경험한 적이 있었다. 연구에 따르면 아사를 선택한 환자들의 85% 정도가 15일 이내에 사망했다. 그들의 죽음 과정이 어떠했는지 매우 나쁨 0점부터 매우 좋음 9점 사이의 구간에서 측정했는데 놀랍게도 평균 점수는 8점으로 나타났다.

이 연구의 결론을 정리하자면 자발적으로 음식과 수분을 거부한 호스피스 환자들은 대부분 고령이었으며 스스로 더 이상 삶의 의미를 찾을 수 없다고 판단했고, 음식과 수분을 중단한 후 2주 안에 '좋

은 죽음'을 맞이했다.(박중철 지음, 《나는 친절한 죽음을 원한다》, 홍익출판, 2022, p.187)

만약 죽음이 우리의 목표라면 음식은 독소로 변할 것이며, 우리의 육체를 묶는 미끼가 되리라.(부위훈 지음, 전병술 옮김, 《죽음 그 마지막 성장》, 청계, 2001, p.130) 곡기를 끊으면 20~30일 생존하고, 수분을 끊으면 더 빨라진다. 병원에서는 불가능하지만 집과 호스피스기관에서는 가족의 합의가 있다면 가능하다고 한다.

일반적으로 '죽음의 3단계'라는 것이 있다. 3단계를 거쳐서 돌아가신다는 이야기이다. 노쇠가 심화되면 가장 먼저 바깥출입을 못하는 1단계가 시작된다고 한다. 이른바 사회적 사망이라고 볼 수 있다. 그 다음에는 침대 밖에 나가지 못하는 단계가 온다고 한다. 대소변을 스스로 해결할 수 없으니 타인의 도움이 심화된 단계이다. 마지막으로 밥을 스스로 못 먹는 단계가 온다. 먹고 싶지 않은 단계, 삶보다는 죽음에 가까워져 버린 단계다.

여러분은 어느 때 떠날 결심을 하시겠는가? 나는 단곡을 하다가 떠나고 싶은데 2단계에서 단곡을 실천하려 한다. 1단계인 스스로 외출을 할 수 없을 때는 임종 예배를 드리고 단곡을 준비할 것이다. 그리고 2단계인 대소변을 스스로 해결할 수 없을 때나 말기 판정을 받았을 때는 곧바로 단곡을 실천하고 싶다. 물론 내 의식이 명료하고 견딜 수 있을 정도의 고통이 전제되어야 할 것이다.

WELL DYING

제4장

죽어갈 때 가족의 역할과 연명의료 결정

유족이 겪는 슬픔의 다섯 단계

　우리는 타인의 죽음을 경험하지 않았다고 하여도, 우리의 일상 생활에서 무엇인가 잃어 버리는 경험이 있을 것이다. 학교를 졸업하여 친구와 헤어진다든지, 애지중지하는 인형이나 소지품을 잃었다든지, 직장을 잃는다든지 하는 일들은 우리로 하여금 상실을 경험하게 만든다. 이런 일들도 정도는 다르지만 슬픔을 느낀다. 《인생의 마지막 춤》에서 '슬픔'을 아래와 같이 설명한다.

　슬픔은 상실에 대한 반응이며, 이러한 반응은 신체적으로, 행동적으로 그리고 영적으로 나타나는 것은 물론, 정신적·감정적으로도 모두 나타난다. 특히 죽음과 관련해서 나타나는 반응은 죽음을 확인하는 즉시에 나타날 수도 있고, 조금 시간이 지난 뒤에 나타날 수도 있으며, 또한 겉으로 드러나지 않을 수도 있다. 유족이라고 해서 반드시 이 모든 반응을 내보이는 것은 아니며, 또 반드시 그렇게 해야 하는 것도 아니다. 슬픔은 매우 다양하며, 여러 가지 반응들이 복합적으로 작용하면서 확대된다.(Lynne Ann Despelder 등 2인 지음, 이기숙 등 2인 옮김,《죽음 : 인생의 마지막 춤》. 창지사, 2010, p.293)

상실에 따른 슬픔에도 여러 가지의 반응을 보일 수 있다. 반응의 유형을 살펴보자.

퀴블러 로스 교수는 죽어가는 환자가 느끼는 '죽음의 과정 5단계'처럼 인간이 상실을 겪게 될 때 보이는 반응에도 다섯 단계(부정, 분노, 타협, 절망, 수용)가 있다고 한다. 모두가 이 다섯 단계를 전부 겪거나 정해진 순서대로 경험하지는 않는다고 한다.

부정

죽음을 맞이하는 자는 누구나 죽은 다음에 아무것도 알지 못한다. 슬픔은 오로지 남겨진 이들의 몫이다. 남겨진 이들이 겪는 첫 단계를 퀴블러 로스와 캐슬러 교수는 이렇게 설명하고 있다.

> 슬픔의 첫 단계는 우리가 상실에서 도저히 헤어 나오지 못하도록 만든다. 인생이 무의미해지고 감당할 수 없게 느껴질 뿐더러 삶이 이치에 맞지 않아 보인다. 충격과 부정의 상태에 머물게 되는 것이다. 점점 정신이 무감각해져 간다. 어떻게 살아갈지, 살아간다 해도 왜 살아가야 하는지 의문 스럽다가 그저 하루를 견뎌낼 방법을 찾게 된다. 그럴 때 부정과 충격은 상실을 극복하고 우리가 살아남을 수 있도록

도와 준다. 부정은 슬픔의 감정이 몰아닥쳐오는 속도를 더디게 해준다. 충격과 부정은 중요한 감정이다. 그것은 영혼을 보호해주는 장치이다. 상실과 관련된 감정들이 한꺼번에 안으로 밀려오면 심적으로 감당할 수 없게 된다.

사람들은 흔히 자신이 겪은 상실에 대해 얘기하고 또 얘기하는데, 그것은 마음이 정신적 충격을 다루는 방법이다. 또한 상실의 현실을 받아들이려고 애쓰는 동안 고통을 부정하는 방식이다. 부정이 시들해지면, 상실이 현실로 서서히 그 자리를 대신한다. 상실의 실체가 서서히 침투하기 시작한다. 이제 그 사람은 다시는 돌아오지 못한다. 그는 이번에는 깨어나지 않는다. 스스로에게 질문을 던짐으로써 그가 정말로 떠나버렸음을 믿기 시작한다. 상실의 현실을 받아들이고 스스로 묻기 시작할 때 자기도 모르게 치유의 과정이 시작되고 있는 것이다. 마음이 강해지면 부정은 서서히 희미해지기 시작한다.

―엘리자베스 퀴블러 로스, 데이비드 캐슬러 지음, 김소향 옮김, 《상실 수업》, 인빅투스, 2014, pp.29~30

가장 큰 상실 중에 하나는 자식을 상실한 사람들이며, 이들의 상실에 대한 '부정'은 오래간다.

자식을 잃은 슬픔은 당사자 외에는 아무도 알지 못한다. 세상 그 누가 경험했을까? 경험해서도 안되고, 경험하는 경우도 드물다. 저승으로 떠나버린 아들의 발인식에서 관 속의 아들과 마지막 작별 인사를 거부하는 엄마가 있었다. 그것은 '작별인사'가 아들의 죽음을 인정하는 것이 될지도 모르다는 두려움에서 비롯된 것이다. 자신이 죽지 못하고 아들을 보내야 하는 아들에 대한 슬픔이 극에 달해 죽음을 부정하려는 안간힘으로 볼 수 있다. 이 부정은 일반적인 상실에 대한 부정과 다르며, 그것은 깊고도 길다.

친구를 잃는 슬픔은 눈물로 표현할 수 있지만 자식을 잃은 슬픔은 눈물로도 표현하지 못한다. 이집트의 왕 프삼메니투스Psammenitus가 페르시아 왕 캄비세스Cambyses에 패하여 포로가 되었을 때의 일에 대하여 몽테뉴는 이렇게 인용한 바 있다.

> 프삼메니투스가 딸이 노예로 팔려가고 아들이 사형장으로 끌려가는 모습을 보고도 아무 말이 없었다. 그런데 친구가 포로들 사이에 끼어 끌려가는 모습을 보자 그는 자기의 머리를 때리며 극도로 슬퍼했다. 그러자 페르시아 왕 캄비세스가 프삼메니투스에게 "아들과 딸의 불행에는 동요하지 않았으면서 어찌하여 친구의 불행에 대해서는 그토록 슬퍼했는가?"라고 묻자 그는 "친구의 경우에 슬픔은 눈물로 나타낼 수 있지만 아들 딸에 대한 슬픔은 어떤 방법으로도 나타낼 수 없었기 때문이다."라고 대답했다고 한다.
> ―몽테뉴 지음, 민희식 옮김, 《수상록》, 육문사, 2021, p.46

분노

분노에는 타인뿐만 아니라 자신도 포함된다. 정성을 다하지 못한 점, 함께하지 못한 것들 등등에 대한 자책이 자신을 화나게 한다. 퀴블러 로스 교수와 그의 동료 캐슬러는 진심으로 분노를 느껴보라고 권유하고 있다.

    분노는 여러 형태로 나타난다. 사랑하는 이를 더 잘 보살피지 못했던 자기 자신에게 화가 난다. 분노가 논리적이거나 타당할 필요는 없다. 이런 일이 일어난 것을 예견하지 못한 자신에게 화가 날 수도 있다. 화가 나면 그 어떤 것도 막을 수 없다. 살려내지 못한 의사에게 분노가 치밀어 오른다. 이 세상에 혼자 남겨지고 함께 더 많은 시간을 보내지 못한 것에도 화가 난다.

    분노는 치유 과정의 필수 단계이다. 끝이 없어 보일지라도 분노를 기꺼이 느껴보라. 진심으로 느끼면 느낄수록 분노는 점점 더 사라지기 시작하며 당신은 치유될 것이다. 분노하고 있다는 것은 치유되고 있음을 의미한다. 즉 수면으로 올라오기에는 너무 이른 감정들을 서서히 받아들이고 있는 것이다. 판단하지 말고 의미를 찾으려 하지 않고 분노 그대로를 느끼는 것이 중요하다. 분노는 여러 모습으로 나타난다. 의료 시스템에, 삶에, 사랑하는 사람이 떠나버림에 분노한다. 다른 이의 시선 때문에 분노를 무시하지 않도록 하라. 누구든 당신의 분노를 비난하도록 두지 말라. 심지어 당신 자신이라 할지라도.

    —엘리자베스 퀴블러 로스, 데이비드 캐슬러 지음, 김소향 옮김,
    《상실 수업》, 인빅투스, 2014, p.31, p.32, p.36, p.37

자식을 잃은 부모는 분노로 인하여 원망을 넘어 하나님을 저주할

수도 있다. "하나님 제 자식이 죽었습니다. 이것이 정녕 당신의 계획입니까? 지금 이 상황이 무엇을 의미합니까? 난 당신의 뜻을 알 수 없어요. 아니 인정할 수 없어요. 제발 다시 내 자식을 저에게 되돌려 주세요. 지난 수십 년간 당신을 믿은 결과가 이런 것입니까? 하나님은 존재하는 것입니까? 존재한다면 보여 주세요. 이렇게 빼앗아 갈 거라면 왜 주셨습니까? 당신에 대한 나의 믿음이 무너질까 두렵습니다. 또한 자식의 얼굴을 볼 수도 없는 세상에서 내가 살아야 한다는 것이 화가 납니다. 너무나 사랑했고 너무나 소중한 그를 어디에서도 찾을 수 없습니다. 그는 이제 막 꽃을 피울 나이인데 너무 빨리 데려 가셨습니다. 이 세상에 태어나 제대로 즐기지도 못하고 꽃도 피워보지 못했습니다. 그가 불쌍합니다. 이제 영원히 내 곁을 떠나 버렸습니다. 할 수만 있다면 내가 아들을 대신하고 싶습니다. 그러나 그렇게 할 수 없다는 것이 화가 납니다. 나는 아무것도 할 수 없으니까요."

타협

타협은 잠시 여유를 찾을 수도 있고, 때로는 위안을 줄 수 있다. 로스 교수는 타협을 다음과 같이 상세하게 설명하고 있다.

> 타협에 수반되는 감정이 바로 죄책감이다. 이런 가정과 희망들은 자신의 잘못을 발견하게 하고 다르게 행동할 수 있었던 부분을 생각나게 한다. 심지어 우리는 고통과도 타협한다. 이 상실의 고통을 느끼

지 않기 위해서라면 우리는 어떤 일도 할 것이다. 여전히 과거의 기억 속에 남아 고통으로부터 빠져 나갈 길을 생각해 낸다.

타협은 슬픔 속에 자리 잡은 고통을 경감시켜 주는 중요한 작용을 한다. 타협이 결코 이루어질 거라고는 믿지 않는다. 다만 타협 안에서 잠시 위안을 찾을 뿐이다. 그 밖에도 타협은 마음이 상실의 어느 한 상태에서 다른 상태로 이동하도록 돕는다. 타협은 우리가 각 단계에 적응할 수 있도록 시간적 여유를 주는 중간 정거장이 된다. 강한 감정들이 지배하고 있는 공간들이 각각 거리를 두고 유지되도록 그 간격을 타협이 채워준다. 어쩌면 마구 흐트러져 있는 혼란 상태에 질서를 부여해준다고 느껴지게 한다. 시간이 지남에 따라 타협의 형태가 변한다. 사랑한 이를 살리기 위해 타협을 시작한다. 나중에는 심지어 사랑한 이 대신 자신을 죽게 해달라고 타협한다. 사랑한 이가 곧 죽는다는 사실을 받아들이게 되면 그가 고통 없이 죽게 해달라고 타협한다. 그들이 죽고 나면 타협은 종종 과거에서 미래로 옮겨간다. 사랑한 사람을 천국에서 다시 볼 수 있게 해달라고 타협한다.

―엘리자베스 퀴블러 로스, 데이비드 캐슬러 지음, 김소향 옮김, 《상실 수업》, 인빅투스, 2014, p.38, p.41

자식을 잃은 사람은 분노에 이어 아들을 볼 수 있게 해달라고 애원하며 타협한다. '하나님 내 아들을 살려만 주신다면 무엇이든 다 하겠습니다. 아니 일년에 한번만 이라도 내 아들을 볼 수 있게 해준다면 당신의 뜻대로 하겠습니다. 제발 제 소원을 들어 주세요.' 우리는 애원하며 또 애원하게 된다. 그저 삶이 예전 그대로 돌아가기를, 아니 이제는 그가 고통 없는 세상에서 살기를, 그리고 사랑한 사람이 꿈속에서나마 볼 수 있기를 바란다.

절망

타협이 아무 소용이 없고 무의미하다는 걸 알게 되면 슬픔은 더욱 더 깊어진다. 그리고는 절망감에 빠져든다. 왜 살아야 하는지 의미를 찾지 못한다. 절망의 단계는 조금씩 현실을 마주하게 되면서 삶이 허무함을 느껴가는 단계이다. 로스 교수는 이 절망이 자신을 새롭게 할 수도 있다고 말한다.

타협의 단계가 지나면 우리의 관심은 곧바로 지금의 현실로 이동하게 된다. 공허감이 드러나고 슬픔이 상상했던 것 이상으로 깊게 침투한다. 이 절망의 단계는 영원히 지속될 것 같다. 이 절망감은 정신병 조짐이 아님을 이해하는 것이 중요하다. 그것은 크나큰 상실을 겪고 나서 나타날 수 있는 반응이다. 강력한 슬픔의 안개 속에 혼자 남겨진 채로 삶에 소외되어 애써 세상을 살 의미가 있는지 의문스럽다. 왜 굳이 살아야 하는가?

아침이 오지만 개의치 않는다. 침대에서 일어날 시간이라며 속삭이는 목소리가 머릿속에 울리지만 그렇게 할 열의가 없다. 그럴 이유도 없다. 삶이 무의미하게 느껴진다. 하루하루를 버텨내기 위한 행동들을 보고 있으면 그 모든 것이 하나같이 공허하고 의미 없어 보인다.

그래서 어떤 것에도 관심 갖고 싶지 않다.

　슬픔이 치유되는 과정이라면, 절망은 그 과정에서 꼭 지나쳐야 하는 단계 중 하나다. 견디기 힘든 고통인 만큼, 절망 안에는 슬픔에 도움이 될 요소가 담겨 있다. 그것은 우리를 느긋하게 만들어 상실을 세세히 들여다볼 수 있게 해준다. 절망은 밑에서부터 다시 우리 자신을 새롭게 일으켜 세워준다. 그리고 우리가 성숙할 수 있게 마음의 준비를 시켜준다. 평소에는 다가가지 못했던 영혼의 깊은 곳으로 우리를 데리고 간다.

―엘리자베스 퀴블러 로스, 데이비드 캐슬러 지음, 김소향 옮김,
《상실 수업》, 인빅투스, 2014, p.42, p.43, p.46

　절망감을 견디지 못하고 그 자리에서 죽는 경우도 있습니다. 전장에서 죽은 자기 아들을 보자 충격과 슬픔이 극에 달하여 즉사한 아버지를 몽테뉴는 《수상록》에서 다음과 같이 표현하고 있다.

　신성 로마제국의 황제 페르디난드 왕이 전쟁에서 부다페스트를 포위했을 때의 일이다. 도이칠란트의 대장 라이작Raisciac은 전투에서 뛰어난 활약을 보였던 한 기사의 시체를 운구하는 것을 보며 애석해했다. 그래서 동료들과 함께 그 기사가 누구인지 알아보기 위해 갑옷을 벗겨보니 바로 자기의 아들이었다. 모두가 눈물을 흘리고 있는 가운데 그는 말없이 눈물도 흘리지 않고 말뚝처럼 서서 아들의 시체를 빤히 내려다보고 있었다. 마침내 슬픔의 충격이 그의 피를 얼려 버려 몸

이 돌처럼 굳어진 채 땅에 쓰러져 죽었다.

―몽테뉴 지음, 민희식 옮김, 《수상록》, 육문사, 2021, pp.47~48

또한 자식을 잃은 지 수개월이 지났음에도 절망감으로 가득차서 응급실에 입원한 사례가 있다.

교통사고가 일어난 지 수개월이 지난 시점에서 교통사고 가해자와 형사적인 문제로 만나야 한다는 사실을 알게 된 피해자의 가족은 또다시 큰 슬픔에 빠졌다. 가해자와 만난 그날 저녁 가해자에 대한 원망과 분노가 되살아나서 사고 당시처럼 통곡을 하게 되었다. 통곡은 길고 길었고 처절했다. 그 절망이 어찌나 컸던지 다음 날 병원 신세를 질 수밖에 없었다.

수용

수용은 사랑하는 사람이 실제로 떠나 버린 현실을 받아들이는 단계이다. 아무도 이 현실을 좋아하지 않을 것이며, 극복해 보려고 애쓰지만 결국 받아들이게 된다. 퀴블러 로스와 데이비드 캐슬러는 수용의 의미를 아래와 같이 설명하고 있다.

> 수용의 의미는, 일어난 사건에 대해 '이상 없음' 또는 '괜찮다고 여김'의 뜻과 혼동하는 경우가 종종 있다. 수용은 이런 의미를 담고 있지 않다. 사랑한 이의 상실에 대해 이상 없음 또는 괜찮다고 느끼는 사람은 아무도 없다. 현실을 받아들이고, 이것이 영원한 현실임을 인정하

게 되는 단계이다.

  치유되고 있는 것은 있었던 사건들을 기억하고 회상하며 다시금 하나씩 돌이켜보는 것이다. 신을 향한 분노가 멈출 것이다. 사랑한 이가 죽은 원인이 실제는 이해되지 않더라도 모두가 알고 있는 그 원인을 서서히 인식하게 된다. 사랑한 이가 이제 떠나야 할 때였음을 슬프게도 깨닫기 시작한다. 물론 우리에게 그의 죽음은 너무나 이르다. 그것은 그에게도 혹은 그녀에게도 마찬가지였을 것이다.

  치유되는 동안, 우리가 어떤 존재이며 삶에서 사랑한 이는 어떤 존재였는지를 깨닫게 된다. 슬픔을 겪는 동안 치유의 손길은 묘한 방식으로 우리를 사랑했던 사람에게 더욱 가까이 데려다 준다. 새로운 관계가 시작되는 것이다. 떠나버린 그 사람과 함께 삶을 살아가는 법을 배운다. 찢겨져 나간 조각들을 제자리에 붙이며 본래의 모습으로 회복되기 시작한다.

  수용하게 된다는 것은 안 좋은 날보다는 좋은 날을 보내게 된다는 의미이다. 다시 정상적인 생활을 시작하고 삶을 즐길 때쯤, 이것은 사랑한 이를 배신하고 있는 거라고 느낀다. 물론 어떤 것으로 잃어버린 사람을 대신할 수는 없겠지만, 새로운 결합, 의미 있는 새로운 관계, 새로운 상호 의존 관계를 형성할 수는 있다. 감정을 부정하는 대신, 움직이고, 변화하고, 성장하고, 그리고 발전하고자 하는 자신의 요구에 귀 기울이라. 사람들에게 다가가기 시작하므로 그들의 삶에 참여하게 된다. 우정과 관계 속에 자신을 투자한다. 다시 예전처럼 살아가기 시작한다. 다만 이 모든 것은 슬픔에게 충분한 시간을 배려할 때만 가능하다.

—엘리자베스 퀴블러 로스, 데이비드 캐슬러 지음, 김소향 옮김,
《상실 수업》, 인빅투스, 2014, p.47, p.48 ,p.51

  어찌 됐든 수용은 상실을 겪은 사람이 스스로 받아들이는 것이지, 어느 누구도 강요하거나 '수용'이라는 뉘앙스를 풍겨서도 안된다. 그것은 또 다른 상처고 기존의 상처를 후벼 파는 행위다.
  교통사고로 아들을 잃은 어떤 부부가 아들이 사고를 당한 이유를 도저히 납득하지 못했으며 부부는 분노와 절망으로 가득 차 있었다. 시간이 일 년이 지났지만 그 슬픔은 여전하였다. 주변 사람들이 느끼는 마음은 안타까움 그 자체였다. 때로는 안타까움을 넘어 이해하지 못하는 표정을 줄 수도 있다. 그러나 그러한 표정은 마치 '이 상실을 받아들여야 해요. 아들은 떠났고 어떤 것도 그 아들을 되살릴 수 없어요. 이제 어느 정도 시간이 지났잖아요. 이제 당신들에게 필요한 건 단지 수용뿐이예요'라는 것으로 오해받을 수도 있다.

죽어갈 때 가족, 지인이 해야 할 일

죽음에 대하여 말하는 건 어렵다. 하지만 임종을 앞둔 이에게는 죽음이 임박했다고 말해 주는 게 좋다고 로스 교수는 말합니다.

죽음에 관한 이야기를 기피하는 태도는 환자에게 해가 되는 경우가 더 많다고 확신한다. 기회가 적당한지 살펴서 환자 옆에 앉아 이야기를 들어 주거나 기분을 이해해 주는 쪽이 환자에게는 도움이 된다. 또한 환자에게는 죽음에 대해 이야기하고 싶은 날이 있다. 또는 그런 시간, 순간이 있다. 똑같은 환자가 다음날에는 인생의 즐거운 측면에 대해서만 이야기하고 싶어 할 수도 있다는 사실을 우리는 경시하기 쉽지만 그런 환자의 마음은 존중되어야 한다.

―퀴블러 로스 지음 김진욱 옮김, 《죽음의 순간》, 자유문학사, 2000, pp.192~193

누가 말해 주지 않아도 죽음이 얼마 남지 않은 환자는 자신이 떠날 때가 되었다는 것을 어렴풋이나마 짐작한다. 그런데 이 세상과의 관계를 끊으려 하는 환자를 방해하면 환자는 눈앞으로 다가온 죽음을 직시하기 어렵다. 배우자는 몇 년 더 옆에 있어 주기를 원하고, 자식은 어서 쾌차하시라고 응원할 때 누군들 편히 눈을 감을 수 있을까?

로스 교수는 자기들의 욕구를 충족시키기 위해 환자를 이용해서는 안 된다고 말한다.

> 내가 말하는 환자는 육체적으로는 병들어 있지만 정신 상태는 정상적이고 스스로 판단할 수 있는 그런 환자다. 그들의 희망이나 의견은 존중되어야 하고, 또한 그들의 말에는 귀를 기울이는 한편 상담에도 응해주어야 한다. 환자의 희망이 우리의 신념과 상반되는 경우에는 그 점을 밝히고, 그 이상의 간섭이나 치료에 대해서는 환자의 판단에 맡겨야 한다.
> ─퀴블러 로스 지음, 김진욱 옮김, 《죽음의 순간》, 자유문학사, 2000, p.233

가족이나, 친구, 지인이 죽어가고 있을 때 우리는 무엇을 어떻게 해야 되는 지 막막하기 마련이다. 그들이 존엄하고 평안하게 떠나 갈 수 있도록 우리는 그들을 배웅해주어야 한다고 생각한다.

죽어가는 사람 배웅하기

원거리에 사는 자녀가 내 집으로 올 때면 역이나 터미널로 마중을 나간다. 그리고 자녀가 제 집으로 갈 때는 역과 터미널로 배웅을 나가는 것은 인지상정이다. 하물며 죽어 갈 때에 배웅이야 더 말해 무엇하랴. 두 번 다시 되풀이되지 않는 영원한 배웅, 그것이 죽은 사람에 대한 배웅이다. 호스피스 전문가인 데이비드 케슬러는 배웅을 이렇게 설명하고 있다.

> 집에서 죽음을 맞이할 수 있도록 해주는 것이 바로 문까지 배웅하는 것과 같다. 대기실에서 기다리지 말고 병실에서 함께 밤을 보내는 것이 문까지 바래다 주는 것이며, 어떤 일이 있어도 함께 있으리라고 알려 주는 것이 문까지 바래다 주는 것이다. 들려줘야 할 이야기를 해 주고 함께 울고 손을 잡고서 끝까지 곁을 지키는 것이 마지막으로 우리가 할 일이다.
>
> ─데이비드 케슬러 지음, 유은실 옮김,
> 《생이 끝나갈 때 준비해야 할 것들》, 21세기북스, 2017, p.74

우리가 할 수 있는 배웅 열 가지를 소개한다.

하나는 '함께 있는 것'이다. 미국 환경 운동가이자 작가인 로라 프리챗은 "우리가 할 수 있는 가장 최선은 그저 곁에 있어 주는 것이다. 함께하라. 직접 방문하는 것도 좋고, 전화나 편지를 쓰는 것도 좋다."(피터 펜윅 등 2인 지음, 정명진 옮김, 《죽음의 기술》, 부글, 2008, p.324) 라고 말했다. 죽어가는 사람과 함께할 때, 당신이 가장 철저히 지켜야 할 사항은 당신이 그냥 그 자리에 있는 것이라는 점이다. 당신이 무엇인가를 하는 것이 중요하지 않다는 말이다.

둘은 '경청'이다. 죽어가는 사람에게 해줄 수 있는 최고의 선행은 진심을 다해 이야기를 들어 주는 것이다.(로라 프리챗 지음, 신솔잎 옮김, 《죽음을 생각하는 시간》, 빌리버튼, 2019, p.111) 죽어가는 사람은 별 쓸데 없는 이야기를 하고 싶어 하기도 하고, 혹은 육체적·심리적 변화나 통증 등 무거운 이야기를 할 때도 있다. 우리는 이들의 말을 진심을 다해 들어주고 능동적으로 응답해 주어야 한다.(같은 곳) "의료인들은 환자의 이야기를 잘 듣는 것이 환자의 신체적 상태는 물론 심리적 상태까지 알 수 있는 한 방법이라고 배운다. 더욱이 이야기를 들어주는 자체가 상대방을 편안하게 해주는 아주 훌륭한 방법이다."(데이비드 케슬러 지음, 유은실 옮김, 《생이 끝나갈 때 준비해야할 것들》, 21세기북스, 2017, p.55)

셋은 '대화하는 것'이다. 환자의 말을 경청하는 것뿐만 아니라 대화를 나누는 것도 좋다.(로라 프리챗 지음, 신솔잎 옮김, 《죽음을 생각하는 시간》, 빌리버튼, 2019, p.111) 추억을 이야기하고 아쉬운 것, 미안했던 것뿐만 아니라 용서를 구하고 받는 말을 나누는 것도 중요하다. 작가 캐슬러는 죽음을 맞이하는 사람이나 살아가는 사람 모두 같은 배를 탄 사람이라고 주장한다.

우리는 때때로 죽어가는 사람을 고립시킬 때가 있다. 병실이 아닌 대기실에서 기다리면서 죽어가는 사람을 고립시킨다. 더 이상 대화를 나누지 않고 더 이상 그들의 말을 들어주지 않음으로써 그들을 고립시킨다. 물리적으로 함께하지 않기도 하지만 더 흔하게는 감정적으로 함께하지 않는다.

    또한 우리가 죽음을 앞둔 사람과 같은 시선으로 세상을 바라봐주지 않을 때 그들은 고립된다. 그렇지만 살아가는 사람과 죽음을 맞는 사람이 같은 배를 타고 있다는 사실을 이해하지 못할 이유가 없다. 죽음 앞에선 선 사람은 건강한 사람보다 조금 일찍 떠날 뿐 여전히 같은 배를 타고 있는 것이다.

— 데이비드 케슬러 지음, 유은실 옮김,
《생이 끝나갈 때 준비해야 할 것들》, 21세기북스, 2017, pp.273~274

넷은 '감정 드러내지 않는 것'이다. 자신의 슬픔과 공포를 죽어가는 환자에게 드러내서는 안된다.(로라 프리챗 지음, 신솔잎 옮김,《죽음을 생각하는 시간》, 빌리버튼, 2019, p.122) 환자에 대한 자신의 감정을 절제하지 못해서 눈물 범벅으로 나타난다면 환자에게 결코 좋은 일은 아니다. 당신의 용기와 절제된 모습은 어쩌면 환자에게 줄 수 있는 마지막 선물이 될 수도 있다.

    뛰어난 가창력을 소유한 가수 임재범의 아내 송남영은 2017년에 사망했다. 그녀는 죽어가는 순간에 친구들에게 "나를 웃길 수 있는 사람만 만나겠다."고 말했다고 전해지고 있다. 그녀는 친구들이 자신의 죽어가는 모습을 보고 얼마나 슬퍼할지를 알고 있었던 것이다. 그러나 죽어가는 자신이 살아있는 친구들의 슬픔을 이해하고 공감할 시간은 없다고 느꼈을지 모른다. 슬픔은 그들의 몫으로 남겨 두고 자신은 웃으면서 세상을 따나고 싶었을 것이다.

다섯은 '종교 강요하지 않는 것'이다. 종교나 영적 믿음은 지극히 개인적인 영역이므로 자신이 해줄 수 있는 마지막 선물로 환자의 믿음을 존중하는 모습을 보여야 한다.(같은 책, p.123) 부모의 종교가 기독교이고 자식의 종교가 불교일 때 부모님 장례식을 불교식으로 해서는 안 된다. 만약 그렇게 한다면 그것은 그분의 삶 자체를 부정하는 것이 되는 것이다. 부모의 삶이 부정당할 때 나의 삶 또한 결코 인정받지 못할 것이다.

여섯은 '손을 잡아 주는 것'이다. 친밀한 신체적 접촉은 죽어가는 환자의 기분을 좋게 해줄 뿐만 아니라, 혈액 순환을 원활히 하고, 욕창을 방지하며 통증을 경감시키는 효과가 있다.(같은 책, p.125) 죽어가는 사람에게 위로의 말을 전하기는 쉽지 않다. 무슨 말을 해야 할지 실수하지나 않을까 염려스럽다. 그럴 때 손을 잡아 주는 것이 좋다. 나의 마음을 전하는 방법이 될 수도 있다.

일곱은 '환자를 대변하는 역할'이다. 환자가 극한의 통증이나 무력감에 빠져 있을 때 무엇을 요구하는 것은 쉽지 않다. 그럴 때 환자 옆에서 환자의 편에 서서 환자가 원하는 것을 해결해 준다면 더할 나위 없을 것이다. 병을 낫게 할 수는 없지만 진통용 패치를 붙여줄 수도 있고, 여행을 같이 가줄 수도 있다. 우리가 해결할 수 없는 것까지 미리 겁낼 필요는 없다.

여덟은 '죽어가는 사람의 말을 막지 않는 것'이다. 구급차에 실려가는 환자의 안정을 위해 "쉿! 말하지 마세요"라며 말을 막지 마라. 바로 그때 환자의 말이 유언이 될 수도 있다. 환자가 사고를 낸 가해자

일 경우 피해자에게 용서를 구하는 유언을 남길 수도 있는데 아무 때나 '쉿'해서는 안될 것이다.

아홉은 '무례하게 말하지 않는 것'이다. 의료진은 환자가 사망하는 그 순간까지도 들을 수 있다고 생각하며 행동하라고 배운다.(데이비드 케슬러 지음, 유은실 옮김,《생이 끝나갈 때 준지해야 할 것들》, 21세기북스, 2017, p.60) 사람의 오감 중에서 가장 마지막까지 기능을 발휘하는 것이 청각이라고 한다. 그래서 죽어가는 사람이 분명히 무의식의 상태에 놓였을 때조차도, 그 환자는 우리가 상상하는 것 이상으로 많이 들을 수 있다.(피터 펜윅, 엘리자베스 펜윅 지음, 정명진 옮김,《죽음의 기술》, 부글, 2008, p.325) 환자 옆에 앉아서 그들에게 이야기를 들려주려는 노력은 그 환자에게 우리가 생각하는 것보다 훨씬 더 많은 위안을 전할 것이다. 반면에 환자가 무의식 상태라도 어느 정도는 들을 수 있으니 말에 신중을 기해야 한다. 한 공간에 있을 때는 무례하거나 나쁜 말을 하지 않도록 주의를 기울이고, 평화롭고 따뜻한 이야기를 들려주어야 한다(같은 책, p.127).

열은 '환자의 권리 빼앗지 않기'이다. 우리는 떠나가는 사람을 위해 헌신할 수 있다. 고통 속에 있는 환자를 돕기 위해 무엇이든지 하려한다. 그러나 환자 자신의 삶을 결정하는 일을 대신해서는 안된다. 환자를 돕는다는 생각으로 환자의 일을 대신함으로써 환자가 자신을 통제할 권리를 빼앗는 일은 삼가야 한다.

앞에서 언급한 열 가지를 가족, 친구, 지인들이 해야 하는 이유가 있다. 그것은 죽어가는 사람의 권리이기 때문이다. 질문에 솔직한 답변을 들을 권리, 가능할 때 직접 의사 결정을 내릴 권리, 건강한 정신을 지닌 섬세한 사람들에게 돌봄을 받을 권리, 개인의 취향을 존중받을 권리 등등이다.(로라 프리챗 지음, 신솔잎 옮김,《죽음을 생각하는 시간》, 빌리버튼, 2019, p.127)

유족들에게 해서는 안 되는 말

로스 교수는 "가족 중 누군가를 잃었을 때, 특히 그의 죽음을 각오해야 할 시간이 거의 없었던 경우, 사람은 분노하고 절망한다. 이런 감정은 겉으로 표출되어야 한다."(퀴블러 로스 지음, 김진욱 옮김,《죽음의 순간》, 자유 문학사, 2000, pp.233~234)고 말한다. 그렇다. 갑작스럽게 가족을 잃은 사람들은 분노한다. 그러니 유족을 대할 때 주변 사람들은 위로의 말 한마디를 하는 데에도 세심한 배려를 해야 한다. 가족 중 누군가가 불의의 죽음을 당한 유족을 위로한다면서 던지는 가벼운 말이 깊은 상처가 될 수 있다. 부모 형제의 갑작스러운 죽음도 그러하지만, 자식을 갑자기 잃은 유가족의 상처는 두고 두고 원망을 가져올 수 있다. 상처를 줄 수 있는 몇 가지 말들은 이렇다.

- 시간이 약이야.(지 자식이 죽어도 그렇게 말할 수 있을까?)
- 힘내!(말뿐인 안이한 격려는 오히려 반발심을 불러 일으킨다.)
- 빨리 기운 차려야지.(정말 해서는 안 되는 말이다)
- 내가 자네의 고통을 잘 알아.(당사자의 기분도 잘 모르면서……)
- 누구누구보다는 훨씬 나은 편이야.(다른 사람과의 비교는 금물)

- 요즘 괜찮아졌냐?(오히려 더 서글퍼진다)
- 얼굴이 훤해졌네, 몸이 좋아졌어(뭐 그게 잘못입니까?)
- 자주 여행을 하다 보면 좋아질 거야(지금 내 몸 추스르기도 힘든데 여행은 무슨……)

상실을 경험한 사람들에게 가장 고마운 일은 묵묵히 자기 이야기를 들어주는 것이다. 나는 최악의 상실을 겪은 지 6개월 후에 만난 친구가 나의 눈을 마주 보면서 아무 말 없이 내 손을 잡아 주었을 때 고마움을 느꼈다. 친구의 마음이 느껴지는 듯했다. '백마디 말보다는 한 번의 행동이 낫다'라는 속담도 있다. 적절한 단어를 찾기 어려울 때는 악수나 포옹 등 신체 접촉이 더 좋을 수 있다.

죽음에 무지하면 고통스럽고, 고독하다

죽음에 대하여 무지할수록 죽음에 대하여 말하기를 꺼려하기 마련이다. 또 가족들이 죽음에 대해 말하기를 꺼릴수록 환자는 죽음의 공포라는 그림자에 빠져들게 되거나 어찌해볼 도리가 없는 고독감에 빠져들 것이다.(부위훈 지음, 전병술 옮김, 죽음, 《그 마지막 성장》, 청계, 2001, p.18) 죽음은 삶의 결과이고, 삶의 가치를 세우는 데 도움이 되며 죽음에 직면해서도 고상한 태도를 유지할 수 있게 된다.(같은 곳)

죽어가는 사람이 원치 않는다면 굳이 강요해서도 안되지만, 죽음에 대해 솔직한 대화를 나누는 것이 도움이 될 때가 많다.(로라 프리챗 지음, 신솔잎 옮김, 《죽음을 생각하는 시간》, 빌리버튼, 2019, p.115) 누군가 죽어가고 있다면 당사자에게 그 사실을 밝혀야 한다.(같은 책, p.116) 자신이 죽게 된다는 사실을 아는 것보다, 죽게 될지 어떨지 마음을 졸이는 편이 더욱 고통 스럽다.

임종 시 홀로 죽게 해서는 안 된다

통계적으로 보면 열명 중 아홉 명은 병원을 포함한 요양원에서 죽는다. 이는 가족의 임종을 지켜보는 일이 갈수록 줄어들고 있다는 것을 의미한다. 이렇게 되면 죽어가는 사람들은 '유언'을 남길 기회를 갖지 못하게 된다. 이처럼 아무런 유언을 남기지 못하는 것은 유언을 받아 적거나 전할 만한 사람이 곁에 없었기 때문이다. 물론 교통사고나 심근경색 등으로 죽어가는 경우에도 아무런 말을 남기지 못하는 수가 많다. 한국 사람들이 부모의 임종을 지키지 못한 것을 큰 불효로 생각하는 문화를 뜯어 보면 외롭게 세상을 하직하는 것을 좋지 않은 임종으로 여기는 마음에서 비롯된 것으로 볼 수 있다. 부모의 임종을 지키지 못했다는 것은 부모님의 마지막 유언을 듣지 못했다는 것을 의미한다. 자신의 삶을 녹여 내서 뱉는 마지막 한마디를 듣지 못했다는 것 참 슬픈 일이다.

유대사회에서 한 사람이 죽음에 가까이 갔을 때, 그의 곁을 떠나는 것은 금지된다.(랍비 조셉 텔루슈긴 지음, 김무겸 옮김,《죽기 전에 한 번은 유태인에게 물어라》, 북스넛, 2016, p.292) 그가 홀로 죽음을 맞이하게 해서는 안 된다는 것이다.(같은 곳)

독일의 철학자이자 신학자인 폴 틸리히(1886~1965)는 "외로움이란 혼자 있는 고통을 표현한 말이고, 고독은 혼자 있는 즐거움을 표현한 말이다."라고 말했다. 살아있는 그 순간에도 외로움은 고통스러운데, 홀로 외롭게 죽음을 맞이한다면 가장 고통스럽고 슬픈 일이라고 할 것이다. 군중이 몰려있는 경기장에서 홀로 있을 때도 문득 외롭다고 느껴지는 사람이 있다고 한다. 경기장의 그 많은 사람들 중에 나와 연결되어 있는 사람이 없다는 것에 외로움을 느끼는 것이다. 죽음에 직면했을 때 나와 연결된 것들이 어떤 연유로 멀어지거나 끊어지면 홀로 죽음을 맞이할 수밖에 없다. 생이 끝나가는 상황에서는 우리를 돌봐 주는 사람들과 그 어느 때보다 함께 있어야 할 필요가 훨씬 크다.(데이비드 케슬러 지음, 유은실 옮김, 《생이 끝나갈 때 준비해야 할 것들》, 21세기북스, 2017, p.272) 그래서 우리는 누구든 반드시 홀로 죽도록 두어서는 안 된다.(같은 곳)

사람들은 본능적으로 죽어가는 사람으로부터 멀리 떨어져 있으려고 합니다. 왜냐하면 죽어가는 사람을 사람으로 보기보다는 죽음 또는 질병으로 보기 때문이다. 그래서 죽어가는 사람은 혼자 있을 가능성을 배제할 수 없습니다. 그러나 죽어가는 사람에게 가장 나쁜 것은 혼자 있는 것이다. 그것은 비인간적이다. 누구도 홀로 죽음을 마주하지 않아야 한다.(데이비드 케슬러 지음, 유은실 옮김, 《생이 끝나갈 때 준비해야 할 것들》, 21세기북스, 2017, p.285) 그렇게 되도록 우리가 함께 애쓰고 노력한다면, 죽음을 맞는 사람이나 살아있는 사람 모두에게 훨씬 더 좋은 일이다.(같은 곳)

죽어가는 사람을 자주 접하다 보면 어떻게 하면 좀 더 잘 죽음을 맞을 수 있을지 배운다.(같은 곳, p.285) "그 경험이 쌓여갈수록 결코 편안해질 수 없을 듯했던 죽음이라는 존재가 조금은 친숙해진다. 죽음을 맞는 사람과 함께하는 것이야말로 우리 자신을 편하게 하는 유일한 길임을 알게 된다."(같은 곳)

연명의료 여부는 자신이 결정해야 한다

나는 죽음이 끝이 아니라는 것을 확신하므로 살만큼 산 후 즉, 고령의 나이에 생명을 연장하려는 시도는 결코 바람직하다고 생각하지 않는다. 나는 나의 죽음의 방식에 관하여 결정권을 행사할 자유를 하나님으로부터 부여받았다고 본다. 한 사람이 다른 사람을 죽음으로 몰아가거나 강요해서는 안 되듯이, 누구도 다른 사람을 오래 살도록 몰아가거나 강요해서는 안 된다. 말기나 임종기에 고통 받는 환자 본인의 결정보다 더 존중받아야 할 결정이 있을까? 하나님이 모든 삶을 인간의 자율에 맡기신 것이라면, 삶의 마지막 단계에도 당연히 적용되는 것이리라.

늦었지만 우리나라에도 2018년 2월 4일부터 연명의료결정법이 시행됐다. 이 법은 죽어가는 모든 사람에게 해당되는 것이 아니고 암, 후천성 면역결핍증(에이즈), 만성 폐쇄성 호흡기 질환, 만성 간경화,

그 밖에 보건복지부령으로 정하는 질환을 가진 '말기환자'에게만 적용된다. '말기환자'란 어떤 의료 시술을 하더라도 수개월 내에 급속하게 사망에 이르는 상태를 말한다.

연명의료에는 일반 연명의료와 특수 연명의료가 있다. 일반 연명의료는 영양공급, 항생제, 진통제 사용을 필수적인 것으로 하고, 특수 연명의료는 항암제, 심폐소생술, 인공호흡기, 혈액투석 등으로 유보(처음부터 시행하지 않는 것)하거나 중단할 수 있다.

우리나라는 연명의료 유보·중단 결정에서 가장 보수적인 입장을 취하고 있다. 임종기에만 허용되는 것이다. 그것도 사전에 연명의료 거부 의사 표시나 가족의 동의가 필요하다. 일본은 2007년 임종기, 말기 환자까지 허용했고, 영국, 독일, 타이완은 임종기, 말기, 식물상태, 중증치매 까지 확대 시행하고 있다. 미국의 10개 주, 스위스 등은 여기에 의사 조력자살까지 허용하고 있고, 네덜란드, 룩셈부르크, 캐나다, 호주 등은 적극적 안락사까지 허용하고 있는 실정이다.

치유·연명·완화 치료 중 어느것이 좋을까

치료에는 치유 치료, 연명 치료, 완화 치료가 있다. 치유 치료는 병을 제거 하여 환자를 낮게 함으로써 자연 수명을 누리게 하는 치료이다.(유호종 지음,《죽음에게 삶을 묻다》, 사피엔스, 2010, p.139) 치유 치료가 성공하면 환자는 더 이상 의료에 의존하지 않고도 생존이 가능하다. 치유 치료가 성공하여 건강이 회복되는 경우라면 치유 치료를 받는 것이 완화, 호스피스 치료만 받는 것보다 환자에게 이익이 된다는 것은 명백하다.(같은 책, p.156) 그런데 말기 환자나 임종기 환자는 치유 치료로 회복될 가능성이 있다고 하더라도 그 가능성은 매우 낮을 것이다.

연명 치료는 병을 제거할 수는 없지만 생명을 수일, 수주, 수개월, 수년 동안 연장시키는 치료이다. 인공호흡기와 영양 급식관을 장착하고 유사 시 심폐소생등을 실시 하는 행위가 연명치료의 일종이라고 할 수 있다.

완화 치료는 말기 환자나 임종기 환자에게 행하는 것으로 환자의 고통과 불편을 덜어 주어 삶의 질을 유지 시키는 치료이다. 호스피스 시설에서 치료를 받는 의료 행위가 완화의료의 일종이라고 볼 수 있다.

어쨌든 치유 치료, 연명 치료, 완화 치료 중에 어느 것이 가장 좋다고 말 할 수는 없다. 사람마다 선호하는 바가 다르고 처한 입장이 다르기 때문이다. 각자의 세계관, 가치관, 도덕관에 따라 자기 이익을 더욱 증진시키고 도덕적으로 그르지 않은 선택을 할 때 그 선택들은 모두 바람직한 선택이 될 수 있다.(유호종 지음,《죽음에게 삶을 묻다》, 사피엔스, 2010, p.170) 연명 치료나 치유 치료가 목표라면 그 치료를 선택하면 된다. 그러나 이러한 치료를 좋아하지 않으며 자신에게 도움이 되지 않는다고 생각하는 사람은 연명 치료의 중단이나 완화, 호스피스 치료를 선택하여 좋은 죽음을 준비하면 될 것이다.

show 피알을 아십니까?

쇼피알(show+P.R)은 생명 회복이라는 본래의 목적이 아닌 다른 목적을 위해 CPR(cardiopulmonary resuscitation)을 수행하는 것을 일컫는다고 합니다. 한마디로 말하면 의학적으로는 아무런 의미가 없는데도 유족이 도착할 때까지는 산 것으로 치기 위해 보여주기 위한 심폐소생술을 소위 쇼피알이라고 합니다. 인터뷰만을 전문으로 하는 지승호 작가와 김현아 교수의 인터뷰에서 쇼피알의 일부가 소개됩니다.

지승호 작가가 질문 합니다. "쇼피알이라는 게 있다던데. 실제로 심폐소생술을 해도 살릴 수 없는 환자들에게 책임소재나 나중에 문제가 발생할 수 있는 일 때문에 안 해도 될 것을 몇 시간이나 일부러 한다는 거잖아요. 어떻게 보면 인력 낭비이거나 자원의 낭비일 수도 있을 것 같은데요?" 그러자 김교수가 이렇게 답합니다. "우리나라 병원에서는 그게 디폴트(환자가 사전에 지정하지 않으면 자동적으로 선택되는 것)예요. 특별히 내가 안하겠다는 의사 표현이 되어 있지 않으면 죽은 사람에게도 하는 거죠. 일반 병동에서는 간호사가 매분 매초 올 수가 없잖아요. 그러다 보니 회진도는 중에 이분이 돌아가신 게 발견되는 거에요. 그러면 가족이 오기까지 심폐소생술을 해요. 의료진도 그 사람이 돌아가신지 아는데 하는 거죠. 그런 일이 굉장히 많아요." 연이은 작가의 질문. "소송의 문제나 이런 것 때문에 그럴 수밖에 없다는 거잖아요. 거기 없었던 가족이 나중에 소송을 거는 경우도 있다고 하셨고요. 계속 그런 일이 발생할 수밖에 없다는 건데요?" 김현아 교수의 대답. "피할 수 없을 것 같아요 심장이 멈추고, 물론 젊은 사람이 병도 없는 상태에서 갑자기 부정맥이나 이런 문제로 심장이 멈추는 경우와는 다르잖아요. 심장이 멈추는 거는 다 끝난 거거든요. 다른 기관들도 기능을 멈추고, 올 일들이 다 온 다음에 심장이 서는 건데요. 심장이 섰다고 무조건 CPR을 하는 것은 시신이 훼손되는 문제가 있을 수도 있고요. 지금 병원에서 어떤 일들이 일어나는지를 사람들이 아셔야 할 것 같아요."(대한민국 전문 인터뷰어 지승호가 만난 사람들—김현아 교수 인터뷰 '죽음을 준비하지 않으면 죽음보다 더 나쁜 일들이 일어난다', 2020. 12. 18)

김현아 교수는 "쇼피알의 생존율은 영(Zero)이다. 결국 병원에서 환자가 숨을 거두면 어떤 상태로 발견되든 일단 심폐소생술을 시행해야 하며, 그러지 않으면 의사가 과실치사, 심지어는 살인으로 몰릴 수 있다는 논리가 성립된다."고 말했다. (김현아 지음, 《죽음을 배우는 시간》, 창비, 2021, p.252)

의료진이 연명치료를 할 수밖에 없는 이유

앞에서 말했듯이 병원에서 입원 치료 중인 사람이 밤 중이나 간호사가 없는 상태에서 죽었을 때 가족들의 소송 등에 대처하기 위해 심폐소생술을 한다고 합니다. 여기 그 사례 두 가지를 소개한다.

① 노환으로 병동에서 숨을 거둔 80대 환자를 치료한 의료진들이 심폐소생술을 하지 않았다는 이유로 줄줄이 살인 혐으로 고소를 당했다. 환자는 '암'환자는 아니었지만 여러 가지 만성 질환을 가지고 있었고, 사망 몇 년 전부터 바깥 출입을 못할 정도로 기력

이 쇠한 상태였다. 폐렴으로 중환자실에 입원하고, 식이 섭취가 어려워지고 의식이 혼미해졌고, 탈수와 욕창 등이 앞서거니 뒤서거니 따라왔다. "암도 아니고 멀쩡하게 병원에 들어온 사람이 죽어서 나갔다. 위급한 순간에 심폐소생술도 하지 않은 것은 살인이다"라는 것이 고소인의 주장이었다.(김현아 지음, 《죽음을 배우는 시간》, 창비, 2021, pp.249~250)

② 간암으로 8년간 투병 중이던 할머니가 병동에서 숨을 거두었다. 심폐소생술, 인공호흡기 치료는 없었다. 살아생전 고인의 뜻이었다. 마지막 까지 고인의 옆을 지킨 딸이 장례절차를 밟았다. 그런데 "문병조차 제대로 하지 않은 아들이 나타났다. 그는 누나가 어머니를 제대로 치료하지 않고 살해했다"라고 주장하며 누나를 존속 살해 혐으로 고소했다. 할머니를 치료했던 의료진도 줄줄이 살인방조로 고소를 당했다.(같은 책, pp.248~249)

박중철 교수는 저서 《나는 친절한 죽음을 원한다》에서 심장이 뛰고 있는 상태에서 연명의료를 중단할 수 있는 경우는 두 가지뿐이라고 말한다. 하나는 뇌사 판정 후 장기를 기증하는 경우이다. 장기 기증을 하지 않는 경우에는 뇌사라고 하더라도 연명의료를 지속해야 한다고 한다. 나머지 하나는 임종 과정에 들어섰다고 판단되는 경우이다. 하지만 이 역시도 사전에 연명 의료를 거부한다는 환자의 명시적 의사 표현이나 가족 전체의 동의가 있지 않다면 연명의료를 계속해야 한다.

연명의료는 고통을 초래할 뿐이다

고령자의 경우 시간이 지나면 죽는 것이 자연스러운 현상이지만, 현대는 노쇠가 자연현상이 아닌 병으로 인식되어 자연사가 거의 사라지게 되었다. 생명체는 이미 사명을 다했음을 여러 신호로 알리지만 영양과 수분을 강제로 공급하고 노쇠한 몸이 그것을 받아들이지 못하여 문제가 일어나면 다시 '연명치료'하는 악순환이 반복되는 것이다.

연명의료 행위는 급성 질환자에게는 생명을 구할 수 있지만, 회생 가능성이 없는 임종기 환자에게는 불필요한 고통만 가중시킬 따름이다. 정현채 교수는 아툴 가완디의 저서 《어떻게 죽을 것인가》에 소개된 연구 성과를 다음과 같이 인용하고 있다. "심폐소생술과 인공호흡기 그리고 중환자실 치료를 받은 말기 암 환자들은 그런 치료를 전혀 받지 않은 환자들에 비해 마지막 일주일간 삶의 질이 훨씬 나빴다고 한다. 또 그런 환자를 돌봤던 사람들도 환자가 사망한 후 심각한 우울증을 겪을 확률이 3배나 높았다고 한다. 반면 고통완화 전문 팀과 상담을 한 말기 암 환자들은 화학요법치료를 일찍 중단하고 호스피스 케어를 선택하였다. 그 환자들은 생의 마지막 단계에서 고통을 덜 경험했으며, 심지어 25퍼센트나 더 오래 살았다."(정현채 지음, 《우리는 왜 죽음을 두려워할 필요 없는가》, 비아북, 2021, p.263)

그래서인지는 몰라도 연명의료를 원하는 환자는 많지 않다. 2004년 일본 후생노동성 보고에 따르면, 마지막을 맞이할 때 단지 연명을 위한 조치는 필요 없다고 대답한 비율이 일반인은 74%, 의사들은 82%에 이른다고 한다.(이시토비 고조 지음, 노미영 옮김,《우리는 죽음을 어떻게 맞이해야 하나》, 마고북스, 2012, p.118)

김현아 교수는 미국에서의 보고를 인용하여 "중환자실에 입원한 평균 연령 67세의 환자들 중 적절한 임종 상담을 받고 연명치료를 중단한 환자들이 마냥 중환자실 치료를 지속한 환자보다 사망에 이르는 기간이 짧았다."고 말했다. 그러나 6개월 이상의 장기 생존율은 두 집단에서 동일했다.(김현아 지음,《죽음을 배우는 시간》, 창비, 2021, p.212) 어차피 생존할 사람은 연명치료와 무관하게 생존하다는 의미로, 대부분의 환자들에게는 중환자실 치료가 단지 사망까지의 시간을 얼마간 더 연장할 뿐이다.(같은 곳)

연명의료 거부하고 존엄사를 선택한 사례

LG 구본무 회장이 연명의료 결정법에 따라 존엄사를 선택한 것으로 밝혀졌다. 다음은 중앙일보 보도 내용이다.

> 의료계에 따르면 구 회장은 본인의 뜻에 따라 심폐소생술, 인공호흡기 등의 연명의료 행위를 시행하지 않았다고 한다. 서울대병원 의료진은 5월 16일께 구회장을 '임종 과정에 있는 환자'로 진단했다. 임종과정이란 회생 가능성이 없고 치료해도 회복이 되지 않으며 급속도로 증상이 악화돼 사망이 임박한 상태를 말한다. 담당 의사와 관련 전문의 1명이 이런 진단을 했다. 의료진은 "만약의 사태가 오면 심폐소생술 등의 연명의료를 할 것이냐"고 가족에게 물었고, 가족은 이를 거

부했다. 가족은 "환자가 평소 연명 의료를 원하지 않았다"고 말했다. 현행 법률에는 배우자, 자녀 등의 가족 2명 이상이 일치하는 진술을 하면 고인의 의사인 것으로 간주한다. 구 회장이 사전의료의향서(AD)나 연명의료계획서(POLST)를 작성하고 서명하지 않았지만 가족 2명이 대신 구 회장의 뜻을 확인함으로써 법적 요건을 충족했다. 의료진은 절차에 따라 가족 진술을 토대로 '연명의료 중단 등 결정에 대한 환자 의사 확인서'를 작성한 뒤 국립 연명의료관리기관에 등록했다.

구 회장은 임종과정에 이르기 전까지는 중환자실과 일반 병실을 오가면서 인공호흡기나 항암치료를 받았지만 20일 결정적 순간에는 불필요한 연명의료를 받지 않았다. 중환자실이 아니라 일반 병실(1인실)에서 가족에 둘러싸여 편안한 죽음을 맞았다.

―중앙일보 사회면, 신성식 복지전문기자,
"연명치료 말라" 마지막도 소탈했다, 2018. 5. 21

자기결정 비율이 증가하고 있다

연명의료 결정법이 시행(2018년 2월 4일)된 지 한 달이 되는 3월 6일까지 1,003명이 연명의료 중단을 선택했다고 중앙일보가 보도했다.

1,003명 중 351명(35%)는 의료진의 설명을 듣고 연명의료계획서를 썼다. 환자가 의식이 없어서 가족 2명이 "부모님이 평소 연명의료를 원하지 않았다"고 일관성 있게 진술한 경우가 251명(25%)이다. 나머지 401명(40%)은 환자의 뜻을 몰라 가족 전원이 합의한 경우다. 가족

2명의 동의만 있어도 되는데 혹시 문제가 될까봐 전원 동의를 받았을 것이라는 것이다. 의사가 뒤탈을 우려해 그 방법을 권했을 수도 있다.

—중앙일보, 신성식 복지 전문기자,
〈존엄사 까다롭게 만드는 '캘리포니아에서 온 딸 신드롬'〉, 2018년 3월 10일

월간신문 청년의사는 연명의료중단 등 이행율뿐만 아니라 가족에 의한 결정이 아닌 자기결정 비율이 증가하고 있다고 보도했다.

국가생명윤리정책원은 2021년 9월 30일 사전연명의료의향서 104만 4,499건, 연명의료계획서 7만 4,445건, 연명의료이행서 17만 7,326건을 달성했다고 밝혔다. 연령층 구성은 60대 이상 24.3%, 70대 44.7%, 80대 이상 18.9%로 60대 이상 노년층이 전체의 88%를 차지했다. 연명의료계획서는 총 7만 4,445건 중 말기 환자 비율은 67.3%, 임종기 환자는 32.7%의 비중을 보였다.

의료기관에서 사망하는 환자수 대비 연명의료 중단 등 결정이행 비율은 23.8%로 2018년 16.7% 대비 42.5% 증가하였다. 또한 가족에의한 결정이 아닌 사전의료의향서 또는 연명의료계획서를 통한 자기결정 비율은 2021년 3분기 41.8%로 제도 시행 초기인 2018년 1분기 35.1%에 대비 19% 증가한 것으로 확인됐다.

—월간신문 청년의사, 곽성순 기자, 2021. 10. 25

워싱턴 대학 교수인 멜빈 모스Melvin Morse는 임종 시 그 방을 기계

로 채울 것인지, 아니면 친구 등 많은 사람으로 채울 것인지는 본인의 선택이라고 말하였다.(피터 펜윅, 엘리자베스 펜윅 지음, 정명진 옮김, 《죽음의 기술》, 부글, 2008, p.300) 죽음의 자리를 장식하는 첨단 기술은 그 환자 본인에게 평화와 따뜻함을 전하려는 것보다는, 그 환자의 죽음과 관련하여 친척들과 의료진들이 좋은 기분을 느끼도록 만들기 위한 측면이 더 강하다.(같은 곳)

캘리포니아에서 온 딸 신드롬

2009년 8월 25일 만 77세로 세상을 떠난 미국의 전 상원 의원 에드워드 케네디(존F 전 케네디 대통령의 동생)의 마지막은 완화 의료가 지향하는 아름다운 죽음의 한 모습이다. 연명치료를 거부하고 마약성 진통제를 활용한 '완화 치료'로 행복한 임종을 맞았다고 해 화제를 모은 바 있다. 악성 뇌종양으로 고생하던 그는 집에서 아이스크림을 먹으며 가족과 마지막 대화를 나누고, 자신이 평소 좋아하는 '007 제임스 본드' 영화를 보다가 죽었다.

이처럼 무리한 연명 치료보다는 통증 없이 편안하게 생을 마무리하고 싶다는 사람들이 의외로 많다. 이때 발목을 잡는 것이 바로 '캘리포니아에서 온 딸Daughter from California'이다. 평소 병석의 부모를 잘 찾지 않던 캘리포니아에 사는 딸이 뉴욕에 사는 부모 임종 직전에 허겁지겁 나타나서 "우리 부모 무조건 살려 내라, 뭐든지 시도할 수 있는 치료는 다 해라"며 생떼를 쓰는 것을 말한다. 우리나라만 그런 것이 아니라 미국에서도 이런 일이 자주 발생하는지 '캘리포니아에서 온 딸 신드롬Daughter from California Syndrome'이라는 말까지 생겼다.

문득 떠오르는 것이 이솝 우화에 나오는 '청개구리'이다. 엄마의 말과는 정반대로 행동하는 청개구리 말이다. 그래도 청개구리는 엄마의 유언을 정확하게(?) 지켰으니 효자라 할 수 있을까? '캘리포니아에서 온 딸'처럼 부모에게 죽음의 위기가 닥치면 자식들은 본래의 청개구리같이 부모의 바람과 반대로 행동하기 쉽다. 그 바탕에는 '효심'이 작용하고 있다. 특히 부모와 소통이 잘 안됐던 자식이나 한 번도 제대로 효도를 해본 적이 없는 자식은 오래오래 살아서 자신이 효도할 수 있는 시간을 달라는 심정으로 사고를 치고 만다. 부모의 심정은 모르고 자신이 후회하지 않기 위해서 연명치료를 요구하는 것이다.

연명의료계획서 작성 시기(임종기→말기)를 앞 당긴다

지금은 임종기에만 연명의료계획서를 작성할 수 있다. 그래서 연명의료계획서 작성한 날에 숨지거나 며칠내 숨지는 '벼락치기 존엄사'가 횡행한다고 한다. 그래서 연명의료계획서 작성 시점을 말기로 앞 당기자는 전문가들의 의견을 수렴해 정부가 추진하기로 했다고 한다. 이에 대한 중앙일보의 보도 내용을 요약, 소개한다.

임종 직전에 연명의료 중단에 동의하거나 가족이 결정하는 소위 '벼락치기 존엄사'가 줄어들 전망이다. 복지부는 국가호스피스연명의료위원회를 열어 제2차 호스피스·연명의료 종합계획(2024~2028)을 심의·의결했다. 복지부는 연명의료 계획서를 작성하는 시기를 말기환자에서 그 이전 단계로 앞당기기로 했다.(여기서 말하는 말기는 임종기를 말하는 것으로 보인다. 우리나라는 말기와 임종기를 구분하고 있다. 말기는 회복 가능성이 없고 수개월 내 사망할 것으로 예상되는 상태를 말하며, 임종기는 회생 가능성이 없고 급속도로 증상이 악화해 사망이 임박한 상태를 말하고 있다.) 2018년 2월 연명의료결정법 시행 이후 규정이 너무 까다로워서 진정한 의미의 존엄사를 가로 막는다는 지적이 잇따랐다. 또한 말기와 임종기를 구분하기 힘든 데다 이렇게 구분하는 나라도 한국이 거의 유일하기 때문이다.

복지부 담당과장은 "말기 진단을 받기 전이라도 본인이 의사 결정을 할 수 있을 때 계획서를 미리 작성하도록 하자는 취지"라고 말했다. 말기 상태가 돼 의식이 혼미하거나 없는 경우 연명의료 계획서를 작성할 수 없다. 암이나 중질환 진단을 받았을 때 작성할 수 있게 되면 훨씬 많은 환자가 활용할 수 있게 된다.

임종기로 못박다 보니 2018~2022년 연명의료계획서를 활용해 존엄사를 이행하고 세상을 떠난 8만 3,532명 중 5만 4,796명(66%)이 서류 서명 당일에 숨진 것으로 나타났다. 또한 환자의 의사를 몰라 가족이 합의해 연명의료를 중단(유보)하는 사람까지 포함하면 존엄사 이행자의 83%가 벼락치기로 연명의료를 중단했다. 이렇게 숨지면 가족에게 "사랑해"라는 말 한마디도 못하고 떠난다.

유신혜 서울대병원 완화의료임상윤리센터 교수는 "의료인이 자신의 환자를 진료하다 적절한 시점에 연명의료계획서 작성을 권고하는 게 적절한데, 지금은 임종기 환자로 묶여 있어서 불가능했다"고 말했다. 유교수는 "연명의료 중단 이행 시기가 임종기로 한정돼 있는데, 이를 말기로 당길 필요가 있다. 하지만 종교계 등에서 반대하기 때문에 사회적 논의를 시작하는 건 의미가 있다"고 말했다.

—중앙일보 사회, 신성식 복지전문기자,
〈연명중단 서약 말기 이전에도 가능…벼락치기 존엄사 손본다〉, 2024. 4. 2

연명의료 결정 자신이 해야 한다

사람은 이 땅에 태어날 때 자신의 결정으로 등장하지 않는다. 나의 의지와는 무관하게 태어난다. 그때는 내가 존재하지 않았기 때문에 내 문제임에도 내가 선택할 수 없었다. 그러나 죽음만은 자신이 결정할 수 있어야 한다. 특히 노인 의료에선 말할 나위가 없을 것이다. 죽음은 삶의 일부이고 삶은 자신의 것이므로 자신이 죽음을 선택할 수 있어야 한다.

그러나 현실은 녹록지 않다. 아직까지 연명의료계획서를 작성할 수 있는 시기는 임종기에만 할 수 있다. 그때는 환자의 의식이 없는 경우가 많아서 자신의 죽음을 자신이 결정하지 못하고 가족이 대리하는 경우가 대부분이다. 김현아 교수는 말한다. "상급 종합병원에 발을 들이는 순간 이미 환자와 보호자들은 선택권을 잃게 된다. 병원의 치료 지시를 따르지 않으면 집으로 갈 수밖에 없기 때문이다."(김현아 지음, 《죽음을 배우는 시간》, 창비, 2021, p.168) 그리고 병원의 치료지시는 인공호흡기 부착이나 심폐 소생술 등이 될 수도 있다.

우리 의료 현장에서 말기 및 임종기 환자의 연명치료 여부를 결정하는 실질적 주체는 환자가 아닌 그 가족이나 의사이다.(유호종 지음, 《죽음에게 삶을 묻다》, 사피엔스, 2010, p.196) "환자의 마지막 시간과 죽음의 방식이 본인의 뜻에 의해 결정 되지 못하고 있는 것이다. 대신 가족의 가치관과 환자에 대한 가족의 태도에 의해서, 또는 환자가 어떤 병원에 가고 어떤 의사를 만나느냐에 따라 그 사람의 마지막이 결정되고 있다."(같은 곳)

유호종 박사는 연명의료에 대한 결정을 의사나 가족에게 미루지 않고 최대한 내가 해야 하는 이유 세 가지가 있다고 한다.(같은 책, pp.205~206)

첫째, 내가 원하는 것, 정말 가치 있게 여기는 것은 나 자신이 가장 잘 알기 때문이다. 만난 지 얼마 되지 않은 의사가 나를 정확하게 알아주기를 바라는 것은 애초에 무리다. 가족도 의사보다는 낫겠지만, 가족끼리도 오해와 갈등이 있다는 것은 나의 생각과 가치관을 정확히 알기 어렵다는 것을 보여준다.

둘째, 나의 이익이나 가치 증진에 가장 관심이 큰 사람은 나 자신이기 때문이다. 의사는 환자보다 자기의 이익을 중시할 수도 있다. 또 가족의 경우 환자를 위해 희생하려는 마음은 많지만, 경제적 여건이나 간병 가족의 건강 등의 문제로 한계가 있기 마련이다.

셋째, 내가 선택해야 나중에 그 결과가 예상보다 나쁘다 하더라도 받아들이기 쉽기 때문이다. 자신도 모르게 다른 사람이 선택해 준 경우에 그 결과가 나쁘면 원망하는 마음이 생겨 결과를 수용하는데 더 힘들기 마련이다.

말기 환자도 진통제 구입이 어렵다

퀴블러 로스 교수는 "죽음을 직시하지 않는 가장 중요한 이유는 오늘날 죽음의 과정이 여러 가지 의미에서 이전보다 더 고통스러워졌다는 점이다"라고 말한다. 응급실이나 중환자실에서 입이나 코에 각종 줄을 매달고 사지가 결박된 채 의식없이 의료장비에 둘러싸여 고통스럽게 죽어가는 죽음은 '비참한 죽음'이다.

2016년 미국 노년 정신의학회지(American Journal of Geriatric P. sychiatry)에 한 논문이 발표되었다. 그 논문에서 '가장 좋은 죽음'의 요건 3가지는 고통 없이, 두려움 없이 평온한 상태에서, 원하는 장소에서 잠들 듯이 죽는 것이다. 유럽이나 동양을 막론하고 사람들은 집과 같이 편안한 장소에서 가족에게 둘러싸여 맞이하는 죽음을 선호한다. 그러나 75%를 넘는 사람들이 병원에서 임종하고 있는 것이 현실이다. 집에서 죽기를 원하는데 병원에서 죽을 수밖에 없는 이유는 가정에서 통증과 호흡 곤란에 대한 대처 방법이 없기 때문이다.

1846년 마취제가 발견된 후에 수술환자의 고통은 줄일 수 있었으나, 말기 임종기 환자도 손쉽게 마약성 진통제를 사용하기 어렵다. 2010년 EIU(Economist Intelligence Unit-영국의 경제 주간지 이코노미스트 산하 기관)의 죽음의 질 보고서에 따르면, 총 5단계로 평가된 말기 환자의 진통제 접근성 항목에서 한국은 멕시코, 우간다와 함께 4등급에 위치했다. 우리나라의 마약성 진통제 처방이 최하위권이라는 것은 병원이 연명의료에는 열을 올리면서 정작 말기 환자들의 통증에는 무관심하다는 방증이 된다. (박중철 지음, 《나는 친절한 죽음을 원한다》, 홍익

출판, 2022, p.36)

WHO는 고통 없는 죽음을 인간이라면 당연히 누려야 할 권리라고 강조한다.(같은 곳) 그리고 WHO는 말기 및 임종 과정 환자에 대한 적극적인 마약성 진통제 사용을 인도주의라고 선언하고 있다 그럼에도 불구하고 한국에서 마약성 진통제 구입은 매우 어렵다. 연구에 따르면 한국 암환자의 3분의 1은 만족스러운 통증 조절이 이뤄지지 않는 것으로 파악되었고, 암환자의 절반 정도만 통증 조절에 만족한 것으로 조사되었다.(같은 책, p. 40)

이처럼 통증 조절이 어려운 것은 마약성 진통제의 오남용 문제가 있기 때문이다. 그나마 호스피스 완화 의료 기관이 늘면서 말기 암 환자에 대한 마약성 진통제는 일반화되었지만 암이 아닌 말기 질환자에게는 마약성 진통제가 유용함에도 거의 처방되지 않고 있다.(박중철 지음, 《나는 친절한 죽음을 원한다》, 홍익출판, 2022, p.39). 예를 들면 말기 폐 질환, 말기 심부전 환자의 호흡 곤란 완화에 모르핀이 큰 효과가 있음에도 불구하고 많은 의사들은 암 환자가 아닌 다른 말기 환자에게 사용하는 것을 몹시 주저하거나 금기로 잘못 알고 있다.(같은 곳)

박중철 박사는 독일 의사 지안 도메니코 보라시오의 말을 인용하여 "호흡 곤란의 경우 가장 효과적인 동시에 안전한 약품이 모르핀이라는 사실을 현존하는 모든 연구원들이 증명하고 있음에도 '마약 공포증'에 사로잡혀 있는 의사들이 사용을 꺼려하는 바람에 환자들이 끔찍한 고통에 내몰려 있다."고 말한다.(같은 책, p.40) 실제 3,000여 명의 말기 및 임종 과정 환자 사례를 분석한 연구 결과 모르핀과 벤조

디아제피 안정제가 환자의 고통은 완화시켜 주지만 여명을 단축시키지 않는 것으로 확인되었다.(같은 곳)

우리나라는 마약성 진통제 처방 건수가 매년 급속히 증가하고 있다.(같은 곳) 그러나 실제를 들여다보면 말기 및 임종 과정 환자에 대한 처방 증가는 미미하여 고통 없는 편안한 죽음에 대한 한국인의 바람과 달리 병원에서의 죽음은 여전히 비참한 상황을 벗어나기 어렵다.(같은 곳)

우리나라에서는 매년 23만여 명의 암 환자가 새로 발생하고 이 중 8만여 명이 암으로 사망하고 있다.(허대석 지음, 《우리의 죽음이 삶이 되려면》, 글항아리, 2021, p.180) 즉, 암 환자의 상당수가 치유되지 않고 심한 고통을 받으면서 사망한다고 볼 수 있는데, 임종에 이르는 마지막 3개월을 대부분 극심한 고통 속에서 보내고 있다.(같은 곳) 왜냐하면 마약성 진통제를 제때 구입하기가 어렵기 때문이다. 병원에서 말기 환자를 더 이상 치료할 방법이 없다고 하면 사망에 이르는 순간까지 고통을 치료하는 것이 병원의 책임일 것이다. 그러나 치유할 수 없는 경우 병원에서는 퇴원을 종용하거나 권유하기 마련이다. 처음 얼마 동안은 문제가 없지만 퇴원 때 가져간 마약성 진통제가 떨어지면 문제가 심각해진다. 거주지 의료기관에서는 마약성 진통제를 구입할 수 없다. 가족이 대리 처방받을 수도 없으니 본인이 119 구급차를 불러 병원 외래로 가서 처방받아야 한다.

외래로 처방받을 그 시간까지 고통은 참으로 눈뜨고 볼 수 없을 것이다. 암 환자들이 제대로 통증 조절을 받고 있는지를 평가하는 지표

중 하나가 국민 1인당 '의료용 마약 사용량'이다.(허대석 지음,《우리의 죽음이 삶이 되려면》, 글항아리, 2021, p.179) 의료용 마약은 대부분 암환자의 통증을 조절하는 목적으로 쓰이기 때문이다. 그런데 국내 의료용 마약 사용량은 선진국의 10분의 1 수준에 머물러 있다.(같은 곳) 즉 마약성 진통제 사용을 필수로 적용해야 할 8만여 명의 말기 암 환자가 통증 조절을 제대로 받지 못한 채 임종을 맞고 있다.(같은 곳)

선진국은 물론이고, 일본, 타이완, 싱가포르, 말레이시아까지도 말기 암 환자들이 편안히 임종을 맞이할 수 있도록 '호스피스'를 의료제도의 한 분야로 이미 법제화하여, 말기 암 환자는 집에 거주하면서 의료인들이 정기적으로 방문해 통증 조절 등 여러 의료 문제뿐만 아니라 경제적 문제까지 돕고 있다.(같은 책, p.181) 그러나 우리나라는 왕진 제도가 수익성이 없다는 이유로 외면당하고 있어서 집에서 통증 관리가 거의 불가능한 형편이다.

현재 전국민의 77.1%가 의료기관에서 사망하고 10명 중 2명 정도만 집에서 임종한다. 암 환자의 경우에는 89.2%가 병원에서 임종하고 있다.(같은 책, p.187) 회생 가능성이 없는 환자임에도 불구하고, 임종 전 마지막 2~3개월을 가족과 생을 마무리하는 시간으로 보내기보다, 병원에서 인공호흡기와 같은 연명 장치에 의존해 중환자실에서 보내는 관행은 환자뿐 아니라 그 가족까지 불행하게 만들고 있다.(같은 곳)

죽음이 언제나 통증을 동반하는 것은 아니다.(데이비드 케슬러 지음, 유은실 옮김,《생이 끝나갈 때 준비해야할 것들》, 21세기북스, 2017, p.116) "일부 말기 암 환자는 암 때문에 통증을 느끼지 않는다고 한다. 고령의 폐렴 환자는 죽을 때 통증을 느끼지 않을 수 있다."(같은 곳) "미국 보건국의 의료 정책 연구부에서는 암 환자의 90%까지 통증을 조절할 수 있다고 발표했다. 그런데도 암환자의 42%가 적절한 통증 치료를 받지 못하고 있다는 사실이 확인됐다."(같은 책, p.117)

암 환자나 말기 환자들이 집에서 죽기 힘든 것은 통증 조절이 어렵기 때문이다. 유사 시 응급실에 가면 되지만, 병원에 가는 도중에 객사할 수도 있고, 응급실에서 기계 장치에 둘러싸여 죽을 수도 있기 때문에 환자는 두려운 것이다. 호스피스 전문가인 데이비드 케슬러는 저서 《생이 끝나갈 때 준비해야 할 것들》에서 사람의 죽음은 피할 수 없지만, 통증은 피할 수 있다고 말한다. 남편이나 아내가 미리 배워서 진통제 주사를 놓거나 간호사를 집으로 불러 정맥 주사로 진통제가 들어가도록 조치하면 통증은 피할 수 있다고 말한다.

의사들이 진통제를 사용하는 것에 인색하게 구는 것은 나름의 이유가 있다고 한다. 데이비드 케슬러는 그 이유를 다음과 같이 말했다. "대부분의 환자가 강력한 향정신성 약물에 중독될까 봐 진통제 사용을 꺼리고, 환자의 통증에 대하여 충분히 알지 못하기 때문에 그럴 수 있으며, 마지막으로 환자는 입술을 깨물며 통증을 참아야 한다고 믿기도 하고, 환자가 약을 구하려고 통증이 있는 척한다고 생각하기도 한다."(같은 책, p.123) 의사도 환자나 그 가족과 마찬가지로 환자가 강력한 진통제에 중독되는 것을 염려한다.

"그렇지만 중독에 대한 그런 두려움은 대체로 근거가 희박하다. 실제로 중독되는 사람은 약 1% 정도로 극히 일부라고 한다."(같은 곳) 말기·임종기 환자는 설사 중독된다고 하더라도 괜찮다. 내일모레 죽을 판인데 중독이 무서워서 말기 환자를 방치하는 것은 비인간적이다. 구더기 무서워서 장 못 담그는 격이다. 말기·임종기라고 판정 받은 환자는 어느 지역에서나 어느 시간이나 환자가 필요할 때 마약성 진통제를 구입할 수 있도록 해야 한다. 그것이 죽음의 질을 높이는 길이라고 본다.

말기에는 '먹는 것'도 결정할 권한이 없다

우리나라에서는 고령으로 죽을 때도 끝까지 먹어야만 한다. 연명의료 결정법 19조 2항은 '연명의료 중단 등 결정 이행 시 통증 완화를 위한 의료행위와 영양분 공급, 물 공급, 산소의 단순 공급은 시행하지 아니 하거나 중단되어서는 아니된다.'라고 규정하고 있어 임종 과정에서 영양분 공급, 수분 공급을 원하지 않는 환자들의 자기 결정권을 침해하고 동의되지 않은 의료행위를 하게 될 가능성이 있다. 한마디로 우리나라는 굶어 죽을 권리는 허용되지 않는다. 아무리 환자가 거부해도 병원에서 죽기 직전까지 수액을 통해 물과 영양을 공급하는 것이 법이다. 이 법 조항 때문에 모든 말기 환자들은 마지막까지 급식관으로 음식이 강제 투여되는 상태로 죽음을 맞이한다. 반면 연명의료결정법 제57조 1항은 '의사는 죽음을 앞둔 환자의 신체적 정신적 고통을 줄이는 데 최선의 노력을 기울여야 한다.'고 되어 있다. 19조 2항(영양공급이 중단되어서는 안된다)은 반드시 지켜지고 있지만,

57조 1항(환자의 고통을 줄이려 노력해야 한다)은 얼마나 지켜 지는지 의사들만 알 것이다. 말기 환자에게 필요한 것은 '영양 공급'이 아니라 '진통제 공급'이다. 물과 영양 공급은 '좋은 죽음'에 장해가 되지만, 진통제는 죽어가는 사람에게 위로가 되는 도우미다.

말기의 영양 공급은 무의미하다

나이가 들어 노쇠해지면 목의 삼킴 기능이 저하되어 물이나 액체를 먹으면 사래가 들립니다. 사래가 들려서 잘 못되면 이게 기도로 들어가 흡인성 폐렴이 발생한다. 흡인성 폐렴을 한 번 앓게 되면 대부분 코를 통해 위까지 급식관을 넣어 인공영양을 시행하게 된다. 흡인성 폐렴을 예방하기 위해서 급식관을 설치하는데도 불구하고 인공영양으로 전환한 환자에게도 폐렴이 발생한다고 한다. 일본 노인 요양원의 상근 의사 이시토비 고조는 그 이유를 이렇게 설명하고 있다.

> 코를 통하든지 직접 위에 들어가든지, 유동식이 몸의 위치에 따라서 쉽게 식도를 역류해 목구멍까지 올라온다. 목구멍까지 올라온 유동식을 잘못 삼켜서 폐렴이 발생한다. 또 하나는 입을 통해 먹는 경우에 비해 타액의 양이 줄어들므로 입안이 마르고 타액에 의한 입안 세정작용도 약화되어 잡균이 번식하기 쉬워지며, 이것이 또 기도 감염을 유발한다.
>
> ─이시토비 고조 지음, 노미영 옮김,
> 《우리는 어떻게 죽음을 맞이해야 하나》, 마고 북스, 2012, pp.33~34

어쨌든 병원 입장에서는 인공영양 시행이 높은 의료 수가를 받을 수 있어 경제적으로 좋은 일이다. 그러나 일단 인공영양이 시행되면 식물인간과 같은 무의식 상태가 되어도 사망 전까지는 중단할 수 없다. "생명력이 고갈된 노인들이 코나 위로 연결된 관을 통해 영양을 공급받고 수액주사를 맞으며 '노쇠'와 싸우고 있는 현장을 보면 참담한 생각이 든다."(같은 책, p.10)고 이시토비 의사는 말했다. 또한 그는 사람은 먹지 않아서 죽는 것이 아니라 생명력이 다하여 먹지 않는 것이라고 말했다.

말기 상태에서의 인공영양은 세포들의 활동이 멈추는 것을 막아 질병이 진행되는 과정을 더 오래 겪도록 하는 문제를 가지고 있다.(박중철 지음,《나는 친절한 죽음을 원한다》, 홍익출판, 2022, p.192) 말기 환자에게 인공영양은 질질 끄는 죽음의 가장 대표적인 원인이다.(같은 곳)

튜브를 통해 영양을 공급받는 환자는 내용물이 역류하여 질식사한 것을 발견하는 경우가 많은데, 소량이라도 마지막까지 입을 통해 섭식을 한 노인은 대개 가족에게 둘러싸여 평온하게 마지막을 맞이했다는 통계가 있다. (이시토비 고조 지음, 노미영 옮김,《우리는 어떻게 죽음을 맞이해야 하나》, 마고 북스, 2012, p.11)

일본에서 경관섭취자(위장관에 튜브를 삽입하여 영양을 공급받는 사람)는 경구섭취자(입을 통하여 물, 음식물을 받아들이는 사람)보다 혼자서 죽을 확률이 높다고 한다. "경구 섭취자의 80%(27명 중 22명), 경관 섭취자의 33%는 마지막 가는 길을 지켜 볼 수 있었지만, 경구 섭취자의 20%(27명 중 5명), 경관 섭취자의 66%는 홀로 죽어 나중에 사망 사실을 발견했다고 한다. 홀로 죽는 이유는 잘 못 삼켜 기관으로 들어가니까 입으로 먹는 것은 위험하다며 위루술을 했는데 결과적으로 구토하여 질식사하는 것이다."(같은 책, p.46)

일본의 미아케 섬 사람들은 노인들이 음식을 드실 수 없게 되면 물만 드린다고 한다. 그러면 고통받지 않고 조용히 숨을 거둔다고 한다. 노쇠하여 마지막을 맞이한 몸은 수분이나 영양을 더 이상 필요로 하지 않는다.(이시토비 고조 지음, 노미영 옮김, 《우리는 어떻게 죽음을 맞이해야 하나》, 마고북스, 2012, p.108) 무리하게 공급하면 부담을 줄 뿐이다. 괴롭힐 뿐이라는 이야기이다.

어떤 노년의학자는 '노쇠하여 죽는 경우는 영양이나 수분 보급이 없는 편이 편안하게 갈 수 있다.'고 말했다. 이시토비 고조는 "요양원에 입소한 사람 중 먹지 못하게 된 이후 마지막 며칠간을 지켜 보아도 목의 갈증이나 공복을 호소하는 사람은 없었다."고 한다. 고령이면서 삼킴 기능이 저하되어 스스로의 입으로 먹지 못하게 되었을 때는 생명의 한계가 이미 와있는 경우가 많다.(같은 곳) 한계에 다다른 노인에게 인공영양을 공급하는 것은 무슨 의미가 있을까? 조용하고 평안한 죽음에 장애가 될 뿐이다.

음식과 수액을 거부한 호스피스 환자들이 죽음에 이르는 과정을 보고한 연구에 의하면 환자들은 의료진이 보기에 대체로 편안한 임종을 맞이했고, 허기나 갈증을 호소하지 않았다고 한다.(김현아 지음, 《죽음을 배우는 시간》, 창비, 2021, p.134) 다수의 의사들은 죽어가는 환자에게 물과 음식을 공급하는 것이 오히려 환자에게 고통을 주는 일이라

고 본다.(같은 책, p.190)

　나이 들어 몸이 약해지면 결국 어느 순간 먹는 것이 불가능해진다. 그렇게 인간은 자연스럽게 숨을 거둔다. 구순九旬인 나의 어머니는 요즘 자주 그런 말씀을 하신다. "밥 먹기 싫어서 사는 게 정말 고통스럽다."고 말이다. 일상 생활에 지장이 없는 나의 어머니도 별로 먹고 싶지 않다는데 말기·임종기 환자의 강제 영양 공급은 무슨 의미가 있을까? 부질없는 짓이다.

영양 공급 중단 국가가 늘어나고 있다

　우리나라뿐만 아니라 전 세계적으로 강제적인 영양 공급 중단은 마치 기계호흡장치를 제거하거나 안락사 약물을 투여하는 것처럼 의도적인 살인으로 간주하는 경향이 크다.(박중철 지음, 《나는 친절한 죽음을 원한다》, 홍익출판, 2022, p.46, p.180) 그럼에도 불구하고 인공영양으로 존엄한 죽음이 훼손되는 사례가 늘자 중단할 수 있는 연명의료의 범위 안에 인공영양의 중단도 포함하는 나라들이 늘고 있다.(같은 곳)

　2011년 국가 생명윤리정책연구원에서 연명 의료 및 사전의료의향서를 조사했는데 전체 대상자 564명 중 96%인 545명이 인위적인 영양 공급을 원치 않는다고 답했다. 남자는 204명 중 198명(97%)이, 여자는 360명 중 347명(96%)이 인공영양공급을 원치 않았다.(자료: 생명윤리정책연구센터, 제작 유솔)

　식물인간 상태와 비슷하지만 최소한의 지각이 남아 있는 상태를 '최소 의식 상태Minimal Conscious State'라고 한다. "프랑스에서 교통사고로 뇌가 손상되어 MCS 상태에 빠진 뱅상 랑베르 사건에 의해 인공영양 공급 중단이 환자의 의사에 부합한다는 판결이 내려졌다. 치료를 받던 랑베르는 의료진에게 치료를 거부하는 듯한 의사 표현을 했고, 점차 그 빈도가 늘어가자 의료진은 연명의료를 중단해야 한다고 판단했다. 그러나 랑베르 부모의 반대로 제기된 소송은 2년여간의 시간이 지난 유럽 재판소까지 가서야 최종 확정되었다고 한다. 이는 임종 과정에 있는 환자뿐만 아니라 MCS처럼 유사 식물인간 상태 환자가 고통과 연명 의료를 거부하는 표현을 할 때 편안한 죽음을 허용하는 것이 인도주의에 부합한다고 판단한 것이다."(박중철 지음, 《나는 친절한 죽음을 원한다》, 홍익출판, 2022, p.141)

독일에서도 강제 영양 공급 중단은 정당하다는 판결이 1994년에 내려졌다. 이색적인 것은 본인이 '거부한다'는 의사를 직접적으로 표현한 것이 아니라 환자가 과거에 한 말을 들은 아들의 말을 인정하여 그런 판결이 내려졌다는 것이다. 그것도 70대의 치매 환자였다고 한다.

미국 호스피스 의사들은 인공호흡기, 투석, 항생제, 수액 및 영양 공급 등의 중단에 있어 거의 정당성 차이를 두지 않는다는 연구 결과가 있다.(같은 책, p.189) 또한 미국 연방 최고법원에서도 급식관을 제거하는 것이 다른 종류의 생명 유지 장치를 제거하는 것과 다르지 않다는 점을 지적했다.(같은 곳) 그래서 인공호흡기 제거는 허용하면서 급식관 제거를 허용하지 않는 몇몇 주 법률은 위헌이 되었다고 한다.(같은 책, p.190) 1983년 미국의 관련 국가위원회에서는 식욕 없음은 말기 단계에서 나타나는 전형적인 현상이므로 죽어가는 환자에게 호스나 정맥주사를 이용한 급식을 하지 말아야 한다고 결론지었다.(같은 곳)

내가 생각하는 가장 바람직한 형태의 죽음은 단곡 즉, 곡기를 끊고 죽는 것이다. 그러나 연명의료법에 따르면 영양공급을 하지 않을 경우 유족이 곤란해질 수도 있다. 그러나 스님들은 열반에 들기 전 곡기를 끊고 죽는다는 것은 공공연한 사실이다.

심폐소생술은 피하자

심폐소생술은 물에 빠져 숨을 쉬지 않거나 교통사고로 인한 치명상으로 심장이 멎은 사람의 생명을 구할 수 있는 중요한 응급처치 방법이다. 그러나 고령의 환자나 말기 암 환자의 심장 박동이 멈췄다고 해서 소생술을 하는 것은 환자의 편안한 죽음을 방해하는 것이라고 볼 수 있다.

그래서 많은 사람들이 심폐소생술을 두려워하는 것이다. 특히 고령인 사람들은 심폐소생술의 부작용을 염려하게 마련이다. 우리나라뿐만 아니라 해외에서도 마찬가지다. 얼마나 두려웠으면 가슴에 문신을 새겨 심폐소생술을 받지 않으려고 했을까? 정현채 교수는 연합뉴스에 실린 기사 〈"쓰러져도 날 살리지 말라." 가슴에 문신〉를 인용하여 뉴질랜드 할머니가 심폐소생술을 거부한다는 문신을 소개하고 있다.

　　뉴질랜드에 사는 일흔아홉 살의 폴라 웨스토비 할머니는 자신이 의식을 잃고 쓰러져도 심폐소생술은 하지 말아 달라며 가슴에 'DNR: Do not resuscitate' 문신을 새겨 놓았다고 한다. 이는 심장 질환이나 뇌졸증으로 갑자기 쓰러져 병원에 실려 갔을 때 의료진이 볼 수 있도록 한 메시지다. 미리 사전연명의료의향서를 작성해 놓았어도 병원 응급실에 가게 되면 평소 자신의 생각과 달리 심폐소생술을 받게 될 걸 대비한 것이다. 비단 이뿐만 아니라, 얼굴을 땅에 박고 쓰러졌을 때를 대비해 어깨에 '뒤집어 보라'는 문신까지 새겨 놓았다고 한다. 폴라 웨스토비 할머니는 그야말로 철저한 대비를 해뒀다.

—정현채 지음,《우리는 왜 죽음을 두려워할 필요가 없는가》, 비아북, 2021, p.38

심폐소생술의 생존율과 후유증

심폐소생술 후 살아날 가능성은 얼마나 될까? TV 드라마를 보면 심장 박동이 멈춘 뒤에 심폐 소생술을 통해 살아나는 경우가 많이 있다. 그러나 현실적으로 심폐소생술은 실패할 확률이 성공할 확률보다 훨씬 높다고 한다. 펜윅 교수가 인용한 연구 보고서에 따르면, 미국에서 심장 박동이 멎은 환자 1,784명 중에서 살아남은 사람은 겨우 7%(126명)에 지나지 않는다.(피터 펜윅 등 2인 지음, 정명진 옮김,《죽음의 기술》, 부글, 2008, p.284) 대부분의 병원들이 2% 내지 20%의 성공률을 보이고 있을 뿐이다.(같은 곳) 설사 심폐소생술로 살아 남았다고 해도 살아남은 사람들 대부분이 뇌손상의 증거를 보였다.(같은 책, p.286) 김현아 교수는 아래와 같이 심폐소생술에 대하여 아주 자세하게 설명하고 있다.

심정지 원인이 심인성인 경우, 즉 심장의 기능만 되돌리면 생존이 가능한 심근경색이나 부정맥 등으로 인해 심정지가 일어났다면 심폐소생술로 환자를 살릴 확률이 높다. 또 당연한 이야기지만 환자가 젊으면 소생 가능성이 높다. 연구 결과 우리나라에서 80세 이상의 심폐소생술 후 1년 생존율은 0.8~3.7%였고, 10년간 의료기술의 발전에도 불구하고 이 연령대에서는 생존율이 전혀 호전되지 않았다. 또한 심정지 이전에 이미 신체 쇠약으로 활동도가 현저히 떨어져 침상생활을 하던 환자, 섭식 불량에 의한 탈수로 질소혈증(노폐물을 신장에서 제대로 걸러내지 못하게 되어 발생)이 심한 환자들의 경우 생존 가능성이 낮다.

급성 심정지 환자의 병원 이송 시 생존 퇴원은 3%에 불과하고 뇌기능이 정상으로 돌아오는 비율은 0.9%뿐이다. 이 수치는 정상적인 뇌기능으로 퇴원하는 경우가 7%인 미국보다 낮다. 2003년에서 2013년 사이 대한민국의 병원 내에서 발생한 심폐소생술의 생존율은 11%다. 1년 생존율은 7.2%로 대다수가 심폐소생술 후 살아서 퇴원했더라도 오래 생존하지 못한다.

심폐소생술 시행 시 체중을 실어 빠른 속도로 강하게 흉부를 압박하므로 후유증이 발생한다. 가장 흔한 것이 갈비뼈 골절이다. 아주 쇠약한 노인 환자의 경우 처음 몇 번의 압박에 갈비뼈들이 우두둑 떨어져나가는 것이 느껴질 때도 있다고 한다. 흉낭이나 심낭으로 출혈이 되거나 공기가 들어오는 경우도 있다. 오랜 시간 심폐소생술을 시행하면 간, 비장 등의 복부 장기 파열이 일어나기도 한다. 그리고 뇌기능

장애가 발생한다는 것이다. 뇌기능 장애 없이 정상 상태로 퇴원하는 사람은 극소수에 불과할 것이다.

가장 큰 문제는 심폐 기능이 돌아오더라도 환자는 바로 연명치료에 들어가게 된다는 점이다. 그런 경우 환자는 의식도 없는 상태에서 인공호흡기에 의지하는 중환자실에서의 삶을 기약도 없이 이어나가야 한다.

―김현아 지음,《죽음을 배우는 시간》, 창비, 2021, pp.222~226

심폐소생술은 죽음을 연장하는 것이다

앞에서도 말했지만 심폐소생술과 인공호흡기 같은 연명장치는 급성질환으로 생명이 위독한 환자들의 목숨을 구하는 혁신적인 의학기술이다. 그러나 고령의 환자나 회복될 수 없는 말기 환자에게 행해지는 심폐소생술은 그들의 명예로운 은퇴를 난장판으로 만드는 파괴행위이다.(박중철 지음,《나는 친절한 죽음을 원한다》, 홍익출판, 2022, p.165) 의미 있는 삶을 연장시키기보다 고통받는 기간을 늘리고 있는 형국이기 때문이다. 마지막 순간 가족들이 환자의 지난 삶을 추억하며 아름다운 기억으로 간직할 수 있도록 배려해야 함에도 불구하고 현대 의학의 기술에 도취된 의료인은 1분 1초라도 목숨을 연장하는 것이 생명에 대한 존중이라고 착각하고 있다.(같은 책, p.166)

심폐소생술 금지(DNR) 자신이 결정해야 한다

우리나라 사람들은 자신의 심폐소생술 금지 결정에 참여하고 있지 않다고 한다. 그 이유는 환자 대다수가 자기가 말기 상태에 있음을 알지 못할 뿐더러 원칙적으로 직접 사전연명의료의향서를 작성해야 하지만 그런 일은 아주 드물다고 한다.(허대석 지음, 《우리의 죽음이 삶이 되려면》, 글항아리, 2021, p.99) 여론 조사 결과에 따르면, 환자에게 불치병을 알릴 의무가 있고 환자가 사전연명의료의향서를 직접 작성해야 한다는데 국민 대부분이 찬성하지만 현실은 그렇지 않다.(같은 책, p.100)

서울대병원에서 2007년에 사망한 656명의 말기 암 환자 중 85%가 심폐소생술을 포함한 연명의료를 하고 있지 않으며, 암이 아닌 다른 만성 질환으로 말기에 이른 환자의 70% 역시 임종 과정에서 심폐소생술을 시행하지 않았다고 한다.(같은 책, p.103) 그러나 서울대병원에서 최근 사망한 암 환자 317명 가운데 본인이 심폐소생술금지 동의서를 직접 작성한 경우는 단 1%에 불과했다.(같은 책, p.104) 의사 결정은 본인이 했지만 가족이 대리 서명한 경우는 4%이고 나머지 95%는 가족이 대리 결정을 했다.(같은 곳)

'DNR 동의서'에 환자 본인이 서명하는 경우가 1%도 안 되는 이유는 두 가지다. 하나는 임종이 임박했음을 본인이 모르고 있기 때문이다. 가족들이 의사가 환자에게 말기임을 설명하는 것을 꺼려해서, 의사가 환자에게 회생가능성이 없다는 이야기를 하기 어렵기 때문이다. 환자에게 불치병을 통보했다는 이유로 의사를 폭행하는 사례도 있었다고 하는데 어떤 의사가 자유롭게 사실을 설명할 수 있을까? 둘은 말기 환자의 절반은 자신의 죽음과 관련된 문제를 논하길 꺼려하거나 회피한다고 한다. 그래서 DNR 동의서에 가족이 대리 서명을 하는 것이다.(책 말미의 '심폐 소생술은 시행하지 말 것'에 대한 요청서(DNR) 참조)

심폐소생술을 피하려면

첫째, 사전연명의료의향서를 작성, 등록하여야 한다. 둘째, 자신이 암 판정을 받거나 고령으로 입원하게 되면, 담당 의사에게 모든 것은 환자인 자신과 상의하도록 못을 박는다. 그리고 자신의 죽음과 삶을 결정하는 것은 자신임을 알린다. 제도적인 문제이지만 하나를 더 추가한다면 연명의료계획서에 가족의 대리 서명을 인정하는 것이다. 말기 환자가 보통사람과 똑같은 조건에서 '자기결정권'을 행사한다는 것은 어렵다. 1990년 미국에서도 본인 서명을 의무화하는 '자기결정권법'을 실시했지만 20여 년이 지나도 본인 작성비율이 30%를 넘지 못하자 연명의료계획서 작성에 가족의 대리 서명을 인정함으로써 문제를 해결했다고 한다.(같은 책, p.107)

| 아들에게 바라는 나의 죽음 |

아들아, 내가 네 곁을 떠나도 너는 내가 더 이상 존재하지 않을 것이라고 생각하지 말아라. 지금까지도 너는 내 영혼을 보지 못했고 내가 행한 행동으로 미루어 내 육신 안에 영혼이 있음을 알았던 것과 마찬가지로 너는 내 영혼을 보지 못하더라도 그것이 영원히 존재한다는 것을 믿어라.

사람은 죽으면 육신은 소멸되지만 영혼은 왔던 곳으로 되돌아간다. 다만 영혼만은 죽기 전에도 죽은 뒤에도 눈에 보이지 않는다. 보이지 않는 것을 찾으려 하지 말고, 보이지 않는다고 아쉬워 마라. 그것은 마음속에 있을 뿐이다. 그것도 오래 간직할 것은 아니다. 그것이 삶이고 죽음이라고 생각한다.

아들아, 나의 마지막은 이렇게 했으면 좋겠다. 80대가 되면 암에 걸려도 수술하지 않고, 자연스럽게 살다가 죽음 앞에서 한 열흘 정도 머물다 떠나고 싶다. 이것들을 정리한 것이 여덟 가지다.

하나, 내가 병이 아닌 노화로 고통없이 자연스럽게 죽게 된다면 집에서 죽고 싶다. 죽음의 1단계-스스로 외출을 할 수 없을 경우-에는 임종 성사를 하고 마음의 준비를 한다. 죽음의 2단계-스스로 대소변을 해결할 수 없는 경우-에는 단곡으로 떠나고 싶다. 5일 정도 곡기를 끊고, 그다음에 5일 정도 수분을 끊어 평온하게 죽고 싶다. 내가 내 죽음을 느끼면서 말이다. 이때 나를 도와 줄 재택 간호사가 있다면 참 좋은 죽음이 되겠지!

둘, 내가 암에 걸려 통증 조절, 호흡 곤란 조절 같은 의학적 돌봄이 필요하다면 호스피스에서 임종을 맞이하고 싶다. 만약 호스피스 임종이 가능하다면 재택 호스피스가 좋겠다.

셋, 암 등이 아닌 경우에 호스피스를 이용할 수 없으니 병원에서 임종을 맞이하되, 마지막 고통을 각오해야 할 것이다. 《나는 친절한 죽음을 원한다》의 저자 박중철 원장처럼 "장례식장을 고르듯 꼼꼼하게 병원을 물색할 것이다. 내 가치관과 정체성을 존중해주며 최대한 고통과 비참함에 처하지 않도록 배려해 줄 좋은 주치의를 찾을 수 있기를 바란다." 그러나 나를 자기 자존심을 위한 먹잇감으로 삼으려는 맹수 같은 철없는 의사는 피하고 싶다.

넷, 고통이 없고, 두려움이 없으며, 원하는 장소에서 편안히 죽기를 바란다. 마지막 순간에 고통을 참으면서 고통의 의미를 탐구하기보다는 아무런 고통 없이 편안하기를 바란다.

다섯, 집이든지 호스피스 또는 병원이든지 나를 죽어가는 환자나 죽음 그 자체로 보지 않기를 바란다. 죽어가고 있지만 아직은 살아

있는 존재로 존중받기를 원한다. 가족이나 사람들에 둘러싸여서 삶을 마감하고 싶다.

여섯, 병원에서 죽을 경우 임종실이 있는 병실에서 죽고 싶다. 임종실이 없는 경우 옆 사람에게 피해를 주고 가족이나 주변 사람들이 슬퍼하지도 못하는 경우가 많다. 만약 내가 입원한 병원이 임종실이 없으면 병원 측에서 중환자실로 옮기라고 할 것이다. 그럴 경우 절대로 중환자실로 가고 싶지 않다. 거기로 가면 나의 죽음은 비참하게 파괴될 것이다. 중환자실로 옮길 것을 요구하면 1인실로 가겠다. 비용이 많이 들겠지만 그 정도는 준비해 둘 것이다.

일곱, 인공영양은 절대 하지 않는다. 내 손으로 먹을 수 없을 때에는 코줄이나 배줄(위루관)을 달아서 인공영양을 공급해서는 안된다. 인공영양 공급은 인공호흡기 부착과 마찬가지로 나를 비참하게 만들 것이다. 현재로써 인공영양 공급은 필수적이므로 병원에 입원하면 어쩔 수 없이 강제로 먹어야만 될 것이다. 내가 죽기 전에는 인공호흡기처럼 인공영양공급도 환자가 선택할 수 있는 법이 제정되기를 바란다.

여덟, 미래에 대한 희망을 가지고 가고 싶다. 인간에게 마지막이 중요하다. 셰익스피어는 '마지막이 좋으면 모든 것이 좋다'고 말하지 않았는가. 소크라테스가 사후에 대한 희망과 기대로 가득 차서 사약을 기꺼이 먹었듯이 나도 사후에 대한 기대와 희망을 가지고 기꺼이 단곡하고 싶다.

등록번호:	
성 명:	나이/성별:
생년월일:	
진 료 과:	병동:

**'심폐소생술은 시행하지 말 것'
에 대한 요청서 [DNR]**

1. 환자 상태에 대한 담당 의사의 의견

　현재 환자 _____ 씨의 상태는 소생 가능성이 희박하며 심, 폐 정지가 발생 시는 심폐소생술을 시행하여 심기능을 소생시킨다 하여도 원래 질환이 매우 불량하여 이는 임시적인 삶의 연장일 가능성이 크다.·· (예, 아니요)
　또한 심폐 정지로 인한 이차적인 신체의 손상은 환자에게 매우 심각하게 작용하여 환자의 의식이나 인지력 등에 더욱 치명적으로 영향을 미칠 수 있다고 판단되는 상태이다···(예, 아니요)
　그러므로, 치료 경과 중 심폐정지가 발생할 시는 심폐소생술을 통한 삶의 연장을 시도하기 보다는 자연스러운 사망이 환자에게 나을 것으로 주치의로서 판단된다.

■ 설명한 의사 성명: _____ (서명) _____

> 치료 불가능한 뇌손상으로 뇌사 추정상태에 빠진 경우, 장기 등 이식에 관한 법률 제 17조에 의거하여 보건복지부 산하 장기구득기관으로 신고를 하고 있습니다. 이에 해당하는 가족은 뇌사 장기 기증 및 사망 후 인체 조직기증에 관련된 정보제공을 받을 권리가 있습니다.

2. 보호자들의 의견

　나(우리: _____)는 주치의 _____ 의사로부터 20 년 월 일 시에 나(환자: _____)씨의 상태에 대한 자세한 설명을 들었으며 또한 충분히 이해하였습니다. 나(환자)의 상태가 더욱 악화되어 심장 혹은 호흡정지 초래 시 심장압박 및 인공호흡치료와 같은 적극적인 심폐소생술이 환자의 삶에 의미 있는 도움을 줄 가능성이 매우 희박하다는 주치의의 의견에 동의합니다.

　그래서 나는 (우리 가족들은) 만약 환자에게 심, 폐 정지가 발생하더라도 심폐소생술을 시행하지 말아 줄 것을 요청합니다. 이러한 나(우리들)의 요청은 내(환자)가 평소에 갖고 있었던(계셨던) 삶에 대한 가치관과 가족들의 충분한 협의에 근거하여 결정한 것이며, 만약 나(우리들)의 결정을 변경할 경우 그 사실을 주치의에게 사전에 반드시 통보하겠습니다.

나(가족들)의 기타 요청: _____

　　　　　　　　　　　　　　　　　　　　　　20 년 월 일

성명 : _____ (서명) _____ 환자와의 관계: _____

호스피스·완화의료 및 임종과정에 있는
환자의 연명의료결정에 관한 법률 시행규칙
[별지 제6호 서식]

사전연명의료의향서

※ 색상이 어두운 부분은 작성하지 않으며, [ ]에는 해당되는 곳에 ✓표시를 합니다.

등록번호		※등록번호는 등록기관에서 부여합니다	
작성자 작성자 작성자	성명		주민등록번호
	주소		
	전화번호		
호스피스이용	[ ]이용 의향이 있음　　　　　[ ]이용 의향이 없음		
사전연명의료 의향서 등록기관의 설명사항 확인	설명 사항	[ ] 연명의료의 시행방법 및 연명의료중단 결정에 대한 사항 [ ] 호스피스의 선택 및 이용에 관한 사항 [ ] 사전 연명의료의향서의 효력 및 효력 상실에 관한 사항 [ ] 사전연명의료의향서의 작성·등록·보관 및 통보에 관한 사항 [ ] 사전연명의료의향서의 변경·철회 및 그에 따른 조치에 관한 사항 [ ] 등록기관의 폐업·휴업 및 지정 취소에 따른 기록의 이관에 관한 사항	
	확인	위의 사항을 설명 받고 이해 했음을 확인합니다. 　년　　월　　일　　성명　　　　　(서명 또는 인)	
환자 사망 전 열람허용 여부	[ ] 열람 가능　　　[ ] 열람 거부　　　[ ] 그 밖의 의견		
사전연명의료 의향서 등록기관 및 상담자	기관 명칭		소재지
	상담자 성명		전화번호

　본인은 「호스피스·완화의료 및 임종과정에 있는 환자의 연명의료 결정에 관한 법률」 제12조 및 같은 법 시행규칙 제8조에 따라 위와 같은 내용을 직접 작성했으며 임종 과정에 있다는 의학적 판단을 받은 경우 연명의료를 시행하지 않거나 중단하는 것에 동의합니다.

　　　　　　　　　작성일　　　　　　　년　　월　　일
　　　　　　　　　작성자　　　　　　　(서명 또는 인)
　　　　　　　　　등록일　　　　　　　년　　월　　일
　　　　　　　　　등록자　　　　　　　(서명 또는 인)

호스피스 · 완화의료 및 임종과정에 있는
환자의 연명의료결정에 관한 법률 시행규칙
[별지 제1호 서식]

연명의료계획서

※ 색상이 어두운 부분은 작성하지 않으며, [ ]에는 해당되는 곳에 ✓표시를 합니다.

등록번호		※등록번호는 의료기관에서 부여합니다	
환자	성명	주민등록번호	
	주소		
	전화번호		
	환자 상태	[ ] 말기 환자 [ ] 임종과정에 있는 환자	
담당의사	성 명		면허번호
	소속 의료기관		
호스피스 이용	[ ] 이용 의향이 있음 [ ] 이용 의향이 없음		
담당의사 설명사항 확인	설명 사항	[ ] 환자의 질병 상태와 치료 방법에 관한 사항 [ ] 연명의료의 시행방법 및 연명의료중단 등 결정에 관한 사항 [ ] 호스피스의 선택 및 이용에 관한 사항 [ ] 연명의료계획서의 작성 · 등록 · 보관 및 통보에 관한 사항 [ ] 연명의료계획서의 변경 · 철회 및 그에 따른 조치에 관한 사항 [ ] 의료기관윤리위원회의 이용에 관한 사항	
	확인 방법	위의 사항을 설명 받고 이해 했음을 확인하며, 임종과정에 있다는 의학적 판단을 받은 경우 연명의료를 시행하지 않거나 중단하는 것에 동의합니다. [ ] 서명 또는 기명날인 년 월 일 (서명 또는 인) [ ] 녹화 [ ] 녹취 ※법정대리인 년 월 일 성명 (서명 또는 인) (환자가 미성년자인 경우에만 해당합니다)	
환자 사망 전 열람허용 여부	[ ] 열람 가능 [ ] 열람 거부 [ ] 그 밖의 의견		

「호스피스 · 완화의료 및 임종과정에 있는 환자의 연명의료 결정에 관한 법률」 제10조 및 같은 법 시행규칙 제3조에 따라 위와 같이 연명의료계획서를 작성합니다.

년 월 일

담당의사   (서명 또는 인)

■ 참고문헌
- 이솝 지음, 박문재 옮김, 《이솝우화전집》, 현대지성, 2023
- 법정 지음, 《무소유》, 범우사, 1999
- 김미영 이숙인 고연희 김경미 황금희 조규헌 박경환 임현규 지음, 《노년의 풍경》, 글항아리, 2015
- 안젤름 그륀 지음, 김진아 옮김, 《노년의 기술》, 오래된미래, 2010
- 조지 E. 베일런트 지음, 이덕남 옮김, 이시형 감수, 《행복의 조건》, 프런티어, 2023
- 시몬 드 보부아르 지음, 홍상희 등 2인 역, 《노년》, 책세상, 2022
- 법정 지음, 《홀로 사는 즐거움》, 샘터사, 2007
- 이시형 지음, 《행복한 독종》, 리더스북, 2010
- 폴 투르니에 지음, 박명준 역, 《인생의 사계절》, 아바서원, 2021
- 법륜 지음, 《인생 수업》, 한겨레엔, 2023
- 아르투어 쇼펜하우어 지음, 박제헌 옮김, 쇼펜하우어 소품집 《남에게 보여주려고 인생을 낭비하지 마라》, 페이지2북스, 2023
- 한소원 지음, 《변화하는 뇌》, 바다출판사, 2021
- 이근후 지음, 《나는 죽을 때까지 재미있게 살고 싶다》, 갤리온, 2014
- 유경 지음, 《마흔에서 아흔까지》, 서해문집, 2012
- 피델리스 루페르트 지음, 정하돈 옮김, 《노년을 위한 마음공부》, 분도출판사, 2023
- 송차선 지음, 《곱게 늙기》, 샘터사, 2023
- 마이클 셔머 지음, 김성훈 옮김, 《천국의 발명》, 아르테, 2019
- 마르쿠스 툴리우스 키케로 지음, 천병희 옮김, 《노년에 관하여 우정에 관하여》, 도서출판 숲, 2016
- 와다 히데키 지음, 정승욱·이주관 옮김, 《70세가 노화의 갈림길》, 지상사, 2022
- 해롤드 G. 쾨니그 지음, 유재성 역, 《아름다운 은퇴》, 학지사, 2006
- 한혜경 지음, 《남자가, 은퇴할 때 후회하는 스물다섯 가지》, 아템포, 2014
- 소노 아야꼬 지음, 오경순 옮김, 《나는 이렇게 나이 들고 싶다》, 리수, 2021
- 조엘 오스틴 지음, 정성묵 옮김, 《긍정의 힘》, 두란노서원, 2006
- 레오 버스카글리아 지음, 이은선 옮김, 《살며 사랑하며 배우며》, 홍익출판사, 2018
- 황창연 지음, 《사는 맛 사는 멋》, 바오로 딸, 2024
- 조셉 텔류슈킨 지음, 김무겸 옮김, 《죽기 전에 한 번은 유대인에게 물어라》, 북스넛, 2016
- 웨스 모스 지음, 《당신은 당신이 생각하는 것보다 더 빨리 은퇴할 수 있다》
- 송양민, 우재룡 지음, 《100세 시대 은퇴 대사전》, 21세기북스, 2018
- 후나세 슌스케 지음, 이요셉·김채송화 옮김, 《웃음치료의 놀라운 기적》, 중앙생활사, 2021

- 브로니 웨어 지음, 유윤한 옮김, 《내가 원하는 삶을 살았더라면》, 피플 트리, 2023
- 노리나 허츠 지음, 홍정인 옮김, 《고립의 시대》, 웅진지식하우스, 2023
- 이근후 지음, 김선경 엮음, 《나는 죽을 때까지 재미있게 살고 싶다》, 갤리온, 2013
- 로버트 L. 베닝가 지음, 조민숙 편역, 《아름다운 실버》, 열음사, 2001
- 헬렌 니어링 지음, 이석태 옮김, 《아름다운 삶, 사랑, 그리고 마무리》, 보리출판사, 2022
- 버틀런드 러셀 지음, 이순희 옮김, 《행복의 정복》, 사회평론, 2022
- 레오 빈트사이트 지음, 이덕임 옮김, 《감정이라는 세계》, 웅진 씽크빅, 2023
- 마빈 토케이어 지음, 주덕명 편역, 《영원히 살 것처럼 배우고 내일 죽을 것처럼 살아라》, 함께북스, 2017
- 한소원 지음, 《나이를 이기는 심리학》, 바다출판사, 2022
- 임병식 등 14인 지음, 《죽음학 교본》, 한국싸나톨로지협회, 2023
- Lynne Ann Despelder & Albert Lee Strickland 지음, 이기숙 임병윤 옮김, 《죽음 : 인생의 마지막 춤》, 창지사, 2010
- 유호종 지음, 《죽음에게 삶을 묻다》, 사피엔스, 2010
- 빅터 프랭클 지음, 이시형 옮김, 《죽음의 수용소에서》, 청아출판, 2024
- 데이비드 케슬러 지음, 유은실 옮김, 《생이 끝나갈 때 준비해야 할 것들》, 21세기북스, 2017
- 세네카 지음, 제인스 롬 엮음, 김현주 옮김, 《어떻게 죽음을 맞이할 것인가》, 아날로그, 2021
- 김현아 지음, 《죽음을 배우는 시간》, 창비, 2021
- 부위훈 지음, 전병술 옮김, 《죽음 그 마지막 성장》, 청계, 2001
- 피터 팬윅, 엘리자베스 팬윅 지음, 정명진 옮김, 《죽음의 기술》, 부글, 2008
- 미치 앨봄 지음, 공경희 옮김, 《모리와 함께한 화요일》, 살림, 2022
- 셔윈 B. 눌랜드 지음, 명희진 옮김, 《사람은 어떻게 죽음을 맞이하는가》, 세종, 2021
- 데이비드 재럿 지음, 김율희 옮김, 《이만하면 괜찮은 죽음》, 월북, 2020
- 조셉 텔류슈킨 지음, 김무겸 옮김, 《죽기 전에 한 번은 유대인에게 물어라》, 북스넛, 2016
- 엘리자베스 퀴블러 로스 지음, 김진욱 옮김, 《죽음의 순간》, 자유문학사, 2000
- 허대석 지음, 《우리의 죽음이 삶이 되려면》, 글항아리, 2021
- 알폰스 데켄 지음, 오진탁 옮김, 《죽음을 어떻게 맞이할 것인가》, 궁리출판, 2003
- 셀리 케이건 지음, 박세연 옮김, 《죽음이란 무엇인가》, 웅진 씽크빅, 2021
- 사마천 지음, 한가람역사문화연구소 번역, 《신주사기》, 한가람역사문화연구소, 2020

- 김지수 지음, 《이어령의 마지막 수업》, 열림원, 2022
- 플라톤 지음, 박문재 옮김, 《소크라테스의 변명》, 현대지성, 2022
- 셸리 케이건 지음, 박세연 옮김, 《죽음이란 무엇인가》, 엘도라도, 2021
- 몽테뉴 지음, 민희식 옮김, 《몽테뉴 수상록》, 육문사, 2021,
- 로라 프리챗 지음, 신솔잎 옮김, 《죽음을 생각하는 시간》, 빌리버튼, 2019
- 파드마 삼바바 지음, 류시화 옮김, 《티벳 사자의 서》, 정신세계사, 2021
- 마이클 셔머 지음, 김성훈 옮김, 《천국의 발명》, 아르테, 2019
- 이어령 지음, 《딸에게 보내는 굿나잇 키스》, 열림원, 2015
- 엘리자베스 퀴블러 로스 지음, 강대은 옮김, 《생의 수레바퀴》, 황금부엉이, 2019
- 이시토비 고조 지음, 노미영 옮김, 《우리는 죽음을 어떻게 맞이해야 하나》, 마고북스, 2012
- 김현아 지음, 《죽음을 배우는 시간》, 창비, 2021
- 박중철 지음, 《나는 친절한 죽음을 원한다》, 홍익출판, 2022
- 데이비드 케슬러 지음, 유은실 옮김, 《생이 끝나갈 때 준비해야 할 것들》, 21세기 북스, 2017
- 정현채 지음, 《우리는 왜 죽음을 두려워할 필요가 없는가》, 비아북, 2021
- 피터 펜윅 등 2인 공저, 정명진 옮김, 《죽음의 기술》, 부글, 2008
- 최화숙 지음, 《아름다운 죽을 위한 안내서》, 월간조선사, 2004
- 아이라 바이오크 지음, 곽명단 옮김, 《아름다운 죽음의 조건》, 도서출판 물푸레, 2010
- 톨스토이 지음, 이순영 옮김, 《이반 일리치의 죽음》, 문예출판사, 2021
- 롤란트 슐츠 지음, 노선정 옮김, 《죽음의 에티켓》, 스노우폭스북스, 2020
- 오진탁 지음, 《자살, 세상에서 가장 불행한 죽음》, 세종서적, 2008
- 그림형제 동화, 〈죽음의 예고〉 편에서
- 헬렌 니어링 지음, 이석태 옮김, 《아름다운 삶, 사랑, 그리고 마무리》, 도서출판 보리, 2022
- 엘리자베스 퀴블러 로스, 데이비드 캐슬러 지음, 김소향 옮김, 《상실 수업》, 인빅투스, 2014
- 구약성경(전도서 3장 1~2절, 잠언 17장 22절, 누가복음 9장 58절, 창세기 2장 18절, 3장 19절)

■ **참고자료**
- 디지털광주문화대전
- 목회데이터연구소, 《numbers》 152호
- 나무위키
- 국가인권위원회 심포지엄, 2007년, 생명윤리정책연구센터, 제작 유솔

■ **참고기사**

- 동아일보, 서영아 기자, 서영아의 100세 카페, 2022. 1. 2.
- 한겨레신문, 곽노필 선임기자, 2019. 12. 10.
- 코메디 닷컴, 최지혜 기자, 2023. 8. 19.
- 메디컬 투데이, 이재혁 기자, 2023. 10. 16.
- 뉴데일리 경제, 김동우 기자, 〈OECD 주요국 창업기업 5년 후 생존율〉, 2023. 10. 3.
- '늙어서 뭐하나'라는 생각…진짜 수명 짧아진다(연구), 2023. 8. 19.
- 아주경제, 닥터스미 성형외과 정지원 원장, 〈성형외과 전문의가 권하는 가장 아름다운 얼굴이 되는 방법〉, 전문가 기고, 2017. 6. 7.
- 월간조선사, 이규태 코너(2002~2003), 〈베풀면 오래 산다〉, 2002. 11. 27.
- 뉴시스, 이수지 기자, 〈종교가 외로움 극복에 도움 준다 …무종교인보다 행복도 ↑〉, 2023. 6. 16.
- 국민일보, 임세정 기자, 방송통신위원회, '2023 방송 매체 이용 행태조사' 결과, 2023. 12. 29.
- 헬스조선, 이해나 기자, 〈왕따 당했던 경험 어떻게 잊어야 할까?〉, 2022. 6. 2.
- 매일경제, 차장희·김정범 기자, 〈무리에 못 끼면 한여름 에어컨 근처도 못가 …경로당 갑질·왕따에 '노노학대' 급증〉, 2025. 1. 16.
- 중앙선데이, 조강수 기자, 2010, 장소팔의 유언, 〈아들아, 난 세상이 심심해서 죽는다〉
- 〈미국의사협회 신경학회지JAMA Neutrology〉에 실린 기사를 미국 건강 매체 '헬스데이'가 소개
- 코메디닷컴, 김용주 기자, 〈치매 유발하는 뇌 건강에 '못된 음식' Best 3는?〉, 2023. 4. 29.
- 월간 인산의학, 2022년 12월호
- 연합뉴스, 한기천 기자, 〈노년기의 규칙적인 운동, 어떻게 인지기능 저하 막을까〉, 2022. 1. 10.
- 코메디닷컴, 김용주 기자, 〈'젊은 치매' 예방하는 음식은?〉, 2022. 9. 4.
- 코메디닷컴, 김용주 기자, 〈어머니 치매 병력, 자녀 발병 위험 얼마나 높을까?〉, 2023. 7. 11.
- 《브레인》 94호, 〈운동이 뇌의 활성화를 높인다〉, 2022. 9. 5. 전은애 기자
- 《건강다이제스트》, 2017년 3월호, 허미숙 기자
- 《건강다이제스트》 생동호, 2017년 3월, 허미숙 기자
- 크리스천경남, 2023년 5월 17일, "치매에 안 걸리는 사람의 특별한 비법", 한국치매예방협회 창원지부장 김평화 목사
- 《공무원 연금》 2023년 5월호, 〈치매예방을 위한 눈건강 관리〉, 노진섭 시사저널 의학전문기자,
- 불교신문 3756호, 2023. 3. 21.

- 문화선교연구원《넘버즈》의 195호 주간 리포트
- 국립암센터,《미국 임상종양학회지 Journal of Clinical Oncology》 2004년 1월호에〈말기통고에 대한 암환자와 가족의 태도〉
- 한겨레 인터넷 신문, 박기용 기자,〈지지 않는 별 '주극성', 그곳에 진시황과 파라오가 산다〉, 2015. 6. 20.
- 중앙일보, 장세정 기자, 오피니언〈작별도 못했다, 코로나 시대 두가족의 '아픈 이별'〉, 2020. 11. 23.
- 한국일보, 2007. 11. 13.
- 국민일보, 박중철의 '좋은 죽음을 위하여' (21) 편히 죽을 곳이 없다. 2024. 11. 5.
- 뉴스웍스 고종관 기자, 미국, 재택 임종이 병원 임종 앞섰다. "31% VS 30%로 근소하지만 의미있어", 2019. 12. 23.
- 한국경제신문, 진영기 기자,〈"병들면 자식에 의존 안해"…부모 부양 인식 확 달라졌다〉, 2025. 5. 21.
- 미래에셋투자와 연금센터,〈투자와 연금〉, p.33
- 한겨레 21, 허윤희 기자,〈죽음 준비 교육이 필요한 이유〉, 2020. 5. 3.
- 코메디닷컴, 조경진 기자,〈죽기 전 뇌 긍정적으로 생각(죽음 쉽게 받아들이도록 도움 줘)〉, 2007. 12. 29
- 매일경제, 한경우 기자,〈죽음에 대한 생각 피하지 않는 사람이 정신적으로 더 건강〉, 2017. 10. 14
- 코메디 닷컴, 이무현 기자, 죽음을 생각하면 정신 건강에 좋다,〈건강 검사도 잘 받고 남들에 관대해져〉, 2012. 4. 27
- 불교신문 3827호, 2024년 7월 2일자
- 불교닷컴, 서현욱 기자. 2022. 6. 15.
- 중앙 선데이 - 아산정책연구원 공동기획, 우리 선조들, 삶 마무리 때도 평정심 잃지 않아, 2014. 9. 14.
- 대한민국 전문 인터뷰어 지승호가 만난 사람들-김현아 교수 인터뷰 '죽음을 준비하지 않으면 죽음보다 더 나쁜 일들이 일어난다', 2020. 12. 18.
- 중앙일보 사회면, 신성식 복지전문기자, "연명치료 말라" 마지막도 소탈했다, 2018. 5. 21.
- 중앙일보, 신성식 복지 전문기자,〈존엄사 까다롭게 만드는 '캘리포니아에서 온 딸 신드롬', 2018. 3. 10.
- 월간신문 청년의사, 곽성순 기자, 2021. 10. 25.
- 중앙일보 사회, 신성식 복지전문기자,〈연명중단 서약 말기 이전에도 가능…벼락치기 존엄사 손본다〉, 2024. 4. 2